2025

교정직 7·9급 시험대비

박상민 Justice

교정학 1

[교정학편]

메가 공무원

박영사

교정직 공무원 시험을 준비하고 계신 수험생 여러분
교정학 강사 박상민입니다.

지금 이 순간에도 합격이라는 한 가지 목표를 가지고 정진하고 있을 수험생 여러분을 생각하면, 과연 내가 얼마나 도움이 되고 있을지 고민하게 됩니다.
이 책은 그런 고민과 수험생 여러분의 응원에 힘입어 출간하게 되었습니다.
그리고 다음과 같은 마음으로 집필하였습니다.

첫째 수험생 여러분 입장에서 책을 쓰려고 노력했습니다.
내가 수험생이 되어 교정학(형사정책) 과목을 공부한다고 생각하고 가장 효율적으로 시험에 대비할 수 있도록 하였습니다.

둘째 교정학은 쉽고 간단명료하며 내용에 충실해야 한다고 생각했습니다.

셋째 관련 법령이나 조문을 최대한 반영해 따로 찾아볼 필요가 없도록 하였습니다.
이 교재만 충실히 공부해도 고득점을 얻을 수 있도록 하였습니다.

이러한 노력에도 불구하고 부족한 부분, 아쉬운 부분도 남습니다.
교재로 부족한 부분은 강의로 메우도록 하겠습니다.

봄, 연구실에서
박상민 드림

교정학

PART 1 교·정·학·기·본·서

교정학의 이해

CHAPTER 1 **교정에 대한 기본 이해** ······ 10

01 교정(矯正)의 의의 ······ 10
02 교정의 이념 ······ 11
03 교정의 목적과 실현원리 ······ 12
04 교정학의 발전과정 ······ 14
05 교정의 특성 ······ 16
06 교정의 한계 ······ 20
07 교정에 대한 종합적(총체적) 이해 ······ 20

CHAPTER 2 **교정처우모델** ······ 24

01 교정처우모델 ······ 24
02 범죄인 처우 ······ 28

CHAPTER 3 **교정의 연혁** ······ 30

01 교정의 역사 ······ 30
02 교정 관련 국제회의 ······ 31
03 수용자 처우에 관한 유엔최저기준규칙 ······ 34

CHAPTER 4 **우리나라의 교정사** ······ 44

01 고대의 행형 ······ 44
02 조선시대의 행형 ······ 46
03 조선 후기의 근대적 행형 ······ 52
04 현대 교정행정 ······ 54

PART 2 교·정·학·기·본·서

교정시설과 수용제도론

CHAPTER 1 **교정시설** ······ 64

01 교정시설의 의의 ······ 64
02 교정시설의 연혁 ······ 65
03 교정시설의 구조 ······ 67
04 현대적 교정시설 ······ 68

CHAPTER 2 **우리나라의 교정시설** ······ 70

01 교정시설의 일반적 형태 ······ 70
02 교정시설의 분류 ······ 71

CHAPTER 3 **수용자 구금제도** ······ 76

01 구금제도의 개념 ······ 76
02 독거제 ······ 76
03 혼거제 ······ 79
04 현행법상 구금제도 ······ 81

CHAPTER 4 **교도관의 세계** ······ 82

01 교도관의 임무 ······ 82
02 교도관의 의식과 태도 ······ 83

CHAPTER 5 **수형자 사회** ······ 87

01 수형자 사회의 연혁 ······ 87
02 수형자 사회의 조직 ······ 87
03 수형자 사회의 부문화 ······ 89
04 교도소화 ······ 90
05 수형자 강령(계율) ······ 92
06 교도소화의 설명모형 ······ 93

CHAPTER 6 **과밀수용** ······ 97

01 과밀수용의 실태와 원인 ······ 97
02 과밀수용 해소방안 ······ 99

PART 3 교·정·학·기·본·서

수용자의 지위와 처우

CHAPTER 1 **수용자 인권의식의 발달** ······ 104

01 수용자 인권의식의 발달과정 ······ 104
02 수용자의 법적 지위와 권리보장 ······ 105
03 수용자 권리의 보호와 구제방안 ······ 110
04 사법적 권리구제 수단 ······ 114
05 비사법적 권리구제 수단 ······ 115
06 시찰과 참관 ······ 130

CHAPTER 2 **수형자의 분류** ······ 133

01 수형자 분류의 의의 ······ 133
02 분류의 필요성 ······ 136
03 누진처우와 분류제도 ······ 137

CHAPTER 3 **누진처우제도** ······ 139

01 누진처우제도의 의의 ······ 139
02 누진처우제도의 구분 ······ 139

CHAPTER 4 **현행법상 분류제도** ······ 144

01 수형자 처우의 통칙 ······ 144
02 분류심사 ······ 146
03 분류조사 및 분류검사 ······ 153
04 처우등급의 구분과 유형 ······ 155
05 현행법상 경비처우급별 처우 ······ 157

CHAPTER 5 **처우제도** ······ 166

01 수형자 자치제 ······ 166
02 커티지제 ······ 169
03 선시제도 ······ 170

PART 4 교·정·학·기·본·서

시설내 처우 I

CHAPTER 1 **형의 집행 및 수용자의 처우에 관한 법률** ······ 174

01 형집행법의 의의 ······ 174
02 형집행법의 목적 ······ 177
03 형집행법의 성격 ······ 178
04 형집행법의 기능 ······ 179
05 기본계획 수립 ······ 180

CHAPTER 2 **교정시설 수용** ······ 182

01 수용 ······ 182
02 수용절차 ······ 183
03 수용의 원칙 ······ 187
04 수용자의 이송 등 ······ 190

CHAPTER 3 **수용자의 계호** ······ 195

01 계호행위 ······ 195
02 계호권자 ······ 197
03 계호행위의 내용 ······ 210
04 계호의 종류 ······ 214
05 엄중관리 ······ 216
06 보호실 및 진정실 수용 ······ 222

CHAPTER 4 **교정장비** ······ 225

01 교정장비 ······ 225
02 강제력의 행사와 무기사용 ······ 234

CHAPTER 5 **수용자에 대한 처우** ······ 239

01 수용자의 외부교통권 ······ 239
02 현행법상 외부교통(접견, 편지, 집필, 전화통화) ·· 240
03 금품관리 ······ 252
04 물품지급 ······ 261
05 위생과 의료 ······ 267
06 특별한 보호 ······ 273

PART 5 교·정·학·기·본·서

시설내 처우 II

CHAPTER 1 **수용자 상벌제도** ······ 282

01 상벌제도 ······ 282
02 현행법상 징벌제도 ······ 285
03 벌칙 ······ 300

CHAPTER 2 **교정교화** ······ 301

01 교화 ······ 301
02 문화 ······ 304

CHAPTER 3 **교정상담 및 교정처우기법** ······ 307

01 교육 ······ 307
02 교정상담(교화상담) ······ 311
03 심리요법 ······ 313
04 행동수정요법 ······ 315
05 사회요법 ······ 315

06 물리요법 ····· 316
07 가족요법 ····· 316

CHAPTER 4 **교도작업과 직업훈련** ····· 317

01 교도작업의 의의 ····· 317
02 교도작업의 연혁 ····· 318
03 교도작업의 목적 ····· 320
04 교도작업의 성격과 과제 ····· 321
05 교도작업의 종류 ····· 321
06 구외(개방지역)작업 ····· 324
07 장해보상금(위로금 및 조위금) ····· 327
08 작업장려금과 작업임금제 ····· 328
09 관용주의와 자급자족주의 ····· 330
10 현행법상 교도작업 ····· 335
11 직업훈련(기술교육) ····· 340
12 취업지원협의회 ····· 343

CHAPTER 5 **미결수용자 처우** ····· 346

01 미결수용자 처우의 의의 ····· 346
02 미결수용자의 지위 ····· 346
03 현행법상 미결수용자 처우 ····· 348
04 미결수용의 문제점과 개선방안 ····· 352

PART 6 교·정·학·기·본·서

사회적 처우

CHAPTER 1 **사회적 처우와 개방처우** ····· 354

01 사회적 처우 ····· 354
02 개방처우 ····· 356
03 개방시설 ····· 357

CHAPTER 2 **사회적(개방) 처우의 종류** ····· 361

01 귀휴제도 ····· 361
02 외부통근제도 ····· 368
03 외부통학제 ····· 373
04 부부특별면회제(가족만남의 집) ····· 373
05 주말구금제도 ····· 375
06 보스탈제도 ····· 377
07 사회견학 등 ····· 377
08 가족만남의 날 행사 ····· 378
09 교정참여제도 ····· 379

PART 7 교·정·학·기·본·서

지역사회교정

CHAPTER 1 **지역사회교정** ····· 382

01 지역사회교정의 의의 ····· 382
02 지역사회교정의 출현배경 ····· 386
03 지역사회교정의 과제와 전망 ····· 387

CHAPTER 2 **중간처우제도** ····· 389

01 중간처우의 의의 ····· 389
02 중간처우의 종류 ····· 390

CHAPTER 3 **중간처벌제도** ····· 395

01 중간처벌제도의 의의 ····· 395
02 중간처벌의 종류 ····· 396

PART 8 교·정·학·기·본·서

가석방과 시설내 처우의 종료

CHAPTER 1 **가석방** ····· 406

01 가석방의 의의 ····· 406
02 연혁 ····· 407
03 현행 가석방제도 ····· 409
04 가석방제도의 운영 ····· 411

CHAPTER 2 **시설내 처우의 종료** ····· 424

01 교정처우의 종료 및 준비제도 ····· 424
02 수용자의 석방 ····· 426
03 수형자의 석방사유 ····· 427
04 미결수용자의 석방사유 ····· 433
05 석방의 절차 ····· 433
06 사망과 사형의 집행 ····· 434

PART 9 교·정·학·기·본·서

교정의 민영화와 한국교정의 과제

CHAPTER 1 **교정의 민영화와 민영교도소** ············ 442

01 교정의 민영화 ············ 442

02 민영교도소 ············ 445

CHAPTER 2 **한국교정의 과제** ············ 456

주요판례 ············ 459

박상민
JUSTICE
교정학

PART 1

교정학의 이해

Chapter 1 교정에 대한 기본 이해

Chapter 2 교정처우모델

Chapter 3 교정의 연혁

Chapter 4 우리나라의 교정사

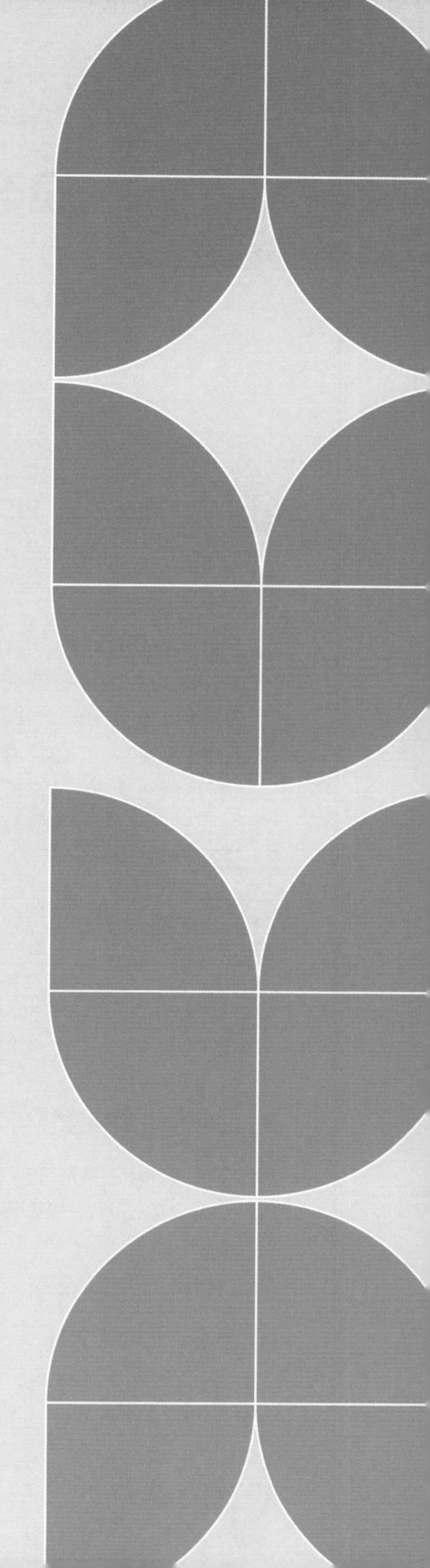

CHAPTER 1

교정에 대한 기본 이해

01 교정(矯正)의 의의

JUSTICE

1. 의의

(1) 교정(矯正)은 비뚤어지거나 잘못된 사람을 바로잡아 건전한 사회인으로 복귀시키는 것을 말하며, 이는 심리학에서 유래된 용어이다.

(2) 19C 후반 실증주의 및 교육형(목적형 · 개선형) 사상이 등장하면서 범죄에서 범죄인으로 관심의 초점이 옮겨지고, 제2차 대전 이후 교화개선을 통한 사회복귀를 강조함으로써 처우 또는 교정이라는 용어를 보편적으로 사용하게 되었다.

2. 교정의 범위

구분	내용
① 최협의의 교정	징역, 금고, 구류(자유형) + 노역장 유치명령을 받은 사람[수형자]
② 협의의 교정	최협의의 교정 + 미결수용자 + 사형확정자 등[교정시설에 수용된 수용자]★
③ 광의의 교정	협의의 교정 + 자유박탈 보안처분[소년원, 치료감호소 수용 등 포함]
④ 최광의의 교정	광의의 교정 + 사회내 처우[보호관찰, 갱생보호, 사회봉사명령 등 포함]

3. 교정영역 확대경향(미국)

오늘날은 일관되고 체계적인 교정처우 프로그램을 확립하기 위해 사회내 처우까지 포함하는 최광의의 개념으로 교정을 이해하려는 경향이 두드러지게 나타나고 있다.

4. 현대적 의미의 교정

(1) 현대적 의미의 교정

종래에는 교도소 등에서의 시설내 처우만을 교정으로 보았으나 오늘날은 교정의 의미가 확대되어 사회재통합을 위한 전환 · 보호관찰 등 사회내 처우를 포함한 의미로 사용되고 있다.

(2) 우리나라

우리나라는 법무부 내에 교정본부와 범죄예방정책국을 두고, 교도소 · 구치소 등 교정시설 내에서의 처우는 교정본부에서 관장하고, 보호관찰 · 갱생보호 등 사회내 처우 및 보호처분과 같은 소년보호는 범죄예방정책국에서 관장하고 있어, 교정업무가 이원화되어 있다.

5. 교정(矯正)과 행형(行刑)

(1) 행형과 교정의 개념

행형(行刑)의 본래 의미는 형을 집행하는 구금작용을 뜻하며, 교정은 잘못된 사람을 교화개선하여 사회복귀 시키는 것을 뜻한다. 즉, 행형은 교정시설에서 자유형을 집행하는 그 자체를 중시하는 형식적 · 법률적 측면의 개념이라면, 교정은 범죄인을 교화개선하여 재사회화시키는 실질적 · 이념적 측면을 강조한 개념이라 할 수 있다.

(2) 교정과 행형

① 역사적으로 볼 때 구금작용을 강조하던 시대에는 행형(行刑)이라는 용어를 사용하였다. 그러다 교육형사상과 제2차 대전 이후 미국에서 교화개선을 통한 사회복귀가 강조되면서 교정(矯正) 또는 처우(處遇)라는 용어를 보편적으로 사용하게 되었다.

② 오늘날은 자유구금주의로부터 교정처우중심주의로 이행되어 행형이라고 하지 않고 교정이라고 하는 것이 일반적이다.

③ 우리나라는 그 동안 형의 집행과 교화개선을 함께 중시하여 행형과 교정을 거의 같은 의미로 사용해 왔다.

④ 최근에는 수용자에 대한 처우와 인권이 급속하게 신장되고 교화개선 사상이 강조되면서, 행형이라는 말보다 교정 또는 처우라는 말을 보다 보편적으로 사용하고 있고 교정과 행형은 목적수단 관계라 볼 수 있다.

⑤ 교정은 수형자와 같은 형벌부과 대상 범죄인뿐만 아니라, 미결수용자와 형벌이 부과되지 않고 보호관찰, 사회봉사명령 및 수강명령을 받은 사회 내 처우 대상자까지 그 연구대상으로 한다.

02 교정의 이념

JUSTICE

1. 의의 및 발전과정 참고(후술)

(1) 근대 이전의 형벌은 범죄행위에 대한 응보로 이해하여 형벌의 위하력에 의한 일반예방 효과를 범죄대책으로 보았다.

(2) 롬브로조를 비롯한 실증주의 범죄학의 영향과 범죄원인에 대한 과학적 연구성과로 "범죄인은 일종의 비정상인이므로, 형벌이 아닌 개선을 위한 처우를 해야 한다"고 보았다. 이러한 견해는 오늘날에도 교정이론과 교정제도의 근간을 형성하고 있다.

(3) 수형자의 개선과 재사회화를 도모하려는 노력은 실증주의 및 과학적 연구 성과로 인해 형벌 위주에서 비형벌적인 교정교육 방향으로 전환되게 되었다. 그래서 19C 초에 주야간 모두 엄정독거를 원칙으로 하는 펜실베니아제가 실시되고, 1823년에는 주간에는 침묵하면서 작업에 종사하게 하고 야간에만 독거수용하는 오번제를 실시하였다.

(4) 최근에는 행동과학을 응용한 개별처우를 위한 분류제도와 이를 바탕으로 한 카운셀링 등의 처우방법이 주목받고 있을 뿐만 아니라, 재사회화를 촉진하기 위한 개방처우제도 및 주말구금과 같은 단기자유형의 분할집행방법과 사회봉사 · 수강명령 · 가택구금과 같은 사회내 처우와 중간처벌 등을 중시하고 있다.

03 교정의 목적과 실현원리 참고

JUSTICE

1. 교정의 목적

교정의 궁극적인 목표가 수형자의 재사회화를 통한 사회복귀에 있다는 것에는 이론의 여지가 없으나 재사회화를 이룩하기 위해서는 수형자 자신의 속죄와 개선의 노력이 전제되어야 한다는 것이 형벌이론의 핵심이라고 할 수 있다.

2. 「형의 집행 및 수용자의 처우에 관한 법률」(형집행법)

(1) 「형집행법」(제1조 : 목적)

이 법은 수형자의 교정교화와 건전한 사회복귀를 도모하고, 수용자의 처우와 권리 및 교정시설의 운영에 관하여 필요한 사항을 규정함을 목적으로 한다.

(2) 「형집행법」 제1조에 수형자의 교정교화와 건전한 사회복귀를 교정의 목적으로 규정하고 있다.

3. 교정목적을 달성하기 위한 실현원리

(1) 격리의 과학화

① 수형자를 개별적으로 처우하여 건전한 사회인으로 복귀시키기 위해서는 과학적인 분류제도를 바탕으로 한 격리의 과학화가 선행되어야 한다.

② 우리나라는 「형집행법」 제61조에 법무부장관은 수형자를 과학적으로 분류하기 위하여 분류심사를 전담하는 교정시설을 지정·운영할 수 있다고 규정하고 있다.

(2) 처우의 개별화

구금은 범죄인의 자유를 박탈하는 것이 목적이 아니라, 수형자에게 알맞은 개별처우를 실시하여 재사회화시키는 것이 목적이다.

(3) 보호의 사회화(유사성의 원칙)

교정의 궁극적인 목적이 재사회화에 있으므로, 수형자를 사회와 완전히 단절시켜서는 안 되며, 가능한 외부사회와 활발히 교류하도록 해야 한다.

(4) 처우의 인도화

수용자의 처우에 관한 가장 기본적인 이념은, 인간의 존엄성과 인간으로서의 기본적인 생활기준을 보장하는 것이다.

(5) 관리(운영, 교육, 훈련 등)의 적정화

교정의 주된 내용은 수형자의 격리와 재사회화를 위한 교육 및 훈련이므로, 사회보호를 위한 격리 작용(교정시설 수용)을 해하지 않으면서 재사회화를 위한 교육 및 훈련을 최대화할 수 있도록 시설을 운영해 나가야 한다.

➔ 살레이유(Saleilles)의 형벌의 개별화 참고

① 의의

살레이유는 1898년 「형벌의 개별화」 저서에서 개별화를 3단계로 구분하여 설명하였다.

② 구분

㉠ 법률의 개별화 : 형벌규정 요건을 세분화하여 가중·감경사유에 중점을 둔 법률과 각종 유예제도 및 보호관찰제도 등을 법률로 규정하는 것을 뜻한다.

㉡ 재판의 개별화 : 법원이 범죄인의 주관적 사정을 고려하여 사법처우의 종류와 양형을 결정하고, 각종 유예제도와 판결 전 조사제도 등을 활용하는 것을 뜻한다.

㉢ 행형(교정)의 개별화 : 형집행 단계에서의 개별처우 원칙을 뜻하며, 교정시설 내에서의 처우의 개별화를 뜻한다.

③ 개별화 발전 순서 : 1) 법률의 개별화 ⇒ 2) 재판의 개별화 ⇒ 3) 행형(교정)의 개별화

04 교정학의 발전과정 ★

JUSTICE

교정학은 교화개선 및 교정행정과 관련된 모든 문제들을 과학적으로 연구하는 학문이라 할 수 있다. 이는 19C 후반 감옥학에서 시작되어 20C 초의 행형학, 제2차 대전 이후의 교정처우론(교정교육학), 1970년대 이후의 교정보호론 순으로 발전해 왔다.

1. 감옥학

(1) 감옥학은 수용시설 내의 질서와 권위주의에 의한 감옥의 관리를 중시한 것을 말한다.
(2) 1870년대에 영국과 프랑스를 중심으로 감옥학에 대한 학문적 체계가 이루어졌으며, 특히 독일에서는 크게 진전되어 형사정책의 한 분야로써 독립된 학문영역을 형성하였다.
(3) 감옥학의 핵심과제는 질서와 강제적 권위주의에 의한 감옥의 관리에 있으므로, 개별처우에 의한 개선은 감옥의 관리라는 범위 내에서 인정하였다.

2. 행형학

(1) 감옥학이 감옥의 질서를 중시한 반면, 행형학은 제도가 아닌 사람을 대상으로 한 교육을 중시하는 인간감옥학이라 할 수 있다. 제1차 대전 이후 새로운 형사정책사상(교육형주의)을 기초로 종래의 감옥학을 수형자를 중심으로 발전시킨 대표적인 학자는 일본의 마사키 아키라(正木亮)이다.
(2) 마사키 아키라는 「행형상의 제 문제」라는 책자에서 노동 · 수양 · 능력발휘를 행형의 삼위일체로 주장하였다. 이는 제1차 대전 이후 행형개혁의 근본사상이었던 수형자의 인간다운 생활 원칙을 바탕으로 범죄인에 대한 교육을 중시한 인간감옥학을 의미한다.

3. 교정처우론(교정교육학)

(1) 의의

① 행형(行刑)은 단순히 자유형만을 집행하는 것이 아니라, 수형자에 대한 적극적인 교육을 목적으로 운영되어야 한다는 사상이 독일 · 영국 · 미국 등지에서 제기되었다.
② 이는 곧 형사사법 및 교정분야에 계획적인 프로그램을 적용하여 범죄자를 변화시키는 것을 의미하므로 교정 · 교화 · 사회복귀 · 교화개선 등으로 해석될 수 있다.

(2) 내용

교정처우론은 범죄자도 환자와 마찬가지로 심신상의 문제점을 치료해야 한다는 개별처우론에 근거하고 있다. 그래서 개인 및 집단치료요법이 광범위하게 시행되었지만, 시설내 구금을 전제로 해야 하는 한계에 부딪치게 되었다.

4. 교정보호론(신응보론) ★

(1) 의의

① 교정처우론(교정교육학)은 1950년대 후반부터 비판을 받기 시작하여, 1970년대 초반에는 알렌(Allen) · 모리스(Morris) · 윌슨(Wilson) · 포겔(Fogel) 등이 18C 응보형으로 복귀해야 한다고 주장하였다.

② 알렌(Allen)은 형벌에 의한 제지 및 억제이론을 바탕으로 하는 정의에 입각한 처벌과 범죄인의 법률적 보호를 강조하였다.

(2) 내용

① 교정보호론은 범죄행위와 범죄의 경중에 따라 형벌이 가해져야 한다는 제지 및 억제이론에 근거하여, 개별처우로 인한 경제적 손실 및 구금에 의한 특별예방 효과를 기대하기 어려운 점을 지적하였다.

② 따라서 강제적 치료보다는 정의에 입각한 처벌과 범죄인에 대한 법률적 보호를 강조하였고, 소수의 누범자를 사회로부터 장기간 격리시켜 무력하게 하는 선별적 무력화 방안을 주장하였다.

> **교정학의 발달과정 ★**
> ① 감옥학 ⇒ ② 행형학 ⇒ ③ 교정처우론(교정교육학) ⇒ ④ 교정보호론(신응보론)

5. 회복적 사법(정의) 참고(후술)

(1) 회복적 사법(Restoreative Justice)은 범죄를 인간관계의 침해로 보아, 국가와 가해자뿐만 아니라 피해자와 지역사회가 모두 주체가 되어 범죄로 인한 피해와 후유증을 건설적인 방향으로 해결하면서 사회재통합을 추구하는 것을 말한다. 이는 범죄를 단순히 법익침해로 보는 것이 아니라, 범죄도 하나의 사회현상이라는 사실을 중시하고 가해자와 피해자 및 그 가족과 지역사회를 함께 참여시켜 사회적 차원에서 문제를 해결해 나가는 것을 뜻한다.

(2) 1970년대 이후 북미와 유럽 등에서 시행되고 있는 다양한 행태의 배상명령제도 및 가해자 · 피해자 화해프로그램 등이 이에 속한다.

보충

1. 전통적 형사사법 vs 회복적 사법 비교

기존의 형사처벌	회복적 사법
• '범죄자 처벌' 중심 • 국가(정부)가 주도하는 방식 • 가해자와 피해자 간 조정 없음	• '피해자의 (피해)회복' 중심 • 피해자의 적극적인 참여 유도 • 가해자와의 갈등 해소 · 원상회복

2. 회복적 사법의 유형(3가지)

① 조정 모델(캐나다 온타리오 최초)
- 피해자, 가해자, 조정자(중립적 제3자)가 참여하는 프로그램

예) 피해자 – 가해자 화해 모델, 피해자 – 가해자 조정 모델

② 협의 모델(뉴질랜드 마오리족)
- 피해자, 가해자의 후원자들이 프로그램에 참여하는 프로그램

예) 가족집단회의 모델(피해자, 가해자와 그들의 가족, 친구 참여로 가해자를 중심으로 집단적인 책임을 강조한다)

③ 서클 모델(아메리카 원주민)
- 피해자, 가해자와 그들의 가족, 지원자, 지역사회 구성원이 참여하는 프로그램

예) 양형서클

④ 피해자 및 지역사회의 손실을 복구하고 재통합을 추구하는 형사사법이론으로, 싱가포르의 노란 리본 프로젝트(Yellow Ribbon Project)는 이 이론에 입각한 범국민 교정참여운동이다.

⑤ 유엔의 회복적 사법 개념

대면개념 (encounter conception)	피해자와 가해자가 함께 만나 범죄에 대해 이야기하고, 이를 시정하기 위해 무엇을 해야 하는가에 대해 토론하는 것
배상개념 (reparative conception)	피해자의 공판절차 참여, 피해자에 대한 지원, 법원에 의한 회복적 조치를 통한 범죄피해 회복 등 범죄로부터 받은 피해를 회복하는 데에 초점을 맞춘 것 ※ 「소년법」에서 화해 · 권고규정을 두어 피해배상 등 피해자와의 화해를 권고할 수 있도록 한 것은 이에 해당
변환개념 (transformative conception)	가장 넓은 의미의 개념으로, 범죄원인의 구조적 · 개인적 불의(빈곤이나 차별적 교육제도 등)를 시정하여 변화시킴으로써 회복적 사법의 목표를 달성하려는 것

05 교정의 특성 참고

JUSTICE

1. 교정의 복합성(이념의 복합성과 갈등)

교정은 자유형의 집행과 교도소 운영 이상의 다양한 의미를 지니고 있다. 처벌의 목적인 응보 · 억제 및 수형자의 교화개선과 무력화 등도 시대와 장소 등에 따라 각각 상이한 복합성을 띠고 있다.

2. 교정의 종합과학성

(1) 의의

교정은 처벌과 치료 및 처우와 사회복귀 등 복합적이고 종합과학적인 성격을 간직하고 있기 때문에, 이를 역사학적 관점 · 사회학적 관점 · 심리학적 관점 및 규범학적 관점으로 나누어 생각 할 수 있다.

(2) 내용

① 역사학적 관점 : 로스맨

㉠ 역사학적 관점은 시간의 흐름에 따라 교정의 발전과정을 설명하는 것을 말한다.

㉡ 로스맨(Rothman)은 「수용소의 발견」에서 교도소란 원래 범죄자의 처벌을 위한 것이 아니라 그들의 행위를 증진시킬 수 있도록 돕기 위해 탄생하였다고 주장하였다.

② 사회학적 관점 : 고프만, 사이크스, 클레머

㉠ 의의

교도소를 소사회로 보아 개인과 집단 간의 상호작용이라는 관점에서 교도소 문화를 연구하였다. 이는 주로 일탈을 중시하는 사회학자들이 교도소 사회를 연구하였으며, 보호관찰과 전환제도 등의 발전에 기여하였다.

㉡ 주요학자

ⓐ 고프만(E. Goffman) : 교도소를 수용자의 모든 욕구가 외부세계와 단절된 물리적 환경 속에서 하나의 총체적 기관(total institution)으로 보기 때문에 소사회적 성격을 지닌 교도소를 연구하는 것은 매우 가치 있는 것이라 보았다.

고프만(Eving Goffman)의 총체적 기관(total institution)

① 사회학자 Goffman은 정신요양원에서 2년 동안 참여관찰을 통해 정신질환에 대한 연구를 처음 시작하였으며, 통제하는 사람과 통제받는 사람 간의 구체적인 상호작용을 통해 인간의 자아개념 구성과 사회통제의 관계에 대한 이론적 입장을 제시하였다.

② 정신질환자에 대한 그의 연구는 상황적으로 부적절한 비사회적 행동을 할 때 일종의 사회적 낙인이 찍혀진다고 보았으며, 총체적 기관(total institution)이라는 개념을 만들어냈다.

③ 총체적 기관이란 사회통제가 가장 극단적으로 행해지는 곳으로서 구성원들을 일정기간 동안 바깥세계로부터 격리시킨 채 공식적으로 규격화되고 통제된 생활을 하게 함으로써 인간의 개체성을 말살시키려 한다고 비판하였다.

④ 총체적 기관의 특징

- 모든 생활이 같은 장소에서 동일한 권위 하에서 이루어진다.
- 집단적인 생활패턴을 유지하며, 동일한 대우를 받는다.
- 라이프스타일은 일원적 스케줄에 의한다.
- 모든 활동은 기관의 공식적 목적을 완수하기 위한 합리적 계획에 맞추어져 행해진다.
- 소수의 감독자가 대규모 수용자 집단을 정신병자라는 준거 하에 자신의 권력행사를 정당화한다.

ⓑ 클레머(D. Clemmer) : 교도소문화에 대한 이해는 1940년 클레머의 「교도소 사회」(The Prison Community)가 발표되면서 시작되었으며, 이를 개선하지 않으면 교도소가 범죄학교로 변질될 우려가 있다고 지적하였다.

ⓒ 사이크스(G. Sykes) : 교도소문화의 결정판이라 할 수 있는 「수인의 사회」(The Society of Captives)를 발표하였으며, 교도관의 물리적 강제력은 일종의 환상에 지나지 않으며 위기의 순간에 그 가치가 의문시 된다고 하였다.

③ 심리학적 관점

㉠ 의의

교정이라는 용어는 심리학에서 유래하였다. 대부분의 교정처우도 상담 등 심리학적 처우에 바탕을 두고 있어 교정의 관행에 가장 큰 공헌을 하였다.

㉡ 비판

마틴슨(Martinson)은 교정교화는 무의미한 일(Nothing Work)이라고 하면서, 심리학적 관점은 기대만큼 성과를 거두지 못했다고 비판하였다.

심사와 분류 ★

㉠ MMPI(Minnesota Multiphastic Personality Inventory) – 하서웨이와 맥킨리(Hathaway & Mckinley, 1940)에 의해 정신의학분야와 일반의료 분야에서 환자들의 임상진단에 관한 정보를 제공해 주려는 목적으로 개발한 가장 널리 사용되는 객관적 성격검사도구로써, 수용자 행위에 대한 합리적 예측가능성을 측정하는 도구로 활용하였다. 최근의 연구는 성격적 · 행동적 특성을 발견하려는 노력이 커지고 있는데, 이 단계에서는 피검자를 보다 전체적으로 이해할 수 있도록 심리적 특성, 행동, 태도, 방어기제, 증상 등을 기술하게 된다. 또한, 피검자의 태도, 피검자의 일반적인 적응수준, 피검자의 행동, 피검자 저변에 어떠한 정신역동이 존재하는가 등 다양한 분석을 통한 해석접근이 필요하며, 임상척도 10개 중 4번척도인 정신병리적 일탈(Pd, psychopathic deviate)은 반항, 가족관계분열, 충동성, 학업이나 직업문제 범법행위, 약물중독 등 반사회적 행동을 나타낸다.

미네소타 다면적 인성검사(MMPI)

ⓐ 정신의학 분야와 일반의료 분야에서 환자들의 임상진단에 관한 정보를 제공해주려는 목적으로 개발한 가장 널리 사용되는 객관적 인성검사기법이다.

ⓑ 최초 MMPI의 문항 내용들은 정신과적 · 의학적 · 신경학적 장애에 대한 것이었으며, 총 550개로 확정되었다. 550개 문항의 질문지를 주고 그 응답유형을 바탕으로 피검사자의 성격을 검사하는 방법이다.

ⓒ MMPI의 척도 중 가장 먼저 개발된 것은 건강염려증 척도(1번 척도. Hs)였으며, 이어서 강박증(7번 척도.Pt), 우울증(2번 척도.D), 히스테리(3번척도. Hy)의 세가지 신경증 환자집단에 대한 척도가 개발되었다.

ⓓ MMPI는 그 결과의 해석 및 활용에 있어서는 전문가가 필요하지만, 검사 실시 및 채점방법은 간단하여 비전문가에 의해서도 손쉽게 행할 수 있다는 장점이 있다. 그러나 문항수가 너무 많고 피검사자의 학력수준이 높아야 정확한 예측이 가능하므로 피검사자의 검사에 대한 태도와 검사상황 등에 따라 그 결과가 좌우될 수 있다고 하는 단점이 있다.

ⓔ 10개의 임상척도는 각각의 개별척도 점수를 사용해 간접적인 임상적 진단이 가능하다. 직접적

인 것은 아니지만 임상척도 중 4번 척도(Pd)는 반항, 가족관계분열, 충동성, 학업이나 직업문제, 범법행위, 약물중독 등 반사회적 행동을 나타내므로 범죄인과 비범죄인의 구분에 가장 근접한 척도이다. 8번 척도(Sc)의 점수가 높을 경우 전통적인 규범에서 벗어나는 정신분열성 생활양식을 반영하며, 9번 척도(Ma)는 조울증의 조증 증상발현의 초기단계에 있는 환자에게 사용하기 위해 개발되었다.

ⓕ 최근 MMPI 연구는 각 하위척도와 관련되는 성격적 · 행동적 변이들을 발견하는 쪽으로 집중되고 있다.

MMPI의 임상척도

척도명	기호	약자
건강염려증(Hypochondriasis)	1	Hs
우울증(Depression)	2	D
히스테리(Hysteria)	3	Hy
반사회성(Psychopathic Deviate)	4	Pd
남성특성-여성특성(Masculinity-Femininity)	5	Mf
편집증(Paranoia)	6	Pa
강박증(Psychasthenia)	7	Pt
정신분열증(Schizophrenia)	8	Sc
경조증(Hypomania)	9	Ma
사회적 내향성(Social Introversion)	10	Si

ⓛ I – Level(Interpersonal maturity Level) – 워렌(Warren, 1969)은 청소년의 대인적 성숙도를 1단계 ~ 7단계로 구분하여 청소년 범죄자를 그들의 성숙수준에 맞는 처우프로그램을 적용하는 데 활용하였다.

워렌(Warren)의 대인성숙도(I – Level)

1965년 개발한 인성검사법으로 인간관계의 성숙 정도의 발전수준을 1~7단계로 나누고 I – level로 명명하였다. 이 검사법에 따르면 비행자는 정상자보다 단계가 낮게 나왔으며 특히 2단계부터 4단계까지 비행자가 가장 많이 발견되었다. 5-7단계가 정상소년이다. 검사비용이 많이 드는 것이 단점이다.

2단계	비사회적 · 공격적 그리고 폭력지향적 성향	반사회적 모사자
3단계	비행집단의 규칙에 동조하는 성향	문화적 동조자
4단계	전형적인 신경과민과 정신이상의 성향	신경증적 행위자

④ 규범학적 관점

교정은 「형법」에 따른 형벌의 집행에 관한 절차를 규정하고 있으므로, 「헌법」 · 「형법」 · 「형사소송법」 등과 같은 형사사법체계는 교정학의 중요한 연구대상이다.

(3) 교정의 상호연관성 ★

① 교정은 재판과 출소 후 보호관찰 등과 같은 형사사법절차와 이러한 업무를 수행하는 형사사법기관과 상호 긴밀한 연관성을 갖고 있으며, 지역사회에 기초한 사회내 처우가 강조될수록 관련기관간의 긴밀한 협조가 필요하다.

② 교정학은 인접과학을 적극적으로 활용하는 종합적(綜合的) · 간학문적(間學問的) · 학제적(學際的) 성격을 간직하고 있어, 관련 학문과의 체계적이고 종합적인 연구가 필요하다.

06 교정의 한계 참고

JUSTICE

1. 교정목적 실현의 제약요인

교정목적 실현의 가장 본질적인 제약요인은 범죄인에게 주어진 형량의 절대성인 책임주의이다. 책임주의는 책임의 정도에 따라 형기가 정해지므로, 개선되지 않은 범죄자도 형기가 종료되면 사회에 복귀시켜야 하므로 교정목적을 구현하는 가장 본질적인 제약요인이라 할 수 있다.

2. 사회적 인식 부족(님비현상)

수형자를 사회에 복귀시키기 위해서는 교정의 사회화를 통한 교화개선이 절실하지만, 교정시설에 대한 거부감과 범죄자에 대한 부정적인 인식 등 사회적 인식과 협조는 부족한 편이다.

3. 열악한 재정지원

교정에 대한 재정지원이 미약해 교정시설과 설비 및 전문인력 부족 등으로 인해 효율적인 교정활동을 기대하기 어려운 점이 있다.

07 교정에 대한 종합적(총체적) 이해 참고

JUSTICE

교정은 교정기관 · 처우프로그램 · 교정의 절차와 과정 등을 포함한 의미로 사용되고, 이를 위한 다양한 조직이 운영되고 있다. 또한 범죄자에 대한 공정한 처벌, 교화개선, 지역사회 보호 등 복합적이고 갈등적인 목표를 추구하고 있을 뿐만 아니라, 형사사법 기관 상호 간에도 긴밀한 협조가 필요하므로 교정에 대한 종합적인 이해가 필요하다.

1. 교정조직의 특성

교정은 사람이 대상이라서 교정기법의 효과가 불확실하다. 그래서 수형자의 교정 · 교화적인 측면보다는 관리 및 운영에 치중한 보안을 중시하기 쉬운 경향이 있다.

2. 목표의 복합성과 갈등

(1) 교정목표 사이의 갈등

범죄자의 처벌, 수형자의 교화개선, 사회보호 등 우선적으로 추구하는 교정목표에 따라 교정정책과 전략이 달라지고 인적 · 물적 자원의 배분도 달라지므로, 이들 상호 간에 갈등이 초래되기도 한다.

자유주의자와 보수주의자

① 자유주의자 : 수용자의 처우와 권리를 중시하는 경향이 있다.
② 보수주의자 : 사회보호 및 사회방위를 중시하는 경향이 있다.

(2) 조직내부의 갈등

교정시설 내부적으로도 보안전문가와 처우전문가, 정복교도관과 사복교도관 상호 간에 이해와 협조가 부족하면 갈등이 초래될 소지가 있다.

(3) 유관기관 간의 갈등

시설내 수용과 사회내 처우, 가석방의 확대와 축소, 선시제도 도입여부 등 형사사법기관 상호 간에도 추구하는 목표와 이해관계에 따라 갈등이 초래될 수 있다.

(4) 특정정책에 대한 갈등

처벌과 교화개선 및 수형자의 인권신장과 사회보호 등 특정정책에 대한 정당성의 기준이 상이하기 때문에 이로 인한 갈등이 초래될 수 있다.

(5) 교정목표의 애매성과 목표의 대치

교정은 사람이 대상이라 성과가 불확실해 목표가 애매하고, 장래예측에 대한 부정확성 등으로 인해 목표 상호 간에도 대치될 우려가 있다.

3. 교정에 대한 오해

교정분야에서 취급하는 사람이 모두 범죄자인 것은 아니다. 아직 유죄로 확정되지 않은 미결수용자와 보호관찰 대상자도 교정의 중요한 부분을 차지하고 있다.

4. 수용자와 교도관의 관계

(1) 상호의존 관계

수용자와 교도관의 관계는 지배 · 복종관계라기 보다는, 각자의 목표를 성취하기 위해 상호의존하는 관계라 할 수 있다.

(2) 상호교환 관계

상호교환 관계는 교도관과 수용자 쌍방이 각자의 일을 보다 쉽게 하기 위해 상호 간에 보상을 제공하거나, 예견할 수 있는 이권 · 약속 · 용인 등의 거래에 은밀히 가담할 때 발생한다. 교정시설 내에서는 사소한 물건을 주고받는 것도 원칙적으로는 적법절차에 의해야 하기 때문에 상호교환 할 수 있는 것은 매우 미미한 편이라 할 수 있다.

5. 교정학의 독립성

(1) 형사정책학

광의의 형사정책학은 범죄의 현상과 원인을 탐구하여 입법 · 사법 · 행정(교정) 등 효율적인 범죄방지대책인 국가활동 방향을 제시하는 학문을 말한다.

(2) 교정학

순수한 의미의 교정학은 범죄대책론 중 형벌의 집행과 처우에 관하여 연구하는 학문을 뜻하므로, 광의의 형사정책학에 포함된다고 할 수 있다.

(3) 교정학의 독립성

오늘날에는 형사정책학 · 범죄학 · 교정학을 각각 독립된 학문으로 인정하는 것이 일반적인 추세이다.

6. 교정학의 학문성

범죄자와 범죄의 위험성이 있는 자를 연구하는 경험과학(존재과학)을 본질로 하면서, 교정의 가치와 효율적인 운영원리를 탐구하는 가치학문(규범학 · 정책학)적인 요소를 지니고 있다.

7. 범죄의 개념

(1) 형사정책학

형사정책학상의 범죄는 상대적 · 가변적 · 전체적 범죄개념인 실질적 의미의 범죄를 중시하는 경향이 있다.

(2) 교정학

교정학상의 범죄는 형벌법규에 해당하는 위법 · 유책한 행위를 범죄로 보는 절대적 · 개별적 · 고정적인 범죄개념인 형식적 의미의 범죄를 중시하는 경향이 있다.

CHAPTER 2 교정처우모델

01 교정처우(범죄자처우)모델

JUSTICE

교정처우(범죄자처우)모델 ★

구분	홀(Hall)	바톨라스(Bartollas)	두피(Duffee)
① 처벌을 위한 교정	구금 행동변용모델	-	구금모델
② 교화개선을 위한 교정	수용자중심 행동변용모델	의료모델	갱생모델
	복종에 의한 행동변용모델	적응모델	개선모델
	신뢰에 의한 행동변용모델	재통합모델	재통합모델
③ 사법정의를 위한 교정	정의모델(포겔 등)		

1. 구금모델

(1) 의의

① 구금모델은 고전학파 형벌관인 책임에 상응한 응보를 전제로 하는 구금 및 시설 내의 물리적 질서를 중시하는 모델을 말한다.

② 구금모델은 교화개선사상에 밀려 퇴보하다가, 1970년대 이후 미국에서 기존의 처우지향적인 프로그램이 효과적이지 못하다는 비판을 제기하면서 등장한 정의모델의 영향으로 다시 주목받게 되었다.

③ <u>신응보형주의에 입각한 부정기형제도 폐지, 강제적 정기형 주장, 보호관찰부 가석방 폐지, 3진 아웃법, 선시제도 부활 등은 고전학파의 형벌관이 현재에도 상당한 호응을 얻고 있음을 뜻한다.</u>

3진 아웃법(3 Strikes-out, 1993년 플로리다주)

3범(강력범 등) 때에는 가석방을 허용하지 않는 종신형을 부과하는 것을 말한다. 이는 교화개선보다는 응보를 중시하는 형사정책의 복고화 현상의 일종으로 볼 수 있다.

(2) 비판

범죄에 대한 억압만으로는 범죄문제를 해결하기 어렵고, 사회복귀 처우모델로는 부적합하다.

2. 의료(치료 · 갱생)모델

(1) 의의

① 의료모델은 범죄자를 반사회적 태도 또는 정신적 · 심리적으로 이상이 있는 사람으로 보아 환자라는 관점에서 접근하는 모델이다.
② 수형자를 일종의 환자로 보므로 교정기관에게 광범위한 재량권을 인정하고, 완치될 때까지 치료해야 하므로 부정기형제도의 이론적 기초가 되었다.
③ 생물학적 측면인 선례적 원인을 중시하고, 처벌은 바람직하지 않은 것으로 여긴다.
④ 결정론적 입장에서 범죄자를 일종의 환자로 취급하므로 치료적 처우를 중시한다.
⑤ 환자라는 관점에서 수용자 처우프로그램을 강제로 실시한다.

(2) 처우기법

① 범죄자를 치료개념으로 처우하고, 환자의 치료방식을 도입해 활용한다.
② 치료를 위한 다양한 정신건강시설 등이 구비되어야 한다.

(3) 비판

수용자가 단순한 치료의 객체로 전락되기 쉬워 인권이 침해될 가능성이 높다.

3. 개선(적응)모델

(1) 의의

① 개선모델은 교육형사상을 기초로 수용자를 교화개선시켜 범죄를 방지하는 모델을 말한다.
② 범죄자에게 사회규범을 강제하여 범죄를 방지하는 교화개선을 중시하므로 처벌보다는 처우를 중시한다.
③ 범죄행위를 규범에 대한 불복종의 결과로 보고, 행동변용방법을 복종에서 찾고 있다.
④ 종교교회 · 심리적 상담 등을 통하여 수용자의 사회복귀를 도모한다.
⑤ 교화개선 될 때까지 수용해야 한다는 가정을 바탕으로 하므로, 부정기형을 인정한다.
⑥ 신시내티 선언(1870년)을 계기로 부정기형을 채택해 발전하였다.
⑦ 처우하면 교화개선이 가능하다고 여기며, 범죄자도 의사결정 능력이 있는 것으로 본다.
⑧ 범죄자를 사회에 보다 잘 적응하는데 중점을 두고 있어, 지나친 시설수용은 반대하지만, 처우기법은 시설내 처우를 중심으로 이루어지고 있다.

(2) 처우기법

처우기법으로는 시설내 처우인 현실요법 · 교류분석 · 집단지도상호작용 · 환경요법 · 요법처우공동체 · 행동수정요법 등 시설내 처우기법을 주로 활용한다.

(3) 비판

① 개별수용자의 개선여부에 대한 판단 및 처우프로그램 효과를 측정하기 어렵다.
② 개인에 대한 도덕적 변화를 강요하면 인권이 침해될 우려가 있다.
③ 시설내 처우를 통한 개선에 한계가 있다.
④ 개개인의 행위를 변화시키기 위한 방법과 변화된 시점을 알아내는 것은 사실상 불가능하다.

4. 재통합모델

(1) 의의

① 재통합모델은 범죄를 방지하기 위해서는, 수형자의 행동변화와 함께 사회도 동시에 변화하여야만 재통합을 이룰 수 있다는 모델이다.
② 범죄문제를 근본적으로 해결하기 위해서는 수형자가 스스로 행동을 변화해야 할 뿐만 아니라, 범죄를 유발한 지역사회도 책임이 있으므로 함께 변화하여 범죄자를 포용해야만 범죄자와 사회가 재통합될 수 있다는 견해이다.
③ 구금의 부정적 요인을 최소화하면서 지역사회에 재적응할 수 있도록 하는 모델이다.
④ 지역사회와의 유대관계를 중시하고, 지역사회에 기초한 교정을 강조한다.
⑤ 수용자의 주체성과 자율성을 인정하고, 동의와 참여하에 처우프로그램을 결정한다.

(2) 처우기법

소규모적인 사회내 처우, 사회복귀를 위한 수용자와 교정직원의 공동노력, 교육활동과 직업훈련 개선, 수용자의 적성에 맞는 교육 · 훈련, 사회내 처우 및 사회적 처우 확대 등이 필요하다.

(3) 문제점

인권을 보장하면서 교정효과를 거둘 수 있는 이상적인 제도로 평가받고 있지만, 지역사회의 협조와 국가의 재정지원 및 교정에 대한 인식변화가 없으면 실효성을 거두기 어려운 점이 있다.

5. 정의(사법 · 공정)모델

(1) 의의

치료모델이나 극단적인 개선모델로 인해 야기될 수 있는 인권침해 문제를 고려해, 범죄인의 법적인 권리보장과 처우의 공정성 확보를 중시하는 모델이다.

만족할 만한 교화개선 효과를 거두지 못할 바에야 사법정의를 실현하는 것이 더 바람직하다는 포겔(D. Fogel) 등의 견해로, 교화개선보다는 범죄자의 법적지위 보장과 교정제도 개선(인권과 권리 보장 등)에 비중을 두고 있다.

(2) 내용

① 형벌처분에 기초하고, 공리적 · 합리적 · 인본적 · 합헌적 논리를 중시한다.
② 자유의사를 존중하는 현대적 고전주의적 접근방법이다.
③ 권리의무의 주체성을 인정하고, 범죄자의 법적지위 보장을 중시한다.
④ 사법재량을 제한하고, 수형자의 법적구제 및 권리를 중시한다.
⑤ 수용자의 개선보다는 교정제도의 개선을 더 강조한다.

(3) 제도개선

국가의 재량권 축소, 부정기형과 가석방제도 폐지, 정기형으로의 복귀 및 선시제도 채택, 법관의 재량권 제한, 미결구금일수 형기산입, 수형자자치제 확대, 수용자에 대한 법적 원조 강화, 옴부즈만제도 채택, 수용자 처우 공개 등을 주장한다.

(4) 처우기법

① 범죄자를 처벌하되 인간적인 방법에 의해야 한다.
② 공정한 처우와 적법절차를 중시하고, 공정성을 지닌 정의를 실현해야 한다.
③ 수형자가 자발적으로 프로그램을 선택할 수 있도록 해야 한다.
④ 자치에 참여시켜 책임 있는 존재로 처우해야 한다.
⑤ 수용자의 권리를 보장하고, 불공정한 처우를 시정해야 한다.

(5) 비판

① 정의모델은 응보주의 모델로 회귀할 위험성이 있다.
② 형사사법기관의 특성 및 교정이념상 실현되기 어려운 점이 있다.
③ 응보주의에 바탕을 두고 있어, 범죄자의 교화개선을 경시하는 경향이 있다.
④ 엄중한 형벌과 정기형은 과밀수용을 초래하므로 진정한 사법정의를 실현하기 어려운 점이 있다.

6. 모델 간의 조화

(1) 형의 집행은 사회복귀를 위한 지도와 원조를 중심으로 하면서, 수용자의 자주성과 주체적인 인격 및 사회적 책임을 갖고 생활할 수 있는 능력을 갖게 하는 것이 필요하다.
(2) 그러기 위해서는 개방처우 및 사회내 처우 확대, 구금 대체방안 강구, 교정직원 자질향상, 교정프로그램 효과성 증대, 교정에 대한 사회참여 확대, 지역사회의 변화 등이 필요하다.

02 범죄인 처우 참고

JUSTICE

1. 의의

(1) 18C 후반 존 하워드를 비롯한 행형학파에 의한 행형개량운동 및 신고전학파에 의한 형벌의 개별화 등을 통해 자유형의 응보적 · 징벌적 집행을 자성하면서 수형자에 대한 관심을 갖기 시작했다.

(2) 19C 후반 이탈리아 실증학파에 의해 전개된 범죄자에 대한 연구는 범죄인처우라는 개념형성에 많은 영향을 주었다. 특히 처벌되어야 할 것은 행위가 아닌 행위자로 보는 근대 형법이론의 등장으로 범죄에서 범죄인에게로 관심이 전환되고, 교육형(목적형 · 개선형)사상이 확립되면서 처우의 중요성이 강조되었다.

(3) 20C에는 UN 범죄방지 및 범죄자처우회의 등 각종 국제회의를 통해 범죄인처우 문제를 중요의제로 다루면서 처우의 개념이 보편화되어 현대 교정의 일반적인 흐름이 되었다.

2. 범죄인 처우의 형태

(1) 사법처우

사법처우는 교정단계 이전인 사법적 결정단계에서 처우의 개별화를 추구하는 것을 뜻하며, 양형론 · 판결 전 조사제도 · 재판 전 전환제도 등이 있다.

(2) 교정처우

① 교정시설 내에서의 수용자 처우, 즉 협의의 범죄인 처우를 뜻한다.
② 시설내 처우가 중심이며, 개선 · 교화라는 복합적인 의미를 내포하고 있다.
③ 가석방 및 개방처우(사회적 처우)와 연계해 탄력적으로 운영하는 것이 필요하다.

(3) 보호처우

사법처우와 연계(선고유예 · 집행유예 등) 하거나, 가석방 등 교정처우 이후에 이루어지는 재사회화가 주된 목적이다. 보호처우인 사회내 처우로는 보호관찰 · 사회봉사명령 · 수강명령 · 갱생보호 등이 있다.

3. 범죄인 처우의 기본원칙

(1) 의의

범죄인 처우의 기본원칙(지도원리)은 범죄인을 처우함에 있어 일반적으로 적용되는 기본적인 원칙을 말하며, 학자에 따라 범죄자처우의 지도원리, 교정의 기본원리, 교정이념 등으로 다양하게 불리우고 있다.

(2) 내용

① 인도주의

범죄인도 인간의 존엄성과 최소한의 생활조건이 보장되어야 한다는 이념으로 「헌법」· 국제규약 등에 이를 담고 있다.

② 공평처우

수형자를 처우함에 있어 치우침이 없이 공정하게 처우하는 것을 말한다. 하지만 합리적인 차별은 가능하므로 수형자를 분류심사하여 처우등급별로 처우하는 것은 공평처우에 반하는 것이 아니다.

③ 과학주의

교육학 · 심리학 · 정신분석학 등 여러 가지 과학적 지식을 응용하여 객관적이고 합리적으로 수형자를 처우하고 교화개선을 촉진하는 것을 말한다.

④ 개별처우주의

범죄의 원인과 범죄자의 특성을 고려해 수형자의 특성에 맞는 처우를 실시하여 사회복귀를 촉진시키는 것을 말한다.

⑤ 사회접근주의

수형자를 사회에 복귀시키기 위해서는 외부사회와 접근할 기회를 제공하고 접촉을 유지하는 것이 필요하므로, 사회적 처우(개방처우) 및 지역사회교정 등을 중시하는 경향이 있다.

⑥ 법률주의

수형자에게도 법치주의의 일반원칙이 그대로 적용되어야 하고, 기본권을 제한하는 경우에는 반드시 헌법과 법률에 근거가 있어야 하며, 그 한계를 벗어나서는 안 된다. 수용자에 대한 인권이 강조될수록 이들의 기본권을 보호하고 보장하기 위한 법률주의가 강조되는 경향이 있다.

CHAPTER 3 교정의 연혁

01 교정의 역사 ★

JUSTICE

1. 복수적 단계(형벌의 사유화)

(1) 범죄행위에 대한 개인적 · 집단적 복수행위가 용인된 시대로 원시국가시대에서 고대국가 형성시까지를 말한다. 행동준칙으로는 종교적 · 미신적 사회규범인 금기(Taboo)가 중시되었다.

(2) 이러한 복수형시대에도 피의 악순환을 막기 위해 "눈에는 눈, 이에는 이"라는 동해보복사상인 탈리오(Talio) 법칙이 강제되기도 하였고, 곡물과 화폐 등으로 피해를 보상하는 속죄금제도가 탄생하였다.

2. 위하적 단계(형벌의 국가화)

(1) 고대국가부터 18C 중반까지를 말하며, 왕권강화와 함께 공형벌이 정립되고, 범죄를 전제군주에 대한 도전으로 보아 강력한 위하형 체제에 의해 형을 가장 가혹하게 집행하던 시대를 말한다. 독일 최초의 형법전인 카롤리나 형법전이 대표적인 법전이다.

(2) 사형 · 신체형 · 장기유형 등 가혹한 형벌을 널리 사용하였으며, 죄형전단주의(형벌의 국가화)에 입각해 형벌을 가장 잔혹하게 집행하는 등 일반예방작용을 중시하였다.

3. 교육적 개선 단계(형벌의 법률화)

(1) 18C 말부터 19C 중반까지를 말하며, 박애주의사상을 기초로 전제군주에 저항해 가혹한 형벌과 고문의 폐지를 주장하는 등 형의 완화, 즉 인도화가 전개된 시대를 말한다.

(2) 계몽주의 · 공리주의 · 법치주의 등에 입각한 죄형법정주의(형벌의 법률화)가 확립되고 교육과 교화개선을 목적으로 하는 변화가 시도되었으며, 형법개혁운동과 감옥개량운동이 전개되었다.

(3) 감옥 내 질서와 근로사상을 중시하고, 암스테르담 노역장 · 펜실베니아제 · 오번제 · 오스트레일리아의 누진제 등이 실시되었다. 특히 유의할 점은 신체형에서 자유형으로 변형되는 시기가 바로 교육적 개선 단계이다.

4. 과학적 처우 단계(형벌의 개별화)

(1) 19C 말부터 20C 초에 자연과학과 사회과학에 대한 실증적인 연구가 활발히 전개되면서 범죄인과 범죄원인을 과학적 · 실증적으로 규명한 시대를 말한다.

(2) 범죄가 아닌 범죄인의 교화개선과 사회방위사상이 강조되고, 형벌의 개별화와 범죄인의 처우를 중시하였으며, 특별예방적 관점에서 수형자의 과학적인 분류와 개별적 처우를 통한 재사회화에 초점을 두었다.

5. 사회적 권리보장 및 국제적 협력 단계

(1) 사회적 권리보장 단계

① 제2차 대전 이후 개선 · 치료모델이 실패하였다는 평가를 받으면서, 범죄자의 사회재통합을 전제로 하는 보호관찰 · 가석방 · 중간처우 등 사회내 처우가 강조된 시대를 말한다.

② 1960년대 후반에는 세계적으로 인권운동이 활발히 전개되면서, 수형자의 인권보장을 위한 법적정비 및 교정제도 개선 등이 이루어지게 되었다.

(2) 국제적 협력 단계

형사정책에 관한 국제협력은 과학적 · 실증적 연구가 시작된 19C 말부터 활발히 이루어지기 시작하였다. 제2차 대전 이후에는 연구의 국제화와 함께 범죄의 국제화로 인해 더욱 활발한 국제적 협력이 이루어졌다.

02 교정 관련 국제회의 참고

JUSTICE

1. 국제범죄인류학회(I.K.K)

롬브로조(C. Lombroso)의 범죄인류학 연구가 중심이었으며, 1885년 로마에서 제1회 대회가 개최된 이후 1911년까지 존속되다가 중단되었다. 국제범죄인류학회는 페리(E. Ferri)의 영향으로 사회학적 원인도 고려하였다.

2. 국제형사학협회(I.K.V)

(1) 의의

독일의 리스트(Liszt), 네덜란드의 하멜(Hamel), 벨기에의 프린스(Prins) 등이 중심이 되어 결성하였다. 1889 ~ 1937년까지 제11회에 걸쳐 회의를 하였으며, 20C 초 형사학계를 주도하였다.

(2) 활동 및 임무

범죄 및 그 원인과 대책에 관한 과학적 연구를 행하는 것을 임무로 하고, 법률적 견지 및 범죄인류학적 · 사회학적 관점에서 연구하는 등 광범위한 형사정책 분야에 걸쳐 문제점과 개선방향을 논의하였다.

(3) 주요의제

① 미수와 공범의 문제
② 소년범, 누범 및 상습범의 문제
③ 단기자유형의 비판 및 그 대체
④ 벌금형의 개선
⑤ 직업범죄인의 제재
⑥ 석방자 보호
⑦ 부랑자와 걸인에 대한 처우문제
⑧ 국제적 범죄 등

(4) 범죄인 분류

리스트의 영향을 받아 행위자의 사회적 위험성을 기준으로 범죄인을 개선 가능자, 개선 곤란자, 개선 불능자(개선 불가능한 자)로 분류하였다.

3. 국제형법협회(A.I.D.P)

제1차 세계대전을 계기로 중단되었던 국제형사학협회(I.K.V)를 1924년에 계승한 것으로 1969년까지 총 10회에 걸쳐 일반적인 형사정책 문제를 논의하였으며, 특히 형벌과 보안처분의 통일문제에 관해 많은 논의를 하였다.

4. 국제범죄학회(C.I.D.C)

(1) 의의

① 1938년 로마에서 제1차 회의가 개최되었으며, 당시에는 국제범죄학협회라고 하였다.
② 1950년 제2차(파리) 회의에서 드 길리오(Di Giulio) 교수에 의하여 국제범죄학회로 명명되었으며 매 5년마다 세계범죄학대회를 개최하고 있다.
③ 1998년 서울에서 제12차 회의가 개최된 바 있으며, 현재 50여 국가 1,000여명의 범죄 관련 학자들이 가입하고 있는 비정부기구이다.

(2) 특징

① 범죄의 현상과 원인을 탐구하여 범죄방지대책을 강구하는데 목적을 두고 있으며, 현재 UN 및 유럽회의의 자문기구로 활동하고 있다.

② 매 5년마다 범죄학 분야 우수논문에 대하여 데니스 캐롤상을 수여하고 있으며, 국제범죄학연보를 매년 발간하고 있다.

5. 국제형법 및 형무회의(I.P.P.C)

(1) 의의

① 1872년 런던에서 정부의 공적인 대표들로 구성된 국제형무회의가 개최되었다.

② 1929년 국제형법 및 형무회의로 개칭하고 1950년 제12차 회의까지 존속하다가 UN(유엔 범죄방지 및 범죄자처우회의)에 인계하였으며, 형사정책 연구의 중요한 자료가 되고 있다.

(2) 특징

① 입법 · 사법 · 예방 · 소년 등 4개부로 나누어 토의를 진행하였다.

② 자유형의 단일화, 부정기형의 필요성, 수형자 분류, 수형자 인격조사, 누진제, 교도작업, 재판관 및 교도관의 범죄학에 대한 예비교육의 필요성, 소년범 및 상습범 문제, 석방자보호, 가석방 위원회, 작업임금 지급 등을 논의하였다.

6. UN 범죄방지 및 범죄자처우회의

(1) 국제형법 및 형무회의를 계승한 현존하는 최대 규모의 정부단위 국제협력 조직이다.

(2) 유네스코 산하의 UN 사회방위국과 개최국 정부가 공동협력으로 주최하고 있다.

(3) 1955년 스위스 제네바에서 제1차 회의를 개최한 이래 매 5년마다 개최하고 있다.

(4) 1955년 제1차 회의에서 「UN 피구금자처우 최저기준 규칙」을 결의하였다.

(5) 1957년 UN 경제사회이사회의 승인을 받아 모든 국가들이 피구금자처우의 기본적인 기준으로 채택하여 활용하도록 하였다(구속력이 없는 권고사항임).

7. 범죄예방 및 형사사법위원회

(1) 범죄예방 및 형사사법위원회(CCPCJ : Commission on Crime Prevention and Criminal Justice)는 1992년 UN 경제사회이사회 결의에 의해 설치되었다.

(2) 범죄예방 및 형사사법 분야에 관한 UN의 정책지침을 마련하고, UN의 범죄예방 프로그램을 개발하고 집행하며 감독한다.

(3) 또한 범법자의 처우와 관련한 국제기구의 활동을 지원하고 조정하며, UN이 개최하는 범죄예방 및 형사사법에 관한 연례회의를 준비한다.

(4) UN 회원국 중에서 경제사회이사회가 선출하는 40개국으로 구성된다. 임기는 3년이며 사무국은 오스트리아 빈에 있다. 우리나라도 여러 차례 회원국으로 역임했다.
(5) 2015년 UN 피구금자 처우 최저기준 규칙(만델라 규칙) [수용자 처우에 관한 UN 최저기준 규칙]을 개정하였다.

8. 국제사회방위협회

이탈리아의 그라마티카(Gramatica), 프랑스의 앙셀(Ancel) 등에 의하여 기초되었으며, 신사회방위론을 주장하였다.

9. 세계피해자학회

1973년 예루살렘에서 최초로 국제피해자학 심포지엄이 개최된 이후 매 3년마다 개최되고 있으며, 1979년 독일에서 개최된 제3회 대회기간 중 세계피해자학회가 설립되었다.

10. 범죄생물학회

1927년 오스트리아의 렌츠(Lenz)에 의해 창립되어 메츠거 · 젤리히 등에 의해 지속되었다.

11. 아 · 태교정본부장회의

아시아 및 태평양지역 국가의 교정책임자들이 모여 효율적인 교정정책을 강구하고 상호협력을 강화하기 위해, 1980년 홍콩에서 처음으로 개최된 후 매년 개최되고 있으며, 2005년 서울에서 제25차 회의가 개최된 바 있다.

수용자 처우에 관한 유엔최저기준규칙 참고

JUSTICE

1. 연혁(선언적 성격, 법적 구속력 ×)

(1) 1928년 국제형법 및 형무회의(I.P.P.C) 원안을 기초로 하였다.
(2) 1955년 제1회 UN 범죄예방 및 범죄자(범죄인) 처우회의에서 채택하였다.
(3) 1957년 UN 경제사회이사회 결의로 승인하였다.
(4) 1977년 UN 경제사회이사회 결의로 제95조가 새로 추가되었다.
(5) 2015년 UN 범죄예방 및 형사사법위원회는 본 규정을 개정하면서 만델라 전 대통령의 업적을 기리기 위해 만델라 규칙으로 명명한 권고를 승인하였다.

2. 수용자 처우에 관한 유엔최저기준규칙(만델라규칙)〈2016년 개정〉 주요내용

[서 칙]

제1조

본 규칙이 의도하는 바는 교정시설의 모범적 체계를 세세한 점까지 기술하고자 하는 것은 아니다. 이것은 오직 이 시대의 사조로서 일반적으로 합의된 바와 현재로서 가장 적합한 체계를 위한 필수적인 요소들을 기준으로 하여 일반적으로 수용자에 대한 처우와 교정시설의 운영에서 올바른 원칙과 관행으로서 받아들여지고 있는 것을 명백히 하고자 하는 것일 뿐이다.

[제1부 통 칙]

수용자의 분리

제11조

상이한 종류의 수용자는 그 성별, 연령, 범죄경력, 구금의 법률적 사유 및 처우상의 필요를 고려하여 분리된 시설이나 또는 시설내의 분리된 구역에 수용되어야 한다. 따라서

가. 남자와 여자는 가능한 한 분리된 시설에 구금해야 한다. 남자와 여자를 함께 수용하는 시설에서는 여자용으로 사용되는 설비의 전체를 완전히 분리해야 한다.

나. 미결수용자는 수형자와 분리하여 구금해야 한다.

다. 채무로 인하여 수용된 자 및 그 밖의 민사범은 형사범과 분리하여 구금해야 한다.

라. 소년은 성년과 분리하여 구금해야 한다.

거주시설

제12조

① 취침시설이 각 거실마다 설치되어 있을 경우, 개개의 수용자별로 야간에 독거실이 제공되어야 한다. 일시적인 과잉수용 등과 같은 특별한 이유로 중앙교정당국이 이 규정에 대한 예외를 둘 필요가 있을 때에도 독거실에 2명의 수용자를 수용하는 것은 바람직하지 못하다.

② 혼거실이 사용되는 때에는 그 환경에서 서로 사이좋게 지낼 수 있는 수용자를 신중하게 선정하여 수용하여야 한다. 이때에는 시설의 성격에 맞추어 야간에 정기적인 감독이 수행되어야 한다.

제16조

적당한 목욕 및 샤워설비를 마련하여 모든 수용자가 계절과 지역에 따라 일반 위생상 필요한

만큼 자주 기후에 알맞은 온도로 목욕하거나 샤워할 수 있게 하며, 수용자에게 그렇게 할 의무가 부과될 수 있다. 다만, 온대기후의 경우 그 횟수는 적어도 매주 1회 이상이어야 한다.

의류 및 침구

제19조

① 자기의 의류를 입도록 허용되지 아니하는 모든 수용자에 대하여는 기후에 알맞고 건강유지에 적합한 의류가 지급되어야 한다. 이러한 의류는 결코 인간의 존엄성을 상실시키거나 수치심을 주는 것이어서는 안된다.

② 모든 의류는 청결하고 적합한 상태로 보존되어야 한다. 내의는 위생을 유지하기에 필요한 만큼 자주 교환되고 세탁되어야 한다.

③ 예외적인 상황에서 수용자가 정당하게 인정된 목적을 위하여 시설 밖으로 나갈 때에는 언제나 자신의 사복 또는 너무 눈에 띄지 아니하는 의복을 입도록 허용되어야 한다.

운동 및 경기

제23조

① 실외작업을 하지 아니하는 모든 수용자는 날씨가 허락하는 한 매일 적어도 1시간의 적당한 실외운동을 하도록 해야 한다.

② 소년수용자 및 적당한 연령과 체격을 가진 그 밖의 수용자에게는 운동시간 중에 체육 및 오락훈련을 받도록 해야 한다. 이 목적을 위하여 필요한 공간, 설비 및 장비가 제공되어야 한다.

보건의료

제24조

① 국가는 수용자의 보건의료를 책임져야 한다. 수용자는 지역사회에서 제공하는 것과 동일한 수준의 보건의료 혜택을 누릴 권리가 있으며 법적 신분으로 인한 차별을 받지 않고 필요한 보건의료 서비스를 무상으로 이용할 수 있어야 한다.

② 보건의료 서비스는 에이즈, 결핵 등 감염성 질환 또는 약물 의존에 대한 치료를 지속할 수 있도록 공공 보건당국과의 긴밀한 협조를 통해 이루어져야 한다.

제25조

① 모든 구금시설에서는 수용자의 육체적 또는 정신적 건강을 진단, 증진, 유지할 수 있도록 보건의료 관련 조치가 마련되어 있어야 하고 특별한 주의를 요구하거나 건강상 문제가 있는 수용자에게 각별한 주의를 기울여야 한다.

② 보건의료 서비스는 충분한 자격을 갖춘 의료전문가와 심리학과 정신과학 분야의 전문성을 갖춘 인력으로 구성된 팀에 의해 이루어져야 한다. 자격을 갖춘 치과의사의 의료서비스도 모든 수용자들에게 제공되어야 한다.

제28조

여자교도소에서는 산전 및 산후의 모든 간호 및 처치를 위하여 필요한 특별한 설비가 갖추어져 있어야 한다. 가능한 경우에는 항상 시설 밖의 병원에서 분만할 수 있도록 조치를 강구해야 한다. 아이가 시설 내에서 태어난 경우 그 사실을 출생증명서에 기재해서는 안 된다.

제한, 규율 및 처벌

제37조

다음 각 호는 항상 법률 또는 권한 있는 행정관청의 규칙으로 정해야 한다.

가. 규율위반을 구성하는 행위

나. 부과할 처벌의 종류 및 그 기간

다. 처벌을 부과할 권한이 있는 기관

라. 독방수용, 격리, 분리, 특수 관리시설, 구속시설 등과 같이 규율적 처벌 또는 질서 및 보안유지를 위해 다른 수용자들로부터의 강제적으로 분리 수용하는 행위로 이에 대한 정책 및 검토사항을 적용하는 경우 등을 포함함

제39조

① 수용자는 제37조에 명시된 법규와 공정성과 합당한 절차에 입각하여 처벌을 받아야 한다. 수용자는 동일한 규율위반에 대하여 이중으로 처벌받아서는 안 된다.

② 교정당국은 규율위반과 그에 대한 처벌이 합당하게 이루어지도록 조치를 취해야 하며 부과된 모든 처벌 내역을 정확하게 기록해야 한다.

③ 규율위반에 대한 처벌을 부과하기 전에 교정당국은 수용자에게 정신질환이나 발달장애가 있는지 확인하고 위반사실에 대한 원인을 규명해야 한다. 교정당국은 정신질환이나 발달장애로 인한 규율위반을 처벌해서는 안 된다.

제43조

① 구속 또는 규율위반에 대한 처벌은 어떠한 경우에도 고문 또는 기타 잔인하거나 비인간적이거나 모욕적인 처우 또는 처벌로 대체되어서는 안 되며 다음과 같은 행위는 금지되어야 한다.

가. 무기한 독거실에 수용하는 행위
나. 장기간 독거실에 수용하는 행위
다. 어둡거나 지속해서 밝혀져 있는 공간에 수용하는 행위
라. 체벌 또는 식사나 식수의 공급을 제한하는 행위
마. 집단 처벌하는 행위

② 규율위반에 대한 처벌로 결박장치를 사용해서는 안 된다.
③ 규율위반에 대한 처벌 또는 구속조치로 가족과의 연락을 금지해서는 안된다. 가족과의 연락을 금지하는 행위는 제한된 시간에 한하여 보안 또는 질서의 유지를 위한 경우에만 허용된다.

제44조

본 규칙에서 일반적인 독거수용이라 함은 타인과의 접촉이 없이 수용자를 22시간 또는 하루 이상 수용하는 것을 의미하고 장기 독거수용이라 함은 15일을 초과하여 연속으로 수용자를 독거실에 수용하는 것을 의미한다.

보호장비

제48조

① 제47조 제2항에 의거하여 보호장비의 사용을 허용하는 경우 다음과 같은 원칙이 지켜져야 한다.
가. 보호장비는 위험을 예방하기 위한 다른 대체 수단이 없을 경우에 한하여 사용되어야 한다.
나. 보호장비의 사용은 위험의 정도와 유형에 따라 수용자의 움직임을 제한하도록 적정한 수준에서 이루어져야 한다.
다. 보호장비는 꼭 필요한 시간에 한정하여 사용되어야 하며 위험성이 존재하지 않는 경우 즉시 제거해야 한다.

② 진통 또는 분만 상태에 있거나 분만 직후의 여성에게는 보호장비를 사용해서는 안 된다.

제49조

교정당국은 보호장비를 올바로 사용하고 착용자의 불편함을 최소화할 수 있도록 직원들을 교육해야 한다.

정보 및 불복신청

제56조

① 모든 수용자에게는 매일 교도소장 또는 그를 대리할 권한을 가진 교정직원에게 청원 또는 불복신청을 할 기회가 주어져야 한다.

② 수용자는 자신에 대한 조사 중에 조사관에게 청원 또는 불복신청을 할 수 있어야 한다. 수용자에게는 소장 또는 그 밖의 직원의 참여 없이 담당조사관 또는 다른 조사관에게 말할 기회가 주어져야 한다.

③ 모든 수용자는 내용의 검열을 받지 아니하고 적합한 형식에 맞추어 허가된 경로에 따라 검토 또는 구제 권한을 부여받은 사람을 포함하여 중앙교정당국, 사법기관 또는 그 밖의 권한이 있는 기관에 청원하거나 불복 신청을 하도록 허용되어야 한다.

④ 본 규칙 제1항부터 제3항까지에 명시된 권리는 수용자의 법률자문가에게도 적용된다. 이때 만일 수용자와 그 법률자문가 모두가 해당 권리를 행사할 수 없을 경우 수용자의 가족이나 사건에 대한 지식이 있는 제3자가 해당 권리를 행사할 수 있다.

시설 직원

제81조

① 남녀 수용자를 함께 수용하고 있는 시설에서는 여성 전용구역에 여자 책임자를 두고 해당 구역의 모든 열쇠를 관리하도록 해야 한다.

② 남자 직원은 여자 직원의 동반 없이 여성 전용구역에 출입할 수 없다.

③ 여자 직원만이 여성 수용자를 관리해야 한다. 그러나 남자 직원, 특히 의사와 교사가 교정시설이나 여성 전용구역에서 직무를 수행하는 것을 제한하지 않는다.

[제2부 특별한 범주에 적용되는 규칙]

A. 수형자

지도원리

제89조

① 이들 원칙들을 집행하는 데 있어서는 처우의 개별화와 이 목적을 위하여 수형자를 그룹으로 분류하는 신축성 있는 제도가 필요하다. 그러므로 이들 그룹은 각각의 처우에 적합한 개별 교도소에 구분하여 수용되는 것이 바람직하다.

② 교도소가 모든 그룹에 대하여 동일한 정도의 보안조치를 할 필요는 없다. 상이한 그룹의 필요에 맞추어 다양한 수준의 보안조치를 취하는 것이 바람직하다. 개방교도소는 도주에

대한 물리적 보안조치 없이 수형자의 자율을 신뢰하는 바로 그 사실에 의하여, 신중하게 선발된 수형자의 사회복귀에 가장 유익한 상황을 제공한다.

③ 폐쇄교도소에서 수형자의 수는 개별처우가 방해받을 정도로 많지 않은 것이 바람직하다. 몇몇 나라에서는 이들 교도소의 수용인원이 500명을 넘지 않아야 하는 것으로 생각되고 있다. 개방교도소의 수용인원은 가능한 한 적어야 한다.

④ 반면에, 적정한 설비를 마련할 수 없을 정도의 소규모 교도소를 유지하는 것은 바람직하지 아니하다.

작업

제97조

① 교도작업은 성질상 고통을 주는 것이어서는 안 된다.

② 수형자는 노예 또는 하인으로 취급되어서는 안 된다.

③ 수형자는 교정직원 개인 또는 사적인 이득을 위해 작업을 해서는 안 된다.

제100조

① 시설의 공장 및 농장은 가능한 한 교정당국에 의하여 직접 운영되어야 하고 개인 계약자에 의하여 운영되어서는 안 된다.

② 수형자는 교정당국이 관리하지 않는 작업에 종사하는 때에도 항상 교정직원의 감독 하에 있어야 한다. 작업이 정부의 다른 부서를 위하여 이루어지는 것이 아닌 때에는 작업에 대한 통상의 충분한 임금이 작업을 제공받는 자로부터 교정당국에 지급되어야 하며, 수형자들의 생산고가 참작되어야 한다.

제101조

① 자유로운 취업자의 안전과 건강을 보호하기 위한 규정이 마련되어야 하고, 이 규정은 법률에 의하여 자유노동자에게 인정되는 조건보다 불리한 것이어서는 안 된다.

② 직업병을 포함하여 산업재해로부터 수형자들을 보호하기 위한 규정이 마련되어야 하며, 이 규정은 법률에 의하여 자유노동자에게 인정되는 조건보다 불리한 것이어서는 안된다.

제102조

① 수형자의 하루 및 주당 최대 작업시간은 자유노동자의 고용에 관한 해당 지역의 기준과 관습을 참작하여 법률 또는 행정규칙으로 정해야 한다.

② 정해진 작업시간은 주당 하루의 휴일과 수형자에 대한 처우 및 사회복귀 원조의 일부로서 요구되는 교육과 그 밖의 활동을 위해 충분한 시간을 허용하는 것이어야 한다.

제103조

① 수형자의 작업에 대한 공정한 보수제도가 있어야 한다.
② 이 제도에 따라 수형자는 적어도 수입의 일부를 자신의 용도를 위하여 허가된 물품을 구입하는 데 사용하거나 또는 가족에게 보내는 것이 허용되어야 한다.
③ 이 제도는 교정당국이 수입의 일부를 저축기금으로 마련하여 석방 시에 수형자에게 교부하도록 규정해야 한다.

B. 정신장애 또는 정신질환을 가진 수용자

제109조

① 범죄의 위험이 없다고 판명되거나 심각한 정신장애 또는 정신질환을 진단받은 자로서 교정시설에서 생활하는 것이 상태를 악화시키는 경우 가능한 조속히 해당 수용자를 정신보건시설로 이송하는 조치를 취해야 한다.
② 정신장애 또는 정신질환을 가진 수용자들은 필요 시 자격을 가진 보건의료 전문가의 감독하에 특수시설에서 관찰 및 치료를 받아야 한다.
③ 기타 정신병 치료를 필요로 하는 모든 수용자들에는 해당 치료가 제공되어야 한다.

C. 미결수용자

제111조

① 범죄의 혐의로 체포 또는 구속되어 경찰서 유치장 또는 교도소에 유치 중이지만 사실심리와 선고를 받지 아니한 자는 본 규칙에서 이하 '미결수용자'라 한다.
② 유죄판결을 받지 아니한 수용자는 무죄로 추정되고, 무죄인 자로서 처우되어야 한다.
③ 개인의 자유를 보호하기 위한 법령이나 미결수용자에 관하여 준수되어야 할 절차를 규정하는 법령에 반하지 않는 한, 미결수용자는 이하의 규칙에서 핵심사항에 관하여서만 기술하고 있는 특별한 제도에 의하여 혜택을 받아야 한다.

제112조

① 미결수용자는 수형자와 분리 수용되어야 한다.
② 소년 미결수용자는 성인과 분리되며 원칙적으로 다른 시설에 구금되어야 한다.

제113조

미결수용자는 기후에 따라 상이한 지역적 관습이 있는 경우를 제외하고는 분리된 거실에서 혼자 자야 한다.

제114조

시설의 질서와 부합하는 범위 내에서 미결수용자는 희망하는 경우 자기의 비용으로 교정당국, 가족 또는 친구를 통하여 외부로부터 차입된 음식을 먹을 수 있다. 그 밖의 경우에는 교정당국이 이들의 음식을 제공해야 한다.

제115조

미결수용자에게는 청결하고 적당한 사복을 입도록 허용되어야 한다. 미결수용자가 수용자복을 입는 경우에는 그 수용자복은 수형자에게 지급하는 것과는 다른 것이어야 한다.

제116조

미결수용자에게는 항상 작업의 기회가 주어져야 하나 작업의 의무가 부과되어서는 안 된다. 미결수용자가 작업을 선택한 경우 보수가 지급되어야 한다.

제117조

미결수용자는 자기 또는 제3자의 비용으로 재판 및 시설의 안전과 질서를 해하지 아니하는 서적, 신문, 필기 용구 및 그 밖의 물건을 구입하도록 허용되어야 한다.

제118조

미결수용자가 합리적인 근거를 가지고 신청하고 모든 비용을 지급할 수 있는 경우, 자신의 의사 또는 치과의사의 방문과 치료를 받는 것이 허용되어야 한다.

제119조

① 미결수용자는 자신이 구금된 이유와 혐의를 즉시 알 권리가 있다.

② 미결수용자가 스스로 선임한 법률자문가가 없는 경우 사법기관 또는 관계 기관에서 법률자문가를 선임하고 미결수용자가 비용을 지불할 수 없을 경우 무상으로 법률자문을 제공해야 한다. 법률자문가의 조력을 거부하는 경우에는 지체없이 별도의 심의를 거쳐야 한다.

D. 민사상의 수용자

제121조

법률상 채무로 인한 구금 또는 그 밖의 비형사적 절차에 따른 법원의 명령에 의하여 구금이 허용되고 있는 국가에서 이들 수용자는 안전한 구금과 질서를 확보하기 위하여 필요한 한도를 넘는 어떠한 속박이나 고통도 받아서는 안된다. 이들에 대한 처우는 작업의 의무가 과하여질 수 있다는 점을 제외하고는 미결수용자에 대한 처우보다 불리하여서는 안된다.

E. 혐의 없이 체포 또는 구금된 자

제122조

시민적 정치적 권리에 관한 국제규약 제9조에 저촉되지 아니하는 한 범죄의 혐의 없이 체포 또는 구금된 자는 본 규칙 제1부와 제2부 C절에 규정된 동일한 보호를 받아야 한다. 본 규칙 제2부 A절 관련 규정도 그 적용이 특수한 그룹에 속한 수용자에게 이익이 되는 때에는 동일하게 적용되어야 한다. 다만, 범죄에 대한 유죄판결을 받지 아니한 자에게도 재교육이나 교화·개선이 적절하다는 취지의 조치는 취하지 아니한다는 조건으로, 그러한 규정을 적용하는 것이 구금중인 특수부류의 사람의 이익에 도움이 되는 경우에 한한다.

CHAPTER 4

우리나라의 교정사

01 고대의 행형(조선이후부터 빈출)

JUSTICE

1. 고대사회

(1) 고조선

「한서지리지」에 고조선의 형벌제도인 8조 법금 중에 3개조가 전하고 있다.

① 사람을 죽인 자는 사형에 처한다.

② 다른 사람에게 상해를 입힌 자는 곡물로 배상한다.

③ 남의 물건을 훔친 자는 노비로 삼거나, 자속하려면 50만 전을 내어야 한다.

(2) 부 여

① 형벌은 응보주의에 입각하여 준엄하였다.

② 살인자는 사형에 처하고, 그 가족을 노비로 삼았다.

③ 절도자는 12배 배상하는 1책 12법이 있었다.

④ 간음이나 투기를 한 부녀자도 극형에 처하였다.

⑤ 영고와 같은 제천행사 때에는 모든 형옥을 중단하고 죄수를 석방하는 풍습이 있었다.

⑥ 구금시설인 원형옥(圓形獄)이 있었으며, 이는 우리나라의 전통적인 원형옥의 전형이 되었다.

(3) 옥저 · 동예

① 법제는 부여 · 고구려와 비슷하였다.

② 동예에는 읍락침범 시 노비나 우마 등으로 배상하는 책화제도가 있었다.

(4) 삼한

부여 · 옥저 · 동예와는 달리 제사와 정치가 분리되어 소도(蘇塗)라는 치외법권지역이 있어서, 죄인이 그 곳으로 도망할 경우 체포할 수 없었다.

2. 삼국시대

(1) 의 의

① 감옥제도가 정비되는 등 국가공권력이 체계를 갖추게 되었다.
② 형벌제도는 준엄하였지만, 특별사면을 실시하는 등 범죄자에게 많은 관심을 가졌다.
③ 형벌의 종류는 사형 · 유형 · 장형 · 노비몰입 · 재산몰수 · 배상 등으로 다양해졌다.
④ 감옥을 영어(囹圄) · 뇌옥(牢獄) · 형옥(刑獄) · 수옥(囚獄) 등으로 불렀다.

(2) 고구려

① 형벌제도는 삼국 중에 가장 준엄하고 가혹하였다.
② 모반자는 사형에 처하고 가족을 노비로 삼고, 재산을 몰수하였다.
③ 패전자 · 투항자 · 살인자 · 겁탈자도 사형에 처하였다.
④ 도둑질한 자는 12배 배상토록 하고, 배상을 못하면 그 자녀를 노비로 삼았다.
⑤ 범죄자는 부족장회의인 제가평의회의 의결로 즉결처분하였다.
⑥ 우마도살죄(牛馬屠殺罪)가 있어 소나 말을 임의로 도살하면 노비로 삼았다.

(3) 백제

① 일찍부터 국가공권력에 의한 형벌을 시행하고 법치를 중시하였다.
② 중앙정부에서는 지방관의 남형(濫刑)을 감독하고, 사형의 경우 경옥(京獄)에서 복심하고 왕의 재가를 얻어 시행하였으며, 조정좌평이 형옥을 담당하였다.
③ 절도죄나 뇌물죄의 경우 유형 또는 3배를 배상토록 하였다.

(4) 신라

① 법흥왕 때 율령을 반포하여 중앙집권적인 체제를 정비하고, 고유한 관습과 율령을 혼합한 행형제도를 실시하였다.
② 문무왕은 삼국통일을 이룩한 후 대대적인 사면을 단행하였고, 진덕여왕 때 형률기관인 이방부를 설치하였다.
③ 반역죄 및 전투에 퇴각한 자는 사형에 처하고, 절도자는 배상토록 하였다.

3. 고려시대

(1) 의 의

단일국가로서의 민족의식을 바탕으로 응보위주의 형벌에 종교적인 인애사상이 가미된 정형주의를 확립하였다.

(2) 전옥서(典獄署) 등 설치

① 형부 아래에 죄수의 구금업무를 전담하는 중앙관서이자 최초의 교정기관인 전옥서를 개경에 설치하였다.

② 광종 때 노비법 개정으로 급증하는 죄인을 수용하기 위해 임시옥인 가옥(假獄)을 설치하였다.

전옥서, 부설옥, 시옥, 가옥

① 전옥서 : 개경에 설치한 죄수를 담당하는 유일한 중앙관서이다.
② 부설옥 : 지방관아가 직접 관장하는 뇌옥을 말한다.
③ 가옥 : 광종 때 급증하는 수용자를 관리하기 위해 설치한 임시옥이다.

(3) 문종

고유한 관습법과 중국법을 조화한 죄형법정주의 형법체계를 완성하였다.

(4) 공양왕

① 공양왕 때에는 5형제도(태 · 장 · 도 · 유 · 사)를 시행하였다.

② 전옥서 이외에 각종 뇌옥(牢獄)을 두어 형옥을 담당하게 하였다.

(5) 고려시대의 형벌

① 정형(5가지) : 태형, 장형, 도형, 유형, 사형

② 부가형

㉠ 자자(刺字) : 얼굴이나 팔에 글씨를 새겨 낙인하는 경면형과 삽루 등이 있었다.

㉡ 노비 및 재산몰입 : 모반죄나 대역죄의 경우 가족을 노비로 몰입하거나 재산을 몰수하였다.

③ 사형 : 삼복제를 실시하고, 최종적으로 왕의 재가를 얻어 집행하였다.

④ 기타 : 일정한 조건하에 형을 대신하여 속전을 받는 제도가 있었고, 상을 당하였거나 임산부인 경우 일시 석방하는 오늘날의 귀휴제도와 비슷한 휼수제도를 시행하였다.

02 조선시대의 행형

JUSTICE

1. 의의

(1) 유교적 인본주의를 반영해 엄중한 형에 신중을 기하고, 성종 때 「경국대전」을 완성하여 형의 집행방법, 형구(보호장비)의 규격 등을 정형화하고 전국적으로 통일하였다.

(2) 사형은 3회에 걸쳐 심사를 하고, 국왕의 재결을 받아 집행하는 삼복제를 실시하였다.

(3) 관찰사는 유형 이하의 사건만 처리하고, 군 · 현의 수령은 장형 이하만 처리토록 하여 형의 집행에 신중을 기하였다.

(4) 고려와 마찬가지로 죄수의 구금을 담당하는 기관은 전옥서에서 담당하였다.

(5) 형사법에 죄수를 보호하는 휼수의 규정을 두어 구금된 자도 법적 보호를 받을 수 있도록 하는 등 인도적인 측면도 있었다.

휼수제도 ★

1. 조선시대 형사법에는 형벌을 가볍게 하고 구금된 자를 보호하는 등의 휼수(휼형)의 규정을 두어 죄수를 보호하는 제도적 장치를 마련하였다.
2. 감강종경(減降從輕)
   사형 → 유형, 유형 → 도형, 도형 → 장형
3. 보방제도(保放制度)
   ① 1905년 「형법대전」에 규정된 보방규칙은 죄수의 건강악화나 부모 사망 등 윤리상 구금이 적당하지 않다고 판단되는 경우 일시적으로 죄수를 석방하는 제도이다.
   ② 이는 구속집행정지 · 형집행정지 · 특별귀휴 등과 유사한 휼수제도의 일종이다.

2. 행형 관장기관

<table>
<tr><td rowspan="8">중앙</td><td rowspan="5">형조
(사법업무와 노비에 관한 사무 총괄)</td><td rowspan="4">4사</td><td>상복사(詳覆司)</td><td>중죄에 대한 주관 부서(사형을 주관)</td></tr>
<tr><td>고율사(考律司)</td><td>율령에 관한 사항을 관장</td></tr>
<tr><td>장금사(掌禁司)</td><td>감옥과 범죄수사 업무처리</td></tr>
<tr><td>장예사(掌隸司)</td><td>노비의 호적과 소송, 포로에 관한 업무</td></tr>
<tr><td colspan="2">전옥서(典獄署)</td><td>죄수의 구금을 담당</td></tr>
<tr><td>사헌부</td><td colspan="3">국가 감찰기관</td></tr>
<tr><td>의금부</td><td colspan="3">왕명에 의한 특수범죄를 담당</td></tr>
<tr><td>한성부</td><td colspan="3">수도의 행정, 전국의 토지, 가옥, 묘지소송 담당</td></tr>
<tr><td rowspan="2">지방</td><td>관찰사</td><td colspan="3">도내의 행정 · 사법 · 군사 · 행형을 총괄</td></tr>
<tr><td>수령</td><td colspan="3">군 · 현의 업무담당</td></tr>
</table>

직수아문(直囚衙門)

① 남형(濫刑)을 방지하고 인권을 보호하려는 취지에서 인신을 구속할 수 있는 기관을 직수아문이라 하였다.

② 「경국대전」 등에 특별히 규정하고 형조 · 병조 · 한성부 · 사헌부 · 승정원 · 장예원 · 종부사 · 비변사 · 포도청 · 관찰사 · 수령 등으로 한정하였다.

남간(南間)
조선시대에 확정된 사형수를 가두던 옥으로 의금부 안에 있었다.

3. 형벌제도(기본5형)

(1) 태형(笞刑) : 1920년 폐지

① 가벼운 죄를 범한 경우에 작은 형장(刑杖)으로 볼기(엉덩이)를 때리는 형벌이다.
② 10대 ~ 50대(10, 20, 30, 40, 50대)까지 5등급이 있었으며, 남자는 둔부를 노출시켜 실시하였다.
③ 부녀자는 옷을 벗기지 않았지만, 간음한 여자는 예외로 엉덩이를 노출시켜 집행하였다.
④ 70세 이상, 임신한 여자, 15세 미만, 폐질환자는 태형 대신 속전을 받았다.
⑤ 조선말 장형이 폐지된 이후에도 존속하다가 1920년에 완전 폐지되었다.

(2) 장형(杖刑) : 1895년 폐지(남형이 가장 많았다)

① 태형보다 중한 벌로, 죄를 범한 경우 큰 형장(刑杖)으로 볼기를 치는 형벌이다.
② 60대 ~ 100대(60, 70, 80, 90, 100대)까지 5등급이 있었다.
③ 장형만 집행하는 경우도 있었으나, 대체로 도형 및 유형에 병과하였다.
④ 갑오경장 다음해인 1895년 행형제도의 개혁과 동시에 폐지되었다.

(3) 도형(徒刑)

관에 구금하여 노역을 시키는 형벌로 오늘날의 징역형(자유형)에 해당한다. 반드시 장형과, 병과하고, 1년에서 3년까지 5종(1년, 1년 6월, 2년, 2년 6월, 3년)으로 구분하였다.

충군
- 도형에 복역하는 대신 군역에 복무시키는 것으로 일종의 대체형벌이다.
- 충군하는 경우, 도형의 기간이 종료되면 석방하였다.

(4) 유형(流刑)

① 의의
㉠ 중한 죄를 범한 경우 귀양을 보내는 형벌로, 기간이 정해지지 않은 무기금고형(자유형)에 해당하며, 대부분 장형과 병과하였다.

㉡ 대명률에 3종류(2000리 · 2500리 · 3000리)가 있었지만, 우리나라는 도별로 그 기준을 달리하였다.

㉢ 계호와 처우의 책임은 그 지방의 수령에게 있고, 생필품은 관에서 공급하였다.

㉣ 일반적으로 죄인의 처 · 첩을 따라가게 하고, 조부와 자손이 따라가기를 원할 때에는 허락하였다.

② 종류

㉠ 중도부처(中途付處) : 부처라고도 하며, 주로 관원 · 유생에게 과하는 유형으로, 일정한 지역을 지정하여 유거하게 하는 형벌이다.

㉡ 안치(安置)

ⓐ 주로 왕족 · 고관현직자를 대상으로 부과하는 유형이다.

ⓑ 행동의 제한을 가장 많이 받는 형벌로서 유형지의 일정한 지역 내에 유거하게 하는 형벌이다.

ⓒ 종류

1) 본향안치 : 죄인을 그의 고향에 안치시키는 것이다.

2) 절도안치 : 외딴 섬에 격리시키는 것으로 심히 가혹하여 특별교지 시에만 시행하였다.

3) 위리안치 : 가옥주위에 가시나무 울타리를 만들어 외출을 못하게 하고, 가족의 기거를 불허하였다.

천도(遷徒)

천사라고도 하며, 조선 초기에 북방개척과 이민정책 추진의 일환으로 1000리 밖으로 강제이주 시키는 대체형벌이다. 전가족을 강제이주 시키는 전가천도(전가사변)가 가장 가혹하고 연좌제적 성격을 지니고 있었다.

(5) 사형

① 의의

초복 · 재복 · 삼복의 심리단계를 두고 최종적으로 임금의 재결을 받아 사형을 집행하였으며, 형조의 4사 중 상복사가 전담하였다.

② 사형의 집행

㉠ 교형(絞刑) : 목을 졸라 죽이는 교수형을 말한다.

㉡ 참형(斬刑) : 칼로 목을 쳐서 죽이는 것을 말한다.

㉢ 능지처참(陵遲處斬, 陵遲處死) : 양팔 · 양다리 및 몸체 등을 해하는 형벌로 매장이 허용되지 않았다.

㉣ 부관참시(部棺斬屍) : 죽은 자의 무덤을 파헤쳐 시체를 꺼내 참형에 처하는 것이다.

㉤ 사사(賜死) : 죄인으로 하여금 왕명으로 독약을 마시고 죽게 하는 것이다.

ⓗ 거열(車裂) : 팔다리 등의 신체를 수레에 묶어서 당겨 죽게 하는 것이다.
ⓢ 효수(梟首) : 죄인을 참수한 다음 머리 또는 시신을 높은 곳에 매달아 놓는 것이다.
ⓞ 기시(棄市) : 시장 등 사람이 많이 모이는 장소에서 사형을 집행하고, 시체를 길거리에 버리는 것이다.

속전(贖錢)

① 특정한 범죄를 제외하고는 형벌 대신 금전으로 납부할 수 있는 제도를 말한다.
② 오늘날의 벌금과 유사하나, 벌금은 형의 선고 자체가 재산형인데 비해, 속전은 신체형(태 · 장), 자유형(도 · 유), 생명형(사)을 선고받은 후 본형을 재산형으로 대신한다는 점에서 구별된다.

(6) 부가형

① 의의
기본 5형에 부가하여 행하여진 형벌을 말하며, 자자 · 몰관 · 피해배상 · 윤형 등이 있었다.

② 종류
㉠ 자자(刺字) : 죄인의 얼굴이나 팔에 먹물 등으로 죄명을 새겨 넣는 것으로, 경면형과 삽루 등이 있었다. 전과자임을 알려 수치심을 갖게 하고 요시찰자로 관리하기 위해 실시하였지만, 처벌이 가혹해 영조 16년(1740년)에 자자의 도구를 소각하고 완전히 폐지하였다.
㉡ 몰관(沒官) : 중죄자의 재산을 몰수하고 가족을 노비로 몰입하는 것으로, 적몰(재산몰수)과 노비적몰(가족을 노비로 삼음)이 있었다.
㉢ 피해배상 : 강제로 피해자에게 배상하도록 조치하는 것이다.
㉣ 윤형(閏刑) : 명예형 또는 자격형의 일종으로 규형과 금고 2가지가 있다.
ⓐ 규형 : 관직에 있는 자가 죄를 범한 경우, 그 현직에서 해임 · 관직강등 또는 관원명부에서 제명하는 것이다(현재의 자격박탈에 해당).
ⓑ 금고 : 일정기간 또는 영구히 관직에의 취임자격이나 승려의 신분을 박탈하는 것이다. (현재의 자격상실 또는 자격정지에 해당)

4. 법외 형벌

(1) 의의

조선시대에는 공형벌을 원칙으로 하면서 예외적으로 사형벌을 인정하였다.

(2) 사형벌(私刑罰)의 종류

① 관에서 관습적으로 행하던 형벌
㉠ 주뢰(周牢) : 양다리를 결박하여 주리를 트는 것

㉡ 압슬(壓膝) : 무릎 위에 목판이나 무거운 돌을 올려놓고 압력을 가하는 것
㉢ 낙형(烙刑) : 불에 달군 쇠로 몸을 지지는 것
㉣ 난장(亂杖) : 여러 명이 장으로 집단으로 가격하는 것

② 권문세도가에서 행하던 사형벌(주로 노비를 대상으로 함)
㉠ 의비(劓鼻) : 코를 베는 것
㉡ 월형(刖刑) : 아킬레스건을 제거하는 것
㉢ 비공입회수(鼻孔入灰水) : 코에 잿물을 주입하는 것
㉣ 팽형(烹刑) : 삶아 죽이는 것
㉤ 고족(刳足) : 도끼 등으로 발을 쪼개는 것

5. 형구(형벌 도구)

(1) 종류

① 형구는 오늘날 보호장비에 해당하는 옥구를 말한다.
② 조선시대의 법정형구로는 태(笞) · 장(杖) · 신장(訊杖) · 가(枷) · 유(杻) · 철삭(鐵索) · 요(鐐) 등 7종이 있었으며, 그 규격을 「흠휼전칙」(欽恤典則)에 상세히 규정하고 있다.

(2) 용도

① 태(笞) · 장(杖) : 태형과 장형을 집행할 때 사용하는 형구를 말한다.
② 신장(訊杖) : 범죄인을 심문할 때 사용하는 형구를 말한다.
③ 가(枷) : 목에 씌우는 나무칼로서 도(徒) · 유(流) · 사죄(死罪)를 범한 사람에게 사용하였다.
④ 유(杻) : 손에 씌우는 나무수갑으로 사죄를 범한 사람과 죄수 호송 시에 사용하였다.
⑤ 철삭(鐵索) : 도주를 방지하기 위한 쇠사슬로서 죄수의 손 또는 발에 사용하였다.
⑥ 요(鐐) : 쇠뭉치가 달린 쇠사슬로 도형을 받은 사람이 노역할 때 사용하였다.

6. 감옥제도

(1) 「육전조례」 전옥서편 기록

① 남옥과 여옥을 분리하여 수용하였다.
② 형사법전에 구금할 수 있는 기관과 구금의 요건 등을 상세히 규정하였다.
③ 구금에 신중을 기하여 피구금자의 인권을 보호하려고 노력하였다.

(2) 전옥서(典獄署)

① 고려시대의 제도를 계승하여 전옥서를 형조에 소속시켜 죄수의 수감을 맡아왔다.
② 갑오경장 이후 전옥서는 경무청의 감옥서로 변경되었다가 감옥으로 개칭되었다.

> **➲ 교도소의 명칭 변경 ★**
> 뇌옥 등(삼국시대) → 전옥서(고려 · 조선) → 감옥서, 감옥(갑오경장 후) ⇒ 형무소(1923년) → 교도소(1961년)

03 조선 후기의 근대적 행형

JUSTICE

1. 근대적 행형법의 태동

(1) 1894년 갑오개혁으로 연좌제와 고형(拷刑 : 고문)이 폐지되고, 전통적인 5형제도에서 근대 자유형 제도 중심으로 전환되는 계기가 되었다.
(2) 1894.11.25.(고종 31년)에 감옥규칙이 제정되어 우리나라 행형법의 효시가 되었다.
(3) 1894년 징역수형자의 누진처우를 규정한 징역표를 제정하였다.
(4) 1895년 징역처단례를 제정하여 징역(자유형) 중심의 형벌이 정착되었다.
(5) 1895년 재판소구성법에 의해 사법권이 행정권으로부터 독립되었다.
(6) 1898.1.12.(광무 2년)에 감옥규칙을 개정하여 여감의 별도설치를 규정하였다.
(7) 1898.1.19. 감옥세칙(감옥규칙 시행령)을 제정하여 근대적인 행형법이 구비되었다.

> **➲ 감옥규칙(1894년)**
> 1. 미결감과 기결감 구분, 판사와 검사의 감옥순시 명시, 재감자의 준수사항 등을 규정
> 2. 징역표 제정
>   ① 기초적 분류 및 누진처우제도의 일종으로, 개과천선을 목적으로 제정하였다.
>   ② 재감자를 4종(보통자 · 특수기능소지자 · 노유자 · 부녀)으로 구분
>   ③ 5등급으로 분류해서 단계처우를 하였다. 단계처우는 형구(보호장비) 사용 정도를 정하는 수준에 불과하였다.
> 3. 1898년에 감옥세칙이 제정되어 근대적인 법률체계가 확립되었다.
>
> **➲ 감옥세칙(1898, 감옥규칙시행령)**
> 통규(통상규칙), 급여, 위생, 접견, 상훈, 징벌 등 6장으로 구분하여 규정하였다.
>
> **➲ 징역처단례(1895년)**
> 종전의 유형과 도형을 징역형으로 바꾸었다. 유형은 국사범에 한하여 존속토록 함으로써 징역형이 보편적인 형벌로 정착되기 시작하였다.

형률명례(1896년)

1. 조선말기 형벌제도의 근간으로 근대적 법률체계를 갖춘 과도기적 형법
2. 형벌은 기본5형 중 장형을 폐지하고 4종(사형, 유형, 도형, 태형)으로 함
3. 도주우려자에게는 형구(가 · 철삭 등)를 사용하였지만, 노약자 · 부녀자에게는 사용하지 않았음
4. 재판관에게 형벌 감경재량을 인정하였다.

형법대전(1905년)

1. 형벌을 주형과 부가형 2종으로 하고, 서구의 법체계를 모방한 조선의 마지막 형법
2. 유형은 1년부터 종신까지 10종, 태형은 10대부터 100대까지 10종으로 함
3. 사형을 교수형으로 규정함
4. 1908년 조건없는 가석방제도 실시(사형확정자 이외 종신형을 포함한 모든 수형자가 대상)

2. 일제 강점기의 행형

1909년 기유각서(己酉覺書)에 의해 대한제국의 감옥사무가 일제에 의해 박탈당하면서 갑오경장 이후 태동되어 온 행형의 근대화가 좌절되고, 일제에 의한 민족차별적인 식민지 행형(예방구금과 태형이 있었음)이 시작되었다. 1923년에는 감옥을 형무소로, 분감을 지소로 그 명칭을 변경하였다.

3. 미군정시대의 행형

(1) 일제시대의 조선감옥령과 행형조직을 그대로 인수하여 일제의 잔재를 완전히 불식시키지는 못하였다. 하지만 미국의 교정이념에 근거해 수형자의 인권을 보호하고 처우를 개선하려는 노력을 하였다.

(2) 제도개선

선시제도 실시, 수용자 석방청원제 실시, 보호장비 사용 제한, 징벌제도를 개선한 것이 대표적이다.

(3) 우량수형자 석방령(선시제도-1953년 폐지)

선행을 유지하면서 특정작업에 종사하게 되면 석방 시기가 단축되는 제도이다. 실질적인 형기단축 성격을 지니고 있어, 자기형기단축제도라고도 한다.

(4) 수용자 석방청원제

① 대상 : 검사에 의하여 조사 중에 있는 구속된 피의자 또는 피고인
② 청원 : 미결수용자로서 30일 이상 수용 중인 자는 군정청 법무국장에게 석방청원 가능
③ 석방 : 확실한 증거가 없는 경우 석방을 명할 수 있도록 함

04 현대 교정행정

JUSTICE

(1) 「행형법」 제정(1950.3.2)

해방 이후 일제시대의 감옥법(조선감옥령)이 미군정시대 군정법령에 의해 그대로 적용되어 오다가, 1950.3.2. 「행형법」이 제정되고, 1956.2.2. 「행형법 시행령」이 제정되었다.

(2) 개정

우리나라는 해방이후 일본의 법률체계를 모방하여 제정한 「행형법(行刑法)」을 1961.12.23. 제1차 개정 때 현대적 법률체계로 바꾸면서 전부 개정하고, 그 후 시대적 상황을 가미해 9회에 걸쳐 부분적으로 개정해 왔다.

그러다 2007.12.21. 수용자의 인권을 신장시키고 수용관리를 과학화 · 효율화하기 위하여 기존의 「행형법」을 「형의 집행 및 수용자의 처우에 관한 법률」로 법명을 바꾸면서, 1961년(제1차 개정) 전부 개정한 이후 46년 만에 전부 개정하였다.

법명을 「형의 집행 및 수용자의 처우에 관한 법률」로 전부 개정한 이후에는, 동 법률을 시행하면서 제기된 문제점이 제기될 때마다 부분적으로 수정하여 현재에 이르고 있다.

2. 주요 개정 내용

(1) 제1차 개정(1961.12.23. : 전부개정)

① 형무소 · 형무관을 '교도소' · '교도관'으로 개칭

② 수형자 이송제도, 종교교회 · 귀휴 · 구치소 신설 등 근거 명시, 일반귀휴 신설

(2) 제5차 개정(1995.1.5.)

① 신입자 건강진단 및 라디오와 TV 시청 규정 신설

② 개방시설처우와 외부통근작업 근거규정 신설

③ 변호인 접견 시 교도관 입회금지 조항 신설

(3) 제6차 개정(1996.12.22.)

법무부 내에 법무부 차관을 위원장으로 하는 가석방심사위원회 설치

(4) 제7차 개정(1999.2.28.)

① 수용자에 대한 인권존중의 원칙 신설

② 민영교도소 설립의 법적근거 마련

③ 수용자의 전화통화 허용

④ 수형자 외부통학 및 출장직업훈련 근거규정 신설
⑤ 귀휴허가요건 완화 및 특별귀휴 신설

(5) 제10차 개정(2007.12.21.)

① 전부개정
* 기존의 「행형법」을 「형의 집행 및 수용자의 처우에 관한 법률」로 법명을 변경하면서 전부 개정하였다.

② 개정이유
* 수용자의 처우를 제한하는 주요사항이 법률이 아닌 하위법령이나 소장에게 지나치게 위임되어 있어 시행령 및 각종 예규 등에 규정된 중요사항을 법제화하였다.
* 기존의 법이 수용자의 인권존중에 미흡하다는 지적이 있어, 수용자의 인권신장 및 외부교통권이 보호될 수 있도록 하고, 수용자의 사회적응력 향상 및 수용관리를 과학화 · 효율화하기 위해 전부 개정하였다.

③ 주요 개정 내용
* 서신 검열제도 개선 및 집필 사전허가제 폐지(제43조 ④ 및 제49조 ①)
* 여성 · 노인 · 장애인 및 외국인 수용자 처우 규정 신설(제50조 내지 제54조)
* 수형자 개별처우계획 수립 등 규정 신설(제56조 및 제57조)
* 분류심사 전담시설 지정 · 운영 규정 신설(제61조)
* 종교의 자유 신설(제45조)
* 미결수용자 무죄추정 및 합당한 지위 보장 규정 신설(제79조 및 제85조)
* 전자장비의 사용 및 한계 규정 신설(제94조)
* 마약류사범 · 조직폭력사범 등에 대한 특별 관리 규정 신설(제104조)
* 보호실 · 진정실 수용 규정 신설(제94조 및 제95조)
* 교정자문위원회제도 도입(제129조)
* 부정물품의 반입 · 수수 등에 대한 벌칙규정 신설(제132조) 등

3. 교정조직

(1) 기본이해

우리나라는 제도상으로 교정과 보호가 분리되어 있어, 교정행정은 법무부 내 교정본부가 관장하고, 보호행정은 법무부 내 범죄예방정책국에서 관장하고 있다.

(2) 교정본부 승격

① 2007.11.30. 법무부 내의 교정국이 교정본부로 승격 출범하였다.
② 교정본부는 현재 1본부 2정책단 8개과로 개편하여 운영하고 있다.

(3) 교정본부

① 편제
교정본부에는 교정행정을 총괄하는 교정본부장과 이를 보좌하는 교정정책단장과 보안정책단장 및 8개과가 있다.

② 교정본부 구성
㉠ 교정정책단(4개과) : 교정기획과, 직업훈련과, 사회복귀과, 복지과
㉡ 보안정책단(4개과) : 보안과, 분류심사과, 의료과, 심리치료과

(4) 교정기관(교정본부 산하기관)

① 지방교정청(4개 기관)(1991년 9월 30일 개청)
㉠ 교정본부 아래 중간감독기관으로 서울 · 대전 · 대구 · 광주 등 4개소에 '지방교정청'이 있다.
㉡ 지방교정청 산하에는 관할지역의 일선교정기관이 소속되어 있고, 지방교정청은 이들 교정기관의 업무에 대하여 직접 감독하는 중간감독기능을 수행한다.

② 교도소
㉠ 수형자에 대한 형의 집행과 처우 등 교정에 관한 업무를 주된 임무로 한다.
㉡ 대부분의 교도소에는 시설 내에 별도로 미결수용실을 설치하여 미결수용자에 관한 업무도 병행하여 수행하고 있다.
㉢ 7개과 : 총무과, 보안과, 분류심사과, 직업훈련과, 사회복귀과, 복지과, 의료과

③ 구치소
㉠ 형사피의자 또는 형사피고인으로서 체포되거나 구속영장의 집행을 받은 사람의 수용 등 미결수용 관련 업무를 수행하고 있다.
㉡ 9개과 : 총무과, 보안과, 분류심사과, 출정과, 수용기록과, 민원과, 사회복귀과, 복지과, 의료과

④ 지소(평택, 서산, 논산지소) : 지소는 구치소 역할을 수행하고 있다.

⑤ 민영교도소(1개소 : 소망교도소) : 우리나라에는 민영교도소 1개소를 운영하고 있다.

〈참고: 민영교도소 등의 설치·운영에 관한 법률의 제정 2000년〉

4. 보호기관(범죄예방정책국 산하기관)

(1) 치료감호소(1개소 : 공주치료감호소) : 치료감호처분을 받은 사람의 수용과 치료 및 이에 관한 조사 · 연구를 한다.

(2) 소년원 : 법원소년부로부터 송치된 소년을 수용하여 교정교육을 실시한다.

(3) 소년분류심사원(1개소 : 서울소년분류심사원) : 법원소년부가 위탁한 소년 및 소년원장 또는 보호관찰소장이 의뢰한 소년 등의 상담과 조사, 분류심사에 관한 업무를 관장한다.

(4) 보호관찰소 : 보호관찰, 사회봉사 · 수강 및 갱생보호에 관한 업무를 관장한다.

(5) 보호관찰심사위원회(5개소) : 보호관찰 등에 관한 사항을 심사 · 결정하기 위해, 서울 · 대전 · 부산 · 대구 · 광주 등 5개소에 위원회를 두고 있다.

(6) 청소년비행예방센터(청소년꿈키움센터)

① 지역사회 청소년의 비행을 예방하고 이 들의 건전한 성장을 도모하기 위해 마련한 전인교육기관

② 법원 소년부 또는 검찰청에 의뢰한 비행소년에 대한 비행원인진단 제시

③ 일탈 및 학교 부적응 등 비행초기단계에 있는 위기청소년에 대한 비행예방교육 실시

④ 대안교육, 보호자교육, 상담조사, 결정 전 조사 등을 통해 청소년 건전육성 및 재비행방지의 임무

⑤ 부산, 창원, 광주, 청주, 대전, 안산, 대구, 인천, 울산, 전주, 천안, 춘천, 서울남부, 서울북부 등 총 20개 시설

5. 각종 위원회

(1) 법무부차관이 위원장인 위원회

① 가석방심사위원회(「형집행법」 제119조)

㉠ 가석방의 적격 및 취소 등에 관한 사항 적격심사결정

㉡ 위원장을 포함한 5인 이상 9인 이하의 위원으로 구성

② 치료감호심의위원회(「치료감호 등에 관한 법률」 제37조)

㉠ 치료감호 및 보호관찰의 관리와 집행에 관한 사항 심사 · 결정

㉡ 판사 · 검사 또는 변호사 자격이 있는 6인 이내 위원 및 전문의 의사 3인 이내 위원으로 구성

③ 보안관찰처분심의위원회(「보안관찰법」 제12조)

㉠ 보안관찰처분에 관한 사안 심의 · 의결

㉡ 위원장 1인과 6인의 위원으로 구성

(2) 기타 위원회

① 보호관찰심사위원회(「보호관찰 등에 관한 법률」 제7조)

㉠ 보호관찰 등에 관한 사항 심사 · 결정

㉡ 위원장은 고등검찰청 검사장 또는 고등검찰청소속 검사 중에서 장관이 임명

㉢ 위원장을 포함하여 5인 이상 9인 이하의 위원으로 구성

② 징벌위원회(「형집행법」 제111조)

㉠ 징벌대상자의 징벌에 관한 사항 결정

㉡ 위원장 포함 5인 이상 7인 이하의 위원으로 구성(외부위원 3인 이상)

㉢ 위원장은 소장의 바로 다음 순위자

㉣ 위원회는 소장의 징벌요구에 따라 개회하며, 징벌은 그 의결로써 정한다.

③ 지방교정청 교정자문위원회(「형집행법」 제129조) : 외부위원만으로 구성
　㉠ 교정시설의 운영과 수용자의 처우에 관한 지방교정청장의 자문기관 성격
　㉡ 10인 이상 15인 이하의 위원으로 구성(여성 4명 이상), 위원장은 위원 중에서 호선
　㉢ 회의는 위원 과반수의 요청이 있거나 지방교정청장이 필요하다고 인정하는 경우에 개최

④ 지방교정청 행정심판위원회
　㉠ 지방교정청에 행정심판위원회 설치
　㉡ 지방교정청 산하 교정기관의 행정처분에 대한 행정심판청구 심리 · 의결
　㉢ 위원장은 지방교정청장이 되고, 위원장을 포함한 15인 이내의 위원으로 구성

(3) 소장이 위원장인 위원회 등

① 귀휴심사위원회(시행규칙 제131조)
　㉠ 소장의 자문에 응하여 귀휴허가에 관한 사항 심사
　㉡ 위원장을 포함한 6인 이상 8인 이하의 위원으로 구성(외부 위원 2인 이상)
　㉢ 귀휴사유가 발생하여 귀휴심사가 필요하다고 인정하는 때에 위원장이 개최

② 분류처우위원회(「형집행법」 제62조) : 내부위원만으로 구성
　㉠ 수형자의 개별처우계획, 가석방적격심사신청 대상자 선정, 그 밖에 수형자의 분류처우에 관한 중요사항 심의 · 의결
　㉡ 위원장 포함 5인 이상 7인 이하의 위원으로 구성
　㉢ 재적위원 2/3 이상 출석으로 개최, 출석위원 과반수 찬성으로 의결, 매월 10일에 개최

③ 취업지원협의회(시행규칙 제144조)
　㉠ 수형자의 취업알선 및 창업지원 등을 위하여 필요한 활동
　㉡ 회장(소장) 1명을 포함하여 3명 이상 5명 이하의 내부위원과 10명 이상의 외부위원으로 구성, 부회장 2명(1명은 내부위원 중에서 지명, 1명은 외부위원 중에서 호선)
　㉢ 회의는 반기마다 개최(임시회의 개최 가능)

④ 교도관회의(「교도관직무규칙」 제21조) : 내부위원만으로 구성
　㉠ 교정행정에 관한 중요한 시책의 집행방법 등을 심의하기 위한 소장의 자문기관
　㉡ 소장, 부소장 및 각과 과장과 소장이 지명하는 6급 이상 교도관으로 구성
　㉢ 소장이 회의의 의장이 되며, 매주 1회 이상 소집

위원회 설치

① 교정시설 내 : 분류처우위원회, 징벌위원회, 귀휴심사위원회, 급식관리위원회
② 지방교정청 내 : 행정심판위원회

출석 및 의결위원

① 분류처우위원회와 분류처우회의 이외의 모든 위원회는 재적위원 과반수의 출석과 출석위원 과반수

의 찬성으로 의결 또는 결정함.

② 분류처우위원회와 분류처우회의는 재적위원 2/3 이상의 출석으로 개의하고, 출석위원 과반수의 찬성으로 의결 또는 결정함에 유의하기 바람

분류처우회의

① 수형자의 처우등급 등의 사항을 심의 · 결정하여 분류처우위원회에 회부하기 위하여 분류처우회의를 실시 · 운영하고 있다.

② 처우회의는 교육 · 작업 · 보안 · 분류심사 · 교정성적담당자 및 관구책임자 등 관계 교도관 중에서 의장이 지명한 10인 이상 15인 이내의 위원으로 구성한다.

③ 의장은 분류심사과장이 된다.

④ 회의는 매월 10일(휴무일 때에는 그 다음 날)에 개최하며, 재적위원 2/3 이상의 출석으로 개의하고, 출석위원 과반수의 찬성으로 결정한다.

급식관리위원회

① 수용자의 급식에 관한 자문 및 건의

② 위원장은 소장이 되고, 소속 과장 · 영양사 등 5인 이상 7인 이하의 위원으로 구성

③ 매월 1회 이상 개최, 위원 2인 이상 요구 시 위원장이 임시회 소집

각종 위원회

① 법무부장관이 위원장인 위원회

㉠ 사면심사위원회(「사면법」 제10조의2)

사면심사위원회는 위원장 1인을 포함한 9인의 위원으로 구성한다.

위원장은 법무부장관이 되고, 위원은 법무부장관이 임명 또는 위촉한다.

㉡ 범죄피해자보호위원회(「범죄피해자보호법」시행령 제5조)

범죄피해자보호위원회의 위원장은 법무부장관이 된다.

② 법무부차관이 위원장인 위원회

치료감호심의위원회, 가석방심사위원회, 보안관찰처분심의위원회

근거 규정

① 「형집행법」에 규정 : 징벌위원회, 분류처우위원회, 가석방심사위원회, 교정자문위원회

② 시행령 및 시행규칙에 규정 : 취업지원협의회(시행령), 귀휴심사위원회(시행규칙)

외부위원 위촉

① 법무부장관이 위원 위촉 : 가석방심사위원회, 교정자문위원회, 취업지원협의회, 교정위원

② 소장이 위원 위촉 : 징벌위원회, 귀휴심사위원회

③ 내부위원으로만 구성하는 위원회 : 분류처우위원회, 교도관회의

④ 외부위원으로만 구성하는 위원회 : 교정자문위원회

일선기관 주요 위원회 ★

위원회명	위원수	위원장	사무	범위	위임법령
징벌위원회	위원장 포함 5명 이상 7명 이하(외부인사는 3명 이상 소장위촉) 외부인사 1명 이상 참석해야 개의할 수 있음	소장의 바로 다음 순위자	• 징벌대상행위의 사실 여부 • 징벌의 종류 및 내용 • 징벌집행유예 기간과 기피신청	심의 · 의결	형집행법
분류 처우 위원회	위원장 포함 5명 이상 7명 이하 • 매월 10일 개최 • 재적위원 3분의 2 이상 출석하는 경우 개최	소장	• 처우등급 • 가석방 적격심사 대상자 선정 • 소득점수 등의 평가 및 평정	심의 · 의결	형집행법 (세부사항 법무부령)
귀휴 심사 위원회	위원장 포함 6명 이상 8명 이하(외부인사는 2명 이상 소장위촉)	소장 (부재 시 부소장 직무대행)	수용관계, 범죄관계, 환경관계 등을 심사	허가 심사	법무부령

기타 위원회 ★

위원회명	위원수	위원장	관장사무	범위	위임법령
가석방 심사 위원회	위원장 포함 5명 이상 9명 이하	법무부 차관	가석방에 대한 적격심사	심사 · 결정	형집행법 (세부사항 법무부령)
치료감호 심의 위원회	판사 · 검사, 법무부 소속 고위공무원 또는 변호사의 자격 있는 6명 이내의 위원과 전문의 자격이 있는 위원 3명 이내	법무부 차관	치료의 위탁 · 가종료 · 종료 여부	심사 · 결정	「치료감호 등에 관한 법률」
보안관찰 처분심의 위원회	위원장 1명과 6명의 위원 (외부위원 : 법장 추천 후 대통령 위촉)	법무부 차관	보안관찰처분	심의 · 의결	「보안관찰법」
중앙급식 관리 위원회	위원장 1명 포함 7명 이상 9명 이하의 위원	교정본부장	• 부식의 식군과 수량 • 급식에 관한 기준 영양량의 결정	자문	수용자 급식관리 위원회 운영지침
보호 관찰 심사 위원회	위원장 포함 5명 이상 9명 이하	고등검찰청 검사장 또는 소속 검사 중 법무부장관이 임명한 자	• 가석방 · 임시퇴원과 그 취소 및 퇴원 등 • 보호관찰의 임시해제 · 보호관찰의 정지와 그 취소 • 가석방 중인 사람의 부정기형의 종료	심사 · 결정	「보호관찰 등에 관한 법률」
교정 자문 위원회	위원장 포함 10명 이상 15명 이하 • 위원 중 4명 이상 여성 • 지방교정청장의 추천받아 장관 위촉	위원 중에서 호선	• 교정시설 운영 자문 • 수용자 처우 자문 • 특별한 보호가 필요한 수용자 보호, 성차별 및 성폭력 예방 정책 자문	자문	형집행법 (세부사항 법무부령)

	• 임기 2년 연임가능 • 회의 : 위원 과반수의 요청, 지방교정청장이 필요하다고 인정하는 경우				
교도관 회의	소장 · 부소장 및 각 과장과 소장이 지명하는 6급 이상의 교도관 • 매주 1회 이상 회의 • 총무과 직원 서기	소장	• 교정행정 중요 시책의 집행방법 • 각 과의 주요 업무 처리	자문	법무부령
취업지원협의회	회장 1명을 포함한 3명 이상 5명 이하의 내부위원과 10명 이상 외부위원(임기 : 3년 연임 가능) • 정기회의 : 반기마다 • 임시회의 : 회장필요, 사회복귀지원, 위원 1/3 이상 요구	소장 (부회장 2명 : 내부 1명, 외부 1명)	• 사회복귀 지원업무 • 취업 · 창업 교육, 자료제공 및 기술지원	지원 · 협의	형집행법 시행령 (세부사항 법무부령)

박상민
JUSTICE 교정학

PART 2

교정시설과 수용제도론

Chapter 1 교정시설
Chapter 2 우리나라의 교정시설
Chapter 3 수용자 구금제도
Chapter 4 교도관의 세계
Chapter 5 수형자 사회
Chapter 6 과밀수용

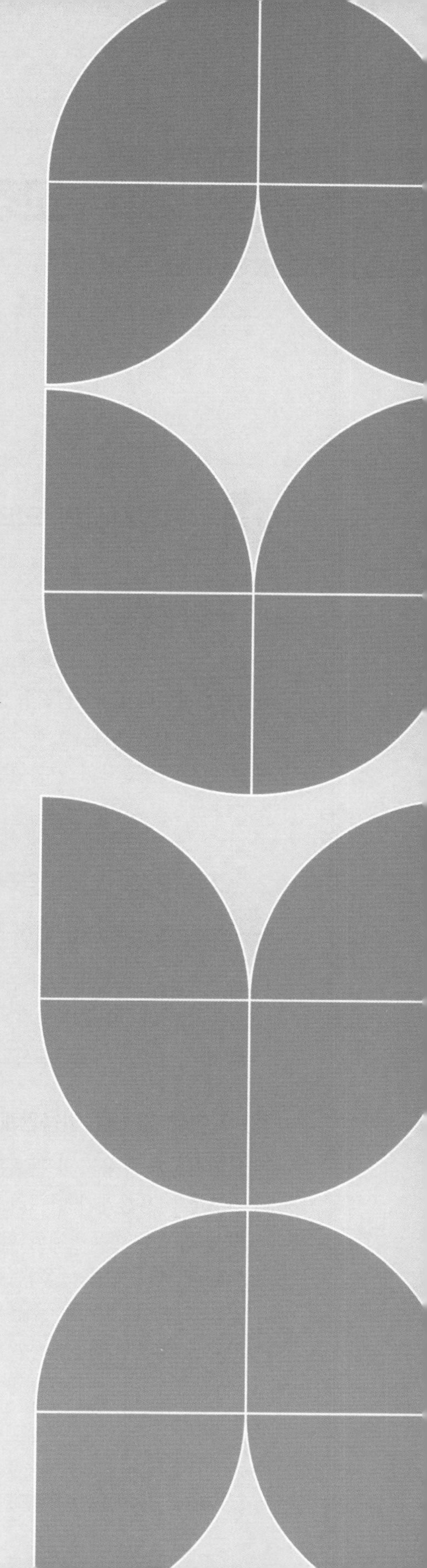

CHAPTER 1 교정시설

01 교정시설의 의의 참고

JUSTICE

1. 교정시설의 개념

수형자 및 미결수용자(형사피의자 또는 형사피고인으로서 체포되거나 구속영장의 집행을 받은 사람)와 사형확정자(사형의 선고를 받아 그 형이 확정된 사람)를 사회로부터 격리구금하는 국가시설을 말한다. 이는 미결수용자와 사형확정자를 수용하는 시설을 포함한 개념으로, 형을 집행하고 형사소송절차의 원활한 집행을 위한 인적자원과 물적시설의 총체인 '공법상 특수영조물'을 뜻한다.

2. 교정시설의 법적 성격

(1) 행정관청으로서의 지위

교정시설은 형의 집행에 관한 일체의 사무와 미결수용자의 수용에 관한 사무를 관장하는 국가시설을 말한다. 따라서 국가시설인 교정시설은 일정한 범위 내에서 행정주체로서 의사를 내부적으로 결정하고 외부로 표시할 수 있는 권한을 가진 행정관청으로서의 지위를 가지고 있다.

(2) 공법상 영조물 이용관계

교정시설과 수용자의 관계는, 당사자의 승낙이나 동의에 의해 성립하는 일반적인 형태의 공법상 영조물 이용관계가 아니라, 상대방의 동의 없이 직접 법률에 의하여 성립되는 특수한 형태의 공법상 영조물 이용관계라 할 수 있다. 특히 교도소와 수용자와의 관계는 교정교화를 추구하는 특수한 관계로 인해, 국가는 법률이 정하는 범위 내에서 수용자에게 정당한 지시 · 명령을 할 수 있는 권한이 있으며, 수용자는 규율 · 작업 등 이를 준수해야 할 의무를 지니는 특수한 형태의 영조물 이용관계라 할 수 있다.

3. 교정시설의 기능

(1) 격리구금

수용자를 사회로부터 격리시켜 국가시설에 구금하는 것을 말한다.

(2) 교정교화

교정교화는 수형자를 교육 · 개선시켜 선량한 사회인으로 복귀시키는 것을 목적으로 하는 것을 말한다.

02 교정시설의 연혁 ★

JUSTICE

1. 의의

교정시설의 기원은, 중세 유럽에서 교회법에 따라 수도원에 구금하는 것에서 비롯되었다.

2. 영국의 브라이드 웰(Bride Well) 교정원

(1) 1555년에 설립되었으며, 가장 오래된 최초의 교정시설로 평가받고 있다.
(2) 빈민자 · 부랑자 · 절도범 등을 수용하여 장기간 교정 및 직업훈련 등을 실시하였다. 하지만 당시에는 형벌집행보다는 빈민구제와 노동부과가 주된 수단이었다.

3. 네덜란드의 암스테르담 징치장(Amsterdam Penitentiary)

(1) 1595년에 설립해 기도와 노동을 통한 교육을 실시하여, 최초로 자유형을 시행한 것으로 평가받고 있으며, 범죄자 교화가 목적이었다.
(2) 남자 수용시설(1595년)과 여자 수용시설(1597년)을 설립하여 최초로 성별구별을 실시한 것으로 평가받고 있으며, 1603년에는 불량청소년 숙식소를 설립하였다.
(3) 여자수용시설 정문 위에 "두려워 말라! 나는 너희의 악행에 대하여 복수하려는 것이 아니라, 너희를 선으로 인도하려는 것이다."는 표어를 붙여 자비와 인애의 교육을 강조하였다.

4. 산 미켈레(San Michele) 감화원(최초 소년 교정시설)

(1) 1704년 교황 클레멘스 11세가 로마에 있는 수도원 내에 고아 · 노인 등을 위한 수용시설을 설치하고, 독립된 수용동에 범죄소년을 별도로 수용하여 교화하였다.
(2) 최초로 성년과 소년을 구분한 분류시설 및 소년교도소의 기원으로 평가받고 있다.

(3) 산 미켈레 감화원을 개선한 것이 1876년 뉴욕의 엘마이라 감화원이며, 이것이 최초의 소년교도소이다.

★ 암스테르담 노역장에서 1603년 불량청소년 숙식소를 운영한 것을 연령별 분류(성년, 소년)의 시초로 보는 학자도 있다.

5. 벨기에의 간트(Gand) 교도소

(1) 1773년 필립 빌레인(Phillip Vilain)에 의해 건축된 팔각형(방사익형) 형태의 교도소이다.

(2) 간트(Gand) 교도소는 분류수용이 보다 과학적으로 시행되고, 생산적인 작업을 습득하도록 하는 일종의 직업훈련을 실시하고, 개선된 의료시설을 구비하고, 독거제(성인)를 인정하는 등, 가장 모범적인 근대교도소의 효시로 평가받고 있으며, 분방식 구조를 갖추고 있었다.

교정시설 ★

① 브라이드 웰 교정원 : 최초의 교정시설
② 암스테르담 징치장 : 최초로 자유형 시행, 최초로 성별 구별(남자, 여자)
③ 산 미켈레 감화원 : 최초의 분방식 구조, 최초로 연령별 분류(성년, 소년), 소년교도소 기원
④ 간트교도소 : 근대교도소 효시
⑤ 월넛교도소(1790) : 미국 최초의 독거교도소
⑥ 엘마이라 감화원(1876) : 최초의 소년교도소, 최초로 상대적 부정기형 실시
⑦ 오번교도소 : 최초로 오번제 실시, 오스본에 의해 최초로 수형자자치제 실시

교정시설의 발전

연도/국가	시설	내용
1555년 영국	브라이드 웰 교정원 (Bridewell house of correction)	불량배, 비행소년, 절도범, 부랑자 등을 일정 기간 일정 장소에 수용하여 작업을 부과하고 노동을 시킨 곳으로, 형의 집행보다는 빈민구제와 노동부과가 주된 목적이었던 최초의 교정시설
1595년 네덜란드	암스테르담 노역장 (Amsterdam Zuchthaus)	• 부랑인, 불량소년 등을 수용하여 노동을 시키고 임금을 지불하는 등 노동혐오심을 교정하여 수용자를 교육시킨 곳으로, 최초의 형집행을 위한 시설 • 1597년에는 여자노역장을 두어 최초로 성별 분류
1704년 이탈리아	산 미켈레(San Michele) 감화원	최초의 소년교도소로, 최초의 분방식 · 독거식 · 방사익형 구조
1773년 벨기에	간트(Gand) 교도서	과학적인 분류수용 및 독거수용을 시행하고, 개선된 의료시설을 구비하여 생산적인 노동을 실시한 곳으로, 근대교도소의 효시이자 오번제의 기원
1790년 미국	월넛 구치소 (Walnut Street Jail)	미국의 윌리엄 펜(W. Penn)에 의해 설립된 곳으로, 엄정독거제인 펜실베니아제도의 기원
1876년 미국	엘마이라(Elmira) 감화원	미국의 브록웨이(Brockway) 등이 뉴욕에 설립하여 16~20세의 초범 소년수형자를 분류하고, 계급적 처우, 사회 · 군사 · 교육훈련 등을 실시한 곳으로, 상대적 부정기형의 시초
1914년 미국	오번(Auburn) 교도소	미국 뉴욕에 위치한 교도소로, 오스본(T.M. Osborne)에 의해 최초로 수형자자치제 실시(오번제 실시)

03 교정시설의 구조

JUSTICE

1. 분방식 구조의 방사익형

(1) 벨기에의 간트(Gand) 교도소의 시설구조도 분방식 건축양식에 의하여 장방형(長方形 : 직사각형)의 수용동을 방사익형(放射翼形)으로 배열하였다.
(2) 거실은 내방식(Inside Cell)을 채택하여, 수용자와 외부와의 직접적인 연결을 방지하고 동시에 도주를 예방하려 하였다.
(3) 간트교도소의 방사익형 건축양식은 펜실베니아제에 승계되고 널리 유럽에 전파되었다.

2. 파놉티콘식

(1) 파놉티콘(Panopticon)은 "모든 것을 본다"는 뜻이다.
(2) 한 사람의 감시자가 중앙의 감시대에서 전체를 볼 수 있도록 설계하였다.
(3) 영국의 벤담(Bentham)이 고안한 보안기능 중심의 일망감시구조로 원형 형태의 구조이다.
(4) 실제로 건축되지는 않았지만, 현대교도소 건축에 많은 영향을 주었다.

3. 파빌리온(Pavilion)식

(1) 푸신(Pussin)에 의해 고안된 평렬식 또는 병렬식 구조이다.
(2) 계호인원이 많이 소요되지만, 수용동간 공간이 확보되어 채광과 통풍 등 보건위생에 유리하고, 수용동이 각각 분리되어 있어 수용자의 유형별 처우 및 경비기능에 유익하다.
(3) 우리나라의 전주형과 유사한 형태이며, 1898년 프랑스 파리 인근의 프레스네스(Fresnes) 감옥에서 채택하였다.

4. 전주형

(1) 일자형의 수용동을 병렬로 건축한 양식을 말한다.
(2) 경비기능을 강화한 대구금 시설구조로, 경비기능과 자연위생에 유리하다.
(3) 우리나라 대부분의 교도소 형태가 일자형 수용동을 나열한 전주형 형태이다.

5. 오번(Auburn)형

(1) 주간에는 혼거작업하고 야간에는 독거수용하기에 적합한 건축구조를 말한다.
(2) 미국의 싱싱(Sing Sing) 교도소가 대표적이며, 미국 교도소 건축양식의 기본이 되었다.

6. 기타

학교형(캠퍼스형), 클로버형, 정원형, 폐쇄형, 일자형, H형, X형, T형 L형, Y형, 절충형, 방사형, 고층형(수원구치소 · 인천구치소 · 대구구치소 · 울산구치소) 등이 있다.

현대적 교정시설
학교형(캠퍼스형), 클로버형, 정원형 등이 있다.

고층형 교정시설
넓은 부지를 확보하기 어려운 대도시의 경우 구치소를 고층빌딩 형태로 건축하고 있다. 우리나라에서는 수원구치소(지상 9층), 인천구치소(지상 12층), 대구구치소(지상 10층), 울산구치소(지상 5층)가 고층형 교정시설이다.

04 현대적 교정시설 참고

JUSTICE

1. 전통적 교정시설

(1) 문제점

① 대규모 시설이 많다.
② 지나치게 획일적이고 폐쇄적이다.
③ 사회와 멀리 떨어진 시설이 많다.

(2) 개선

① 수용자가 재복귀해야 할 지역사회에 위치하는 것이 바람직하다.
② 수용자의 특성에 따른 전문화와 개방화가 필요하다.
③ 보안수준, 수용자의 특성, 처우형태 등을 고려해 시설을 다양화해야 한다.
④ 시설을 소규모화하여 전문적이고도 안정적인 처우가 될 수 있도록 해야 한다.

2. 현대적 교정시설 요건

(1) 과학적인 분류가 선행되어야 한다.
(2) 격리 및 계호에 적합해야 한다.
(3) 교화개선 및 개별처우가 가능해야 한다.
(4) 기술습득과 교육이 용이해야 한다.
(5) 위생 · 오락 · 작업 · 교양 등 적절한 문화시설을 갖추어야 한다.

(6) 교정역량을 증대시켜 자력적인 교화방안을 강구해야 한다.
(7) 교도관의 전문직화 및 자질을 향상해야 한다.

3. 교정시설의 적정규모

(1) 폐쇄시설 : 500명 이하가 적정하다.
(2) 개방시설 : 100명 정도가 적정하다.
(3) 관련 규정

교정시설의 규모 및 설비(형집행법 제6조)

① 신설하는 교정시설은 수용인원이 500명 이내의 규모가 되도록 하여야 한다. 다만, 교정시설의 기능 · 위치나 그 밖의 사정을 고려하여 그 규모를 늘릴 수 있다.
② 교정시설의 거실 · 작업장 · 접견실이나 그 밖의 수용생활을 위한 설비는 그 목적과 기능에 맞도록 설치되어야 한다. 특히, 거실은 수용자가 건강하게 생활할 수 있도록 적정한 수준의 공간과 채광 · 통풍 · 난방을 위한 시설이 갖추어져야 한다.

수용자 처우에 관한 유엔최저기준규칙(제89조 ③~④항)

③ 폐쇄교도소에서 수형자의 수는 개별처우가 방해받을 정도로 많지 않은 것이 바람직하다. 몇몇 나라에서는 이들 교도소의 수용인원이 500명을 넘지 않아야 하는 것으로 생각되고 있다. 교도소의 수용인원은 가능한 한 적어야 한다.
④ 반면에, 적정한 설비를 마련할 수 없을 정도의 소규모 교도소를 유지하는 것은 바람직하지 아니하다.

1개 교정시설 내 평균수용 인원

미국(500명), 호주(200명), 프랑스(300명), 일본(400명), 우리나라(1,000명 내외)

존 하워드(John Howard)의 감옥개량운동

구분	내용
저서	『감옥상태론』
주요내용	• 수형자의 인권보장 및 건강유지 : 통풍과 채광이 좋은 구금시설 확보, 교도소 내 노동조건 개선 • 수형자에 대한 강제노동은 응보적 · 약탈적 목적이 아닌 교육적 · 개선적 목적일 것 • 감옥 내 교회당을 설치하고, 성서나 기도서를 비치할 것 • 수형실적에 따른 형기단축제도를 도입할 것 • 독립된 행정관청에서 수형자 통제 : 교도관의 공적 임명 및 충분한 보수지급, 시찰관은 무보수로 주 1회 무작위 방문 • 수형자를 연령과 성별에 따라 분리수용할 것 • 독거제 실시, 유형제 및 사형을 폐지할 것

CHAPTER 2 우리나라의 교정시설

01 교정시설의 일반적 형태

JUSTICE

1. 일반적 형태

(1) 우리나라 교정시설은 일반적으로 파빌리온식과 유사한 전주형이 대부분이다.
(2) 사방을 일자로 배열한 병렬식 구조이다.
(3) 위생에 유리하며, 보안(경비)을 중시한 구조이다.

2. 문제점

(1) 대규모 시설이 많아 수용질서 확립에 어려움이 있다.
(2) 보안중심의 시설로 인해 수용자의 특성에 맞는 개별처우가 곤란하다.
(3) 교도소와 구치소가 분리되지 않은 시설(교도소)이 많다.
(4) 법적으로는 독거수용이 원칙이지만, 독거실이 부족해 혼거실 위주로 운영하고 있다.
(5) 사회와 떨어지고 노후화된 시설이 많다.

3. 개선방향

우리나라 교정시설은 계호를 중시해 보안 중심으로 설계되어 왔다. 앞으로는 치료 · 직업훈련 · 교육 등과 같이 기능 및 개별처우 중심으로 시설을 구비하여 운영해 나가야 한다.

02 교정시설의 분류

JUSTICE

1. 판결확정에 의한 분류

(1) 교도소

자유형(징역 · 금고 · 구류)이 확정된 사람과 벌금 또는 과료를 완납하지 아니하여 노역장 유치명령을 받은 사람을 수용하는 시설을 말한다.

(2) 구치소

아직 형이 확정되지 않은 형사피고인 또는 형사피의자 중에서 체포되거나 구속영장의 집행을 받은 미결수용자를 수용하는 시설을 말한다.

※ 교정학편에 나오는 이 법, 시행령, 시행규칙이라 함은 「형의 집행 및 수용자의 처우에 관한 법률」(약칭 : 형집행법)을 말한다!

구분수용(법 제11조)

① 수용자는 다음 각 호에 따라 구분하여 수용한다.

1. 19세 이상 수형자 : 교도소
2. 19세 미만 수형자 : 소년교도소
3. 미결수용자 : 구치소
4. 사형확정자 : 교도소 또는 구치소. 이 경우 구체적인 구분 기준은 법무부령으로 정한다.

② 교도소 및 구치소의 각 지소에는 교도소 또는 구치소에 준하여 수용자를 수용한다.

구분수용의 예외(법 제12조) ★

① 다음 각 호의 어느 하나에 해당하는 사유가 있으면 교도소에 미결수용자를 수용할 수 있다.

1. 관할 법원 및 검찰청 소재지에 구치소가 없는 때
2. 구치소의 수용인원이 정원을 훨씬 초과하여 정상적인 운영이 곤란한 때
3. 범죄의 증거인멸을 방지하기 위하여 필요하거나 그 밖에 특별한 사정이 있는 때

② 취사 등의 작업을 위하여 필요하거나 그 밖에 특별한 사정이 있으면 구치소에 수형자를 수용할 수 있다.

③ 수형자가 소년교도소에 수용 중에 19세가 된 경우에도 교육 · 교화프로그램, 작업, 직업훈련 등을 실시하기 위하여 특히 필요하다고 인정되면 23세가 되기 전까지는 계속하여 수용할 수 있다.

④ 소장은 특별한 사정이 있으면 제11조의 구분수용 기준에 따라 다른 교정시설로 이송하여

야 할 수형자를 6개월을 초과하지 아니하는 기간 동안 계속하여 수용할 수 있다.

분리수용(법 제13조)

① 남성과 여성은 분리하여 수용한다.

② 제12조에 따라 수형자와 미결수용자, 19세 이상의 수형자와 19세 미만의 수형자를 같은 교정시설에 수용하는 경우에는 서로 분리하여 수용한다.

유치장(법 제87조)

경찰관서에 설치된 유치장은 교정시설의 미결수용실로 보아 이 법을 준용한다.

유치장 수용기간(시행령 제107조)

경찰관서에 설치된 유치장에는 수형자를 30일 이상 수용할 수 없다.

2. 연령에 따른 분류

(1) 구분

① 성인교도소 : 교도소에는 만 19세 이상의 수형자를 수용한다.

② 소년교도소 : 소년교도소에는 만 19세 미만의 수형자를 수용한다.

(2) 예외

구분수용의 예외(법 제12조)

③ 수형자가 소년교도소에 수용 중에 19세가 된 경우에도 교육·교화프로그램, 작업, 직업훈련 등을 실시하기 위하여 특히 필요하다고 인정되면 23세가 되기 전까지는 계속하여 수용할 수 있다.

징역·금고의 집행(「소년법」 제63조)

징역 또는 금고를 선고받은 소년에 대하여는 특별히 설치된 교도소 또는 일반 교도소 안에 특별히 분리된 장소에서 그 형을 집행한다. 다만, 소년이 형의 집행 중에 23세가 되면 일반 교도소에서 집행할 수 있다.

(3) 연혁 후술

① 산 미켈레 소년감화원

소년교도소의 기원은 교황 클레멘스 11세가 1704년 로마에 설치한 산 미켈레 소년감화원에서 찾고 있다. 최초로 불량소년을 성인과 분리수용하여 소년교도소의 기원으로 보고 있다.

② 엘마이라(Elmira) 감화원

㉠ 산 미켈레 소년감화원을 개선한 것이 1876년 뉴욕의 엘마이라 감화원이다.

㉡ 초대원장인 브록웨이(Brockway)가 16 ~ 20세의 초범 소년수형자를 분류하여 계급적 처우와 함께 상대적 부정기형을 적용하면서 사회 · 군사 · 교육훈련을 실시하였다.

㉢ 최초로 소년수형자를 분리수용하여 소년교도소의 효시가 되었으며, 이것이 계기가 되어 각국에서 소년교도소를 운영하고 있다.

㉣ 우리나라에서는 김천소년교도소 1개소를 운영하고 있다.

3. 성별에 따른 분류

(1) 의의

① 교도소는 성별에 따라 남자교도소와 여자교도소로 구분하고 있으며, 동일 교도소 내에 남녀를 같이 수용하는 경우에는 남자수용동과 여자수용동을 특별히 분계하여 수용하고 있다.

② 18C 초까지 남녀혼거가 일반적이었으나, 영국의 존 하워드가 그 폐해를 지적하면서 분리수용을 주장한 이래 각국으로 널리 보급되었다.

(2) 구분

① 남자교도소 : 우리나라는 남자 위주의 교도소 내에 여자수용동을 엄격히 분리하여 여자 수용자를 수용하는 교도소가 대부분이다.

② 여자교도소 : 우리나라에는 청주여자교도소 1개소를 운영하고 있다.

분리수용(법 제13조)

① 남성과 여성은 분리하여 수용한다.

(3) 분리주의와 분계주의

① 의의

여자의 신체적 특수성과 남녀혼거로 인한 폐해를 방지하기 위해 각국에서는 동일시설 내에 남자수용동과 여자수용동으로 엄격히 구분하여 수용하거나, 여성만을 위한 교도소를 별도로 설치하여 운영하고 있다. 우리나라는 분리주의를 원칙으로 하고 예외적으로 분계주의를 적용한다.

② 개념

㉠ 분리주의 : 여자교도소를 별도로 설치해 운영하는 것을 말한다(청주여자교도소).

㉡ 분계주의 : 동일시설 내에 남자 및 여자 수용동을 엄격히 구분하여 운영하는 것을 말한다.

4. 기능에 따른 분류

(1) 의의

① 수형자의 특성에 맞는 처우를 실시하기 위해서는 그에 적합한 교정시설에 수용하여 처우하는 것이 바람직하다.

② 우리나라는 직업훈련 · 외국인 · 장애인 · 노인 · 환자 등 이들만을 별도로 수용하는 순수한 전담교정시설로서의 기능을 수행하기 보다는, 일반수형자를 수용하면서 추가로 전담기능을 수행하는 복합적인 기능을 수행하는 형태로 교도소를 운영하고 있다.

처우(법 제57조)

⑥ 학과교육생 · 직업훈련생 · 외국인 · 여성 · 장애인 · 노인 · 환자 · 소년(19세 미만인 자를 말한다), 제4항에 따른 처우(이하 "중간처우"라 한다)의 대상자, 그 밖에 별도의 처우가 필요한 수형자는 법무부장관이 특히 그 처우를 전담하도록 정하는 시설(이하 "전담교정시설"이라 한다)에 수용되며, 그 특성에 알맞은 처우를 받는다. 다만, 전담교정시설의 부족이나 그 밖의 부득이한 사정이 있는 경우에는 예외로 할 수 있다.

(2) 구분

외국인수용자 전담교정시설, 장애인수용자 전담교정시설, 노인수용자 전담교정시설, 직업훈련 전담교정시설, 개방처우 전담교정시설, 엄중관리대상자 전담교정시설, 치료전담교정시설 등으로 구분할 수 있다.

5. 계호정도에 따른 분류 ★

현행법은 도주방지 등을 위한 수용설비 및 계호의 정도에 따라 교정시설의 경비등급을 4단계(개방시설, 완화경비시설, 일반경비시설, 중경비시설)로 나누어 구분하고 있다.

처우(법 제57조)

① 수형자는 제59조의 분류심사의 결과에 따라 그에 적합한 교정시설에 수용되며, 개별처우계획에 따라 그 특성에 알맞은 처우를 받는다.

② 교정시설은 도주방지 등을 위한 수용설비 및 계호의 정도(이하 "경비등급"이라 한다)에 따라 다음 각 호로 구분한다. 다만, 동일한 교정시설이라도 구획을 정하여 경비등급을 달리 할 수 있다.

1. 개방시설 : 도주방지를 위한 통상적인 설비의 전부 또는 일부를 갖추지 아니하고 수형자의 자율적 활동이 가능하도록 통상적인 관리 · 감시의 전부 또는 일부를 하지 아니하

는 교정시설
2. 완화경비시설 : 도주방지를 위한 통상적인 설비 및 수형자에 대한 관리 · 감시를 일반경비시설보다 완화한 교정시설
3. 일반경비시설 : 도주방지를 위한 통상적인 설비를 갖추고 수형자에 대하여 통상적인 관리 · 감시를 하는 교정시설
4. 중(重)경비시설 : 도주방지 및 수형자 상호 간의 접촉을 차단하는 설비를 강화하고 수형자에 대한 관리 · 감시를 엄중히 하는 교정시설

③ 수형자에 대한 처우는 교화 또는 건전한 사회복귀를 위하여 교정성적에 따라 상향 조정될 수 있으며, 특히 그 성적이 우수한 수형자는 개방시설에 수용되어 사회생활에 필요한 적정한 처우를 받을 수 있다.

④ 소장은 가석방 또는 형기 종료를 앞둔 수형자 중에서 법무부령으로 정하는 일정한 요건을 갖춘 사람에 대해서는 가석방 또는 형기 종료 전 일정 기간 동안 지역사회 또는 교정시설에 설치된 개방시설에 수용하여 사회적응에 필요한 교육, 취업지원 등의 적정한 처우를 할 수 있다.

⑤ 수형자는 교화 또는 건전한 사회복귀를 위하여 교정시설 밖의 적당한 장소에서 봉사활동 · 견학, 그 밖에 사회적응에 필요한 처우를 받을 수 있다.

⑥ 학과교육생 · 직업훈련생 · 외국인 · 여성 · 장애인 · 노인 · 환자 · 소년(19세 미만인 자를 말한다), 제4항에 따른 처우(이하 "중간처우"라 한다)의 대상자, 그 밖에 별도의 처우가 필요한 수형자는 법무부장관이 특히 그 처우를 전담하도록 정하는 시설(이하 "전담교정시설"이라 한다)에 수용되며, 그 특성에 알맞은 처우를 받는다. 다만, 전담교정시설의 부족이나 그 밖의 부득이한 사정이 있는 경우에는 예외로 할 수 있다.

⑦ 제2항 각 호의 시설의 설비 및 계호의 정도에 관하여 필요한 사항은 대통령령으로 정한다.

6. 기타 법령에 따른 분류

(1) 국군교도소

① 「군형법」이 적용되는 군인 수형자와 군인 미결수용자는 국군교도소(구 육군교도소)에 수용하고 있으며, 타군 수형자도 함께 수용하고 있다.

② 단, 복역 후 군복무가 가능한 비교적 단기형의 군수형자와 장교는 국군교도소에 수용하며, 그 외의 군인 수형자는 형이 확정되면 일반교도소로 이송해 잔형을 집행하고 있다.

③ 우리나라는 국군교도소 1개소(경기도 장호원)를 운영하고 있다.

(2) 치료감호소

① 「치료감호 등에 관한 법률」에 의한 치료감호처분을 받은 자는 치료감호소에 수용한다.

② 우리나라에는 공주치료감호소(국립법무병원) 1개소가 있다.

CHAPTER 3

수용자 구금제도

01 구금제도의 개념

JUSTICE

1. 독거제

(1) 독거제는 수형자를 1개 거실에 1명 수용하는 것을 말한다.

(2) 독거제로는 주야간을 불문하고 독거시키는 엄중독거제(펜실베니아제)와, 주간에는 침묵 속에 혼거작업을 하게 하고 야간에만 독거실에 수용하는 완화독거제(오번제)가 있다.

2. 혼거제

혼거제는 다수의 수형자를 동일거실에 혼거 시키는 것을 말한다.

3. 발전과정

과거 자유형의 집행방법으로는 구금주의와 유형주의가 있었다. 하지만 유형주의는 역사 속으로 사라지고, 오늘날은 일정한 시설에 자유를 박탈하여 교화개선 시키는 구금제도가 자유형의 집행방법으로 시행되고 있다.

02 독거제

JUSTICE

1. 의의

(1) 독거제는 수형자를 1개 거실에 1명 수용하여, 수형자 상호 간의 접촉을 방지하고 회오반성하게 함으로써, 정신적인 교정과 통모방지 및 악풍감염 방지를 목적으로 하는 구금제도이다.

(2) 독거제가 펜실베니아 주 필라델피아에서 정착되었다고 하여, 펜실베니아제 또는 필라델피아제라고 하며, 이는 정신적인 교정을 중시하는 제도이다.

2. 연혁 참고

(1) 유럽

① 1704년 교황 클레멘스 11세가 건립한 산 미켈레 소년감화원에서 처음으로 야간에 독거구금을 실시하였다.

② 1773년 벨기에의 간트교도소에서 성인수형자에게 독거구금을 실시한 것이 교정시설에서의 독거구금의 효시이다.

③ 영국의 존 하워드는 1777년 「감옥상태론」에서 처음으로 독거제를 제창하였다.

④ 존 하워드의 영향으로 영국에서는 호삼(Horsham), 그로세스터(Gloucestor), 페트워스(Petworth) 시에 벤담이 고안한 파놉티콘형과 십자가형을 응용한 부채형의 독거교도소가 최초로 설립되었다.

(2) 미국

① 배경

㉠ 감옥개량운동가이자 퀘이커 교도인 윌리엄 펜(William Pen)이 참회사상을 내세워 미국에서 최초로 엄정독거를 주장하였다.

㉡ 존 하워드의 독거제와 교회의 참회사상이 결부되고 벤자민 프랭클린(Benjamin Franklin)에 의해 '수형자의 고통을 완화하기 위한 필라델피아협회'가 결성되면서 독거제가 구체화되고, 펜실베니아 주의 퀘이커(Quaker) 교도들이 독거제를 지지하였다.

② 독거교도소

㉠ 1790년 펜실베니아 주 필라델피아에 소규모 시설인 월넛교도소(Walnut Street Jail)가 생겨 독거구금을 처음 시작하였다. 그 후 필라델피아에 2개의 대규모 독거교도소(1818년 서부감옥, 1821년 동부감옥)가 생겨, 독거제의 대명사로 펜실베니아제를 들게 되었다.

㉡ 그러나 펜실베니아제는 구금방법이 너무 엄격하고 인간의 본능에 반하여 구금성 정신질환 등이 유발되는 문제점이 있어 20년도 못되어서 이를 완화한 오번제가 창안되었다.

3. 펜실베니아제(Pennsylvania System : 엄정독거제) ★

(1) 의의

절대침묵과 정숙을 유지하며 주야 구분없이 엄정한 독거수용을 통한 회오반성을 목적으로 하는 구금형태로, 수용자의 모든 활동을 거실 내에서 시행하는 등 철저히 격리하였다. 이러한 형태의 독거제를 엄정독거제 · 분방제 · 펜실베니아제라고 한다.

PART 2

(2) 장단점

① 장점

㉠ 수형자 상호 간의 통모방지 및 악풍감염 폐해를 방지할 수 있다.

㉡ 수형자에게 정신적 개선기회와 회오반성 및 속죄할 기회를 제공할 수 있다.

㉢ 수형자의 개별처우에 적합하고, 명예를 보호할 수 있다.

㉣ 감염병 예방 및 확산방지에 용이하다.

② 단점

㉠ 공동생활 및 공동교육이나 훈련 등 사회적 훈련이 어렵다.

㉡ 구금성 정신질환 등 정신적 · 심리적 장애를 유발할 소지가 많다.

㉢ 직원 및 동료 수용자 상호 간 감시불편으로 인한 자살 우려가 있다.

㉣ 건강상 문제가 야기될 수 있고, 교정경비가 많이 든다.

4. 오번제(Auburn System : 완화독거제) ★

(1) 의의

① 오번제(Auburn)는 수형자들에게 낮에는 교담을 엄격히 금지시켜 침묵 속에 혼거작업을 하게 하고, 야간에는 독거실에 격리시키는 제도이다. 그래서 오번제를 침묵제 · 완화독거(반독거제) · 교담금지제라고 한다.

② 1823년 미국 뉴욕 주 오번교도소의 소장이었던 엘람 린즈(Elam Lynds)에 의해 실시되어 오번제라고 부르고 있다.

③ 이는 엄정독거제의 구금성 정신질환 등의 단점과 혼거제의 결함인 수형자 간의 악풍감염을 동시에 보완하기 위해 고안된 제도이다.

(2) 내용

① 엘람 린즈는 작업능률 향상이 교정시설의 목표가 되어야 한다고 생각하였다. 이는 막 싹트기 시작한 산업사회의 노동력 확보라는 시대적 요구에 부응하기 위해 고려된 것이다.

② 오번제는 도덕적 개선보다는 일하는 습관을 심어줌으로써 재범을 방지하는데 관심을 두었다. 대표적인 시설은 미국의 싱싱(Sing Sing)교도소이며, 19C 미국의 지배적인 교정제도로 정착되었다.

(3) 장단점

① 장점

㉠ 공동작업으로 독거제의 문제를 보완할 수 있고 사회적 훈련이 가능하다.

㉡ 작업 중 침묵을 유지함으로써 통모 및 악풍감염을 방지할 수 있다.

㉢ 엄정독거제보다 인간적이고 사회적이다.

㉣ 정신건강에 유리하고, 자살을 감소시킬 수 있다.
㉤ 공모에 의한 도주·반항·선동·부정행위 등을 방지하는데 유익하다.
㉥ 산업사회의 노동력 확보라는 시대적 흐름에 부응한다(산업교도소의 전신이다).

② 단점
㉠ 인간관계 형성이 미흡하고, 말을 하지 못하는 새로운 고통을 부과한다.
㉡ 작업 시 교담이 금지되면 의사소통이 되지 않아 작업능률이 저하된다.
㉢ 은밀한 통모 및 교제로 재범위험이 상존하고, 엄정독거제보다 개별처우가 곤란하다.

➔ 펜실베니아제와 오번제 비교 ★

구분	펜실베니아제	오번제
① 주창자	윌리엄 펜, 벤자민 프랭클린	엘람 린즈
② 개선방법	엄정독거를 통한 정신수양	침묵과 집단훈련을 통한 재사회화
③ 목표	정직한 사람	복종적인 시민
④ 생산성	종교적 수공업사회 지향	산업사회 지향(산업교도소의 전신)
⑤ 공통점	사회로부터 격리하여 체계적이고 규칙적인 훈육된 생활추구	

03 혼거제 참고

JUSTICE

1. 의의

(1) 혼거제는 일반적으로 다수의 수형자를 동일거실 또는 공장에 혼거시키는 구금방법으로 교정제도 발달상 가장 오래되고 소박한 형태의 구금방식이다.
(2) 분류제는 혼거제의 폐해를 제거하고 그 장점을 활용하기 위하여 수형자의 개별적 특성을 고려하여 수용하는 것을 말한다.

2. 혼거수용의 장단점

(1) 장점

① 인간의 감정에 부응한다.
② 수용자의 심신단련을 도모할 수 있다.
③ 건축비와 인건비 등 교정비용을 절감할 수 있다.
④ 시설관리가 편리하다.
⑤ 형벌집행의 통일성을 유지할 수 있다.

⑥ 직업 · 교육훈련 및 재사회화와 사회적 훈련이 용이하다.
⑦ 수용자 상호 간 감시를 통한 자살 등 교정사고 방지에 유리하다.

(2) 단점

① 다수가 접촉하면 수용자간 갈등이 야기될 우려가 있다.
② 악풍감염의 우려가 있다.
③ 개별처우가 곤란하다.
④ 출소 후 공모가능성이 많다.
⑤ 직원의 감시 · 감독 및 질서유지가 어렵다.
⑥ 비위생적이고 방역이 어렵다.

3. 독거수용의 장단점

(1) 장점

① 반성 · 참회의 기회를 부여할 수 있다.
② 악풍감염 예방 및 감염병 예방에 유리하다.
③ 수형자의 개별처우가 용이하다.
④ 수용자의 명예와 감정 보호에 유리하다.
⑤ 미결수의 경우 증거인멸 및 공모 방지에 유리하다.
⑥ 직원의 감시 감독 및 질서유지에 편리하다.
⑦ 도주방지에 유리하다.

(2) 단점

① 인간의 사회성이 무시되기 쉽다.
② 집단적 교육훈련과 수형자의 자치활동 등 사회적 훈련에 부적합하다.
③ 신체적 · 정신적 장애를 초래할 우려가 있다.
④ 자살사고를 방지하기 어렵다.
⑤ 혼거수용보다 감독인원이 많이 필요하다.
⑥ 교정비용이 많이 든다.

04 현행법상 구금제도

JUSTICE

1. 「형집행법」

독거수용(법 제14조) ★

수용자는 독거수용한다. 다만, 다음 각 호의 어느 하나에 해당하는 사유가 있으면 혼거수용할 수 있다.

1. 독거실 부족 등 시설여건이 충분하지 아니한 때
2. 수용자의 생명 또는 신체의 보호, 정서적 안정을 위하여 필요한 때
3. 수형자의 교화 또는 건전한 사회복귀를 위하여 필요한 때

2. 시행령

독거실의 비율(시행령 제4조)

교정시설을 새로 설치하는 경우에는 법 제14조에 따른 수용자의 거실수용을 위하여 독거실(獨居室)과 혼거실(混居室)의 비율이 적정한 수준이 되도록 한다.

독거수용의 구분(시행령 제5조)

독거수용은 다음 각 호와 같이 구분한다.

1. 처우상 독거수용 : 주간에는 교육 · 작업 등의 처우를 위하여 일과(日課)에 따른 공동생활을 하게 하고 휴업일과 야간에만 독거수용하는 것을 말한다.
2. 계호(戒護)상 독거수용 : 사람의 생명 · 신체의 보호 또는 교정시설의 안전과 질서유지를 위하여 항상 독거수용하고 다른 수용자와의 접촉을 금지하는 것을 말한다. 다만, 수사 · 재판 · 실외운동 · 목욕 · 접견 · 진료 등을 위하여 필요한 경우에는 그러하지 아니하다.

CHAPTER 4 교도관의 세계

01 교도관의 임무 참고

JUSTICE

1. 교도관에 대한 전통적인 인식

교도관은 범죄자와 같은 시설 내에서 함께 생활하면서 그들을 관리할 수밖에 없는 긴장감과, 수용자들이 어떠한 행동을 할지 모르는 불확실한 환경에서 근무하는 비교적 고립된 존재이다. 그래서 교도관을 '또 다른 수용자', '구금된 교도관', '사회의 전문적 수용자'라고도 한다.

2. 교도관의 임무와 수용자의 특성

(1) 교도관의 임무

교도관의 임무는 크게 2가지로 분류할 수 있다.

① 수형자에 대한 엄격한 통제와 철저한 계호로 수용질서를 유지하면서 각종 교정사고를 미연에 방지하는 것이다.

② 수형자와 인격적인 관계를 통하여 그들을 교정교화하고 사회복귀시키는 것이다.

이처럼 교도관은 서로 상반된 '보안적인 측면'과 '인격적인 측면'을 동시에 수행하고 있다.

(2) 수용자의 특성

교도관과 달리 수형자들은 교도소 내에서 보다 안일하고 편안한 수용생활을 추구하려는 경향 및 수용으로 인한 박탈 등을 해소하기 위해 그들 나름대로의 가치관과 비공식조직을 형성하려는 경향이 있다.

3. 교도관과 수용자의 관계

(1) 교도관은 수용자와 함께 하는 시간이 많아 여러 가지 면에서 유사한 점이 많지만, 교정시설의 전통과 조직의 특성상 양자가 엄격히 분리되어 있다.

(2) 교도관은 수용자들에게 이용당할 우려가 있어 수용자와의 친교를 배척하는 경향이 있고, 수용자는 다른 수용자로부터 협잡꾼이라는 낙인을 피하기 위해 교도관과 밀착을 꺼리는 경향이 있다.
(3) 그렇기 때문에 교도관과 수용자와의 관계는 서로 밀착된 관계가 아닌 교정의 전통과 조직의 특성에 기인한 것으로 보아야 한다.

4. 교도관의 업무증대 요인

(1) 처우개념의 등장

전통적인 보안위주의 조직목표에 교화개선사상이 도입되면서 수용자에 대한 통제와 교화·개선을 동시에 추구하게 되었다. 이는 곧 보안과 인본주의적 처우라는 상반된 절차와 목표를 동시에 수행해야 하는 것을 의미한다.

(2) 수용인구 증대

과밀수용은 교도관이 보다 많은 수용자를 통제하고 감독해야 하는 결과를 초래한다.

(3) 수용자 특성의 변화

장기누범수형자 및 개선곤란자 증대 등 수용자 특성의 변화는 교도관의 업무를 증대시키고 긴장을 초래하였다.

(4) 법원의 개입

법원의 교정에 대한 개입(Hands-on)은 수용자의 전반적인 권익신장 및 처우향상에 기여한 반면, 교도관의 입지는 상대적으로 축소되는 결과를 가져왔다.

02 교도관의 의식과 태도 참고

JUSTICE

1. 수용자 통제를 위한 교도관의 권한

(1) 종류

① 합법적권한 : 각종 법령에 의해 교도관에 주어진 합법적인 권한을 말한다.
② 전문가권한 : 각종 문제를 해결할 수 있는 능력과 기술을 말한다.
③ 신용권한 : 존경받을 만한 인품 등 인성을 활용하는 것을 말한다.
④ 보상권한 : 교도관과 수용자 상호 간에 이권 등 각종 혜택을 주고받는 것을 말한다.

(2) 활용정도

① 교도관은 합법적 권한과 전문가권한을 매우 중시하는 경향이 있는 반면, 인성을 이용하는 능력인 신용권한은 크게 중시하지 않는 경향이 있다.

② 교도소는 매우 제한된 곳이라 수용자의 행동을 조정할 수 있는 보상권한은 매우 제한되어 있으며, 구금적 · 처벌적 태도가 강한 교도관일수록 강제력을 많이 이용하는 경향이 있다고 한다.

2. 교도관의 소외감(Alienation)

(1) 근무의 소외감

소외감은 수용인구의 증대 등 업무의 양보다는 근무환경 조건에 의해 야기되는 것으로 보고 있으며, 교도관의 불만족과 스트레스를 이해하는데 가장 중요한 개념은 '근무소외'이다.

(2) 시만(M. Seeman)의 근무소외

① 시만은 근무소외를 5가지(무력감 · 무규범성 · 무의미성 · 격리 · 자기소외) 측면에서 파악하였다.

② 그 중 교도관의 근무태도에 가장 큰 영향을 미치는 것을 '무의미성'으로 보았다. 동료와의 부정적 관계는 자기소외감이 증대되고, 상사와의 부정적인 관계는 무규범성과 무력감이 증대되고, 수용자와의 부정적인 관계는 무의미성과 무력감이 증대된다.

③ 많이 소외된 교도관일수록 각종 정책을 따를 확률이 낮고, 생존을 위한 특이한 방법을 개발하기 쉽다.

(3) 직업적 불만

교도관에 대한 직업적 불만의 원인으로는 업무과중 · 직원부족 · 사회적 인식부족 등을 들 수 있다. 직업에 대한 소외가 높을수록 봉사적 측면보다는 처벌적인 측면에 관심이 증대되는 것으로 알려져 있다.

(4) 시설형태와 교도관의 태도

교도관의 태도는 시설의 형태에 따라 차이가 있다. 중(重)구금교도소 근무자는 구금에 대해서는 높은 관심을 보인 반면, 훈육에 대해서는 중간정도 관심을 표명하였다. 중(中) · 경(輕)구금교도소는 구금과 훈육 모두 큰 관심을 보이지 않았다. 여자교도소 근무자는 훈육에 대해서는 높은 관심, 구금에 대해서는 낮은 관심을 표명하였다.

PART 2

3. 교도관의 부문화

(1) 교도관의 부문화에 대한 연구

① '교도관의 부문화'는 교도관이 근무하고 있는 조직의 공식적 규범과 구별되는 부문화를 말하며, 이는 수용자 부문화에서 유추된 개념이다. 교도관의 부문화는 교정목표를 정점으로 하나로 통합되기 어렵게 하기 때문에 중요하다.

② 두피(Duffee)는 교도관이 부문화를 가지고 있는지는 확실하지 않으며, 부문화보다는 소외와 무규범성으로 이해하는 것이 바람직하다고 하였다. 롬바르도(Lombardo)는 교도관은 확실한 규범을 가진 응집적인 집단을 형성하지 않는다고 하였다.

구별

① 롬브로조(Lombroso) : 실증주의자
② 롬바르도(Lombardo) : 교도소 사회에 관해 연구한 학자

(2) 수용자에 대한 이해부족

① 교도관이 일반적으로 지니고 있는 수용자에 대한 부정적인 태도는 교도관의 부문화로 보기보다는 수용자에 대한 이해부족으로 보는 것이 일반적이다.

② 실제로 교도관은 수용자와 처우프로그램에 대하여 과소평가하는 경향이 있다. 이에 대해 크로파스(Klofas)와 토치(Toch)는 "가장 냉소적인 교도관이 그들의 생각을 지지받고 있는 것으로 믿기 쉬운 사람이며, 이들이 존재하지 않는 교도관의 반수형자 부문화를 확신하는 사람들이다"고 하였다.

(3) 결론

교도관의 부문화는 존재하지 않으며, 존재하더라도 극히 작은 부분에 불과하다.

4. 교도관의 곤경

(1) 위험성과 무력감 증대

① 수용인구 증대와 폭력성향의 증대로 교도관의 위험성이 증대되고 있다. 교도관의 위험성에 대한 인식은 실제 폭력 가능성보다는 폭력의 예측불가능성과 관련성이 더 크다.

② 위험성 외에 교도관의 권위추락으로 인한 무력감이 교도관이 지적한 가장 중요한 곤경으로 들고 있다. 무력감이 증대되어 수용자에 대한 통제력이 약화되면 그 만큼 위험성이 증대하게 된다.

(2) 통제력 상실

① 의의

교도관의 권위가 상실되면 사기가 저하되는 등 부정적인 결과를 초래한다. 사이크스(G. Sykes)는 교도관의 권위 추락(타락)의 형태를 친분 · 상호성 · 태만에 의한 권위추락으로 설명하였다.

② 구분

㉠ 친분에 의한 권위추락 : 수용자와 지나친 친밀관계가 유지되면 교도관의 권위가 손상되어 통제력을 상실하게 된다.

㉡ 상호성에 의한 권위추락 : 교도관이 자신의 권한의 일부를 수용자에게 위임하고 수용자의 협조를 구하는 것을 말한다.

㉢ 태만에 의한 권위추락 : 규율집행을 태만히 함으로써 야기되는 권위상실을 말한다.

(3) 외부통제와 간섭 증대

교정에 대한 사법부의 개입 증대로 교도관은 영향력과 권한이 위축된 반면, 수용자는 인권보장과 적법절차 보장 등으로 인해 영향력과 권한을 얻게 되었다.

(4) 역할갈등

교정에 교화개선사상과 처우프로그램이 도입되면서 교도관은 수용자에게 도움과 관용을 베풀면서도 강인하고 엄하기를 요구받는 역할갈등에 처하게 되었다.

CHAPTER 5 수형자 사회

01 수형자 사회의 연혁

JUSTICE

1. 클레머(D. Clemmer)

수형자 사회에 대한 연구는 1940년 미국의 교도소장이자 교정학자인 클레머가 자신의 경험을 분석한 「교도소 사회」(The Prison Community)를 발표하면서 시작되었다. 클레머는 수형자는 다분히 반사회적이고 도전적인 문화를 보유하고 있어, 이를 개선하지 않으면 범죄학교로 변할 우려가 있다고 하였다.

2. 사이크스(Sykes)

사이크스는 1958년 수형자 사회의 결정판이라고 할 수 있는 「수인의 사회」(The Society of Captives)를 발표하였다.

02 수형자 사회의 조직

JUSTICE

1. 공식적 조직

수형자의 특성을 고려해 유형별로 분류하고 이들을 적절한 교도소에 수용하는 등 구금생활과 각종 처우에 전반적으로 필요한 공식적 조직을 말한다.

2. 비공식적 조직

(1) 클레머의 비공식 조직(집단) 연구

① 의의

비공식 조직은 수형자 상호 간의 동료의식과 애착 등을 내용으로 하는 비공식적인 사적인 집단을 의미한다. 클레머는 교도소 사회는 수형자 상호 간에 크고 작은 비공식적 집단으로 분화되어 있다고 하면서, 이를 도당 · 집단원 · 비집단원으로 분류하였다.

② 비공식적 조직의 형태

㉠ 도당(1차적 집단) : 3 ~ 4명의 극히 친밀한 수형자들로 구성된 것을 말하며, 1차적 집단(Primary Group)이라 한다. 수형기간이 길어질수록 1차적 집단 가담성이 낮아지고 초연한 입장을 취하는 경향이 있다.

㉡ 집단원(반1차적 집단) : 하나의 집단을 구성하지만 그 소속감이 긴밀하지 않은 집단구성원을 말하며, 반1차적 집단(Semi-primary Group)이라 한다.

㉢ 비집단원 : 특정한 수용자 집단에 소속되지 않은 수형자를 말한다. 주로 고령자 · 저능자 · 정신장애자 등으로서 다른 수형자로부터 배척받는 수용자, 또는 건실한 가족이 있는 기혼자 등으로서 수형자의 집단보다는 가족 · 직장 등 외부세계에 더 깊은 관심을 기울이는 자를 말한다. 수형기간이 길어질수록 비율이 높아지는 경향이 있다.

(2) 비공식 조직의 리더에 관한 연구(Riemer)

① 의의

리머(Riemer)는 비공식 조직에서 리더십을 발휘하는 사람들의 유형을 '정치인'(배급원)과 '정의한'으로 구분하였다.

② 구분

㉠ 정치인(배급원) : 교도소의 행정기구와 깊이 연결되어 수형자들에게 배급물 및 이권의 분배에 상당한 권한을 행사하는 사람을 말한다. 이들은 약한 수형자로부터 금품을 뜯어내기도 하여 미움의 대상이 되지만, 교묘히 자신의 지위를 유지한다.

㉡ 정의한 : 수형자들 세계에서 통용되는 계율을 엄격히 준수하고, 약한 수형자를 괴롭히는 일이 없는 사람들이다. 동료수형자로부터 진정한 리더로 인정된다.

(3) 교도소(수형자) 사회의 적응양식에 의한 분류

① 의의

수형자의 교도소 사회에서의 적응양식에 대한 분류로 가장 대표적인 것은, 수형자의 역할을 중심으로 분류한 슈랙(Schrag)의 5분법이다.

② 슈랙(Schrag)의 수형자 역할유형 ★

㉠ 고지식자(Square Johns : 친사회적, 합사회적) : 범죄자 세계에도 어울리지 않고 교도소의 처우계획에도 적극 가담하지 않고 조용히 수용생활에 임하며, 하루 속히 사회에 복귀하기를 희망하는 친사회적 · 합사회적인 사람들이다. 직원들과는 가까이 지내는 편이며, 친사회적 수형자로는 중산층의 격정범죄자나 화이트칼라 범죄자가 많다.

㉡ 정의한(Right Guys : 반사회적) : 범죄자 세계에 적극 가담해 주도하지만, 교도소의 처우프로그램에는 참여하지 않는 자이다. 정의한은 반사회적 수형자로 수형자 간의 계율을 준

수하고 동료 수형자의 이익증진에 앞장서지만, 약한 수형자를 괴롭히지는 않아 수형자 세계에서는 진정한 리더로 인정된다. 정의한은 하류계층 출신자가 많고 폭력성 강력범죄자인 경우가 많다.

㉢ 정치인(Politicians : 가사회적) : 교도소가 주도하는 처우계획에 적극적으로 참여하여 상당한 지위를 획득하면서도 수형자와도 긴밀한 관계를 유지해 나가는 교활한 수형자이다. 각종 재화와 용역 등을 확보하기 위해 직원과 수형자 모두를 이용하지만 깊은 유대관계는 맺지 않는다. 가사회적인 수형자는 횡령 등 경제범죄자인 경우에 많다.

㉣ 무법자(Outlaws : 비사회적) : 약자를 폭력으로 다스리는 무뢰한의 범죄자로서 직원과 수용자 모두에게 배척받으며, 교도소의 규율이나 수형자 계율을 모두 지키지 않는 자이다. 무법자는 일종의 피해자 의식을 갖고 있는 비사회적인 수형자로, 비정상적 · 비공리적인 폭행자나 강력범죄자 중에 많다.

㉤ 정신적 장애자(Dings : 비사회적) : 정신적 장애를 갖고 있는 수형자들로서, 비사회적 수형자로 분류하기도 한다.

➲ 그 밖의 수형자 역할유형 분류

① 사이크스(Sykes)는 정보통인 생쥐(rats), 교도관과 내통하는 중심인(centerman), 공격적 약탈자인 고릴라(gorillas), 밀거래자인 상인(merchants), 성적 폭압자인 늑대(wolves), 폭력적 대치자인 어리석은 파괴자(ball busters), 고전적 수형자인 진짜 남자(real men), 폭력범죄와 관련된 악당(tough), 마약 관련 범죄자인 떠벌이(hipsters)로 구분하고 있다.

② 프랭크 쉬멜레걸(Frank Schmalleger)은 수형자의 역할을 깔끔이 신사, 쾌락주의자, 기회주의자, 은둔자, 변호인, 과격주의자, 식민자, 종교인, 현실주의자로 구분하고 있다.

03 수형자 사회의 부문화

JUSTICE

1. 의의

(1) 수형자 사회의 부문화는 수형자 사회에 존재하는 그들만의 독특한 가치관 또는 문화체계를 가리키는 것으로, 수형자 문화(Inmate Culture) 또는 교도소 문화(Prison Culture)라고도 한다.

(2) 서덜랜드(Sutherland)와 크레세이(Cressey)는 수형자들이 지향하는 가치를 기준으로 교도소문화를 합법주의 부문화, 범죄주의 부문화, 수형주의 부문화로 구분하였다.

2. 수형자 사회의 부문화 형태(서덜랜드와 크레세이) ★

(1) 합법주의 부문화(합법생활지향적 수형자)

① 하루 속히 형기를 마치고 사회에 나가서 정상적인 사회생활을 하고자 하는 사람들이다.

② 고지식자에 해당하는 합법생활지향적 수형자들로 수형자 중에 가장 많으며, 재범율은 낮다.

(2) 범죄주의 부문화(범죄생활지향적 수형자)

① 자신이 터득한 반사회적인 부문화를 고수하여 출소 후에도 계속해서 범죄행위를 추구하는 범죄생활지향적인 수형자이다. 그들 나름대로의 권력조직이나 인간관계는 계속 존중하면서, 교도소 내에서는 어떠한 지위를 얻고자 노력하는 일 없이 그냥 반교정적이거나 조용한 수형생활을 보낸다.

② 정의한에 해당하는 사람들로 재범률이 높다.

(3) 수형주의 부문화(수형생활지향적 수형자)

① 교도소에서의 생활상을 자신의 생활양식으로 받아들여 깊이 적응해 나가면서 교도소 내에서의 지위획득에 깊은 관심을 보이는 반면, 출소 후 생활문제는 2차적으로 돌리는 사람들이다.

② 수형생활지향적 수형자들로 교도소화가 극도로 잘된 사람들이며, 가장 공리주의적이고 교묘한 사람들로 재입소율이 가장 높다.

04 교도소화(Prisonization)

JUSTICE

1. 의의

(1) 개념

클레머(Clemmer)는 교도소화를 교정시설의 일반적 문화 · 관습 · 규범 그리고 민속 등을 다소간 취하는 것이라고 정의하였다. 이는 곧 교정시설내의 수형자의 규범과 가치에 익숙해지고 그것을 내재화하는 학습과정이라 할 수 있다.

(2) 내용

① 교도소화는 수형자의 개인적 요소 · 대외관계 · 수형자 집단의 참여여부 등에 따라 다르지만, 가장 중요한 요소는 1차적 집단(도당)이다.

② 교도소화의 가장 중요한 관점은 범죄성과 반사회성을 유발하거나 심화시켜 교도소 사회의 수형자 특성을 범죄적 이념으로 변화시키는 영향력이다.

③ 교도소화가 진행되면 될수록 수형자의 재사회화는 부정적으로 작용한다.

2. 교도소화 과정

클레머는 수형자가 반사회적인 행동과 태도가 중심이 되는 수형자 사회로 동화되는 사실을 강조하였다. 교도소화가 되면 일반적으로 사회의 관습적인 체계에서 점차 벗어나 수형자강령에 동화하게 된다. 그러다 출소가 임박해지면 교도소의 규율을 준수하고 교도관의 지시에 따라 잘 행동하는 경향을 갖기도 한다.

3. 수형기간 및 수형단계와 교도소화

(1) 클레머 : 수형기간이 장기화됨에 따라 교도소화도 강화된다고 주장하였다.
(2) 다수설 : 단순히 수형기간에 따라 교도소화가 심화되는 것이 아니라, 수형단계에 따라 달라진다.

4. 수형자의 역할과 교도소화 ★

(1) 친사회적인 고지식자보다는 반사회적인 정의한이나 가사회적인 정치인 및 비사회적인 무법자가 교도소화 가능성이 높다.
(2) 합법생활지향적 수형자보다는 범죄생활지향적 수형자가 교도소화가 빨리 심화된다.
(3) 범죄생활지향적 수형자보다는 수형생활지향적 수형자가 교도소화가 빨리 심화된다.

수형생활지향적 수용자 (수형주의 부문화)	〉	범죄생활지향적 수용자 (범죄주의 부문화)	〉	합법생활지향적 수용자 (합법주의 부문화)

5. 수형단계와 교도소화(U형 곡선) ★

(1) 의의

휠러(Wheeler)는 수형단계(형기의 초기단계 · 중간단계 · 말기단계)에 따른 교도소화 정도를 'U형 곡선'으로 설명하였다(클레머의 가설을 검증).

(2) 구분

① 초기단계 : 수형초기에는 교도소 규율을 잘 지키고 교도관에게 순종하는 가장 높은 친교도관적 태도를 보인다.
② 중기단계 : 차츰 저항적인 태도가 나타나고 규율위반 사례가 증가하면서 가장 낮은 친교도관적 태도를 보인다.

③ 말기단계 : 수형 말기에 이를수록 다시 친교도관적인 태도를 보이며 수형자강령을 거부하는 경향을 보인다.

6. 수형자의 사회적 역할에 따른 교도소화

(1) 의의

가라비디안(Garabedian)은 교도소화의 정도를 수형자의 사회적 역할에 따라 분류하였다.

(2) 구분

① 고지식자 · 정의한 : U형 곡선 형태를 보였으며, 석방일이 다가옴에 따라 부정적인 측면을 떨쳐버리는 경향이 있다.
② 무법자 : 형기에 따라 교도소문화와 점증적으로 동일시하는 경향이 있다.
③ 정치인 : 수형기간을 거치면서 직원의 규범에 동조하는 경향이 있다.

7. 시설규모와 특성에 따른 교도소화

(1) 중(重)구금교도소에서는 수용기간이 길수록 친교도관적 태도를 보인다는 연구도 있다(처우중심 교도소보다 박탈과 고통이 심하기 때문으로 이해할 수 있다).
(2) 처우중심의 교정시설에 수용된 사람이 보안시설 중심의 교정시설에 수용된 사람보다 일반적으로 긍정적이지만, 교정시설과 교도소화는 획일적으로 정의를 내리기 어려우므로 다소 유동적으로 이해할 필요가 있다.

05 수형자 강령(계율)

JUSTICE

1. 의의

수형자 강령은 수형자 간의 비공식적인 내부규율이지만, 수형자 사이에는 공식적인 교도소 규율 보다 엄격히 지켜지고 수형자 간에 응집성이 강한 것이 특징이다.

2. 사이크스(Sykes)와 메신저(Messinger)의 수형자 강령

(1) 동료방해 금지 : 다른 동료의 이익을 방해하지 마라.
(2) 동료와 싸움 금지 : 다른 동료와 싸움을 억제하라.
(3) 사익추구 금지(착취) : 다른 동료를 속이거나 때려 자기 이익을 추구하지 마라.

(4) 자기보전 : 자기 스스로 약해져서 울거나 죄를 시인하는 행위 등을 하지 마라.
(5) 교도관을 믿지 말 것 : 직원이나 교도소에 대한 존경심이나 권위를 인정하지 마라.

06 교도소화의 설명모형 ★

JUSTICE

1. 의의

수형자의 교도소화는 수용이 직접적인 결과라는 박탈모형과, 수형자가 사회로부터 교정시설 내로 함께 들어온 것이라는 유입모형 및 2가지 모형을 결합한 통합모형이 있다.

2. 박탈모형(기능적 모형)

(1) 내용

① 사이크스(Sykes)가 주장한 이론으로, 교도소화는 수용의 결과라는 가정에서 출발한다.
② 박탈모형(Deprivation Model)은 수용으로 인한 고통과 박탈 및 지위강등 과정을 중심으로 설명하고 있다. 즉, 교도소화를 수용으로 인한 고통과 박탈을 최소화하기 위한 기능으로 설명하고 있어 박탈모형을 기능적 모형(Functional Model)이라고도 한다.

(2) 수용으로 인한 고통과 박탈

① 유형
㉠ 자유의 박탈
㉡ 자율성의 박탈
㉢ 이성관계의 박탈
㉣ 안전성의 박탈
㉤ 재화와 용역(서비스)의 박탈
② 내용 : 사이크스는 수용으로 인한 고통과 박탈을 5가지 제시하고, 교도소 내 구금환경이 결국 수형자로 하여금 집합적 적응을 하도록 만든다고 하였다. 즉, 수용으로 인한 다섯 가지 고통으로부터 수형자가 생존하기 위한 수단으로 수형자 문화를 개발하고 그 문화에 적응하게 된다고 한다.

(3) 사회에서 보유하고 있던 지위강등(제도적 지위강등)

교정시설에 수용되게 되면 과거의 사회적 신분이 아닌 교도소 내에서의 새로운 신분을 갖게 된다. 이러한 과거의 자기상실은 자신의 지위강등으로 이어지고, 자기증오와 자기소외가 자기훼손 및 파괴적인 행동을 초래하게 된다고 한다.

(4) 박탈모형의 단계 ★

박탈 + 지위강등 ⇒ 교도소화(수형자 강령이 증대) ⇒ 석방 후 실패

(5) 평가

① 수형자조직을 제도적 환경과 조건에 대한 일종의 집합적 반응으로 보고 있다.
② 교도소화를 수형자가 격리와 소외에 대한 두려움을 이겨내고 자기 존중심과 독립심을 되찾게 하고 자신의 남성 역할모형도 되찾을 수 있게 해준다고 한다.
③ 박탈모형은 교정시설을 범죄학교라고 비판하는 사람들의 논리적 근거가 될 수 있다.

(6) 대책

① 권리박탈의 최소화와 인간적인 처우를 받을 기회를 증대해야 한다.
② 교도관과 수형자 간에 인격적인 교류를 증대해야 한다.
③ 수형자 문화 자체를 반사회적 · 배타적이 아닌 건전한 방향으로 개선해야 한다.
④ 교도소를 소규모화하고, 분류수용을 통한 동질적인 수형자들이 작업하고 여가를 선용하도록 해야 한다.
⑤ 교도관의 능력과 자질을 향상시켜야 한다.

3. 유입모형(Importation Model)

(1) 의의

① 어윈(Irwin)과 크레세이(Cressey)가 대표적인 주장자이며, 교정시설의 내부적 영향을 지나치게 강조한 박탈모형을 비판하면서 주장한 이론이다.
② 유입모형은 교정시설 내 수형자의 행위유형은 수형자가 입소할 때 사회로부터 함께 들어온 것이므로, 수형자부문화는 결코 수용시설 내부의 독특한 부문화가 아니라는 입장이다.
③ 교도소부문화와 범죄적 부문화를 구별할 필요가 있고, 합법주의지향 · 범죄주의지향 · 수형주의지향 부문화 중에서 범죄주의지향 부문화와 수형주의지향 부문화가 수형자부문화를 형성한다고 한다.

(2) 입소 전 경험을 중시

유입모형은 수형자 문화 형성의 1차적 역할을 수형자의 입소 전의 영향으로 보고 있다. 이는 수형자가 입소 시 자신과 함께 유입된 다양한 태도와 행위유형이 수용생활 적응에 가장 중요한 요인으로 보는 입장이다.

(3) 수형생활 적응 결정요인

① 개인적 요인 : 사회경제적 지위, 교육정도, 직업, 가정환경 등
② 범죄 관련 범수 : 전과경력, 수형횟수, 기간 등
③ 가치관 · 신념 등 : 범죄적 태도와 가치관, 개인의 자기관념, 신념 등

(4) 유입모형의 단계 ★

범죄적 부문화에 노출(입소 전 경험) ⇒ 수형자의 교도소화 ⇒ (허구) ⇒ 석방 후 실패

(5) 평가

유입모형은 박탈모형보다 교정시설에서의 경험과 교정의 역할을 더 비관적으로 보는 경향이 있다. 이는 교도소에서의 생활을 '허구'로 보고 있어, 수형자를 교화개선할 수 있는 교정행정의 잠재력을 무시하고 있기 때문이다.

4. 통합모형(Integration Model)

(1) 의의

① 박탈모형과 유입모형 모두 교도소 사회를 설명하기에 지나치게 단순한 점이 있다. 그래서 통합모형은 교도소문화는 유입되거나 토착적인 것이 아니라 상호작용으로 형성된 것으로 보는 견해를 취하고 있다.
② <u>대체로 자유주의자는 박탈모형을 지지하고, 보수주의자는 유입모형을 지지한다.</u>

(2) 교정시설의 변화

① 권한의 재분배 : 교정시설의 권한은 과거에는 전적으로 직원에게 있었지만, 지금은 직원과 수용자 및 외부의 제3자(법원 · 시민단체 등)가 공유하는 형태로 변모되고 있다.
② 시설과 수용자 특성에 따른 차이 : 상이한 교정시설에 따라 상이한 영향력이 초래될 수 있으므로 초 · 중 · 경구금 등 시설에 따라 교도소화의 차이가 생긴다. 이는 보안수준보다는 경구금시설은 초범자가 많기 때문으로도 이해할 수 있다.

(3) 평가

교도소화를 명확하게 이해하기 위해서는 유입모형과 박탈모형을 통합하는 것이 바람직하다. 교도소(수형자)문화의 존재는 시설 내 적응을 위한 보편적인 문제에 기초하고 있지만, 교도소화가 되는 경향은 외부에서 유입된 것으로 보고 있다.

모의교도소

짐바르도(Zimbardo) · 하니(Haney) · 뱅크스(Banks) 등이 미국의 스탠포드대학 심리학과 건물 지하에 모의교도소를 설치하여, 교정시설의 수형환경, 수용자의 적응심리, 교도관의 양태 등에 관한 연구를 시도하였다. 하지만 연구 도중 참가자 모두에게 심각한 심리적 문제가 발생하여 중단하였다.

교정행정 통제력 강화방안

① 교정의 목표를 명확하게 설정해야 한다.
② 형벌집행의 공정성과 엄중성을 확보해야 한다.
③ 교도관을 전문화하여 능력을 극대화해야 한다.

교도소화의 원인 정리

모형	내용
박탈모형 (deprivation model)	교도소 수용에 따른 고통, 권익의 박탈 등에 대한 수형자들의 저항으로써 교도소화가 형성된 것이라고 주장 [사이크스(Sykes), 클레머(Clemmer)]
유입모형 (importation model)	수형자의 교도소화는 교정시설 내에서 형성된 것이 아닌, 사회의 특정한 문화가 수형자의 입소와 함께 유입된 것이라고 주장 [어윈(Irwin), 크레세이(Cressey)]
통합모형 (integration model)	교도소화의 원인은 수형자의 권리확대 경향, 교정시설의 차이, 수용자의 개별적 특성 등 다양하므로, 두 모형을 통합하여 해석하여야 한다는 주장

CHAPTER 6 과밀수용

01 과밀수용의 실태와 원인

JUSTICE

1. 과밀수용 실태

(1) 우리나라

우리나라의 일일평균 수용인원은 IMF 직후인 1999년에 68,000명으로 정점에 달한 뒤, 2004년 57,000명, 2005년 52,000명, 2007년 46,000명 수준으로 다소 감소한 후 비슷한 수준을 유지해왔다. 그러다 가석방 요건이 강화되고 미결수용자가 증가하면서 최근에는 다소 증가하는 추세에 있다.

(2) 미국

1980년대에 평균 7 ~ 8% 수용인원이 증가해오다 1997년 12월에 180만을 초과하자, 사법부가 개입하여 교정시설의 과밀수용을 해소하도록 명령하는 단계에까지 이르러 사회의 큰 과제로 부각되었다. 더구나 미국은 최근 30년간 수용자가 무려 500% 급증해 2006년 말 225만 명을 넘었으며, 현재도 계속 증가하는 추세에 있다.

2. 과밀수용 원인

(1) 인구학적 측면

1960년대 전후 베이비붐(Baby-boom) 세대에 태어난 사람들이 1970년대 후반이 되면서 범죄연령기에 도달하고, 1980년대 초반부터 구금연령기로 진입하면서 수용인원 증가의 주요원인이 되었다.

(2) 형사정책의 보수화(정의모델 중시 : 미국)

① <u>매스컴의 역할증대</u>

1970년대 이후 범죄율이 증가하자 언론이 일부 강력범죄를 집중적으로 보도하면서 범죄 문제가 사회의 심각한 관심사로 대두되고, 국민들이 범죄에 대한 강력한 대응을 요구하면서 형사정책의 보수화가 초래되었다.

② 국민들의 지지와 정치적 쟁점화

㉠ 1960년대 후반부터 보호관찰이나 가석방을 줄이고 장기형을 요구하는 시민들의 사회방위적 태도로 인해 처벌을 강화하는 방향으로 전환되었다.

㉡ 1980년대에는 억제이론에 입각한 모형(모델)이 교정이념의 주류를 형성하면서 법원의 양형과 교정정책에 큰 변화를 가져왔다.

㉢ 처우중심의 교정정책의 실패와 그로 인한 시민들의 불만 및 범죄에 대한 공포가 증가하고, 언론의 질타와 정치권의 범죄에 대한 강경정책이 과밀수용을 가속화하였다.

③ 법원의 보수화

범죄에 대한 강력한 대응을 요구하는 여론에 따라 「강제적 최소 양형법」을 제정하여, 1980년대 이후 강력사범의 구금비율과 구금형량이 대폭 증가하였다.

④ 교정정책의 변화

선시제도의 조건 및 가석방 자격조건을 강화하여 조기석방이 줄어들면서 수용밀도가 증가하였다.

(3) 일반적인 과밀수용 원인

과밀수용 원인으로는 일반적으로 인구 및 범죄증가, 형사정책의 보수화, 미결구금 남용, 구금 대체형벌(벌금 · 사회봉사명령 등) 활용 미비, 가석방 제한 등을 들 수 있다.

3. 과밀수용과 법원의 개입

(1) 과밀수용의 결과

① 교정시설의 중구금화 현상을 초래하였다(교화개선보다 보안을 중시).

② 수용환경의 악화와 교정교화 효과를 약화시켰다.

③ 수용사고 가능성이 증대하였다.

④ 과다한 업무로 직원들의 사기가 저하되었다.

⑤ 교정에 대한 법원의 개입을 초래하였다.

⑥ 양형제도의 변화를 초래하였다(선별적 무능력화 및 보호관찰 등 사회내 처우 확대).

(2) 법원의 개입

① 의의

㉠ 열악한 구금조건에 대해 수용자들이 집단소송을 제기하였고, 1990년에는 5개주를 제외한 미국의 모든 주들이 잔인하고 비인간적인 처우를 금지하는 헌법조항에 총체적인 조건이 위배된다고 판시하면서 연방법원이 시정명령을 하였다.

㉡ 1년 이내에 구금환경을 개선할 것과 수용인원 상한선을 준수할 것을 명령하였고, 위 조건을 법정기간 내에 달성하지 못하는 주에게는 매일 벌금을 부과하고 수용인원이 상한선 이하로 떨어질 때까지 교정기관에 신규입소를 금하는 등 엄격한 조치를 하였다.

㉢ 전통적으로 교정에 불간섭(Hands-off)하던 사법부가 교정에 개입하여 구금환경 개선과 교정시설의 과밀수용 해소를 명하였다.

② 법원개입의 영향

㉠ 구금조건 개선 시정명령을 하였다.

㉡ 과밀수용 해소에 기여하였다.

㉢ 선별적 무력화 방안을 강구하게 되었다.

㉣ 사회내 처우가 확대되는 계기가 되었다.

02 과밀수용 해소방안

JUSTICE

1. 의의

과밀수용 해소방안으로 가장 대표적인 것으로는 블럼스타인(Blumstein)의 5가지 방안인, 무익한 전략 · 인구감소 전략 · 선별적 무능력화 · 교정시설의 증설 · 사법절차와 과정의 개선이 있다.

2. 블럼스타인(Blumstein)의 과밀수용 해소방안 ★

(1) 무익한 전략(Null Strategy)

① 교정시설이 증가하는 수용자 만큼 더 수용할 수밖에 없다는 전략으로, 단기적으로는 추가비용 부담 없이 수용이 가능한 전략이다.

② 구금조건이 악화되면 직원들이 비도덕화되기 쉽고 폭동이 야기될 우려가 있다. 수용한계에 이르면 비폭력 범죄자는 대부분 보호관찰 등으로 전환될 가능성이 있다.

(2) 선별적 무능력화(Selective Incapacitation)

① 강력범죄의 대부분이 일부 중누범자들에 의해 자행되는 사실에 감안한 전략으로, 가장 많은 범죄를 줄일 수 있는 범죄인을 선별적으로 구금하여 교정시설을 가장 효율적으로 운영하기 위한 방안이다.

② 일부 중누범자를 선별해 수용하면, 범죄감소 효과 및 과밀수용 해소에 기여할 수 있지만, 범죄에 상응하는 처벌이 아닌 미래에 예측되는 위험성을 기초로 가중처벌하는 윤리적 · 법률적 문제가 있다.

(3) 수용인구 감소전략(정문정책전략 · 후문정책전략)

① 정문정책전략(Front-door)

㉠ 정문정책전략은 교정(수용처분) 이전 단계에서 비구금적인 제재로 전환하는 것으로, 보호관찰 · 가택구금 · 벌금형 · 배상처분 · 사회봉사명령 · 선도조건부 기소유예 등이 있으며, 일부 경미한 범죄자나 초범자들에게 가능하다.

㉡ 중누범자나 강력범에게는 적용하기 어렵고, 형사사법망을 확대시키는 결과를 초래할 수 있다.

② 후문정책전략(Back-door)

㉠ 후문정책전략은 일단 교정시설에 수용된 범죄자를 보호관찰부 가석방 · 선시제도 · 사면 · 감형 등을 활용하여 형기종료 이전에 출소시키는 정책이다.

㉡ 가석방 정책이나 선시제도 확대실시는 과밀수용에 대한 신속하고 용이한 임시방편으로 이용되고 있는 반면, '회전식 교도소문 증후군'이라는 비판을 받고 있다.

(4) 형사사법절차와 과정의 개선

① 경찰 · 검찰 · 법원 및 교정당국 등이 형사사법협의체를 구성해 수용능력을 감안하여 형사사법 정책을 추진하는 것을 말한다.

② 검찰의 기소나 법원의 형의 선고 및 양형시 수용능력을 고려하고, 과밀수용된 경우 가석방 등을 허용하여 과밀수용을 해소하는 방안이다.

③ 이는 교정시설의 수용능력 등을 감안한 교정의 주관성을 강조하고 있어, 교정의 주체성 확보를 통한 과밀수용 해소방안이라 할 수 있다.

(5) 교정시설 증설

① 교정시설을 신설해 수용능력을 확충하여 수용밀도를 낮추는 것으로, 가장 단순하고 평범한 방안이지만 경비부담 문제가 대두된다.

② 시설이 증설되어도 교정당국의 관료제적 경향으로 인해 금방 수용과밀 현상이 재현될 것이라는 비판이 있다.

3. 과밀수용 해소를 위한 정책

(1) 단기적 대안

전자감시 가택구금이 과밀수용 해소를 위한 단기적 대안으로 논의되고 있다. 이는 비용이 저렴하고 범죄위험이 증가하면 구금형으로 전환이 용이하고, 엄격한 감시와 행동규제로 범죄예방 및 지역사회 안전에 기여할 수 있는 이점이 있으며, 응보적 측면과 범죄의 무능력화 및 사회복귀를 긍정적으로 충족시킬 수 있는 장점이 있다.

(2) 중 · 장기 대안

교정의 민영화, 지역사회 교정, 다양한 중간처벌, 각종 전환제도 등이 과밀수용 해소를 위한 장기적이고도 지속적인 전략으로 검토되고 있다.

(3) 현실적 대안

① 구속영장실질심사를 강화하여 불구속수사 원칙을 정착시켜 나가야 한다.
② 다양한 재판 전 석방제도를 도입해야 한다.
③ 가석방 정책을 탄력적으로 운용해야 한다.
④ 상습음주운전자 및 재산범 등에 대해서는 전자감시 가택구금제 도입이 필요하다.

보충

1. 선별적 무능화 과정에서의 범죄예측 오류

구분	내용
잘못된 긍정 (false positive)	범죄를 저지를 것이라고 예측하여 범죄성이 없는 사람을 장기간 구금시키는 현상으로, 불필요하게 장기간 수용함으로써 개인의 자유와 인권을 침해할 우려가 있다.
잘못된 부정 (false negative)	범죄의 위험성이 있음에도 없다고 잘못 예측하여 사회방위에 위험을 초래하는 현상

2. 헌법재판소의 구치소 내 과밀수용행위 위헌결정
성인 남성인 청구인이 이 사건 방실에 수용된 기간 동안 1인당 실제 개인사용가능면적은, 2일 16시간 동안에는 1.06m^2, 6일 5시간 동안에는 1.27m^2였다. 이러한 1인당 수용면적은 우리나라 성인 남성의 평균신장인 사람이 팔다리를 마음껏 뻗기 어렵고, 모로 누워 '칼잠'을 자야 할 정도로 매우 협소한 것이다. 따라서 청구인이 인간으로서 최소한의 품위를 유지할 수 없을 정도로 과밀한 공간에서 이루어진 이 사건 수용행위는 청구인의 인간으로서의 존엄과 가치를 침해한다(헌법재판소 2016.12.29. 2013헌마142).

3. 비범죄화와 비형벌화의 요약비교

구분	비범죄화	비형벌화
의의	형법에서 범죄로 규정하고 있는 행위를 삭제하거나, 특정 범죄에 대한 형사처벌의 범위를 축소하는 것	형벌을 완화하거나, 형벌 대신 다른 제재를 가하는 것
대상	범죄	범죄자
사례	• 경미한 범죄 • 피해자 없는 범죄(매춘, 도박, 낙태 등) • 윤리에 맡겨도 될 행위나 공공질서와 관련된 범죄(간통 등)	훈방, 기소유예, 선고유예, 집행유예, 보호관찰, 사회봉사명령 등

박상민
JUSTICE 교정학

PART 3

수용자의 **지위와 처우**

Chapter 1 수용자 인권의식의 발달
Chapter 2 수형자의 분류
Chapter 3 누진처우제도
Chapter 4 현행법상 분류제도
Chapter 5 처우제도

CHAPTER 1 수용자 인권의식의 발달

01 수용자 인권의식의 발달과정 참고

JUSTICE

1. 근대 이전

(1) 의의

근대 이전에는 수형자는 '법의 보호 밖에 있는 사람'으로 인식해 인권보호 대상에서 제외되었으며, 전통적으로 법원은 교정에 대한 '불간섭주의'(Hands-off)를 고수하였다.

(2) 불간섭주의

교정행정은 수형자를 대상으로 하는 특수한 전문성이 내재되어 있어 법원의 개입은 바람직하지 못하며, 사법부가 교정에 간섭하는 것은 3권분립 원칙에 위배된다.

➔ 1871년 러핀사건 판결(미연방대법원, Ruffin Common Wealth 62, 790)
"수형자는 수형기간 동안 주의 노예이다"라고 하며 법원은 불간섭주의(Hands-off)를 고수하였다.

2. 19C 이후

(1) 행형(行刑)개혁 과정에서 존 하워드 등이 부분적으로 수형자 인권에 대한 문제의식을 제기하고, 마코노키(Machonochie)와 크로프톤(Crofton)의 누진제, 오스본(Osborne)의 수형자 자치제와 같은 독자적인 처우제도가 실시되면서 수형자에 대한 관심을 표명하였다.

(2) 그러나 이러한 관심은 수형자를 법적 보호의 주체로 파악한 것이 아니라, 수형자의 생활조건을 개선하는데 중점을 둔 것에 불과하였다.

3. 20C 이후

(1) 독일의 프로이덴탈(B. Freudenthal)

① 1911년 독일의 프로이덴탈은 "수형자도 권리의무의 주체이므로, 수형자의 권리제한은 법률에 의해서만 가능하고 수형자를 위한 권리구제제도가 마련되어야 한다"고 하면서 "법률과 판결은 행형(교정)에 있어서도 마그나카르타이다"고 하였다.

② 자유형은 자유박탈 이외에는 일체의 침해적 효과를 배제해야 한다는 자유형의 순화를 주장하였다.

③ 그러나 이러한 수형자에 대한 법적 지위 주장은, 당시 수형자의 인권이 무시되던 시대적 상황으로 인해, 곧바로 수형자 권리보장에 크게 기여하는 계기는 되지 못했다.

(2) 제2차 대전 이후

① 제2차 대전 이후 수형자의 권리구제 및 권리신장 운동이 활발히 전개되고, 인권신장운동의 결과로 인권의 사각지대로 여겨지던 교정시설에까지 관심이 확장되었다.

② 일반범죄자의 의식과 지식수준이 향상되고, 인권단체의 다양한 인권운동의 영향 등으로 수용자의 소송이 폭발적으로 증가하였다.

③ 이러한 시대적 흐름에 의해 수형자의 권리보장 문제가 국제적 문제로 등장하게 되면서, 1955년 「UN 피구금자처우 최저기준 규칙」, 1973년 「유럽기준 규칙」, 1988년 「UN 피구금자 보호원칙」 등을 채택하게 되었다.

④ 특히 「UN 피구금자처우 최저기준 규칙」은 수용자를 인간으로 존중하여야 한다는 기본정신하에 수용자의 권리보장 및 사회복귀를 위한 처우를 보장하는 권리장전으로서의 의미를 갖고 있어, 세계 대부분의 국가들이 이 규칙에 규정한 정신과 내용을 자국의 입법 및 교정실무에 반영하고 있다.

02 수용자의 법적 지위와 권리보장

JUSTICE

1. 이론의 기초

(1) 특별권력관계

수형자를 국가에 의한 포괄적인 지배 · 복종관계로 파악하여 법치주의가 배제되는 교정당국의 전권적인 재량으로 보는 이론으로, 19C 중엽 독일의 오토마이어(Otto Mayer)가 주장하였다.

(2) 특별권력관계 수정설

① 법치주의에 입각하여 특별권력관계를 수정 또는 재구성하는 입장으로 "중요한 기본권의 제한은 원칙적으로 법률에 따라 행해져야 한다"는 견해이다(※ 특별권력관계에 법치주의를 반영함).

② 그러나 이는 구금의 본질과 목적에 비추어 합리적이고 필요하다고 인정될 경우에는 기본적인 인권제한이 허용된다고 보는 입장이다.

(3) 특별권력관계 부정설 ★

① 독일

1972년 서독의 연방헌법재판소는 "수형자의 기본권은 오직 법률의 근거가 있는 때에만 제한될 수 있고, 그 제한은 헌법에 의하여 승인된 공동체 목적을 실현하기 위하여 꼭 필요하다고 인정된 경우에만 이루어질 수 있다"고 판결하였다. 이렇게 수형자와의 관계도 일반공권력 발동관계로 파악한 이후 특별권력관계 부정설이 지배적인 이론이다.

② 미국

1950년대에 발생한 교도소 폭동, 1960년대 흑인 시민 인권운동의 영향을 받아 1964년에 마침내 수형자의 연방시민법에 의한 보호를 받을 권리를 인정하였다. 이후 미국은 수형자 권리에 대한 직접적인 법원의 간섭주의(Hands-on Doctrine) 시대로 접어들었다.

2. 수용자의 법적 지위와 권리보장

(1) 수용자의 법적 지위

① 수용자의 지위는 헌법과 법률에 기초하고 있으며, 수용자의 권리는 법치주의에 입각해 오직 법률에 근거가 있을 때에만 제한할 수 있다.

② 1972년 독일의 연방헌법재판소 결정 및 1964년 미국의 수형자의 연방시민법에 의한 보호를 받을 권리를 인정한 것이 수형자 권리보장의 계기가 되었다.

(2) UN의 수용자 지위보장

1955년 제1회 UN 범죄방지 및 범죄자처우회의에서 「피구금자처우 최저기준 규칙」이 채택되어 교정 및 수용자 처우에 대한 국제적 기준이 마련되었다.

(3) 인권존중에 관한 규정

인간의 존엄성과 기본인권보장(「헌법」 제10조)

모든 국민은 인간으로서의 존엄과 가치를 가지며, 행복을 추구할 권리를 가진다. 국가는 개인이 가지는 불가침의 기본적 인권을 확인하고 이를 보장할 의무를 진다.

국민의 평등(「헌법」 제11조)

① 모든 국민은 법 앞에 평등하다. 누구든지 성별·종교 또는 사회적 신분에 의하여 정치적·경제적·사회적·문화적 생활의 모든 영역에 있어서 차별을 받지 아니한다.

인권의 존중(「형집행법」 제4조)

이 법을 집행하는 때에 수용자의 인권은 최대한으로 존중되어야 한다.

차별금지(「형집행법」 제5조)

수용자는 합리적인 이유 없이 성별, 종교, 장애, 나이, 사회적 신분, 출신지역, 출신국가, 출신민족, 용모 등 신체조건, 병력(病歷), 혼인 여부, 정치적 의견 및 성적(性的) 지향 등을 이유로 차별받지 아니한다.

수용자 처우에 관한 유엔최저기준규칙(만델라규칙)(통칙 제2조)

① 본 규칙은 공평하게 적용되어야 한다. 수용자의 인종, 피부색, 성별, 언어, 종교, 정치적 또는 그 밖의 견해, 국적, 사회적 신분, 재산, 출생 또는 그 밖의 지위에 의하여 차별이 있어서는 안된다. 수용자의 종교적 신념과 도덕률은 존중되어야 한다.

3. 수용자 권리의 구분

(1) 기본권 제한의 내용

① 법률에 의해서도 침해할 수 없는 기본권(정신적 자유권 등)
종교의 자유, 사상의 자유, 양심의 자유, 인간의 존엄과 평등권 등이 있다.

② 영조물 존립 목적상 법률로 제한 가능한 기본권
표현 및 통신의 자유, 학문의 자유, 근로의 권리, 근로3권 등이 있다.

③ 구금 성격상 불가피하게 제한하는 기본권
신체의 자유, 집회·결사의 자유, 직업선택의 자유, 거주이전의 자유 등이 있다.

(2) 수용자 권리의 낙후 원인

① 역사적으로 구금은 형벌이자 고통의 수단으로 인식되어 왔다. 또한 구금이 갖는 강제적 특성 및 수용자에 대한 엄격한 훈육 등으로 인해 외부생활과 동떨어진 처우와 인간의 존엄성이 무시되기 쉬운 특성이 내재되어 있었다.

② 교정시설은 국가정책상 우선순위가 매우 낮아 수용자를 위한 충분한 예산확보가 어려워 시설이 낙후되고 시설 자체가 부족한 점이 있다.

(3) 구금의 합법성에 대한 논의

구금의 합헌성 및 합법성에 대한 논의는, 구금사실 그 자체는 물론, 수용자들이 누릴 수 있는 권리 등 구금의 여건과 특성까지도 그 대상으로 하고 있다.

(4) 수용자 인권제한 원칙

① 헌법상 부여되어 있는 기본권의 성격과 당해 수용목적을 비교형량하여 구체적인 권리를 법률로 제한해야 한다.

② 수용자의 인권제한은 교정목적을 달성하기 위한 필요한 최소한에 그쳐야 한다.

③ 형벌로서의 자유구속 이외에는 가능한 일반사회인의 생활과 근접해야 한다.

④ 인간으로서의 존엄성과 헌법상 보장된 기본권이 부당하게 침해되지 않도록 해야 한다.

4. 수용자 권리의 내용

(1) 의의

권리는 개인에 대한 국가의 행위를 제한하고 지도하는 규율인 절차적 권리와 헌법이나 법률에 인간으로서 누려야 할 기본적인 권리를 규정한 실질적 권리로 나눌 수 있다. 수용자의 권리는 바로 이러한 권리 중 수용자가 누릴 수 있는 권리를 의미한다.

(2) 절차적 권리

① 의의

다른 기관에 비해 교정에 대한 법원의 접근은 보수적이고 소극적인 편이었다. 그래서 법원이 수용자를 위한 절차적 권리를 인식한 것은 비교적 최근의 일이며, 적법절차에 대한 관심이 고조되면서 교정시설에서 법치행정의 기초가 형성되었다.

② 최초의 논의

적법절차는 보호관찰이 취소되어 다시 교정시설에 재수용되는 것과 관련해서 논의되기 시작했다. 이는 자유의 심대한 상실을 가져오기 때문에 절차적 보호를 받을 권리를 인정한 것이다.

③ 시설 내 적용

㉠ 적법절차에 의하지 않고는 징벌과 중대한 훈육을 할 수 없다.

㉡ 징벌 등에 있어 적법절차의 요구는 법원의 교정에 대한 중대한 개입이다.

㉢ 미국에서는 사형제도 자체보다는 적법절차에 위반되어 사형이 위헌이라는 판례도 있다.

㉣ 수형자의 법적 구제와 권리를 중시하고 있는 정의모델도 절차적 권리를 중시한다.

(3) 실질적 권리(법률에 의해서 제한가능)

① 의의

실질적 권리는 헌법이나 법률에 인간으로서 누려야 할 기본적인 권리를 뜻한다. 하지만 교정시설에서는 구금의 목적과 특성상 권리의 일부를 제한할 수밖에 없는 점이 있다.

② 편지검열

㉠ 의의 : 편지는 수용자의 외부교통권이자 헌법상 보장된 언론과 출판의 자유의 일부분이므로, 교정시설의 목적과 수용자의 이익이 균형을 이룰 수 있는 범위 내에서 최소한으로 제한되어야 한다.

㉡ 현행법 : 수용자의 통신의 자유와 문예 및 창작활동의 자유를 보다 적극적으로 보장하기 위하여 편지내용을 무검열 원칙으로 전환하고, 집필에 대한 사전허가제를 폐지하였다.

㉢ 제한사유 : 무검열 원칙이라 하여도 증거인멸 등 형사법령에 저촉되는 것은 제한이 불가피한 점이 있다. 하지만 이러한 제한도 교정시설의 안전과 질서유지 등 기본적인 목적을 달성하기 위한 최소한의 제한에 그쳐야 한다. 일반적으로 국익의 정당화, 현존하는 위험성, 합리적이고 필연적인 관계 등을 제한사유로 들고 있다. 미국의 헌법수정조안 제1항에 "검열은 보안 · 질서 그리고 교화개선이라는 실질적인 국가이익 증대에 기여하는 것이어야 한다."

③ 종교의 자유

법원은 현저한 국가이익의 존재와 최소한의 제재적 대안이라는 매우 엄격한 기준을 요구하고 있다. 이는 수용자의 종교의 자유를 제한하기 위해서는 제한되는 자유에 못지않게 중요한 목적이 있고, 가능한 대안 중 최소한의 제한적인 수단이여야 함을 뜻한다.

④ 잔혹하고 비정상적인 처벌

인간의 존엄성을 위협하는 처벌 및 균형과 비례의 원칙에 위반한 잔혹하고 비정상적인 처벌 등 교정목표 이상의 징벌과 훈육일 때 문제가 된다.

⑤ 처우를 받을 권리와 거부할 권리

수용자가 적절한 처우를 받을 권리와 함께 '비자발적인 처우를 거부할 수 있는 권리'도 수용자의 권리와 관련해 최근에 중시하고 있다.

5. 수용자 권리운동의 평가

(1) 법원의 개입과 성과

① 다양한 형태의 수용자 권리증진 운동이 교정에 대한 사법부 개입을 초래하였다.

② 사법부 개입은 과밀수용 해소와 수용자의 인권신장 등 교정에 지대한 영향을 주었다.

(2) 쟁송 전후의 혼란과 갈등

① 교정행정은 주요한 쟁송이 있거나 끝난 직후에 가장 혼란스러운 것이 보통이다.

② 쟁송이 장기화될 때 직원과 수용자 간에 긴장과 갈등이 조성될 우려가 있다.

③ 긍정적인 변화가 기대에 못 미칠 때 혼란과 난동이 초래될 수도 있다.

④ 교도관의 위상과 권한이 위축되면 사기와 도덕성이 저하될 수 있다.

⑤ 교도관의 통제력이 저하되면, 수용자 사이에 힘의 논리가 작용해 폭력이 증가할 수 있다.

(3) 쟁송의 긍정적인 측면

교정에 대한 국민들의 이해 증진, 교정시설 확충, 수용자의 처우향상 등을 위한 국가적 재원을 확보할 수 있는 계기가 될 수 있다.

(4) 제이콥스(Jacobs)의 수용자 권리운동의 결과

① 교정시설이 관료주의화 되었다(모든 행동을 문서화함).
② 교정인력이 법률분야와 관리분야의 전문가를 요구하게 되었다.
③ 수용자에게 힘을 실어 주는 반면, 교도관의 사기를 저하시키는 결과를 가져왔다.
④ 수용자들이 과거에 비해 보다 정치적인 성향을 띠게 되었다.
⑤ 수용자 관리 및 통제를 위한 기술적인 발전을 가져오게 되었다.
⑥ 교정에 대한 언론과 시민의 관심이 증대되었다.
⑦ 교정당국이 교정에 대한 기준을 개발하게 되었다.
⑧ 각종 권리구제 수단을 강화하는 등 수용자를 위한 절차적 안전장치를 제공하였다.
⑨ 결과에 대한 실망으로 때때로 무질서와 혼란이 야기되기도 하였다.

수용자 권리운동 결과
수용자 권리운동의 결과로 나타난 가장 대표적인 현상은 교도소의 민주화이다.

03 수용자 권리의 보호와 구제방안

JUSTICE

1. 의의

권리구제 수단으로는 사법부의 재판을 통하여 구제받는 사법적 구제제도와 행정기관 등에 의해 간단하고 신속하게 권리구제를 받을 수 있는 비사법적 구제제도가 있다.

2. 권리구제 수단

(1) 사법적 구제수단

① 종류
행정소송, 형사소송, 민사소송, 헌법소원 등이 이에 해당한다.

② 장점

㉠ 가장 확실한 권리구제 수단이다.

㉡ 변호사 등 법률전문가의 조력을 얻을 수 있다.

③ 단점

㉠ 많은 시간과 경비가 소요된다.

㉡ 수용자와 교정기관 간에 갈등의 골이 깊어질 수 있다.

㉢ 교정기관은 패소 시 지도력 상실 등의 상처를 입을 수 있다.

㉣ 수용자는 소송을 대변할 능력이나 여건이 부족한 경우가 많다.

㉤ 수용자는 소송에 이기더라도 수용환경 개선 등 상당한 시간이 요구되는 것들이 많다.

(2) 비사법적 구제수단

① 종류

청원, 순회점검, 소장면담, 행정심판, 국가인권위원회 진정, 법무부 인권국 진정, 감사원의 심사청구 및 직무감찰, 옴부즈만 제도 등이 있다.

② 장점

㉠ 권리구제가 효과적이고 쌍방 간에 공평한 해결이 가능하다.

㉡ 시간과 자원을 절감할 수 있다.

㉢ 수용자의 불평과 불만에 대해 보다 효과적으로 대응할 수 있다.

㉣ 행정상 문제는 사법적 처리보다 행정적으로 처리하는 것이 적절하다.

㉤ 시간이 적게 걸리기 때문에 문제가 심화되기 전에 해결이 가능하다.

㉥ 쌍방합의·절충 등은 사법적 구제보다 수용자에게 더 큰 의미를 부여할 수 있다.

③ 단점

㉠ 사법적 구제수단보다 확실하지 못하고 명백하지 못한 점이 있다.

㉡ 구제기관이 외부기관이 아닌 경우 공정한 결정을 기대하기 어렵다.

㉢ 결정을 수용하지 않을 경우 다시 사법구제절차를 거쳐야 하는 번거로움이 있다.

3. 수용자의 권리구제를 위한 전제

(1) 의의

수용자의 권리를 구제하기 위해서는 무엇보다 먼저 적법하고 타당한 처우에 대한 판단기준과 권리구제에 관한 사항 및 권리구제를 제기하여도 불이익한 처분이 수반되지 않음을 수용자에게 미리 고지하고 정보공개 등이 이루어져, 이를 보다 효율적으로 운용될 수 있도록 해야 한다.

(2) 권리구제를 위한 고지사항 및 불이익처우 금지 규정

고지사항(법 제17조)

신입자 및 다른 교정시설로부터 이송되어 온 사람에게는 말이나 서면으로 다음 각 호의 사항을 알려 주어야 한다.

1. 형기의 기산일 및 종료일
2. 접견 · 편지, 그 밖의 수용자의 권리에 관한 사항
3. 청원, 「국가인권위원회법」에 따른 진정, 그 밖의 권리구제에 관한 사항
4. 징벌 · 규율, 그 밖의 수용자의 의무에 관한 사항
5. 일과(日課) 그 밖의 수용생활에 필요한 기본적인 사항

불이익처우 금지(법 제118조)

수용자는 청원, 진정, 소장과의 면담, 그 밖의 권리구제를 위한 행위를 하였다는 이유로 불이익한 처우를 받지 아니한다.

현황표 등의 부착 등(시행령 제12조)

① 소장은 수용자거실에 면적, 정원 및 현재인원을 적은 현황표를 붙여야 한다.

② 소장은 수용자거실 앞에 이름표를 붙이되, 이름표 윗부분에는 수용자의 성명 · 출생연도 · 죄명 · 형명(刑名) 및 형기(刑期)를 적고, 그 아랫부분에는 수용자번호 및 입소일을 적되, 윗부분의 내용이 보이지 않도록 해야 한다.

③ 소장은 수용자가 법령에 따라 지켜야 할 사항과 수용자의 권리구제 절차에 관한 사항을 수용자거실의 보기 쉬운 장소에 붙이는 등의 방법으로 비치하여야 한다.

수용자 처우에 관한 유엔최저기준규칙(제54조 정보 및 불복신청)

모든 수용자에게는 입소 즉시 다음과 같은 정보가 서면으로 제공되어야 한다.

가. 구금시설에 대한 관련 법규
나. 정보 검색, 법률구조를 통한 법률자문을 받을 권리 등 수용자의 권리와 불복 또는 요구절차
다. 수용자의 의무사항과 규율위반에 대한 처벌
라. 구금시설에서의 생활에 적응하는데 필요한 기타 모든 사항

(3) 정보공개

정보공개청구(법 제117조의2)

① 수용자는 「공공기관의 정보공개에 관한 법률」에 따라 법무부장관, 지방교정청장 또는 소장에게 정보의 공개를 청구할 수 있다.

② 현재의 수용기간 동안 법무부장관, 지방교정청장 또는 소장에게 제1항에 따른 정보공개청구를 한 후 정당한 사유 없이 그 청구를 취하하거나 「공공기관의 정보공개에 관한 법률」 제17조에 따른 비용을 납부하지 아니한 사실이 2회 이상 있는 수용자가 제1항에 따른 정보공개청구를 한 경우에 법무부장관, 지방교정청장 또는 소장은 그 수용자에게 정보의 공개 및 우송 등에 들 것으로 예상되는 비용을 미리 납부하게 할 수 있다.

③ 제2항에 따라 정보의 공개 및 우송 등에 들 것으로 예상되는 비용을 미리 납부하여야 하는 수용자가 비용을 납부하지 아니한 경우 법무부장관, 지방교정청장 또는 소장은 그 비용을 납부할 때까지 「공공기관의 정보공개에 관한 법률」 제11조에 따른 정보공개 여부의 결정을 유예할 수 있다.

④ 제2항에 따른 예상비용의 산정방법, 납부방법, 납부기간, 그 밖에 비용납부에 관하여 필요한 사항은 대통령령으로 정한다.

정보공개의 예상비용 등(시행령 제139조의2)

① 법 제117조의2제2항에 따른 예상비용은 「공공기관의 정보공개에 관한 법률 시행령」 제17조에 따른 수수료와 우편요금(공개되는 정보의 사본 · 출력물 · 복제물 또는 인화물을 우편으로 송부하는 경우로 한정한다)을 기준으로 공개를 청구한 정보가 모두 공개되었을 경우에 예상되는 비용으로 한다.

② 법무부장관, 지방교정청장 또는 소장은 법 제117조의2제2항에 해당하는 수용자가 정보공개의 청구를 한 경우에는 청구를 한 날부터 7일 이내에 제1항에 따른 비용을 산정하여 해당 수용자에게 미리 납부할 것을 통지할 수 있다.

③ 제2항에 따라 비용납부의 통지를 받은 수용자는 그 통지를 받은 날부터 7일 이내에 현금 또는 수입인지로 법무부장관, 지방교정청장 또는 소장에게 납부하여야 한다.

④ 법무부장관, 지방교정청장 또는 소장은 수용자가 제1항에 따른 비용을 제3항에 따른 납부기한까지 납부하지 아니한 경우에는 해당 수용자에게 정보공개 여부 결정의 유예를 통지할 수 있다.

⑤ 법무부장관, 지방교정청장 또는 소장은 제1항에 따른 비용이 납부되면 신속하게 정보공개 여부의 결정을 하여야 한다.

⑥ 법무부장관, 지방교정청장 또는 소장은 비공개 결정을 한 경우에는 제3항에 따라 납부된 비용의 전부를 반환하고 부분공개 결정을 한 경우에는 공개 결정한 부분에 대하여 드는

비용을 제외한 금액을 반환하여야 한다.

⑦ 제2항부터 제5항까지의 규정에도 불구하고 법무부장관, 지방교정청장 또는 소장은 제1항에 따른 비용이 납부되기 전에 정보공개 여부의 결정을 할 수 있다.

⑧ 제1항에 따른 비용의 세부적인 납부방법 및 반환방법 등에 관하여 필요한 사항은 법무부장관이 정한다.

04 사법적 권리구제 수단

JUSTICE

1. 행정소송

수용자가 교정기관의 위법한 처분이나 기타 공권력의 행사 또는 불행사로 인하여 권리가 침해된 때에는 「행정소송법」에 따라 법원에 항고소송(취소소송 · 무효등확인소송 · 부작위위법확인소송)을 제기할 수 있는 사법적 구제수단을 말한다.

2. 형사소송

수용자의 신체에 대한 직접적인 강제나 보호장비 또는 강제력 행사 시 요건이나 절차상의 하자가 있을 때 불법한 처우를 이유로 형사처분을 구하는 고소 · 고발을 하는 것을 말한다.

3. 민사소송

교도관이 고의 또는 과실로 법령에 위반하여 수용자에게 해를 가하는 등의 행위를 한 때에는 당해 공무원이나 국가를 상대로 「민법」상 불법행위에 따른 '손해배상 청구' 또는 「국가배상법」에 의한 '국가배상 청구'를 할 수 있다.

4. 헌법소원

공권력의 행사 또는 불행사로 인하여 「헌법」상 보장된 기본권을 침해받은 자는 법원의 재판을 제외하고는 헌법재판소에 헌법소원심판을 청구할 수 있다. 다만, 다른 법률에 구제절차가 있는 경우에는 그 절차를 모두 거친 후가 아니면 청구할 수 없다(보충성의 원칙).

➲ 판례(헌재 1999.5.7, 97헌마127) ★

「행형법」상 청원은 헌법소원 전에 반드시 거쳐야 하는 사전 권리구제 절차라고 보기 어렵다.

➲ 판례(대판 1982.7.27, 80누86)

"특별권력관계에 있어서도 위법·부당한 특별권력의 발동으로 권리를 침해당한 자는 「행정소송법」에 따라 그 위법 또는 부당한 처분의 취소를 청구를 할 수 있다"고 판시하였다. 이는 수형자도 항고소송을 제기할 수 있음을 의미한다.

05 비사법적 권리구제 수단

JUSTICE

1. 청원 ★

(1) 의의

청원은 수용자가 교정기관의 처우(교도소장의 결정이나 처분)에 관하여 불복하는 경우 이를 해결하기 위하여 법무부장관·순회점검공무원 또는 관할 지방교정청장에게 그 사정을 호소하여 적절한 재결을 요구하는 것을 말한다.

(2) 관련 규정

청원(법 제117조)

① 수용자는 그 처우에 관하여 불복하는 경우 법무부장관·순회점검공무원 또는 관할 지방교정청장에게 청원할 수 있다.

② 제1항에 따라 청원하려는 수용자는 청원서를 작성하여 봉한 후 소장에게 제출하여야 한다. 다만, 순회점검공무원에 대한 청원은 말로도 할 수 있다.

③ 소장은 청원서를 개봉하여서는 아니 되며, 이를 지체 없이 법무부장관·순회점검공무원 또는 관할 지방교정청장에게 보내거나 순회점검공무원에게 전달하여야 한다.

④ 제2항 단서에 따라 순회점검공무원이 청원을 청취하는 경우에는 해당 교정시설의 교도관이 참여하여서는 아니 된다.

⑤ 청원에 관한 결정은 문서로 하여야 한다.

⑥ 소장은 청원에 관한 결정서를 접수하면 청원인에게 지체 없이 전달하여야 한다.

순회점검공무원에 대한 청원(시행령 제139조)

① 소장은 법 제117조제1항에 따라 수용자가 순회점검공무원(법 제8조에 따라 법무부장관으로부터 순회점검의 명을 받은 법무부 또는 그 소속기관에 근무하는 공무원을 말한다. 이하 같다)에게 청원하는 경우에는 그 인적사항을 청원부에 기록하여야 한다.
② 순회점검공무원은 법 제117조제2항 단서에 따라 수용자가 말로 청원하는 경우에는 그 요지를 청원부에 기록하여야 한다.
③ 순회점검공무원은 법 제117조제1항의 청원에 관하여 결정을 한 경우에는 그 요지를 청원부에 기록하여야 한다.
④ 순회점검공무원은 법 제117조제1항의 청원을 스스로 결정하는 것이 부적당하다고 인정하는 경우에는 그 내용을 법무부장관에게 보고하여야 한다.
⑤ 수용자의 청원처리의 기준 · 절차 등에 관하여 필요한 사항은 법무부장관이 정한다.

(3) 청원권자

① 수형자 · 미결수용자 · 내외국인 등 수용자이면 누구나 청원을 할 수 있다.
②「형집행법」 적용대상이 아닌 석방자 또는 가석방자는 청원할 수 없다.
③ 수용 중 일시적으로 석방된 구속집행정지자 · 형집행정지자 · 귀휴자 등도 청원이 가능하다. (피보호감호자도 가능함)

(4) 청원사항

① 청원사항은 그 처우에 한 한다.
② 처우는 수용자에 대한 교정기관(교도소장)의 작위와 부작위를 의미한다.
③ 본인의 이익과 관련된 처우가 아닌 것은 청원사항이 아니다(다른 수용자에 관한 사항, 단순한 감정, 개선의견, 막연한 희망표시 등).
④ 공동청원은 인정되지 않는다.

(5) 청원방법

법무부장관(서면), 관할 지방교정청장(서면), 순회점검공무원(서면+말)에게 청원할 수 있다.

(6) 청원서 처리 참고

① 법무부장관, 관할 지방교정청장에게 제기한 청원서 : 접수 후 지체없이 송부
② 순회점검공무원에게 제기한 청원서 : 순회점검공무원에게 송부 또는 전달
③ 순회점검공무원에게 말로 청원 : 순회점검공무원에게 전달하여 직접 청취하게 한다.
④ 소장 : 소장은 다른 교도소 등의 사안이라는 이유로 청원의 접수를 거부할 수 없다.

(7) 청원의 결정방식 참고

① 법무부장관, 관할 지방교정청장에게 제기한 청원의 결정방식
　㉠ 청원에 대한 결정은 문서로써 하여야 한다.
　㉡ 소장은 청원에 관한 결정서를 접수하면 청원인에게 지체없이 전달하여야 한다.

② 순회점검공무원에게 제기한 청원의 결정방식
　㉠ 순회점검공무원은 청원에 관하여 결정을 한 경우에는 그 요지를 청원부에 기록하여야 한다.
　㉡ 순회점검공무원은 청원을 스스로 결정하는 것이 부적당하다고 인정하는 경우에는 그 내용을 법무부장관에게 보고하여야 한다.
　㉢ 순회점검공무원이 청원부에 기재한 청원 결정사항은 즉시 복사하여 당해 청원인에게 지체없이 전달하여야 한다.

(8) 불이익처분 금지 ★

① 수용자는 청원, 진정, 소장과의 면담, 그 밖의 권리구제를 위한 행위를 하였다는 이유로 불이익한 처우를 받지 아니한다(법 제118조).

② 청원하고자 하는 수용자를 설득 · 회유하는 행위, 청원의 내용을 확인하는 행위, 기타 수용자의 청원에 대한 권리행사를 방해하는 등의 행위는 금지된다.

(9) 청원의 효력(집행부정지의 원칙)

① 청원의 제기는 당해 처분의 효력이나 그 집행 또는 절차의 진행에 영향을 주지 아니한다. 즉 '집행부정지의 원칙'에 따라 당해 처분의 정지와 같은 효과는 발생하지 않는다.

② 또한 청원이 채택되었다고 하여 곧바로 당해 처분이 취소 또는 무효되는 효력이 발생하는 것이 아니라, 소장 또는 상급감독청의 취소명령이 있을 때 비로소 효력이 발생한다. 이때 소장 등의 취소명령은 반드시 문서로 할 필요는 없다.

(10) 청원결정기준

① 인용 : 청원을 조사한 결과 청원이 이유 있다고 인정하는 경우, 당해 소장에게 청원사안에 대한 필요한 조치를 취하게 하여야 한다.

② 각하 : 청원이 부적법하거나 중대한 요건을 구비하지 못한 경우

③ 기각 : 청원이 이유 없다고 인정되는 경우(청원의 내용)

★ 다른 수용자에 관한 처우, 단순한 감정과 의견 및 희망표시는 청원 대상이 아님.

「헌법」상 청원과 「형집행법」상 청원의 차이점 참고

① 「헌법」상 청원(국민) : 수리, 심사의무
② 「현행법」상 청원(수용자) : 수리, 심사, 결정서 통지 의무

2. 순회점검

(1) 의의

① 순회점검은 교정시설의 운영, 교도관 등의 복무, 수용자의 처우 및 인권실태 등에 관해 전반적인 감독권을 행사하는 것을 말한다.
② 수용자는 순회점검공무원에게 서면 또는 구술로 청원하여 불법·부당한 처우에 대한 즉각적인 구제를 받을 수 있다.
③ 순회점검공무원은 교정시설의 운영과 교도관 등의 복무 및 수용관리에 대한 전반적인 감독권을 행사하여 불법·부당한 조치를 시정할 수 있으므로, 실효성 있는 권리구제제도의 일종이라 할 수 있다.

(2) 관련 규정

교정시설의 순회점검(법 제8조)
법무부장관은 교정시설의 운영, 교도관의 복무, 수용자의 처우 및 인권실태 등을 파악하기 위하여 매년 1회 이상 교정시설을 순회점검하거나 소속 공무원으로 하여금 순회점검하게 하여야 한다.

3. 소장 면담

(1) 의의

① 소장 면담은 수용자가 처우에 관하여 소장에게 면담을 신청하여 이를 해결하는 것을 말한다.
② 면담요청 거절 시 청원사항이 될 수 있다.

(2) 관련 규정

소장 면담(법 제116조)
① 수용자는 그 처우에 관하여 소장에게 면담을 신청할 수 있다.
② 소장은 수용자의 면담신청이 있으면 다음 각 호의 어느 하나에 해당하는 사유가 있는 경우를 제외하고는 면담을 하여야 한다.
1. 정당한 사유 없이 면담사유를 밝히지 아니하는 때
2. 면담목적이 법령에 명백히 위배되는 사항을 요구하는 것인 때
3. 동일한 사유로 면담한 사실이 있음에도 불구하고 정당한 사유 없이 반복하여 면담을 신청하는 때

4. 교도관의 직무집행을 방해할 목적이라고 인정되는 상당한 이유가 있는 때
③ 소장은 특별한 사정이 있으면 소속 교도관으로 하여금 그 면담을 대리하게 할 수 있다. 이 경우 면담을 대리한 사람은 그 결과를 소장에게 지체 없이 보고하여야 한다.
④ 소장은 면담한 결과 처리가 필요한 사항이 있으면 그 처리결과를 수용자에게 알려야 한다.

소장 면담(시행령 제138조)

① 소장은 법 제116조제1항에 따라 수용자가 면담을 신청한 경우에는 그 인적사항을 면담부에 기록하고 특별한 사정이 없으면 신청한 순서에 따라 면담하여야 한다.
② 소장은 제1항에 따라 수용자를 면담한 경우에는 그 요지를 면담부에 기록하여야 한다.
③ 소장은 법 제116조제2항 각 호의 어느 하나에 해당하여 수용자의 면담 신청을 받아들이지 아니하는 경우에는 그 사유를 해당 수용자에게 알려주어야 한다.

4. 행정심판청구

(1) 관련 규정(「행정심판법」 제3조 ①)

행정청의 처분 또는 부작위에 대하여 다른 법률에 특별한 규정이 있는 경우 외에는 「행정심판법」에 따라 행정심판을 청구할 수 있다.

(2) 의의

행정청의 처분 및 부작위에 대하여 「행정심판법」에 의한 행정심판을 청구할 수 있다. 수용자는 일선교정기관의 직근 상급기관인 지방교정청 행정심판위원회에 행정심판을 청구할 수 있다.

5. 국가인권위원회 진정 참고

(1) 의의

① 국가인권위원회는 행정부와 사법부의 인권보장에 관한 제도를 보완하는 역할을 한다.
② 간이하고 신속한 방법으로 인권침해를 구제할 수 있는 장점이 있다.
③ 청원하는 것보다 제3의 기관인 국가인권위원회에 진정하는 것이 보다 객관성을 유지할 수 있는 이점이 있다.

(2) 시행

2001.5.24. 「국가인권위원회법」이 제정되어 2001.11.25. 부터 시행되었으며, 교정시설에 대한 국가인권위원회의 각종 권고 등으로 수용자의 인권 향상에 기여하였다.

(3) 국가인권위원회 진정

① 진정권자

㉠ 인권침해나 차별행위를 당한 사람(피해자), 또는 그 사실을 알고 있는 사람이나 단체

㉡ 진정이 없는 경우에도 직권으로 조사할 수 있다.

② 진정권 보장

㉠ 소속 공무원 등은 진정하려고 하는 사람에게 진정서를 작성하는데 필요한 시간과 장소 및 편의를 제공하여야 한다.

㉡ 시설수용자가 위원 또는 위원회 소속 직원 앞에서 진정하기를 원하는 경우 소속공무원 등은 즉시 인권위원회에 그 뜻을 통지하여야 한다.

㉢ 진정은 '서면진정'과 '구두진정' 모두 인정된다.

③ 인권침해 및 차별행위의 구제

㉠ 각하 : 진정의 내용이 조사대상에 해당하지 아니하는 경우, 취하한 경우 등

㉡ 기각 : 진정의 내용이 사실이 아닌 경우, 인권침해나 차별행위에 해당하지 아니하는 경우, 피해회복이 이루어져 별도의 구제조치가 필요하지 아니하다고 인정되는 경우 등

㉢ 합의의 권고 : 조사중이거나 조사가 끝난 진정에 대하여, 사건의 공정한 해결을 위하여 필요한 구제조치를 당사자에게 제시하고 합의를 권고할 수 있다.

㉣ 조정 : 당사자의 신청이나 위원회의 직권으로 조정위원회에 회부된 진정에 대하여 조정절차를 시작할 수 있다. 당사자 사이에 합의가 이루어지지 않을 경우 조정위원회는 조정을 갈음하는 결정을 할 수 있다(결정은 재판상 화해와 같은 효력 있음).

㉤ 구제조치 등의 권고 : 인권침해나 차별행위가 일어났다고 판단할 때에는 조정을 갈음하는 결정의 이행, 법령·제도·정책·관행의 시정 또는 개선을 권고할 수 있다.

㉥ 고발 및 징계권고 : 진정의 내용이 범죄행위에 해당하여 형사처벌이 필요한 때에는 검찰총장에게 그 내용을 고발할 수 있고, 인권침해 및 차별행위가 있다고 인정하면 피진정인 등 책임 있는 사람을 징계할 것을 소속기관 등의 장에게 권고할 수 있다.

㉦ 피해자를 위한 법률구조 요청 : 필요한 경우 피해자를 위하여 대한법률구조공단 또는 그 밖의 기관에 법률구조를 요청할 수 있다(피해자의 명시한 의사에 반하여 할 수 없다).

㉧ 긴급구제조치의 권고 : 진정을 접수한 후 인권침해나 차별행위가 계속 되고 있다고 인정되고, 이를 방치할 경우 회복하기 어려운 피해가 발생할 우려가 인정되면 그 진정에 대한 결정 이전에 신청 또는 직권으로 피진정인, 그 소속기관 등의 장에게 긴급구제조치를 하도록 권고할 수 있다.

(4) 관련 규정

① 「국가인권위원회법」

목적(제1조)

이 법은 국가인권위원회를 설립하여 모든 개인이 가지는 불가침의 기본적 인권을 보호하고 그 수준을 향상시킴으로써 인간으로서의 존엄과 가치를 실현하고 민주적 기본질서의 확립에 이바지함을 목적으로 한다.

정의(제2조)

이 법에서 사용하는 용어의 뜻은 다음과 같다.

1. "인권"이란 「대한민국헌법」 및 법률에서 보장하거나 대한민국이 가입·비준한 국제인권조약 및 국제관습법에서 인정하는 인간으로서의 존엄과 가치 및 자유와 권리를 말한다.
2. "구금·보호시설"이란 다음 각 목에 해당하는 시설을 말한다.
   가. 교도소·소년교도소·구치소 및 그 지소, 보호감호소, 치료감호시설, 소년원 및 소년분류심사원
   나. 경찰서 유치장 및 사법경찰관리가 직무 수행을 위하여 사람을 조사하고 유치(留置)하거나 수용하는 데에 사용하는 시설
   다. 군 교도소(지소·미결수용실을 포함한다)
   라. 외국인 보호소
   마. 다수인 보호시설(많은 사람을 보호하고 수용하는 시설로서 대통령령으로 정하는 시설을 말한다)
3. "평등권 침해의 차별행위"란 합리적인 이유 없이 성별, 종교, 장애, 나이, 사회적 신분, 출신 지역(출생지, 등록기준지, 성년이 되기 전의 주된 거주지 등을 말한다), 출신 국가, 출신 민족, 용모 등 신체 조건, 기혼·미혼·별거·이혼·사별·재혼·사실혼 등 혼인 여부, 임신 또는 출산, 가족 형태 또는 가족 상황, 인종, 피부색, 사상 또는 정치적 의견, 형의 효력이 실효된 전과(前科), 성적(性的) 지향, 학력, 병력(病歷) 등을 이유로 한 다음 각 목의 어느 하나에 해당하는 행위를 말한다. 다만, 현존하는 차별을 없애기 위하여 특정한 사람(특정한 사람들의 집단을 포함한다. 이하 이 조에서 같다)을 잠정적으로 우대하는 행위와 이를 내용으로 하는 법령의 제정·개정 및 정책의 수립·집행은 평등권 침해의 차별행위(이하 "차별행위"라 한다)로 보지 아니한다.
   가. 고용(모집, 채용, 교육, 배치, 승진, 임금 및 임금 외의 금품 지급, 자금의 융자, 정년, 퇴직, 해고 등을 포함한다)과 관련하여 특정한 사람을 우대·배제·구별하거나 불리하게 대우하는 행위

나. 재화 · 용역 · 교통수단 · 상업시설 · 토지 · 주거시설의 공급이나 이용과 관련하여 특정한 사람을 우대 · 배제 · 구별하거나 불리하게 대우하는 행위

다. 교육시설이나 직업훈련기관에서의 교육 · 훈련이나 그 이용과 관련하여 특정한 사람을 우대 · 배제 · 구별하거나 불리하게 대우하는 행위

라. 성희롱[업무, 고용, 그 밖의 관계에서 공공기관(국가기관, 지방자치단체, 「초 · 중등교육법」 제2조, 「고등교육법」 제2조와 그 밖의 다른 법률에 따라 설치된 각급 학교, 「공직자윤리법」 제3조의2제1항에 따른 공직유관단체를 말한다)의 종사자, 사용자 또는 근로자가 그 직위를 이용하여 또는 업무 등과 관련하여 성적 언동 등으로 성적 굴욕감 또는 혐오감을 느끼게 하거나 성적 언동 또는 그 밖의 요구 등에 따르지 아니한다는 이유로 고용상의 불이익을 주는 것을 말한다] 행위

4. "장애"란 신체적 · 정신적 · 사회적 요인으로 장기간에 걸쳐 일상생활 또는 사회생활에 상당한 제약을 받는 상태를 말한다.
5. "시민사회단체"란 「비영리민간단체 지원법」 제4조에 따라 중앙행정기관의 장, 시 · 도지사나 특례시의 장에게 등록을 한 비영리민간단체, 「민법」 제32조에 따라 주무관청의 허가를 받은 비영리법인, 「공익법인의 설립 · 운영에 관한 법률」 제4조에 따라 주무관청의 설립허가를 받은 공익법인, 그 밖에 특별법에 따라 설립된 법인을 말한다.
6. "군인등"이란 다음 각 목의 어느 하나에 해당하는 사람을 말한다.

가. 「군인의 지위 및 복무에 관한 기본법」 제2조제1호에 따른 현역에 복무하는 장교 · 준사관 · 부사관 및 병(兵)

나. 「군인의 지위 및 복무에 관한 기본법」 제3조에 따른 사관생도 · 사관후보생 · 준사관후보생 · 부사관후보생, 소집되어 군에 복무하는 예비역 · 보충역, 군무원

7. "군인권침해"란 제30조제1항에 따른 인권침해나 차별행위에 해당하는 경우로서 군인등의 복무 중 업무 수행 과정 또는 병영생활(「군인의 지위 및 복무에 관한 기본법」 제2조제5호에 따른 병영생활을 말한다)에서 발생하는 인권침해나 차별행위를 말한다.
8. "군인권보호관"이란 「군인의 지위 및 복무에 관한 기본법」 제42조에 따른 군인권보호관을 말한다.

위원회의 구성(제5조)

① 위원회는 위원장 1명과 상임위원 3명을 포함한 11명의 인권위원(이하 "위원"이라 한다)으로 구성한다.

② 위원은 다음 각 호의 사람을 대통령이 임명한다.

1. 국회가 선출하는 4명(상임위원 2명을 포함한다)
2. 대통령이 지명하는 4명(상임위원 1명을 포함한다)

3. 대법원장이 지명하는 3명

③ 위원은 인권문제에 관하여 전문적인 지식과 경험이 있고 인권의 보장과 향상을 위한 업무를 공정하고 독립적으로 수행할 수 있다고 인정되는 사람으로서 다음 각 호의 어느 하나에 해당하는 자격을 갖추어야 한다.

1. 대학이나 공인된 연구기관에서 부교수 이상의 직이나 이에 상당하는 직에 10년 이상 있거나 있었던 사람
2. 판사 · 검사 또는 변호사의 직에 10년 이상 있거나 있었던 사람
3. 인권 분야 비영리 민간단체 · 법인 · 국제기구에서 근무하는 등 인권 관련 활동에 10년 이상 종사한 경력이 있는 사람
4. 그 밖에 사회적 신망이 높은 사람으로서 시민사회단체로부터 추천을 받은 사람

④ 국회, 대통령 또는 대법원장은 다양한 사회계층으로부터 후보를 추천받거나 의견을 들은 후 인권의 보호와 향상에 관련된 다양한 사회계층의 대표성이 반영될 수 있도록 위원을 선출 · 지명하여야 한다.

⑤ 위원장은 위원 중에서 대통령이 임명한다. 이 경우 위원장은 국회의 인사청문을 거쳐야 한다.

⑥ 위원장과 상임위원은 정무직공무원으로 임명한다.

⑦ 위원은 특정 성(性)이 10분의 6을 초과하지 아니하도록 하여야 한다.

⑧ 임기가 끝난 위원은 후임자가 임명될 때까지 그 직무를 수행한다.

위원장 및 위원의 임기(제7조)

① 위원장과 위원의 임기는 3년으로 하고, 한 번만 연임할 수 있다.

② 위원 중 결원이 생기면 대통령은 결원된 날부터 30일 이내에 후임자를 임명하여야 한다.

③ 결원이 된 위원의 후임으로 임명된 위원의 임기는 새로 시작된다.

업무(제19조)

위원회는 다음 각 호의 업무를 수행한다.

1. 인권에 관한 법령(입법과정 중에 있는 법령안을 포함한다) · 제도 · 정책 · 관행의 조사와 연구 및 그 개선이 필요한 사항에 관한 권고 또는 의견의 표명
2. 인권침해행위에 대한 조사와 구제
3. 차별행위에 대한 조사와 구제
4. 인권상황에 대한 실태 조사
5. 인권에 관한 교육 및 홍보
6. 인권침해의 유형, 판단 기준 및 그 예방 조치 등에 관한 지침의 제시 및 권고

7. 국제인권조약 가입 및 그 조약의 이행에 관한 연구와 권고 또는 의견의 표명
8. 인권의 옹호와 신장을 위하여 활동하는 단체 및 개인과의 협력
9. 인권과 관련된 국제기구 및 외국 인권기구와의 교류·협력
10. 그 밖에 인권의 보장과 향상을 위하여 필요하다고 인정하는 사항

자료제출 및 사실 조회(제22조)

① 위원회는 그 업무를 수행하기 위하여 필요하다고 인정하면 관계기관 등에 필요한 자료 등의 제출이나 사실 조회를 요구할 수 있다.
② 위원회는 그 업무를 수행하기 위하여 필요한 사실을 알고 있거나 전문적 지식 또는 경험을 가지고 있다고 인정되는 사람에게 출석을 요구하여 그 진술을 들을 수 있다.
③ 제1항에 따른 요구를 받은 기관은 지체 없이 협조하여야 한다.

청문회(제23조)

① 위원회는 그 업무를 수행하기 위하여 필요하다고 인정하면 관계기관등의 대표자, 이해관계인 또는 학식과 경험이 있는 사람 등에게 출석을 요구하여 사실 또는 의견의 진술을 들을 수 있다.
② 제1항에 따라 위원회가 실시하는 청문회의 절차와 방법에 관하여는 위원회 규칙으로 정한다.

시설의 방문조사(제24조)

① 위원회(상임위원회와 소위원회를 포함한다. 이하 이 조에서 같다)는 필요하다고 인정하면 그 의결로써 구금·보호시설을 방문하여 조사할 수 있다.
② 제1항에 따른 방문조사를 하는 위원은 필요하다고 인정하면 소속 직원 및 전문가를 동반할 수 있으며, 구체적인 사항을 지정하여 소속 직원 및 전문가에게 조사를 위임할 수 있다. 이 경우 조사를 위임받은 전문가가 그 사항에 대하여 조사를 할 때에는 소속 직원을 동반하여야 한다.
③ 제2항에 따라 방문조사를 하는 위원, 소속 직원 또는 전문가(이하 이 조에서 "위원 등"이라 한다)는 그 권한을 표시하는 증표를 지니고 이를 관계인에게 내보여야 하며, 방문 및 조사를 받는 구금·보호시설의 장 또는 관리인은 즉시 방문과 조사에 편의를 제공하여야 한다.
④ 제2항에 따라 방문조사를 하는 위원 등은 구금·보호시설의 직원 및 구금·보호시설에 수용되어 있는 사람(이하 "시설수용자"라 한다)과 면담할 수 있고 구술 또는 서면으로 사실이나 의견을 진술하게 할 수 있다.
⑤ 구금·보호시설의 직원은 위원등이 시설수용자를 면담하는 장소에 참석할 수 있다. 다

만, 대화 내용을 녹음하거나 녹취하지 못한다.

⑥ 구금·보호시설에 대한 방문조사의 절차와 방법 등에 관하여 필요한 사항은 대통령령으로 정한다.

정책과 관행의 개선 또는 시정 권고(제25조)

① 위원회는 인권의 보호와 향상을 위하여 필요하다고 인정하면 관계기관등에 정책과 관행의 개선 또는 시정을 권고하거나 의견을 표명할 수 있다.

② 제1항에 따라 권고를 받은 관계기관등의 장은 그 권고사항을 존중하고 이행하기 위하여 노력하여야 한다.

③ 제1항에 따라 권고를 받은 관계기관등의 장은 권고를 받은 날부터 90일 이내에 그 권고사항의 이행계획을 위원회에 통지하여야 한다.

④ 제1항에 따라 권고를 받은 관계기관등의 장은 그 권고의 내용을 이행하지 아니할 경우에는 그 이유를 위원회에 통지하여야 한다.

⑤ 위원회는 제1항에 따른 권고 또는 의견의 이행실태를 확인·점검할 수 있다.

⑥ 위원회는 필요하다고 인정하면 제1항에 따른 위원회의 권고와 의견 표명, 제4항에 따라 권고를 받은 관계기관등의 장이 통지한 내용 및 제5항에 따른 이행실태의 확인·점검 결과를 공표할 수 있다.

보고서 작성 등(제29조)

① 위원회는 해마다 전년도의 활동 내용과 인권 상황 및 개선 대책에 관한 보고서를 작성하여 대통령과 국회에 보고하여야 한다. 이 경우 보고서에는 군 인권 관련 사항을 포함하여야 한다.

② 위원회는 제1항에 따른 보고 외에도 필요하다고 인정하면 대통령과 국회에 특별보고를 할 수 있다.

③ 관계기관 등은 제1항 및 제2항에 따른 보고에 관한 의견, 조치 결과 또는 조치 계획을 위원회에 제출할 수 있다.

④ 위원회는 제1항 및 제2항에 따른 보고서를 공개하여야 한다. 다만, 국가의 안전보장, 개인의 명예 또는 사생활의 보호를 위하여 필요하거나 다른 법률에 따라 공개가 제한된 사항은 공개하지 아니할 수 있다.

시설수용자의 진정권 보장(제31조)

① 시설수용자가 위원회에 진정하려고 하면 그 시설에 소속된 공무원 또는 직원(이하 "소속공무원 등"이라 한다)은 그 사람에게 즉시 진정서 작성에 필요한 시간과 장소 및 편의를 제공하여야 한다.

② 시설수용자가 위원 또는 위원회 소속 직원 앞에서 진정하기를 원하는 경우 소속공무원 등은 즉시 그 뜻을 위원회에 통지하여야 한다.
③ 소속공무원 등은 제1항에 따라 시설수용자가 작성한 진정서를 즉시 위원회에 보내고 위원회로부터 접수증명원을 받아 이를 진정인에게 내주어야 한다. 제2항의 통지에 대한 위원회의 확인서 및 면담일정서는 발급받는 즉시 진정을 원하는 시설수용자에게 내주어야 한다.
④ 제2항에 따라 통지를 받은 경우 또는 시설수용자가 진정을 원한다고 믿을 만한 상당한 근거가 있는 경우 위원회는 위원 또는 소속 직원으로 하여금 구금·보호시설을 방문하게 하여 진정을 원하는 시설수용자로부터 구술 또는 서면으로 진정을 접수하게 하여야 한다. 이때 진정을 접수한 위원 또는 소속 직원은 즉시 접수증명원을 작성하여 진정인에게 내주어야 한다.
⑤ 제4항에 따른 위원 또는 소속 직원의 구금·보호시설의 방문 및 진정의 접수에 관하여는 제24조제3항 및 제4항을 준용한다.
⑥ 시설에 수용되어 있는 진정인(진정을 하려는 사람을 포함한다)과 위원 또는 위원회 소속 직원의 면담에는 구금·보호시설의 직원이 참여하거나 그 내용을 듣거나 녹취하지 못한다. 다만, 보이는 거리에서 시설수용자를 감시할 수 있다.
⑦ 소속공무원 등은 시설수용자가 위원회에 제출할 목적으로 작성한 진정서 또는 서면을 열람할 수 없다.
⑧ 시설수용자의 자유로운 진정서 작성과 제출을 보장하기 위하여 구금·보호시설에서 이행하여야 할 조치와 그 밖에 필요한 절차와 방법은 대통령령으로 정한다.

구제조치 등의 권고(제44조)

① 위원회가 진정을 조사한 결과 인권침해나 차별행위가 일어났다고 판단할 때에는 피진정인, 그 소속 기관·단체 또는 감독기관(이하 "소속기관 등"이라 한다)의 장에게 다음 각 호의 사항을 권고할 수 있다.
  1. 제42조제4항 각 호에서 정하는 구제조치의 이행
  2. 법령·제도·정책·관행의 시정 또는 개선
② 제1항에 따라 권고를 받은 소속기관등의 장에 관하여는 제25조제2항부터 제6항까지를 준용한다.

고발 및 징계권고(제45조)

① 위원회는 진정을 조사한 결과 진정의 내용이 범죄행위에 해당하고 이에 대하여 형사처벌이 필요하다고 인정하면 검찰총장에게 그 내용을 고발할 수 있다. 다만, 피고발인이 군인등인 경우에는 소속 군 참모총장 또는 국방부장관에게 고발할 수 있다.

② 위원회가 진정을 조사한 결과 인권침해 및 차별행위가 있다고 인정하면 피진정인 또는 인권침해에 책임이 있는 사람을 징계할 것을 소속기관 등의 장에게 권고할 수 있다.

③ 제1항에 따라 고발을 받은 검찰총장, 군 참모총장 또는 국방부장관은 고발을 받은 날부터 3개월 이내에 수사를 마치고 그 결과를 위원회에 통지하여야 한다. 다만, 3개월 이내에 수사를 마치지 못할 때에는 그 사유를 밝혀야 한다.

④ 제2항에 따라 위원회로부터 권고를 받은 소속기관 등의 장은 권고를 존중하여야 하며 그 결과를 위원회에 통지하여야 한다.

피해자를 위한 법률구조 요청(제47조)

① 위원회는 진정에 관한 위원회의 조사, 증거의 확보 또는 피해자의 권리 구제를 위하여 필요하다고 인정하면 피해자를 위하여 대한법률구조공단 또는 그 밖의 기관에 법률구조를 요청할 수 있다.

② 제1항에 따른 법률구조 요청은 피해자의 명시한 의사에 반하여 할 수 없다.

③ 제1항에 따른 법률구조 요청의 절차·내용 및 방법에 관하여 필요한 사항은 위원회 규칙으로 정한다.

②「국가인권위원회법 시행령」

시설수용자와의 면담(제4조)

① 법 제24조제4항의 규정에 의하여 위원 등이 시설수용자와 면담하는 경우 구금·보호시설의 장 또는 관리인은 자유로운 분위기에서 면담이 이루어질 수 있는 장소를 제공하여야 한다.

② 법 제24조제4항에 따라 시설수용자를 면담하는 위원등은 구금·보호시설의 장 또는 관리인에게 면담장소에 참석하는 구금·보호시설의 직원의 수를 제한하도록 요구할 수 있으며, 구금보호시설의 장 또는 관리인은 특별한 사유가 없는 한 이에 응해야 한다.

③ 법 제24조제4항에 따라 위원등이 시설수용자와 면담하는 장소에 참석하는 구금·보호시설의 직원은 위원등의 승낙 없이는 면담에 참여할 수 없으며, 자신의 의견을 개진하는 등의 방식으로 시설수용자의 진술을 방해해서는 안 된다.

진정방법의 고지 등(제6조)

① 구금·보호시설의 장 또는 관리인은 시설수용자를 최초로 보호·수용하는 때에는 시설수용자에게 인권침해사실을 위원회에 진정을 할 수 있다는 뜻과 그 방법을 고지하여야 한다.

② 구금·보호시설의 장 또는 관리인은 인권침해에 관하여 위원회에 진정할 수 있다는 뜻과 그 방법을 기재한 안내서를 시설수용자가 상시로 열람할 수 있는 곳에 비치하여야 한다.

진정함의 설치·운용(제7조)

① 구금·보호시설의 장은 구금·보호시설안의 적절한 장소에 진정함을 설치하고, 용지·필기도구 및 봉함용 봉투를 비치하여야 한다.
② 구금·보호시설의 장 또는 관리인은 제1항의 규정에 의하여 진정함을 설치한 때에는 위원회에 진정함이 설치된 장소를 통보하여야 한다.
③ 구금·보호시설의 장 또는 관리인은 시설수용자가 직접 진정서를 봉투에 넣고 이를 봉함한 후 진정함에 넣을 수 있도록 하여야 한다.
④ 구금·보호시설에 소속된 공무원 또는 직원은 매일 지정된 시간에 시설수용자가 위원회에 제출할 목적으로 작성한 진정서 또는 서면이 진정함에 들어 있는지 여부를 확인하여야 하며, 진정함에 진정서 또는 서면이 들어 있는 때에는 지체없이 이를 위원회에 송부하여야 한다.
⑤ 제1항의 규정에 의한 봉함용 봉투의 양식은 위원회의 규칙으로 정한다.

진정서의 자유로운 작성 및 제출(제9조)

① 시설수용자가 구금·보호시설의 장 또는 관리인에 대하여 위원회에 보내는 진정서 그밖의 서면의 작성의사를 표명한 때에는 구금·보호시설의 장 또는 관리인은 이를 금지하거나 방해하여서는 아니된다.
② 구금·보호시설에 소속된 공무원 또는 직원은 시설수용자가 위원회에 보내기 위하여 작성중이거나 소지하고 있는 진정서 또는 서면을 열람·압수 또는 폐기하여서는 아니된다. 다만, 제1항의 규정에 의하여 미리 작성의사를 표명하지 아니하고 작성중이거나 소지하고 있는 문서의 경우에는 그러하지 아니하다.
③ 구금·보호시설에 소속된 공무원 또는 직원은 시설수용자가 징벌혐의로 조사를 받고 있거나 징벌을 받고 있는 중이라는 이유로 위원회에 보내기 위한 진정서 또는 서면을 작성하거나 제출할 수 있는 기회를 제한하는 조치를 하여서는 아니된다.

6. 기타 참고

(1) 옴부즈만(Ombudsman)제도

① 의의

㉠ 옴부즈만제도는 1809년 스웨덴 헌법에 채택된 후 각국에 전파되었다.

ⓛ 옴부즈만은 의회나 정부가 임명한 일종의 사법관(공무원)으로 직무수행에 대한 감시 · 감독 · 조사 · 건의 · 경고 · 중재 등을 통하여 민원을 구제하고 행정의 폐해를 시정하는 역할을 한다.

ⓒ 스웨덴을 비롯한 스칸디나비아 제국과 영국은 의회가 임명하는 옴부즈만, 미국은 행정부가 임명하는 옴부즈만을 운영하고 있다. 옴부즈만제도의 성공여부는 독립성 · 비당파성 · 전문성 확보가 관건이다.

ⓔ 미국에서는 이 제도를 활용해 비사법적인 방법으로 수용자의 권리구제 및 교정 관련 분쟁을 많이 해결하고 있다.

② 구별

순회점검, 수용자 상담 · 고충처리, 소장 면담 등은 수용자의 고충과 애로사항을 해결하는 측면에서는 옴부즈만제도와 유사한 점이 있지만, 독립적인 권한을 가지지 못한다는 점에서 옴부즈만제도와는 거리가 있다.

(2) 감사원의 심사청구 및 직무감찰제도

① 감사원의 심사청구 "감사원의 감사를 받는 자의 직무에 관한 처분이나 그 밖의 행위에 관하여 이해관계가 있는 자는 감사원에 그 심사의 청구를 할 수 있다."(「감사원법」 제43조 ①) 위 규정에 의하여 수용자는 소장이나 직원으로부터 받은 조치가 부당하다고 판단되는 경우에는 감사원에 처분 등에 대한 심사청구를 할 수 있다.

② 직무감찰제도

감사대상기관의 사무와 그에 소속된 공무원의 직무에 관해 감사원이 직무감찰을 실시하여 수용자의 인권침해를 감찰할 수 있다.

(3) 중재

중재는 중립적인 제3자가 양 당사자의 문제점을 해소하도록 도와주는 것을 말한다. 지역사회분쟁조정센터와 같은 제도를 활용하면 합리적인 해결이 가능하고 비용이 절약된다.

(4) 수용자불평처리위원회 등

① 의의

ⓖ 외국에서 실시하고 있는 수용자불평처리위원회는 수용자가 직원에게 불평을 제기하였으나 만족할 만한 결과를 얻지 못하면, 직원과 외부인을 포함한 위원회에서 검토하여 결정하는 것을 말한다.

ⓛ 우리나라에서 실시하고 있는 수용자고충처리반이 이와 유사한 역할을 하고 있다.

06 시찰과 참관 ★

JUSTICE

1. 시찰

(1) 의의

시찰은 판사나 검사가 미결수용 실태나 형벌집행의 정황을 파악하여 형사사법 운용에 참고하기 위하여 직무상 인정된 것이다.

(2) 구별

시찰은 판사와 검사에 한하여 인정되는 제도이며, 시찰은 감독작용이 아니라는 점에서 순회점검과 다르고, 직무상 인정되는 점에서 참관과 다르다.

(3) 관련 규정

교정시설의 시찰 및 참관(법 제9조)

① 판사와 검사는 직무상 필요하면 교정시설을 시찰할 수 있다.
② 제1항의 판사와 검사 외의 사람은 교정시설을 참관하려면 학술연구 등 정당한 이유를 명시하여 교정시설의 장(이하 "소장"이라 한다)의 허가를 받아야 한다.

판사 등의 시찰(시행령 제2조)

① 판사 또는 검사가 법 제9조제1항에 따라 교도소·구치소 및 그 지소(이하 "교정시설"이라 한다)를 시찰할 경우에는 미리 그 신분을 나타내는 증표를 교정시설의 장(이하 "소장"이라 한다)에게 제시해야 한다.
② 소장은 제1항의 경우에 교도관에게 시찰을 요구받은 장소를 안내하게 해야 한다.

2. 참관

(1) 의의

참관은 학술연구 등 정당한 이유가 있을 때 제3자인 일반인에게 교정시설 내 수용자의 처우실태를 공개하는 것을 말한다. 이는 교정행정의 밀행주의를 탈피할 수 있고, 교정에 대한 이해증진 및 사회참여를 촉진하는 역할을 한다.

(2) 효과

① 수용실태 및 형벌집행 정황에 대한 일반인의 이해를 증진시킬 수 있다.

② 교정의 개선이나 교정에 대한 사회참여를 촉진하는 역할을 한다.
③ 교정의 밀행주의를 완화하는데 기여한다.
④ 교정행정을 투명하게 함으로써 수용자의 인권침해 예방 및 인권향상에 기여한다.
⑤ 일반 사회인의 출소자 보호에 도움이 될 수 있다.

(3) 참관제한

① 참관의 목적은 학술연구 등 정당한 이유가 있어야 한다.
② 소장은 외국인에게 참관을 허가할 경우에는 미리 관할 지방교정청장의 승인을 받아야 한다.
③ 미결수용자와 사형이 확정된 자가 수용된 거실은 참관할 수 없다.
④ 경찰관서에 설치된 '유치장'은 교정시설의 미결수용실로 보아 「형집행법」이 적용되므로, 미결수용자가 수용된 경찰관서 유치장은 참관할 수 없다(법 제87조).

★「형집행법」 제87조 경찰관서에 설치된 유치장은 교정시설의 미결수용실로 보아 이 법을 준용한다.

시찰과 참관의 차이점

① 시찰
㉠ 판사와 검사에게만 직무상 인정되는 제도이므로, 소장의 허가사항이 아니다.
㉡ 시찰은 요구받은 장소로 안내하므로 미결수용자나 사형확정자가 수용된 거실 등 제한 없이 시찰할 수 있다.

② 참관
㉠ 판사와 검사 외의 사람에게 교정시설 내 수용자의 처우실태를 공개하는 것을 말한다.
㉡ 소장의 허가사항이며, 미결수용자와 사형확정자가 수용된 거실 등은 참관할 수 없다.

(4) 관련 규정

교정시설의 시찰 및 참관(법 제9조)

① 판사와 검사는 직무상 필요하면 교정시설을 시찰할 수 있다.
② 제1항의 판사와 검사 외의 사람은 교정시설을 참관하려면 학술연구 등 정당한 이유를 명시하여 교정시설의 장(이하 "소장"이라 한다)의 허가를 받아야 한다.

참관(시행령 제3조)

① 소장은 법 제9조제2항에 따라 판사와 검사 외의 사람이 교정시설의 참관을 신청하는 경우에는 그 성명 · 직업 · 주소 · 나이 · 성별 및 참관 목적을 확인한 후 허가 여부를 결정하여야 한다.
② 소장은 외국인에게 참관을 허가할 경우에는 미리 관할 지방교정청장의 승인을 받아야 한다.

③ 소장은 제1항 및 제2항에 따라 허가를 받은 사람에게 참관할 때의 주의사항을 알려주어야 한다.

참관금지(법 제80조, 법 제89조)
미결수용자가 수용된 거실은 참관할 수 없다(제80조).
사형확정자가 수용된 거실은 참관할 수 없다(제89조).

청원 등 비교 ★

구분	청원	순회점검	소장면담	시찰	참관
① 권리구제	○	○	○	×	×
② 주체	수용자	장관, 순회점검공무원	수용자	판사 · 검사	일반인
③ 목적	처우 불복	감독작용	처우	직무상 필요	학술연구 등
④ 허가(결정)	장관, 지방교정청장	장관	소장	직무상 인정	소장
⑤ 횟수	제한 없음	매년 1회 이상	제한 없음	수시	소장 허가 시

CHAPTER 2 수형자의 분류

01 수형자 분류의 의의

JUSTICE

1. 전통적 의미의 분류

(1) 의의

전통적 의미의 분류는 근대적 자유형의 탄생과 함께 출발하였다. 이는 형식적 · 획일적 · 단체처우 형태의 분류이며, 분류의 목적도 교도소 내의 질서유지와 수용자의 관리 및 악풍감염 방지라는 소극적인 의미에서 출발하였다.

(2) 연혁

① 1595년 네덜란드의 암스테르담 징치장
1595년에 설립된 암스테르담 징치장은 1597년에 여자노역장을 분리 · 설립하여 성별분류(남자 · 여자)의 기원이 되었으며, 최초로 자유형을 시행한 것으로 평가받고 있다.

② 1704년 로마의 산 미켈레(San Michele) 감화원
소년을 위한 일종의 감화교육시설을 운영하여 최초로 연령별 분류(성년 · 소년)를 실시하였다.

★ 암스테르담 징치장에서 1603년 불량청소년 숙식소를 운영한 것을 연령별 분류의 시초로 보는 학자도 있다.

③ 1775년 벨기에의 간트(Gand)교도소
'근대교도소의 효시'로 평가받고 있는 벨기에의 간트교도소에서는 성별 · 연령 · 죄질에 따른 분류수용을 실시하였고, 성인수형자를 대상으로 주간에는 혼거작업을 하게하고 야간에는 독거수용하였다.
벨기에의 간트교도소와 1790년 미국의 월넛(Walnut)교도소 등을 거치면서 성별 · 연령 · 죄질 · 성격 · 범수 등을 고려하여 수형자를 분류하는 '고전적 분류제도'가 확립되었다.

2. 현대적 의미의 분류

(1) 의의

① 현대적 의미의 분류는 실질적인 개별처우를 하기 위한 분류로, '재사회화'를 목적으로 하는 보다 과학적이고 적극적인 분류를 뜻한다. 즉, 연령과 범죄의 경중과 같은 고전적인 형식적·획일적 기준 이외에도, 심리학적·감정적·정신적 차이와 개선가능성 등을 고려한 보다 과학적이고 적극적인 분류를 뜻한다.

② 이러한 분류는 19C 이후 수형자 처우의 과학화 경향에서 비롯되었으며, 이는 교정행정의 목표가 구금에서 '교정교화'로 변화되었음을 뜻한다.

③ 일반적으로 전통적인 분류를 '수용중심의 분류'(수용분류)라고 하고, 현대적 분류를 '처우중심의 분류'(처우분류)라고 한다.

보충

수형자분류기법

미네소타 다면적 인성검사(MMPI)	1. 미네소타 다면적 인성검사(MMPI)는 원래 미국 미네소타 대학병원에서 환자들과 일반인들의 심리진단을 목적으로 1940년에 미국의 하더웨이와 맥킨리(S. Hathaway & J. Mckinley)에 의해 개발 2. MMPI의 척도 중 가장 먼저 개발된 것은 건강염려증 척도였으며, 이어서 강박증, 우울반응, 히스테리의 세 가지 신경증 환자집단에 대한 척도가 개발 3. MMPI는 그 결과의 해석 및 활용에 있어서는 전문가가 필요하지만, 검사실시 및 채점 방법은 간단하여 비전문가에 의해서도 손쉽게 행할 수 있다는 장점이 있는 반면, 문항 수가 너무 많고, 피검사자의 학력수준이 높아야 정확한 예측이 가능하며, 피검사자의 검사에 대한 태도와 검사상황 등에 따라 그 결과가 좌우될 수 있다는 것이 단점 4. 현재 MMPI는 세계적으로 가장 널리 쓰이고 많이 연구되고 있는 객관적 인성검사기법
대인적 성숙도 검사(I-Level)	1. 워렌(M.Q. Warren)이 청소년범죄인 대인적 성숙도를 측정할 목적으로 1965년 개발 2. 워렌은 범죄인은 인간관계에서 미숙한 단계에 머물러 있기 때문에 범죄에 이르게 된다고 보고, 그 치료방법으로 범죄인의 대인관계수준을 개선시키는 데에 중점을 두었다. 3. 이 검사법에 대해서는 (i) 각 단계별 유형화가 어렵고, 각 단계 간의 구분이 분명하지 않으며, 단순형보다는 혼합형이 많다는 점, (ii) 이 검사법에 의해 교정효과가 향상되었다는 분명한 실증적 연구가 없다는 점, (iii) 훈련이 잘된 전문가를 필요로 한다는 점, (iv) 비교적 많은 비용이 소요된다는 점 등이 단점

➲ 유럽과 미국의 분류 비교 ★

구분	유럽의 분류	미국의 분류
분류방법	외부적 특징(예 : 성별, 연령, 죄질, 범수 등) – 수직적·종적 분류	내부적 특징(개별사안의 조사, 심리검사, 지능검사, 적성검사 등) – 수평적·횡적 분류
목적	교도소 질서유지·관리와 악풍감염방지라는 소극적 목적– 수용분류	실질적인 개별처우를 위한 분류라는 적극적 목적 – 처우분류
처우의 유형	집단별 처우 ⇨ 누진처우	개별처우 ⇨ 분류처우
대표적 시설	네덜란드 암스테르담 징치장	벨기에의 1907년 포레스트(Forest)감옥

(2) 연혁

① 벨기에

오늘날과 같은 분류제도는, 1907년 벨기에의 포레스트(Forest)교도소에서 과학적인 인격조사를 실시하여 사회적 요인에 의한 범죄자, 심리적 요인에 의한 범죄자 및 양자의 혼합형으로 분류한 후 이에 상응한 적절한 처우방법을 모색하면서 비롯되었다.

② 미국

㉠ 1916년 뉴욕주의 트랭톤교도소에서는 진료소를 설립해 입소하는 모든 수형자에 대해 의학적 · 정신의학적 · 심리학적 진단을 실시하여 수형자를 분류하였다.

㉡ 그 후 뉴욕주의 싱싱교도소에서는 분류센터(클리어링 하우스 : Clearing House)를 설치해 전문가에 의한 종합적인 분류를 시도하고, 뉴저지주의 토렌톤교도소에서는 심리학자들에 의한 분류클리닉이 창설되었다.

③ 국제적 관심

㉠ 1950년 '제12회 국제형법 및 형무회의'에서 특수한 수형자의 의료와 수형자의 분류 및 수형제도의 개별화, 교정시설에서 수형자 분류 시 기본으로 되어야 할 원칙을 채택하였다.

㉡ 이 원칙이 1955년 「UN 피구금자처우 최저기준 규칙」에 반영되었으며, 이를 오늘날 분류기준의 상징적인 원칙으로 여기고 있다.

➲ 수용자 처우에 관한 유엔최저기준규칙(만델라규칙)

수용자의 분리(제11조)

상이한 종류의 수용자는 그 성별, 연령, 범죄경력, 구금의 법률적 사유 및 처우상의 필요를 고려하여 분리된 시설이나 또는 시설내의 분리된 구역에 수용되어야 한다. 따라서

가. 남자와 여자는 가능한 한 분리된 시설에 구금해야 한다. 남자와 여자를 함께 수용하는 시설에서는 여자용으로 사용되는 설비의 전체를 완전히 분리해야 한다.

나. 미결수용자는 수형자와 분리하여 구금해야 한다.

다. 채무로 인하여 수용된 자 및 그 밖의 민사범은 형사범과 분리하여 구금해야 한다.

라. 소년은 성년과 분리하여 구금해야 한다.

3. 우리나라 참고

(1) 감옥규칙의 징역표

1895년 감옥규칙과 징역표가 제정되면서 수형자분류의 개념이 처음으로 등장하게 되었는데, 이것이 우리나라 분류제의 시초이다. 수형자를 4종류(보통자 · 특수기예자 · 노유자 · 부녀자)로 구

분하고, 이를 다시 5등급으로 구분하였다. 처우의 내용은 등급에 따라 형구(보호 장비) 사용의 차이를 둔 것이 전부이다. 이는 수용 · 관리상 필요에 의해 도입하였으며, 집단처우인 누진제 위주로 활용하였다.

(2) 우량수형자 석방령(1948년)

미군정시대에 수형자가 징벌을 받지 않고 일정한 기간이 경과하면 석방할 수 있는 '선시제도'를 운영하다가, 1953년 「형법」이 제정되면서 이를 폐지하였다.

(3) 운영현실

① 1984년 안양교도소에서 최초로 분류전담시설을 운영하였고, 현재 서울구치소 등 대형 교정시설에는 분류심사과를 운영하고 있다. 분류심사과가 없는 소규모 교정시설에서는 보안과 내에 분류심의실을 운영하고 있다.

② 수형자의 개별처우계획, 가석방 적격심사신청 대상자 선정, 그 밖에 수형자의 분류처우에 관한 중요사항을 심의 · 의결하기 위하여 교정시설 내에 분류처우위원회를 운영하고 있다.

02 분류의 필요성 참고

JUSTICE

1. 분류의 필요성

(1) 분류는 개별 특성에 맞는 가장 효과적인 교화개선 수단을 강구하기 위한 전제조건이다.

(2) 과학적인 분류제도를 활용하면 효과적인 집단처우가 가능하므로 교정사고를 방지할 수 있고, 계호인력 절감 및 악풍감염을 방지할 수 있다.

(3) 개방처우와 사회내 처우에 대한 유용한 자료 및 가석방 판단자료로 활용할 수 있고, 수형자의 적성 · 희망 등을 고려하면 작업 생산성을 높일 수 있다.

(4) 수형자분류의 필요성은 수형자의 교화개선 및 사회복귀촉진, 악풍감염 방지, 시설의 안전, 효율적인 수용자 관리, 효과적인 교정시설 운영 등으로 요약할 수 있다.

2. 분류의 전제

(1) 과학적 분류를 위한 전문기관(분류센터)을 설치해 운영해야 한다.

(2) 심리학 · 사회학 · 교육학 등 보조과학의 광범위한 조력이 필요하다.

(3) 수형자의 분류와 처우의 기초자료 역할을 하는 판결 전 조사제도 등의 활용이 필요하다.

(4) 과학적인 분류와 이에 상응한 처우를 연계시키는 방안을 다각도로 모색해야 한다.

3. 분류의 목적

(1) 소극적 측면(전통적 의미의 분류)

수용자의 관리 및 악풍감염 방지라는 소극적 측면에서 분류하는 것을 말한다.

(2) 적극적 측면(현대적 의미의 분류)

실질적인 처우의 개별화와 과학화를 도모하고 사회복귀를 목적으로 하는 적극적 측면의 분류를 말한다.

4. 구분

(1) 관리분류(수용분류)

수형자의 외부적 특성(성별 · 연령 · 죄질 · 구금의 특성 등)을 기초로 보호나 관리에 중점을 둔 분류이자, 형식적이고 획일적인 전통적 의미의 분류형태를 말한다.

(2) 처우분류

교정의 궁극적 이념인 재사회화를 목적으로 수형자를 처우하기 위한 분류로, 과학적이고 적극적인 형태의 '현대적 의미의 분류'를 말한다. 수형자의 재사회화를 중시할수록 처우분류에 치중할 수밖에 없어, 최근에는 이를 중시하고 있다.

03 누진처우와 분류제도 참고

JUSTICE

1. 누진처우(종적분류, 급별분류)

(1) 의의

누진처우인 종적분류는 급별(수직적)분류라고도 하며, 수형자의 생활태도 · 작업성적 · 교정성적 등을 기준으로 등급을 구별하여 수용하거나 처우하는 것을 말한다. 이는 수형자의 개선정도에 따라 처우를 점차 완화하는 것으로 누진처우제 또는 급별(계급)처우제라고 하며, 1920 ~ 1930년대 교육행형의 처우방법으로 선호되었다.

(2) 단점

① 급별(등급)에 따라 일률적으로 처우하므로 개별처우가 곤란하다.
② 교활한 수형자를 우대하는 결과를 초래할 수 있다.
③ 선량한 수형자를 양성할 수는 있지만, 선량한 시민을 만드는 데에는 한계가 있다.

2. 분류제도(횡적 분류, 유형별 분류)

분류제도인 횡적분류는 유형별(수평적)분류라고도 하며, 개성 · 성격 · 개인적 특성 등을 조사 하여 이에 상응한 개별처우를 하기 위한 보다 과학적이고 적극적인 분류를 뜻한다. 제2차 세계 대전 이후 개별처우를 위한 분류제도가 교정의 핵심적인 가치로 등장하였다.

3. 누진처우와 분류제도의 상관관계

(1) 누진제도에서 분류제도로 이행흡수(일원론 : 이행설)

① 수형자를 집단별로 분류한 군별처우의 폐단인 일률적이고 기계적인 누진제도를 폐지하는 대신, 과학적 분류수용에 근거한 개별적 처우에 중점을 두는 것을 말한다.

② 이는 500명 수용 수준의 소규모 교정시설을 다양하게 운영하여 개별처우하는 것으로 미국과 스웨덴을 중심으로 발전하였다. 세계적인 추세는 처우의 개별화를 추구하는 분류제에 역점을 두고 있다.

(2) 누진제와 분류제의 절충(이원론 : 병행설, 절충설)

① 수형자를 과학적으로 분류하여 수용한 후, 다시 시설 내에서 질서유지 등을 위해 등급별로 처우하는 누진제를 실시하자는 견해이다. 즉, 분류처우인 개별처우와 누진처우인 군별처우의 목적을 병행 · 절충하여 효과를 증대시키는 방안이다.

② 이는 집단별(군별) 분류를 중시하는 유럽형의 분류개념과 중 · 대형시설을 운영하고 있는 나라의 현실적인 타협안이자 현실적인 견해로 볼 수 있다.

우리나라의 운영형태

우리나라도 세계적인 추세에 따라 분류심사를 전담하는 교정시설을 지정 · 운영할 수 있는 법적인 근거를 마련하고, 수형자의 개별적 특성에 맞는 개별처우계획을 수립하여 실시하는 등 과학적 분류수용에 근거한 개별처우에 중점을 두고 있다.

(3) 유럽과 미국의 분류개념

① 유럽(군별처우)

유럽의 분류개념은 군별처우를 의미한다. 즉, 유럽의 분류는 연령 · 성별 · 누범 · 정신상태 등에 따라 그룹으로 세분화하는 것을 의미한다.

② 미국(개별처우)

미국의 분류개념은 개별처우를 의미한다. 즉, 미국의 분류는 개별적인 진단 · 지도 및 처우를 포함하는 의미로 사용하고 있다.

CHAPTER 3 누진처우제도

01 누진처우제도의 의의

JUSTICE

1. 의의

(1) 누진처우제도는 수형자에 대한 처우를 여러 단계로 나누고 수형자의 반성과 노력정도에 따라 처우를 점차 완화하는 제도를 말한다.

(2) 수형자가 상급자로 진급할수록 형벌강제를 완화(형벌의 순화)하여 처우상의 특전과 자유를 보다 많이 주고 가석방 혜택을 부여한다.

(3) 이는 수형자들에게 희망을 주어 자발적인 분발과 노력을 촉진시켜 자력적 개선을 꾀하고 사회복귀를 조장하는데 의의가 있다.

2. 발전과정

(1) 누진제도는 1822년 영국의 유형지였던 호주에서 가석방과 결합하여 착안된 제도이다.

(2) 1840년 호주 노포크섬의 교도소장이었던 마코노키(A. Machonochie)가 점수제를 도입해 처음으로 실시하였다.

(3) 1854년 아일랜드의 교정국장이었던 크로프톤(W. Crofton)이 이를 수정해 아일랜드 점수제를 실시하였다.

02 누진처우제도의 구분

JUSTICE

1. 의의

누진처우제도에는 고사제와 점수제가 있다. 고사제는 기간제로 일정한 기간이 경과하면 심사하여 상위계급으로 진급시키는 제도를 말한다. 점수제는 수형자 개개인에게 부여한 점수를 소각하면 진급시키는 제도를 말한다.

2. 고사제(考査制)

(1) 의의

① 1842년 영국의 식민장관인 스탠리(L. Stanly)와 내무장관인 그레이엄(J. Graham)이 창안하였다. 일정한 기간이 경과하였을 때 교정성적을 고려하여 진급을 결정하는 것으로 기간제라고 한다.

② 일정기간이 경과하였을 때 담당교도관의 보고에 의해 교정위원회가 심사하여 진급을 결정하며, 입소자를 3분류하고 4단계 처우를 하였다.

(2) 3분류 4단계 처우

① 3분류 : 15년 이상 장기수형자, 7년 이하 수형자, 그 밖의 수형자

② 4단계 처우

㉠ 1단계 : 공공노동에 복역

㉡ 2단계 : 개인기업에 복역하고 임금의 일부를 보증금으로 납부(규칙 위반시 보증금 몰수)

㉢ 3단계 : 가석방증을 주어 취업지역을 제한하여 자유노동에 복역

㉣ 4단계 : 완전한 가석방 인정

(3) 장단점

① 수형자들에게 자력갱생의욕을 부여할 수 있다.

② 교도관의 자의가 개입되기 쉽다.

③ 공평하지 못할 경우 수형자들의 불신 및 자력갱생의욕을 저하시킬 수 있다.

④ 영국에서도 고사제가 기계적으로 흐르기 쉬운 단점이 있어 점수제에 의하고 있다.

3. 점수제

(1) 주장자

점수제는 1840년 마코노키(A, Machonochie)가 처음으로 창안하였다. 이는 "죄수가 감옥의 열쇠를 얻으면 감옥의 문을 열기 위해 노력한다"는 사상에 기초한 것이다.

(2) 내 용

① 점수제는 개별 수형자의 형기를 기준으로 책임점수를 산정해서 부과한 후, 생활태도 · 작업 · 교육 등의 정도에 따라 획득한 점수로 책임점수를 완전히 소각하면 가석방하는 제도이다. 그래서 점수제를 점수소각제라고도 한다.

② 이는 자력적 개선을 촉진하는 효과가 있는 반면, 형식에 흐르기 쉽고 부적격자(교활한 수형자)가 진급하는 사례가 발생할 우려가 있다.

(3) 종 류 : 잉글랜드제, 아일랜드제, 엘마이라제

① 잉글랜드제(3단계 처우)

㉠ 의의

ⓐ 마코노키가 호주에서 개발한 점수제를 본국인 영국에서 채택하여 잉글랜드제라고 한다.

ⓑ 소각시켜야 할 책임점수는 각자의 형기를 고려해 부과하고, 이를 소각하면 상급으로 진급시켜 우대하였다.

ⓒ 소득점수는 노력과 작업성적에 따라 매일 계산하는 것이 특징이며, 작업장려금에 영향을 주었다.

㉡ 처우내용 : 3단계 처우를 하였다.

ⓐ 3단계 : 독거구금(최초 9개월간) ⇒ 교도소에서 강제노역(혼거 · 작업) ⇒ 가석방

ⓑ 5계급 : 독거구금 후 교도소에서 강제노역하는 수형자(2단계)를 5계급으로 나누어 처우하였다(고사급, 제3급, 제2급, 제1급, 특별급).

② 아일랜드제(4단계 처우)

㉠ 의의

ⓐ 1854년 아일랜드의 크로프톤이 마코노키의 점수제를 응용해서 창안하였다.

ⓑ 중간감옥 처우 단계를 신설하고, 소득점수를 매월 계산한 것이 특징이다.

㉡ 처우내용 : 중간감옥 처우를 추가해 4단계 처우를 하였다.

ⓐ 엄정독거구금 : 최초 9개월 동안 엄정독거 실시

ⓑ 혼거작업 : 토목공사 등에 혼거 취업(5계급 처우 : 고사급, 제3급, 제2급, 제1급, 최상급)

ⓒ 중간감옥 처우 : 최상급에 진급한 자를 중간감옥에 이송해서 사회적응훈련 실시

ⓓ 가석방 : 가석방 후 경찰감시를 실시하여, 보호관찰부 가석방의 시초가 되었다.

➲ 잉글랜드제와 아일랜드제 비교 ★

구분	잉글랜드제	아일랜드제
① 창안자	마코노키	크로프톤
② 소득점수	매일 계산	매월 계산
③ 처우단계	3단계 처우	4단계 처우(중간감옥 신설)
④ 가석방 후 감시	미실시	경찰감시 실시

③ 엘마이라제

㉠ 기본이해

ⓐ 1870년 신시내티주에서 개최된 전미교도소회의(全美矯導所會議)에서 드와이트(Dwight),

와인즈(Wines), 브록웨이(Brockway), 샌본(Sanborn) 등이 주축이 되어 채택된 「신시내티 행형원칙」에 의해 엘마이라제가 시작 되었다.

ⓑ 1876년 미국의 소년시설인 엘마이라 감화원에서 처음으로 실시하였으며, 이는 최고 형기를 설정한 상대적 부정기형 하에 교정성적에 따라 진급시키는 누진처우제도이다.

㉡ 평가 : 엘마이라제는 누진처우, 상대적 부정기형, 보호관찰부 가석방을 결합한 것으로 19C 교정의 결정체로 평가받고 있다.

㉢ 처우내용(초범이나 소년범이 주 대상)

ⓐ 계급을 3계급(1 · 2 · 3급)으로 구분하고, 신입자는 2급에 편입하였으며, 3급은 불량급이다.

ⓑ 작업 · 교육 · 행장에 따라 매월 각각 3점 이하의 점수를 계산하여 54점이 되면 제1급으로 진급시킨다(월 최고점수 9점〈작업 3점, 교육 3점, 행장 3점〉, 6개월만에 진급 가능).

ⓒ 1급에서 54점을 획득하면 가석방을 실시하고, 6개월간 선행의 조건을 위반하지 않으면 형을 면제하였다.

㉣ 기본이념 : 신시내티의 행형원칙인 "그대의 잃어버린 자유는 그대의 근면과 선행에서 찾아라"에서 그 기원 및 이념을 찾을 수 있다.

➲ 누진처우의 마지막 단계 : 가석방

➲ 누진제도의 쇠퇴

제2차 대전 후 분류제도가 발달하고 수형자의 처우수준이 향상되면서 계급 간의 처우가 근소해져, 획일성에 기반을 둔 누진제도의 가치는 점차 하락하고 있다.

4. 누진제도의 장단점

(1) 장점

① 수형자의 분발 및 자력적 개선노력을 촉진할 수 있다.
② 사회적응능력 배양에 도움이 된다.
③ 시설 내 질서유지에 도움이 된다.

(2) 단점

① 누진계급별로 군별처우를 실시하므로 수평적 분류에 비해서 개별처우가 곤란하다.
② 수형자가 위선적이고 기망적인 행위를 자행할 개연성이 있다.
③ 수형자를 계산적이고 공리적인 인간으로 만들기 쉽다.
④ 사회생활 수준보다 낮은 계급별 처우이거나 급별처우 내용이 열악한 경우가 많다.

⑤ 교정성적 채점방식이 소극적 · 형식적이기 쉽고, 주관적 기준에 좌우될 우려가 있다.
⑥ 계급별로 처우하면 하위계급은 상대적으로 불리한 처우를 받기 쉽다.
⑦ 누진처우와 사회복귀를 위한 제도와 연결이 부족한 경우가 많다.
⑧ 사회복귀보다는 시설 내의 적응에 중점을 두기 쉽다.
⑨ 단기수형자 및 환자 · 정신장애자 등에게는 제도적 의미가 적다(단기수형자 · 환자 등은 직업훈련 · 교육 등을 실시하기 어렵다).

CHAPTER 4 현행법상 분류제도

01 수형자 처우의 통칙

JUSTICE

1. 수형자 처우의 원칙

수형자 처우의 원칙(법 제55조)

수형자에 대하여는 교육·교화프로그램, 작업, 직업훈련 등을 통하여 교정교화를 도모하고 사회생활에 적응하는 능력을 함양하도록 처우하여야 한다.

2. 개별처우계획 수립 ★

개별처우계획의 수립 등(법 제56조)

① 소장은 제62조의 분류처우위원회의 의결에 따라 수형자의 개별적 특성에 알맞은 교육·교화프로그램, 작업, 직업훈련 등의 처우에 관한 계획(이하 "개별처우계획"이라 한다)을 수립하여 시행한다.

② 소장은 수형자가 스스로 개선하여 사회에 복귀하려는 의욕이 고취되도록 개별처우계획을 정기적으로 또는 수시로 점검하여야 한다.

3. 수형자의 처우

처우(법 제57조)

① 수형자는 제59조의 분류심사의 결과에 따라 그에 적합한 교정시설에 수용되며, 개별처우계획에 따라 그 특성에 알맞은 처우를 받는다.

② 교정시설은 도주방지 등을 위한 수용설비 및 계호의 정도(이하 "경비등급"이라 한다)에 따라 다음 각 호로 구분한다. 다만, 동일한 교정시설이라도 구획을 정하여 경비등급을 달리 할 수 있다.

1. 개방시설 : 도주방지를 위한 통상적인 설비의 전부 또는 일부를 갖추지 아니하고 수형자의 자율적 활동이 가능하도록 통상적인 관리 · 감시의 전부 또는 일부를 하지 아니하는 교정시설
2. 완화경비시설 : 도주방지를 위한 통상적인 설비 및 수형자에 대한 관리 · 감시를 일반경비시설보다 완화한 교정시설
3. 일반경비시설 : 도주방지를 위한 통상적인 설비를 갖추고 수형자에 대하여 통상적인 관리 · 감시를 하는 교정시설
4. 중(重)경비시설 : 도주방지 및 수형자 상호 간의 접촉을 차단하는 설비를 강화하고 수형자에 대한 관리 · 감시를 엄중히 하는 교정시설

③ 수형자에 대한 처우는 교화 또는 건전한 사회복귀를 위하여 교정성적에 따라 상향 조정될 수 있으며, 특히 그 성적이 우수한 수형자는 개방시설에 수용되어 사회생활에 필요한 적정한 처우를 받을 수 있다.

④ 소장은 가석방 또는 형기 종료를 앞둔 수형자 중에서 법무부령으로 정하는 일정한 요건을 갖춘 사람에 대해서는 가석방 또는 형기 종료 전 일정 기간 동안 지역사회 또는 교정시설에 설치된 개방시설에 수용하여 사회적응에 필요한 교육, 취업지원 등의 적정한 처우를 할 수 있다.

⑤ 수형자는 교화 또는 건전한 사회복귀를 위하여 교정시설 밖의 적당한 장소에서 봉사활동 · 견학, 그 밖에 사회적응에 필요한 처우를 받을 수 있다.

⑥ 학과교육생 · 직업훈련생 · 외국인 · 여성 · 장애인 · 노인 · 환자 · 소년(19세 미만인 자를 말한다), 제4항에 따른 처우(이하 "중간처우"라 한다)의 대상자, 그 밖에 별도의 처우가 필요한 수형자는 법무부장관이 특히 그 처우를 전담하도록 정하는 시설(이하 "전담교정시설"이라 한다)에 수용되며, 그 특성에 알맞은 처우를 받는다. 다만, 전담교정시설의 부족이나 그 밖의 부득이한 사정이 있는 경우에는 예외로 할 수 있다.

⑦ 제2항 각 호의 시설의 설비 및 계호의 정도에 관하여 필요한 사항은 대통령령으로 정한다.

수형자로서의 처우 개시(시행령 제82조)

① 소장은 미결수용자로서 자유형이 확정된 사람에 대하여는 검사의 집행 지휘서가 도달된 때부터 수형자로 처우할 수 있다.

② 제1항의 경우 검사는 집행 지휘를 한 날부터 10일 이내에 재판서나 그 밖에 적법한 서류를 소장에게 보내야 한다.

경비등급별 설비 및 계호(시행령 제83조)
법 제57조제2항 각 호의 수용설비 및 계호의 정도는 다음 각 호의 규정에 어긋나지 않는 범위에서 법무부장관이 정한다.
1. 수형자의 생명이나 신체, 그 밖의 인권 보호에 적합할 것
2. 교정시설의 안전과 질서유지를 위하여 필요한 최소한의 범위일 것
3. 법 제56조제1항의 개별처우계획의 시행에 적합할 것

수형자 처우등급 부여 등(시행령 제84조)
① 법 제57조제3항에서 "교정성적"이란 수형자의 수용생활 태도, 상벌 유무, 교육 및 작업의 성과 등을 종합적으로 평가한 결과를 말한다.
② 소장은 수형자의 처우수준을 개별처우계획의 시행에 적합하게 정하거나 조정하기 위하여 교정성적에 따라 처우등급을 부여할 수 있다.
③ 수형자에게 부여하는 처우등급에 관하여 필요한 사항은 법무부령으로 정한다.

4. 외부전문가의 상담

외부전문가의 상담 등(법 제58조)
소장은 수형자의 교화 또는 건전한 사회복귀를 위하여 필요하면 교육학 · 교정학 · 범죄학 · 사회학 · 심리학 · 의학 등에 관한 학식 또는 교정에 관한 경험이 풍부한 외부전문가로 하여금 수형자에 대한 상담 · 심리치료 또는 생활지도 등을 하게 할 수 있다.

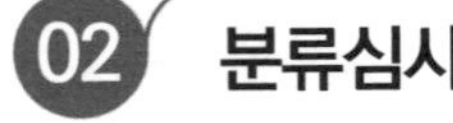

02 분류심사

JUSTICE

1. 의의

수형자에 대한 개별처우계획을 합리적으로 수립하고 조정하기 위하여 수형자의 인성, 행동특성 및 자질 등을 과학적으로 조사 · 측정 · 평가하는 것을 분류심사라 한다.

2. 관련 규정

(1) 분류전담시설 운영

분류전담시설(법 제61조)

법무부장관은 수형자를 과학적으로 분류하기 위하여 분류심사를 전담하는 교정시설을 지정·운영할 수 있다.

분류전담시설(시행령 제86조)

법무부장관은 법 제61조의 분류심사를 전담하는 교정시설을 지정·운영하는 경우에는 지방교정청별로 1개소 이상이 되도록 하여야 한다.

(2) 사실조회

관계기관 등에 대한 사실조회 등(법 제60조)

① 소장은 분류심사와 그 밖에 수용목적의 달성을 위하여 필요하면 수용자의 가족 등을 면담하거나 법원·경찰관서, 그 밖의 관계 기관 또는 단체(이하 "관계기관 등"이라 한다)에 대하여 필요한 사실을 조회할 수 있다.

② 제1항의 조회를 요청받은 관계기관등의 장은 특별한 사정이 없으면 지체 없이 그에 관하여 답하여야 한다.

(3) 분류처우위원회 ★

분류처우위원회(법 제62조)

① 수형자의 개별처우계획, 가석방심사신청 대상자 선정, 그 밖에 수형자의 분류처우에 관한 중요 사항을 심의·의결하기 위하여 교정시설에 분류처우위원회(이하 이 조에서 "위원회"라 한다)를 둔다.

② 위원회는 위원장을 포함한 5명 이상 7명 이하의 위원으로 구성하고, 위원장은 소장이 되며, 위원은 위원장이 소속 기관의 부소장 및 과장(지소의 경우에는 7급 이상의 교도관) 중에서 임명한다.

③ 위원회는 그 심의·의결을 위하여 외부전문가로부터 의견을 들을 수 있다.

④ 이 법에 규정된 사항 외에 위원회에 관하여 필요한 사항은 법무부령으로 정한다.

심의 · 의결 대상(시행규칙 제97조)

법 제62조의 분류처우위원회(이하 이 절에서 "위원회"라 한다)는 다음 각 호의 사항을 심의 · 의결한다.

1. 처우등급 판단 등 분류심사에 관한 사항
2. 소득점수 등의 평가 및 평정에 관한 사항
3. 수형자 처우와 관련하여 소장이 심의를 요구한 사항
4. 가석방 적격심사 신청 대상자 선정 등에 관한 사항
5. 그 밖에 수형자의 수용 및 처우에 관한 사항

위원장의 직무(시행규칙 제98조)

① 위원장은 위원회를 소집하고 위원회의 사무를 총괄한다.

② 위원장이 부득이한 사유로 그 직무를 수행할 수 없을 때에는 위원장이 미리 지정한 위원이 그 직무를 대행할 수 있다.

회의(시행규칙 제99조)

① 위원회의 회의는 매월 10일에 개최한다. 다만, 위원회의 회의를 개최하는 날이 토요일, 공휴일, 그 밖에 법무부장관이 정한 휴무일일 때에는 그 다음 날에 개최한다.

② 위원장은 수형자의 처우와 관련하여 필요한 경우에는 임시회의를 개최할 수 있다.

③ 위원회의 회의는 재적위원 3분의 2이상의 출석으로 개의하고, 출석위원 과반수의 찬성으로 의결한다.

간사(시행규칙 제100조)

① 위원회의 사무를 처리하기 위하여 분류심사 업무를 담당하는 교도관 중에서 간사 1명을 둔다.

② 간사는 위원회의 회의록을 작성하여 유지하여야 한다.

분류전담시설에 두는 위원회(시행규칙 제100조의2)

제97조부터 제100조까지의 규정에도 불구하고 법무부장관은 분류전담시설에 두는 위원회의 심의 · 의결대상 및 개최시기 등을 달리 정할 수 있다.

(4) 분류심사

분류심사(법 제59조)

① 소장은 수형자에 대한 개별처우계획을 합리적으로 수립하고 조정하기 위하여 수형자의 인성, 행동특성 및 자질 등을 과학적으로 조사 · 측정 · 평가(이하 "분류심사"라 한다)하여야 한다.

다만, 집행할 형기가 짧거나 그 밖의 특별한 사정이 있는 경우에는 예외로 할 수 있다.
② 수형자의 분류심사는 형이 확정된 경우에 개별처우계획을 수립하기 위하여 하는 심사와 일정한 형기가 지나거나 상벌 또는 그 밖의 사유가 발생한 경우에 개별처우계획을 조정하기 위하여 하는 심사로 구분한다(신입심사, 재심사).
③ 소장은 분류심사를 위하여 수형자를 대상으로 상담 등을 통한 신상에 관한 개별사안의 조사, 심리 · 지능 · 적성 검사, 그 밖에 필요한 검사를 할 수 있다.
④ 소장은 분류심사를 위하여 외부전문가로부터 필요한 의견을 듣거나 외부전문가에게 조사를 의뢰할 수 있다.
⑤ 이 법에 규정된 사항 외에 분류심사에 관하여 필요한 사항은 법무부령으로 정한다.

(5) 범죄횟수 ★

범죄횟수(시행규칙 제3조)

① 수용자의 범죄횟수는 징역 또는 금고 이상의 형을 선고받아 확정된 횟수로 한다. 다만, 집행유예의 선고를 받은 사람이 유예기간 중 고의로 범한 죄로 금고 이상의 실형이 확정되지 아니하고 그 기간이 지난 경우에는 집행이 유예된 형은 범죄횟수에 포함하지 아니한다.
② 형의 집행을 종료하거나 그 집행이 면제된 날부터 다음 각 호의 기간이 지난 경우에는 범죄횟수에 포함하지 아니한다. 다만, 그 기간 중 자격정지 이상의 형을 선고받아 확정된 경우는 제외한다.
1. 3년을 초과하는 징역 또는 금고 : 10년
2. 3년 이하의 징역 또는 금고 : 5년
③ 수용기록부 등 수용자의 범죄횟수를 기록하는 문서에는 필요한 경우 수용횟수(징역 또는 금고 이상의 형을 선고받고 그 집행을 위하여 교정시설에 수용된 횟수를 말한다)를 함께 기록하여 해당 수용자의 처우에 참고할 수 있도록 한다.

3. 운영방안

(1) 이송 · 재수용 수형자의 개별처우계획 등 ★

이송 · 재수용 수형자의 개별처우계획 등(시행규칙 제60조)

① 소장은 해당 교정시설의 특성 등을 고려하여 필요한 경우에는 다른 교정시설로부터 이송되어 온 수형자의 개별처우계획(법 제56조제1항에 따른 개별처우계획을 말한다. 이하 같다)을 변경할 수 있다.

② 소장은 형집행정지 중에 있는 사람이 기간만료 또는 그 밖의 정지사유가 없어져 재수용된 경우에는 석방 당시와 동일한 처우등급을 부여할 수 있다.
③ 소장은 형집행정지 중에 있는 사람이 「자유형등에 관한 검찰집행사무규칙」 제33조제2항에 따른 형집행정지의 취소로 재수용된 경우에는 석방 당시보다 한 단계 낮은 처우등급(제74조의 경비처우급에만 해당한다)을 부여할 수 있다.
④ 소장은 제260조에 따른 가석방의 취소로 재수용되어 남은 형기가 집행되는 경우에는 석방 당시보다 한 단계 낮은 처우등급(제74조의 경비처우급에만 해당한다)을 부여한다. 다만, 「가석방자관리규정」 제5조 단서를 위반하여 가석방이 취소되는 등 가석방 취소사유에 특히 고려할 만한 사정이 있는 때에는 석방 당시와 동일한 처우등급을 부여할 수 있다.
⑤ 소장은 형집행정지 중이거나 가석방기간 중에 있는 사람이 형사사건으로 재수용되어 형이 확정된 경우에는 개별처우계획을 새로 수립하여야 한다.

국제수형자 및 군수형자의 개별처우계획(시행규칙 제61조)

① 소장은 「국제수형자이송법」에 따라 외국으로부터 이송되어 온 수형자에 대하여는 개별처우계획을 새로 수립하여 시행한다. 이 경우 해당 국가의 교정기관으로부터 접수된 그 수형자의 수형생활 또는 처우 등에 관한 내용을 고려할 수 있다.
② 소장은 군사법원에서 징역형 또는 금고형이 확정되거나 그 형의 집행 중에 있는 사람이 이송되어 온 경우에는 개별처우계획을 새로 수립하여 시행한다. 이 경우 해당 군교도소로부터 접수된 그 수형자의 수형생활 또는 처우 등에 관한 내용을 고려할 수 있다.

➔ 개별처우계획 정리

구분	처우(시행규칙)
다른 교정시설로부터 이송되어 온 수형자	개별처우계획을 변경할 수 있다(제60조 제1항)
가석방의 취소로 재수용되어 잔형이 집행되는 경우	석방 당시보다 한 단계 낮은 처우등급을 부여한다(제60조 제3항 · 제4항 본문).
형집행정지 중에 있는 사람이 「자유형 등에 관한 검찰집행사무규칙」 제33조제2항에 따른 형집행정지의 취소로 재수용된 경우	
형집행정지 중에 있는 사람이 기간만료 또는 그 밖의 정지사유 소멸로 재수용된 경우	석방 당시와 동일한 처우등급을 부여할 수 있다(제60조 제2항 · 제3항 단서).
「가석방자관리규정」 제5조 단서(천재지변, 질병, 부득이한 사유로 출석의무를 위반 시)를 위반하여 가석방이 취소되는 등 가석방 취소사유에 특히 고려할 만한 사정이 있는 때	
형집행정지 중이거나 가석방기간 중에 있는 사람이 형사사건으로 재수용되어 형이 확정된 경우	개별처우계획을 새로 수립하여야 한다(제60조 제4항, 제61조 제1항 · 제2항).

「국제수형자이송법」에 따라 외국으로부터 이송되어 온 수형자	
군사법원에서 징역형 또는 금고형이 확정되거나 그 형의 집행 중에 있는 사람이 이송되어 온 경우	〃

(2) 분류심사 제외 및 유예 ★

분류심사 제외 및 유예(시행규칙 제62조)

① 다음 각 호의 사람에 대해서는 분류심사를 하지 아니한다.
1. 징역형·금고형이 확정된 사람으로서 집행할 형기가 형집행지휘서 접수일부터 3개월 미만인 사람
2. 구류형이 확정된 사람

② 소장은 수형자가 다음 각 호의 어느 하나에 해당하는 사유가 있으면 분류심사를 유예한다.
1. 질병 등으로 분류심사가 곤란한 때
2. 법 제107조제1호부터 제5호까지의 규정에 해당하는 행위 및 이 규칙 제214조 각 호에 해당하는 행위(징벌대상행위)의 혐의가 있어 조사 중이거나 징벌집행 중인 때
3. 그 밖의 사유로 분류심사가 특히 곤란하다고 인정하는 때

③ 소장은 제2항 각 호에 해당하는 사유가 소멸한 경우에는 지체 없이 분류심사를 하여야 한다. 다만, 집행할 형기가 사유 소멸일부터 3개월 미만인 경우에는 분류심사를 하지 아니한다.

(3) 분류심사 사항 ★

분류심사 사항(시행규칙 제63조)

분류심사 사항은 다음 각 호와 같다.
1. 처우등급에 관한 사항
2. 작업, 직업훈련, 교육 및 교화프로그램 등의 처우방침에 관한 사항
3. 보안상의 위험도 측정 및 거실 지정 등에 관한 사항
4. 보건 및 위생관리에 관한 사항
5. 이송에 관한 사항
6. 가석방 및 귀휴심사에 관한 사항
7. 석방 후의 생활계획에 관한 사항
8. 그 밖에 수형자의 처우 및 관리에 관한 사항

(4) 신입심사 시기 ★

신입심사 시기(시행규칙 제64조)

개별처우계획을 수립하기 위한 분류심사(이하 "신입심사"라 한다)는 매월 초일부터 말일까지 형집행지휘서가 접수된 수형자를 대상으로 하며, 그 다음 달까지 완료하여야 한다. 다만, 특별한 사유가 있는 경우에는 그 기간을 연장할 수 있다.

(5) 재심사

재심사의 구분(시행규칙 제65조)

개별처우계획을 조정할 것인지를 결정하기 위한 분류심사(이하 "재심사"라 한다)는 다음 각 호와 같이 구분한다.

1. 정기재심사 : 일정한 형기가 도달한 때 하는 재심사
2. 부정기재심사 : 상벌 또는 그 밖의 사유가 발생한 경우에 하는 재심사

정기재심사(시행규칙 제66조) ★

① 정기재심사는 다음 각 호의 어느 하나에 해당하는 경우에 한다. 다만, 형집행지휘서가 접수된 날부터 6개월이 지나지 아니한 경우에는 그러하지 아니하다.
  1. 형기의 3분의 1에 도달한 때
  2. 형기의 2분의 1에 도달한 때
  3. 형기의 3분의 2에 도달한 때
  4. 형기의 6분의 5에 도달한 때

② 부정기형의 재심사 시기는 단기형을 기준으로 한다.

③ 무기형과 20년을 초과하는 징역형 · 금고형의 재심사 시기를 산정하는 경우에는 그 형기를 20년으로 본다.

④ 2개 이상의 징역형 또는 금고형을 집행하는 수형자의 재심사 시기를 산정하는 경우에는 그 형기를 합산한다. 다만, 합산한 형기가 20년을 초과하는 경우에는 그 형기를 20년으로 본다.

부정기재심사(시행규칙 제67조) ★

부정기재심사는 다음 각 호의 어느 하나에 해당하는 경우에 할 수 있다.

1. 분류심사에 오류가 있음이 발견된 때
2. 수형자가 교정사고(교정시설에서 발생하는 화재, 수용자의 자살 · 도주 · 폭행 · 소란, 그 밖에 사람의 생명 · 신체를 해하거나 교정시설의 안전과 질서를 위태롭게 하는 사고를 말한다. 이하 같다)의 예방에 뚜렷한 공로가 있는 때
3. 수형자를 징벌하기로 의결한 때

4. 수형자가 집행유예의 실효 또는 추가사건(현재 수용의 근거가 된 사건 외의 형사사건을 말한다. 이하 같다)으로 금고이상의 형이 확정된 때
5. 수형자가 「숙련기술장려법」 제20조제2항에 따른 전국기능경기대회 입상, 기사 이상의 자격취득, 학사 이상의 학위를 취득한 때
6. 삭제 〈2014.11.17.〉
7. 그 밖에 수형자의 수용 또는 처우의 조정이 필요한 때

재심사 시기 등(시행규칙 제68조)

① 소장은 재심사를 할 때에는 그 사유가 발생한 달의 다음 달까지 완료하여야 한다.
② 재심사에 따라 제74조의 경비처우급을 조정할 필요가 있는 경우에는 한 단계의 범위에서 조정한다. 다만, 수용 및 처우를 위하여 특히 필요한 경우에는 두 단계의 범위에서 조정할 수 있다.

03 분류조사 및 분류검사

JUSTICE

1. 분류조사

(1) 분류조사 사항

분류조사 사항(시행규칙 제69조)

① 신입심사를 할 때에는 다음 각 호의 사항을 조사한다.
1. 성장과정
2. 학력 및 직업경력
3. 생활환경
4. 건강상태 및 병력사항
5. 심리적 특성
6. 마약·알코올 등 약물중독 경력
7. 가족 관계 및 보호자 관계
8. 범죄경력 및 범행내용
9. 폭력조직 가담여부 및 정도
10. 교정시설 총 수용기간
11. 교정시설 수용(과거에 수용된 경우를 포함한다) 중에 받은 징벌 관련 사항

12. 도주(음모, 예비 또는 미수에 그친 경우를 포함한다) 또는 자살기도(企圖) 유무와 횟수
13. 상담관찰 사항
14. 수용생활태도
15. 범죄피해의 회복 노력 및 정도
16. 석방 후의 생활계획
17. 재범의 위험성
18. 처우계획 수립에 관한 사항
19. 그 밖에 수형자의 처우 및 관리에 필요한 사항

② 재심사를 할 때에는 제1항 각 호의 사항 중 변동된 사항과 다음 각 호의 사항을 조사한다.
1. 교정사고 유발 및 징벌 관련 사항
2. 제77조의 소득점수를 포함한 교정처우의 성과
3. 교정사고 예방 등 공적 사항
4. 추가사건 유무
5. 재범의 위험성
6. 처우계획 변경에 관한 사항
7. 그 밖에 재심사를 위하여 필요한 사항

(2) 분류조사 방법

분류조사 방법(시행규칙 제70조)

분류조사의 방법은 다음 각 호와 같다.
1. 수용기록 확인 및 수형자와의 상담
2. 수형자의 가족 등과의 면담
3. 검찰청, 경찰서, 그 밖의 관계기관에 대한 사실조회
4. 외부전문가에 대한 의견조회
5. 그 밖에 효율적인 분류심사를 위하여 필요하다고 인정되는 방법

2. 분류검사

분류검사(시행규칙 제71조)

① 소장은 분류심사를 위하여 수형자의 인성, 지능, 적성 등의 특성을 측정·진단하기 위한 검사를 할 수 있다.

② 인성검사는 신입심사 대상자 및 그 밖에 처우상 필요한 수형자를 대상으로 한다. 다만, 수형자가 다음 각 호의 어느 하나에 해당하면 인성검사를 하지 아니할 수 있다.
1. 제62조제2항에 따라 분류심사가 유예된 때
2. 그 밖에 인성검사가 곤란하거나 불필요하다고 인정되는 사유가 있는 때

③ 이해력의 현저한 부족 등으로 인하여 인성검사를 하지 아니한 경우에는 상담 내용과 관련 서류를 토대로 인성을 판정하여 경비처우급 분류지표를 결정할 수 있다.

④ 지능 및 적성 검사는 제2항 각 호의 어느 하나에 해당하지 아니하는 신입심사 대상자로서 집행할 형기가 형집행지휘서 접수일부터 1년 이상이고 나이가 35세 이하인 경우에 한다. 다만, 직업훈련 또는 그 밖의 처우를 위하여 특히 필요한 경우에는 예외로 할 수 있다.

04 처우등급의 구분과 유형

JUSTICE

'처우등급'이란 수형자를 수용할 시설 및 구획(기본수용급), 수형자에 대한 계호의 정도와 처우의 수준(경비처우급) 및 중점처우의 내용(개별처우급)을 구별하는 기준을 말한다.

1. 처우등급의 구분

처우등급(시행규칙 제72조)

수형자의 처우등급은 다음 각 호와 같이 구분한다.
1. 기본수용급 : 성별 · 국적 · 나이 · 형기 등에 따라 수용할 시설 및 구획 등을 구별하는 기준
2. 경비처우급 : 도주 등의 위험성에 따라 수용시설과 계호의 정도를 구별하고, 범죄성향의 진전과 개선정도, 교정성적에 따라 처우수준을 구별하는 기준
3. 개별처우급 : 수형자의 개별적인 특성에 따라 중점처우의 내용을 구별하는 기준

2. 처우등급의 유형

(1) 기본수용급 ★

기본수용급(시행규칙 제73조)

기본수용급은 다음 각 호와 같이 구분한다.
1. 여성수형자
2. 외국인수형자
3. 금고형수형자
4. 19세 미만의 소년수형자
5. 23세 미만의 청년수형자
6. 65세 이상의 노인수형자
7. 형기가 10년 이상인 장기수형자
8. 정신질환 또는 장애가 있는 수형자
9. 신체질환 또는 장애가 있는 수형자

(2) 경비처우급 ★

경비처우급(시행규칙 제74조)

① 경비처우급은 다음 각 호와 같이 구분한다.
  1. 개방처우급 : 법 제57조제2항제1호의 개방시설에 수용되어 가장 높은 수준의 처우가 필요한 수형자
  2. 완화경비처우급 : 법 제57조제2항제2호의 완화경비시설에 수용되어 통상적인 수준보다 높은 수준의 처우가 필요한 수형자
  3. 일반경비처우급 : 법 제57조제2항제3호의 일반경비시설에 수용되어 통상적인 수준의 처우가 필요한 수형자
  4. 중(重)경비처우급 : 법 제57조제2항제4호의 중(重)경비시설(이하 "중경비시설"이라 한다)에 수용되어 기본적인 처우가 필요한 수형자

② 경비처우급에 따른 작업기준은 다음 각 호와 같다.
  1. 개방처우급 : 외부통근작업 및 개방지역작업 가능
  2. 완화경비처우급 : 개방지역작업 및 필요시 외부통근작업 가능
  3. 일반경비처우급 : 구내작업 및 필요시 개방지역작업 가능
  4. 중(重)경비처우급 : 필요시 구내작업 가능

(3) 개별처우급

개별처우급(시행규칙 제76조)

개별처우급은 다음 각 호와 같이 구분한다.

1. 직업훈련
2. 학과교육
3. 생활지도
4. 작업지도
5. 운영지원작업
6. 의료처우
7. 자치처우
8. 개방처우
9. 집중처우

05 현행법상 경비처우급별 처우

JUSTICE

1. 의의

(1) 우리나라는 수용자를 기본수용급별 · 경비처우급별로 구분하여 수용하고, 수형자의 개별적인 특성에 따라 개별처우급별로 중점처우의 내용을 달리하여 개별처우하고 있다.

(2) 경비처우급은 신입 분류심사 시 객관적 항목들을 점수로 평가한 경비처우급 분류지표의 판정결과에 따라 결정된다.

(3) 재심사(정기 또는 부정기)를 할 때 평정소득점수를 고려해 경비처우급을 상향 또는 하향 조정할 수 있다.

2. 소득점수 산정 및 경비처우급 조정

(1) 소득점수 ★

소득점수(시행규칙 제77조)

소득점수는 다음 각 호의 범위에서 산정한다.

1. 수형생활 태도 : 5점 이내
2. 작업 또는 교육 성적 : 5점 이내

소득점수 평가 기간 및 방법(시행규칙 제78조)

① 소장은 수형자(제62조에 따라 분류심사에서 제외되거나 유예되는 사람은 제외한다)의 소득점수를 별지 제1호서식의 소득점수 평가 및 통지서에 따라 매월 평가하여야 한다. 이 경우 대상기간은 매월 초일부터 말일까지로 한다.

② 수형자의 소득점수 평가 방법은 다음 각 호로 구분한다.

1. 수형생활 태도 : 품행 · 책임감 및 협동심의 정도에 따라 매우양호(수, 5점) · 양호(우, 4점) · 보통(미, 3점) · 개선요망(양, 2점) · 불량(가, 1점)으로 구분하여 채점한다.
2. 작업 또는 교육 성적 : 법 제63조(교육) · 제65조(작업부과)에 따라 부과된 작업 · 교육의 실적 정도와 근면성 등에 따라 매우우수(수, 5점) · 우수(우, 4점) · 보통(미, 3점) · 노력요망(양, 2점) · 불량(가, 1점)으로 구분하여 채점한다.

③ 제2항에 따라 수형자의 작업 또는 교육 성적을 평가하는 경우에는 작업 숙련도, 기술력, 작업기간, 교육태도, 시험성적 등을 고려할 수 있다.

④ 보안 · 작업 담당교도관 및 수용관리팀(교정시설의 효율적인 운영과 수용자의 적정한 관리 및 처우를 위하여 수용동별 또는 작업장별로 나누어진 교정시설 안의 일정한 구역을 관리하는 단위조직을 말한다. 이하 같다)의 책임교도관은 서로 협의하여 소득점수 평가 및 통지서에 해당 수형자에 대한 매월 초일부터 말일까지의 소득점수를 채점한다.

(2) 소득점수 평가기준 ★

소득점수 평가기준(시행규칙 제79조)

① 수형생활 태도 점수와 작업 또는 교육성적 점수는 제78조제2항의 방법에 따라 채점하되, 수는 소속 작업장 또는 교육장 전체 인원의 10퍼센트를 초과할 수 없고, 우는 30퍼센트를 초과할 수 없다. 다만, 작업장 또는 교육장 전체인원이 4명 이하인 경우에는 수 · 우를 각각 1명으로 채점할 수 있다.

② 소장이 작업장 중 작업의 특성이나 난이도 등을 고려하여 필수 작업장으로 지정하는 경우 소득점수의 수는 5퍼센트 이내, 우는 10퍼센트 이내의 범위에서 각각 확대할 수 있다.

③ 소장은 수형자가 부상이나 질병, 그 밖의 부득이한 사유로 작업 또는 교육을 받지 못한 경우에는 3점 이내의 범위에서 작업 또는 교육 성적을 부여할 수 있다.

(3) 소득점수 평정

소득점수 평정 등(시행규칙 제80조)

① 소장은 제66조(정기재심사) 및 제67조(부정기재심사)에 따라 재심사를 하는 경우에는 그 때마다 제78조(소득점수평가)에 따라 평가한 수형자의 소득점수를 평정하여 경비처우급을

조정할 것인지를 고려하여야 한다. 다만, 부정기재심사의 소득점수 평정대상기간은 사유가 발생한 달까지로 한다.
② 제1항에 따라 소득점수를 평정하는 경우에는 평정 대상기간 동안 매월 평가된 소득점수를 합산하여 평정 대상기간의 개월 수로 나누어 얻은 점수(이하 "평정소득점수"라 한다)로 한다.

(4) 경비처우급 조정

경비처우급 조정(시행규칙 제81조) ★
경비처우급을 상향 또는 하향 조정하기 위하여 고려할 수 있는 평정소득점수의 기준은 다음 각 호와 같다. 다만, 수용 및 처우를 위하여 특히 필요한 경우 법무부장관이 달리 정할 수 있다.
1. 상향 조정 : 8점 이상(제66조제1항제4호에 따른 재심사의 경우에는 7점 이상)
2. 하향 조정 : 5점 이하

조정된 처우등급의 처우 등(시행규칙 제82조)
① 조정된 처우등급에 따른 처우는 그 조정이 확정된 다음 날부터 한다. 이 경우 조정된 처우등급은 그 달 초일부터 적용된 것으로 본다.
② 소장은 수형자의 경비처우급을 조정한 경우에는 지체 없이 해당 수형자에게 그 사항을 알려야 한다.

3. 처우등급별 처우

(1) 처우등급별 수용 ★

처우등급별 수용 등(시행규칙 제83조)
① 소장은 수형자를 기본수용급별 · 경비처우급별로 구분하여 수용하여야 한다. 다만 처우상 특히 필요하거나 시설의 여건상 부득이한 경우에는 기본수용급 · 경비처우급이 다른 수형자를 함께 수용하여 처우할 수 있다.
② 소장은 제1항에 따라 수형자를 수용하는 경우 개별처우의 효과를 증진하기 위하여 경비처우급 · 개별처우급이 같은 수형자 집단으로 수용하여 처우할 수 있다.

(2) 물품지급 ★

물품지급(시행규칙 제84조)

① 소장은 수형자의 경비처우급에 따라 물품에 차이를 두어 지급할 수 있다. 다만, 주·부식, 음료, 그 밖에 건강유지에 필요한 물품은 그러하지 아니하다.

② 제1항에 따라 의류를 지급하는 경우 수형자가 개방처우급인 경우에는 색상, 디자인 등을 다르게 할 수 있다.

(3) 봉사원 선정 ★

봉사원 선정(시행규칙 제85조)

① 소장은 개방처우급·완화경비처우급·일반경비처우급 수형자로서 교정성적, 나이, 인성 등을 고려하여 다른 수형자의 모범이 된다고 인정되는 경우에는 봉사원으로 선정하여 담당교도관의 사무처리와 그 밖의 업무를 보조하게 할 수 있다.

② 소장은 봉사원의 활동기간을 1년 이하로 정하되, 필요한 경우에는 그 기간을 연장할 수 있다.

③ 소장은 봉사원의 활동과 역할 수행이 부적당하다고 인정하는 경우에는 그 선정을 취소할 수 있다.

④ 제1항부터 제3항까지에서 규정한 사항 외에 봉사원 선정, 기간연장 및 선정취소 등에 필요한 사항은 법무부장관이 정한다.

(4) 자치생활 등 ★

자치생활(시행규칙 제86조)

① 소장은 개방처우급·완화경비처우급 수형자에게 자치생활을 허가할 수 있다.

② 수형자 자치생활의 범위는 인원점검, 취미활동, 일정한 구역 안에서의 생활 등으로 한다.

③ 소장은 자치생활 수형자들이 교육실, 강당 등 적당한 장소에서 월 1회 이상 토론회를 할 수 있도록 하여야 한다.

④ 소장은 자치생활 수형자가 법무부장관 또는 소장이 정하는 자치생활 중 지켜야 할 사항을 위반한 경우에는 자치생활 허가를 취소할 수 있다.

경기 또는 오락회 개최 등(시행규칙 제91조)

① 소장은 개방처우급·완화경비처우급 또는 자치생활 수형자에 대하여 월 2회 이내에서 경기 또는 오락회를 개최하게 할 수 있다. 다만, 소년수형자에 대하여는 그 횟수를 늘릴 수 있다.

② 제1항에 따라 경기 또는 오락회가 개최되는 경우 소장은 해당 시설의 사정을 고려하여 참석인원, 방법 등을 정할 수 있다.
③ 제1항에 따라 경기 또는 오락회가 개최되는 경우 소장은 관련 분야의 전문지식과 자격을 가지고 있는 외부강사를 초빙할 수 있다.

(5) 접견 참고(후술)

접견(시행규칙 제87조)

① 수형자의 경비처우급별 접견의 허용횟수는 다음 각 호와 같다.
  1. 개방처우급 : 1일 1회
  2. 완화경비처우급 : 월 6회
  3. 일반경비처우급 : 월 5회
  4. 중(重)경비처우급 : 월 4회

② 제1항제2호부터 제4호까지의 경우 접견은 1일 1회만 허용한다. 다만, 처우상 특히 필요한 경우에는 그러하지 아니하다.
③ 소장은 교화 및 처우상 특히 필요한 경우에는 수용자가 다른 교정시설의 수용자와 통신망을 이용하여 화상으로 접견하는 것(이하 "화상접견"이라 한다)을 허가할 수 있다. 이 경우 화상접견은 제1항의 접견 허용횟수에 포함한다.

접견장소(시행규칙 제88조)

소장은 개방처우급 수형자에 대하여는 법무부장관이 정하는 바에 따라 접촉차단시설이 설치된 장소 외의 적당한 곳에서 접견을 실시할 수 있다. 다만, 처우상 특히 필요하다고 인정하는 경우에는 그 밖의 수형자에 대하여도 이를 허용할 수 있다.

(6) 가족 만남의 날 행사 참고(후술)

가족 만남의 날 행사 등(시행규칙 제89조)

① 소장은 개방처우급 · 완화경비처우급 수형자에 대하여 가족 만남의 날 행사에 참여하게 하거나 가족 만남의 집을 이용하게 할 수 있다. 이 경우 제87조의 접견 허용횟수에는 포함되지 아니한다.
② 제1항의 경우 소장은 가족이 없는 수형자에 대하여는 결연을 맺었거나 그 밖에 가족에 준하는 사람으로 하여금 그 가족을 대신하게 할 수 있다.
③ 소장은 제1항에도 불구하고 교화를 위하여 특히 필요한 경우에는 일반경비처우급 수형자

에 대하여도 가족 만남의 날 행사 참여 또는 가족 만남의 집 이용을 허가할 수 있다.
④ 제1항 및 제3항에서 "가족 만남의 날 행사"란 수형자와 그 가족이 교정시설의 일정한 장소에서 다과와 음식을 함께 나누면서 대화의 시간을 갖는 행사를 말하며, "가족 만남의 집"이란 수형자와 그 가족이 숙식을 함께 할 수 있도록 교정시설에 수용동과 별도로 설치된 일반주택 형태의 건축물을 말한다.

(7) 전화통화 참고(후술)

전화통화의 허용횟수(시행규칙 제90조)

① 수형자의 경비처우급별 전화통화의 허용횟수는 다음 각 호와 같다.
1. 개방처우급 : 월 20회 이내
2. 완화경비처우급 : 월 10회 이내
3. 일반경비처우급 : 월 5회 이내
4. 중경비처우급 : 처우상 특히 필요한 경우 월 2회 이내

② 소장은 제1항에도 불구하고 처우상 특히 필요한 경우에는 개방처우급 · 완화경비처우급 · 일반경비처우급 수형자의 전화통화 허용횟수를 늘릴 수 있다.
③ 제1항 각 호의 경우 전화통화는 1일 1회만 허용한다. 다만, 처우상 특히 필요한 경우에는 그러하지 아니하다.

(8) 사회적 처우 및 중간처우 참고(후술)

사회적 처우(시행규칙 제92조)

① 소장은 개방처우급 · 완화경비처우급 수형자에 대하여 교정시설 밖에서 이루어지는 다음 각 호에 해당하는 활동을 허가할 수 있다. 다만, 처우상 특히 필요한 경우에는 일반경비처우급 수형자에게도 이를 허가할 수 있다.
1. 사회견학
2. 사회봉사
3. 자신이 신봉하는 종교행사 참석
4. 연극, 영화, 그 밖의 문화공연 관람

② 제1항 각 호의 활동을 허가하는 경우 소장은 별도의 수형자 의류를 지정하여 입게 한다. 다만, 처우상 필요한 경우에는 자비구매의류를 입게 할 수 있다.
③ 제1항제4호의 활동에 필요한 비용은 수형자가 부담한다. 다만, 처우상 필요한 경우에는 예산의 범위에서 그 비용을 지원할 수 있다.

중간처우(시행규칙 제93조)

① 소장은 개방처우급 혹은 완화경비처우급 수형자가 다음 각 호의 사유에 모두 해당하는 경우에는 교정시설에 설치된 개방시설에 수용하여 사회 적응에 필요한 교육, 취업지원 등 적정한 처우를 할 수 있다.

1. 형기가 2년 이상인 사람
2. 범죄 횟수가 3회 이하인 사람
3. 중간처우를 받는 날부터 가석방 또는 형기 종료 예정일까지 기간이 3개월 이상 2년 6개월 이하인 사람

② 소장은 제1항에 따른 처우의 대상자 중 다음 각 호의 사유에 모두 해당하는 수형자에 대해서는 지역사회에 설치된 개방시설에 수용하여 제1항에 따른 처우를 할 수 있다.

1. 범죄 횟수가 1회인 사람
2. 중간처우를 받는 날부터 가석방 또는 형기 종료 예정일까지의 기간이 1년 6개월 미만인 사람

③ 제1항 및 제2항에 따른 중간처우 대상자의 선발절차, 교정시설 또는 지역사회에 설치하는 개방시설의 종류 및 기준, 그 밖에 필요한 사항은 법무부장관이 정한다.

(9) 작업 참고(후술)

작업 · 교육 등의 지도보조(시행규칙 제94조)

소장은 수형자가 개방처우급 또는 완화경비처우급으로서 작업 · 교육 등의 성적이 우수하고 관련 기술이 있는 경우에는 교도관의 작업지도를 보조하게 할 수 있다.

개인작업(시행규칙 제95조)

① 소장은 수형자가 개방처우급 또는 완화경비처우급으로서 작업기술이 탁월하고 작업성적이 우수한 경우에는 수형자 자신을 위한 개인작업을 하게 할 수 있다. 이 경우 개인작업 시간은 교도작업에 지장을 주지 아니하는 범위에서 1일 2시간 이내로 한다.

② 소장은 제1항에 따라 개인작업을 하는 수형자에게 개인작업 용구를 사용하게 할 수 있다. 이 경우 작업용구는 특정한 용기에 보관하도록 하여야 한다.

③ 제1항의 개인작업에 필요한 작업재료 등의 구입비용은 수형자가 부담한다. 다만, 처우상 필요한 경우에는 예산의 범위에서 그 비용을 지원할 수 있다.

외부 직업훈련(시행규칙 제96조)

① 소장은 수형자가 개방처우급 또는 완화경비처우급으로서 직업능력 향상을 위하여 특히 필요한 경우에는 교정시설 외부의 공공기관 또는 기업체 등에서 운영하는 직업훈련을 받게

할 수 있다.

② 제1항에 따른 직업훈련의 비용은 수형자가 부담한다. 다만, 처우상 특히 필요한 경우에는 예산의 범위에서 그 비용을 지원할 수 있다.

분류전담시설(시행규칙 제96조의2)

① 법 제61조 및 영 제86조에 따른 분류심사를 전담하는 교정시설(이하 이 절에서 "분류전담시설"이라 한다)의 장은 범죄의 피해가 중대하고 재범의 위험성이 높은 수형자(이하 이 절에서 "고위험군 수형자"라 한다)의 개별처우계획을 수립 · 조정하기 위해 고위험군 수형자의 개별적 특성과 재범의 위험성 등을 면밀히 분석 · 평가하기 위한 분류심사(이하 이 절에서 "정밀분류심사"라 한다)를 실시할 수 있다.

② 분류전담시설의 장은 정밀분류심사를 실시한 고위험군 수형자의 개별처우계획 이행 여부를 지속적으로 평가해야 한다.

경비처우급별 처우 정리

구분	내용
① 개방처우급만 가능	의류의 색상 및 디자인 변경 가능
② 개방처우급, 완화경비처우급만 가능	교도관의 작업(교육)지도 보조, 개인작업, 외부 직업훈련, 자치생활 허가, 중간처우(개방 · 완화경비처우급 중에 요건을 갖춘 자)
③ 개방처우급, 완화경비처우급, 일반경비처우급 가능	봉사원 선정(담당교도관의 사무처리 그 밖의 업무보조), 일반귀휴, 가족 만남의 집, 가족만남의 날, 사회견학, 사회봉사, 자신이 신봉하는 종교행사 참석, 연극 · 영화 그 밖의 문화공연 관람
④ 개방처우급, 완화경비처우급 또는 자치수형자	경기 또는 오락회 매월 2회 이내 개최
⑤ 전수용자 대상	물품 자비구매, 자비치료, 건강유지에 적합한 생활용품 지급, 건강 및 체력을 유지하는데 필요한 음식물, 라디오 청취, TV 시청, 신문 등의 구독, 집필, 전화통화 허가
⑥ 처우등급별 횟수 차등	• 접견(개방처우급 : 1일 1회, 완화경비처우급 : 매월 6회, 일반경비처우급 : 매월 5회, 중경비처우급 : 매월 4회) • 전화통화 허용횟수 – 개방처우급 : 매월 20회 이내, – 완화경비처우급 : 매월 10회 이내 – 일반경비처우급 : 월 5회 이내 – 중경비처우급 : 처우상 특히 필요한 경우 월 2회 이내 • 물품지급(경비처우급에 따라 물품에 차이를 두고 지급할 수 있다. 다만, 식량 · 음료 등 건강유지에 필요한 물품은 그러하지 아니하다)

경비처우급별 처우기준

<table>
<tr><th colspan="2"></th><th>개방처우급</th><th>완화경비처우급</th><th>일반경비처우급</th><th>중경비처우급</th></tr>
<tr><td rowspan="3">물 품
지 급</td><td>원 칙</td><td colspan="4">경비처우급에 따라 물품에 차이를 두어 지급할 수 있다</td></tr>
<tr><td>차등지급 불가</td><td colspan="4">주 · 부식, 음료, 그 밖에 건강유지에 필요한 물품</td></tr>
<tr><td>의류 색상 · 디자인</td><td>○</td><td colspan="3">×</td></tr>
<tr><td rowspan="2">접 견</td><td>횟 수</td><td>1일 1회</td><td>월 6회</td><td>월 5회</td><td>월 4회</td></tr>
<tr><td>접촉차단 외 장소</td><td>○</td><td colspan="3">처우상 특히 필요시 가능</td></tr>
<tr><td>전 화</td><td>횟 수</td><td>월 20회 이내</td><td>월 10회 이내</td><td>월 5회 이내</td><td>월 2회 이내</td></tr>
<tr><td colspan="2">자치생활</td><td colspan="2" rowspan="5">○</td><td colspan="2" rowspan="5">×</td></tr>
<tr><td colspan="2">경기 · 오락회 개최</td></tr>
<tr><td colspan="2">작업 · 교육의 지도보조</td></tr>
<tr><td colspan="2">개인작업</td></tr>
<tr><td colspan="2">외부 직업훈련 대상자</td></tr>
<tr><td colspan="2">가족 만남의 날</td><td colspan="2" rowspan="6">○</td><td rowspan="6">특히 필요시 가능</td><td rowspan="6">×</td></tr>
<tr><td colspan="2">가족 만남의 집</td></tr>
<tr><td colspan="2">일반귀휴 허가요건</td></tr>
<tr><td rowspan="3">사회적
처우</td><td>사회견학 · 사회봉사</td></tr>
<tr><td>종교행사 참석</td></tr>
<tr><td>연극 · 영화 등</td></tr>
<tr><td colspan="2">봉사원 선정</td><td colspan="3" rowspan="5">○</td><td rowspan="4">×</td></tr>
<tr><td rowspan="3">교육
대상자</td><td>방송통신대학과정</td></tr>
<tr><td>전문대학 위탁교육</td></tr>
<tr><td>외국어 교육과정</td></tr>
<tr><td colspan="2">외부통근작업 대상자</td><td>예외 가능</td></tr>
</table>

CHAPTER 5 처우제도

01 수형자 자치제(Inmate Self-government System)

JUSTICE

1. 의의

(1) 수형자 자치제는 수형자의 책임과 자치심으로 교도소의 질서를 자율적으로 유지함으로써 계호주의의 결함을 보완하고, 그들 스스로 사회에 복귀할 준비를 하게 하는 자치활동으로 교도 민주주의의 실험이라고 한다.

(2) 수형자의 자력갱생을 바탕으로 한 사회적응력을 배양하고 건전한 사회일원으로 복귀시키기 위해 수형자의 자치의식과 책임감을 기반으로 하는 자기통제의 원리에 입각한 처우방법이다.

2. 기본원리 및 목적

(1) 기본원리

① 전통적인 교정행정이 교도관의 권위와 명령에 의해 수동적으로 움직이기 때문에 모범수형자는 될지언정 모범시민이 되기 힘들다. 이를 고려해 수형자의 자율과 책임 하에 교도소의 질서를 유지하고 스스로 사회적응력을 향상시켜 선량한 시민으로 양성하기 위한 방안에서 출발하였다.

② 기본원리는 계호주의 결함을 보완하고, 수형자에게 자립 · 갱생능력을 자발적으로 개발하도록 하여 사회적응능력을 함양함으로써 건전한 사회일원으로 복귀시키는 것이다.

(2) 목 적

자기통제 의사의 부족으로 범죄가 발생하므로, 자기통제 의사인 자치심을 형성하여 '선량한 시민'으로 사회에 복귀시키는 것이 자치제의 목적이다.

3. 전제조건 ★

(1) 자치는 자유인 동시에 규율과 책임을 의미한다.

(2) 혼거제를 전제로 하고 있다.
(3) 과학적인 조사와 분류가 필요하다.
(4) 부정기형을 합목적적으로 운영하면서 가석방제도를 적극 활용하는 것이 바람직하다.
(5) 소규모로 운영하는 것이 보다 효과적이다.
(6) 민주적인 시민의식을 바탕으로 운영되어야 한다.
(7) 교도관과 수형자 간에 인간적인 유대관계 형성이 필요하다.

4. 장단점

(1) 장점

① 독립 및 자치정신 함양에 도움이 된다.
② 자율적이고 자발적인 질서확립이 가능하다.
③ 상부상조 및 단체 책임의식 함양에 도움이 된다.
④ 사회적응능력 향상에 기여한다.
⑤ 계호부담 및 계호인력을 경감할 수 있다.
⑥ 수형자의 사기앙양에 도움이 된다.
⑦ 수형자와 교도관과의 인간관계 개선이 가능하다.
⑧ 교도소에 대한 수형자의 저항감을 완화할 수 있다.

(2) 단점

① 자제력이 결여된 수형자에게 자유를 허용하는 것은 위험하다.
② 범죄는 사회적 무통제하에서 발생하므로, 방임하는 것은 수형자를 악화시킬 수 있다.
③ 형벌의 위하력과 존엄성이 훼손될 위험성이 있다.
④ 힘 있는 수형자가 다수 수형자에게 고통을 줄 우려가 있다.
⑤ 교도관의 권위와 지도력이 실추될 우려가 있다.

5. 누진처우제도와 비교

누진처우제도가 수형자의 자력적인 노력을 통한 선량한 수형자를 만들 수 있는 제도라면, 수형자 자치제는 수형자의 자율성을 바탕으로 선량한 사회인으로 육성하기 위한 제도라 할 수 있다.

6. 연혁

(1) 발전과정

① 수형자 자치제는 19C 초반 구미에서 각종 교정시설이 발전하면서 실시되기 시작했다.
② 1826 ~ 1833년까지 보스턴 소년감화원에서 웰즈(E.M. Wells)가 처음으로 시도하였다.

③ 1895년 조지(W. George)가 뉴욕주 프리빌의 사설소년원(불량 소년 · 소녀 150명 수용)에서 일명 소년조지공화국을 창설하여 원생들을 시민으로 부르면서 행정 · 법원 등 권력분립을 모방한 자치제를 실시하였다.

(2) 교정시설 최초의 수형자 자치제

① 오스본(T. Osborne)
자치제의 역사는 오래되었지만, 실제로 교정시설에서 채택한 사람은 1913년 미국의 오스본(T. Osborne)이다. 뉴욕 주 오번시장과 소년조지공화국 이사장을 역임한 오스본이 오번교도소에서 처음으로 자치제를 도입하였다.

② 내용
㉠ 오스본은 오번교도소 자원수형자가 되어 수용체험에 의한 수형자 자치제를 조직하여, 수용자를 시민으로 부르며 전면적인 자치제(완전자치제)를 실시하였다.
㉡ 수형자상호부조연맹을 조직하여 애국심과 국민의무 및 책임관념을 환기시키고, 수형자는 선한 수형자가 아닌 선한 시민이 될 수 있다고 주장하며, 자치제를 시민성 훈련이라는 개념으로 파악했다.
㉢ "사람을 자유에 적합하게 하는 것은 오직 자유뿐이다"는 그래드스톤(Gladstone)의 명언을 신념으로 하여 회원들에게 '1일 1선'을 장려하였다.
㉣ 1914년 싱싱교도소에서는 과학적인 수형자분류방법을 전제로 한 자치제를 실시하여 자치제의 모범이 되었다.

오늘날의 자치제
오늘날의 자치제는 오스본이 실시한 완전자치제 형태가 아닌, 누진급 또는 경비처우급 상급자에게 일정한 범위 내에서 자치제를 인정하는 부분자치제가 보편적인 형태이다.

7. 우리나라의 수형자 자치제

자치생활(시행규칙 제86조)
① 소장은 개방처우급 · 완화경비처우급 수형자에게 자치생활을 허가할 수 있다.
② 수형자 자치생활의 범위는 인원점검, 취미활동, 일정한 구역 안에서의 생활 등으로 한다.
③ 소장은 자치생활 수형자들이 교육실, 강당 등 적당한 장소에서 월 1회 이상 토론회를 할 수 있도록 하여야 한다.

④ 소장은 자치생활 수형자가 법무부장관 또는 소장이 정하는 자치생활 중 지켜야 할 사항을 위반한 경우에는 자치생활 허가를 취소할 수 있다.

02 커티지제(Cottage System : 소집단처우제도, 소집단자치제) JUSTICE

1. 의의

소집단처우제도 또는 소집단자치제도라고 하는 커티지제(Cottage System)는 기존의 대규모 시설에서 획일적이고 기계적으로 운영되어 온 수형자 처우의 단점을 보완하기 위하여 새롭게 등장한 것으로, 수용인원을 소집단화(20 ~ 35명)하여 가족적인 처우를 하는 제도이다. 이는 처음부터 자치활동을 인정하는 것이 특징이며, 소집단적인 처우를 통한 교정교화를 추구한다.

2. 연혁

(1) 1854년 미국 오하이오 주 랭커스터 시의 오하이오(Ohio) 학교에서 최초로 실시하였고, 1904년 뉴욕 청소년수용소에서 채택하였다.

(2) 1913년 캘빈 데릭에 의해 처음으로 커티지제가 수형자 자치제와 결합되면서 커티지제의 가정적인 공동생활 측면과 자치제의 사회복귀 측면의 효과를 기대할 수 있게 되었고, 누진처우와 연결되면서 발전하였다.

(3) 1922년 영국의 보스탈감화원에서는 점수제를 지양하고 커티지제를 도입하여 가족적인 집단생활을 실시하였다.

3. 처우방법

(1) 내용

특성에 따라 각개의 커티지(소집단)로 분류하고, 커티지별로 자유와 제한을 조정한 적절한 처우방법을 강구하였다. 수용인원은 20 ~ 35명 정도이며, 독립된 가옥에 분류수용하여 가족적인 생활하면서 자치활동을 하도록 하는 것이 특징이다.

(2) 벨기에의 소년커티지제

① 의의

누진제 · 자치제 · 커티지제를 결합한 형태로 가장 대표적이며, 4단계로 구분하여 실시하였다.

② 단계처우

㉠ A단계 : 개별처우를 위한 분류심사와 직업훈련 관계 결정

㉡ B단계 : 본격적인 커티지 처우인 가족적인 처우 실시

㉢ C단계 : 전면적인 자치적 처우 실시

㉣ D단계 : 반자유적 처우로 외부 출입 허용(마지막 단계가 가석방이 아님)

4. 장단점

(1) 장점 ★

① 점수제 및 독거제와 혼거제의 단점을 보완할 수 있다.

② 상부상조 정신을 함양하고 독립적인 자치심을 함양할 수 있다.

③ 진정한 규율 확립 및 교화개선에 유익하다.

(2) 단점

① 처우비용이 과다하다.

② 국민법감정상 부적당하고, 피해자의 감정을 자극할 우려가 있다.

③ 훈련된 전문요원 확보가 어렵다.

④ 과학적인 분류제도가 전제되지 않으면 효과를 거두기 어렵다.

03 선시제도(Good Time System)

JUSTICE

1. 의의

선시제도는 규율을 준수하고 성실히 작업에 임하는 등 선행을 행하는 수형자에게 석방의 시기를 앞당겨주는 제도를 말하며, 선행감형제 · 선행보상제 · 형기자기단축제라고도 한다.

2. 구별개념

(1) 감형과 구별

형기 자체가 감경되는 것이 아니라, 단지 석방시기가 앞당겨지는 점에서 감형과 구별된다.

(2) 가석방과 구별

① 선시제도는 형기를 실질적으로 단축시켜 석방하고, 가석방은 형기 중 남은 기간을 사회내 처

우로 형의 집행방법을 변경하는 것이다.

② 선시제도는 요건이 충족되면 반드시 석방해야 하지만, 가석방은 요건이 충족되어도 임의적으로 결정한다.

③ 선시제도는 선행 등 현재까지의 업적을 기준으로 실시하지만, 가석방은 행장이 양호하고 개전의 정이 현저하여 재범의 위험이 없다고 인정되는 때에 실시한다.

3. 연혁

(1) 선시제도는 가석방제도가 실시되기 이전인 19C 초에, 국가의 은전을 남용하지 않으면서 정기형의 엄격성을 완화하기 위해 스페인의 몬테시노스가 고안한 제도이다.

(2) 1817년 뉴욕 주에서 「선시법」(선행보상법)이 최초로 제정된 후 호주 · 뉴질랜드 등 영미계 국가 및 프랑스 · 스리랑카 · 태국 등 세계적으로 많은 국가에서 실시하고 있다.

(3) 우리나라에서는 1948년 3월 「우량수형자석방령」으로 시행되다가, 1953년 10월 「형법」이 제정되면서 폐지되었다.

4. 장단점

(1) 장점

① 법률의 엄격성을 완화할 수 있다.

② 교정시설 내 질서유지에 도움이 된다.

③ 선행과 노력을 하면 석방을 앞당길 수 있어 교정의 목적에 부합한다.

④ 작업능률을 향상시킬 수 있고 수입을 증대시킬 수 있다.

⑤ 수형자에게 동기를 부여함으로써 선행을 장려할 수 있고 교화개선을 촉진할 수 있다.

⑥ 가석방보다 형기를 단축시켜 출소할 수 있어 보호관찰 본래의 취지를 살릴 수도 있다.

(2) 단점

① 무기수형자 · 단기수형자 · 정신질환자 등에게 적용하기 곤란하다.

② 형기계산이 복잡하다.

③ 행정권에 의해 형기를 변경시키는 것은 삼권분립의 원칙에 반할 우려가 있다.

④ 교도소생활에 익숙한 누범자 등 교활한 수형자가 악용할 우려가 있다.

⑤ 교화개선보다는 수형자 관리위주로 운영될 수 있다.

⑥ 동기부여보다는 규율을 위반하면 선시혜택을 삭감하는 등 처벌의 부정적 형태로 변화하였다는 비판도 있다.

보충

선시제도와 가석방제도 요약비교

구 분	선시제도	가석방제도
처우의 성격	시설내처우	사회내처우
보호관찰 부과	임의적 부과	필요적 부과(예외 있음)
요건 충족시 조치	반드시 석방	임의적 석방
효 력	형기의 종료	형집행 방법의 변경에 불과
판단기준	선행과 근면	교정성적과 재범위험성

PART 4

시설내 처우 I

Chapter 1 형의 집행 및 수용자의 처우에 관한 법률

Chapter 2 교정시설 수용

Chapter 3 수용자의 계호

Chapter 4 교정장비

Chapter 5 수용자에 대한 처우

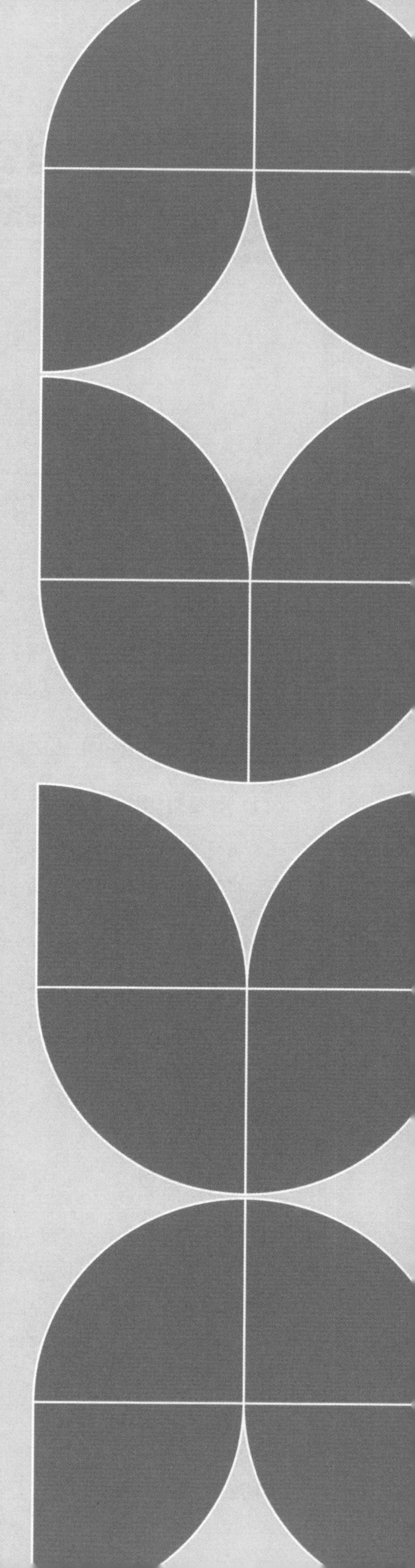

CHAPTER 1

형의 집행 및 수용자의 처우에 관한 법률

01 형집행법의 의의 참고

JUSTICE

1. 의의

「형의 집행 및 수용자의 처우에 관한 법률」(「형집행법」)은 자유형 · 사형 · 구금의 집행 및 교정업무의 집행을 규정한 법규범으로서, 수용자에게는 마그나카르트타로서의 성격을 지니고 있다.

2. 형식적 의미와 실질적 의미

(1) 형식적 의미

형식적 의미의 형집행법은 「형집행법」이라는 이름으로 공포 · 시행되고 있는 「형집행법」 및 동법 시행령만을 의미한다.

(2) 실질적 의미

실질적 의미의 형집행법은 교정작용을 규율하고 있는 교정관계 법령체계 전체를 의미한다. 이는 「형집행법」이외에 「헌법」 · 「형법」 · 「형사소송법」 등 형벌에 관한 법령은 물론 각종 규칙과 예규 등 교정작용에 관한 사항을 규정하고 있는 것이면, 형식과 명칭에 불구하고 실질적 의미의 형집행법에 속한다고 할 수 있다.

3. 적용범위

(1) 「형집행법」 제3조(적용범위) : 이 법은 교정시설의 구내와 교도관이 수용자를 계호하고 있는 그 밖의 장소로서 교도관의 통제가 요구되는 공간에 대하여 적용한다.

(2) 「형집행법」은 교정시설의 구내와 출정 · 이송 · 외부통근작업 등 그 밖의 장소로서 교도관의 통제가 요구되는 공간에도 적용됨을 분명히 하고 있다.

4. 구성

「형집행법」은 총 5편 137조로 구성되어 있다(제1편 총칙, 제2편 수용자의 처우, 제3편 수용의 종료, 제4편 교정자문위원회 등, 제5편 벌칙).

5. 용어의 정의(법 제2조) ★

(1) 수용자

수용자란 수형자 · 미결수용자 · 사형확정자 등 법률과 적법한 절차에 따라 교도소 · 구치소 및 그 지소(교정시설)에 수용된 사람을 말한다.

(2) 수형자

수형자란 징역형 · 금고형 또는 구류형의 선고를 받아 그 형이 확정되어 교정시설에 수용된 사람과 벌금 또는 과료를 완납하지 아니하여 노역장 유치명령을 받아 교정시설에 수용된 사람을 말한다.

(3) 미결수용자

미결수용자란 형사피의자 또는 형사피고인으로서 체포되거나 구속영장의 집행을 받아 교정시설에 수용된 사람을 말한다.

(4) 사형확정자

사형확정자란 사형의 선고를 받아 그 형이 확정되어 교정시설에 수용된 사람을 말한다.

참고

형집행법의 하위 법령 위임 범위	
대통령령	법에서 규정된 사항 외에 신입자, 이입자의 식별을 위한 조치
	법무부장관의 지방교정청장에 대한 이송 승인권의 위임 범위
	운동시간 및 목욕 횟수 등
	건강검진의 횟수 등
	간호사가 야간 · 공휴일에 할 수 있는 의료행위의 범위
	접견의 횟수 · 시간 · 장소 · 방법, 접견내용의 청취 · 기록 · 녹음 · 녹화 등
	예외적인 편지의 검열 대상인 수용자 간의 편지범위
	편지발송의 횟수, 편지내용물의 확인방법, 편지내용의 검열 절차 등
	집필용구의 관리, 집필 시간 및 장소, 집필한 문서·도화의 외부반출 등
	경비등급별 시설의 설비 및 계호의 정도

PART 4

형집행법의 하위 법령 위임 범위	
	보호장비의 사용절차 등
	정보공개 예상비용의 산정방법, 납부방법, 납부기간 등에 관하여 필요한 사항
법무부령	사형확정자의 구체적인 수용구분 기준
	의류·침구, 그 밖의 생활용품의 지급기준 등
	음식물의 지급기준 등
	물품의 자비구매 허가범위 등
	교정시설 의료설비의 기준
	전화통화의 허가범위, 통화내용의 청취·녹음 등
	종교행사의 종류 · 참석대상 · 방법, 종교상담의 대상 · 방법 및 종교 서적 · 물품의 소지범위 등
	구독 신청할 수 있는 신문 · 잡지 · 도서의 범위 및 수량
	방송설비 · 방송프로그램 · 방송시간 등
	노인수용자 · 장애인수용자 · 외국인수용자 적정한 배려 및 처우에 관하여 필요한 사항
	법에서 규정된 사항 외에 분류심사에 관하여 필요한 사항
	법에서 규정된 사항 외에 분류처우위원회 에 관하여 필요한 사항
	교육과정 · 외부통학 · 위탁교육 등
	교화프로그램의 종류 · 내용 등
	외부통근작업 대상자의 선정기준 등
	직업훈련 대상자의 선정기준 등
	법에서 규정된 사항 외의 일반귀휴사유
	귀휴허가의 조건
	사형확정자의 혼거수용요건
	사형확정자에 대한 적정한 처우에 관한 세부사항
	전자장비의 종류, 설치장소, 사용방법, 녹화기록물의 관리 등
	보안장비의 종류, 종류별 사용요건 및 사용절차 등
	무기의 종류, 무기의 종류별 사용요건 및 사용절차 등
	엄중관리 대상자의 범위 및 관리방법
	포상에 관한 구체적 사항
	법에 규정된 사항 외에 징벌의 대상이 되는 규율의 내용
	징벌의 실효기간
	법에 규정된 사항 외에 징벌에 관하여 필요한 사항
	법에 규정된 사항 외에 가석방심사위원회에 관하여 필요한 사항
	가석방 적격심사 신청에 관한 세부사항
	법에 규정된 사항 외에 교정자문위원회에 관하여 필요한 사항

형집행법의 하위 법령 위임 범위	
법무부장관	물품소지의 범위
	외부의사의 수용자 진료 시 준수사항
	작업장려금의 지급에 관한 세부사항
	위로금 또는 조위금 지급에 관한 세부사항
	교정시설의 안전과 질서유지를 위한 규율의 내용
	피석방자의 귀가에 필요한 귀가 여비 또는 의류 지급에 관한 세부사항
	수용자가 사망한 경우 화장·시신인도 등의 비용지급에 관한 세부사항

02 형집행법의 목적

JUSTICE

1. 목적

「형집행법」 제1조(목적)

이 법은 수형자의 교정교화와 건전한 사회복귀를 도모하고, 수용자의 처우와 권리 및 교정시설의 운영에 관하여 필요한 사항을 규정함을 목적으로 한다.

2. 교정이론의 변화와 교정의 목적 참고

(1) 응보형론

초기에는 자유박탈을 교정의 본질로 보았으나, 상대적 응보형론이 등장하면서 수형자의 개선·갱생에 목적을 두는 것을 부분적으로 인정하여, 응보의 한도 내에서 사회복귀에 도움이 되도록 자유형을 집행할 것을 주장하였다.

(2) 목적형론

형벌을 사회방위를 위한 수단으로 이해하여, '범죄자'라는 특별예방주의 관점에서 범죄자를 교화개선하여 사회를 방위하는 것을 교정의 목적으로 하는 것을 말한다.

(3) 교육형론

범죄자의 교화개선 및 재사회화에 목적을 두고, 형벌 및 그 집행을 교육을 위한 수단이자 과정으로 보는 견해를 말한다.

(4) 신응보형주의

교육형주의의 효용성을 부정하고 수형자를 강제적으로 각종 프로그램에 참여시키는 것을 반대하는 입장에서, 범죄자의 개선보다는 인간적 처우 및 응보주의를 바탕으로 한 정의에 입각한 처벌과 범죄인의 법률적 보호를 강조한 이론을 말한다.

3. 형집행법과 자유형의 기능

(1) 자유형의 기능은 응보적 · 속죄적 기능과 목적적 · 교육적 기능을 함께 가지고 있다는 절충설이 다수설이다.
(2) 자유형의 기능 중 그 효과가 가장 분명한 것은 격리로 인한 무능력화 기능이다.
(3) 자유형의 목적과 관련하여 형집행법은 교정교화와 건전한 사회복귀를 선언하고 있어, 특별예방 내지 재사회화를 추구하고 있음을 알 수 있다.

03 형집행법의 성격 참고

JUSTICE

1. 공법

(1) 법을 공법과 사법으로 구별하면 「형집행법」은 공법에 속한다.
(2) 공법 : 국가와 사인 간의 불대등한 관계를 규율하는 법을 말한다(「형집행법」).,
(3) 사법 : 국가와 사인 간의 대등한 관계를 규율하는 법을 말한다(「민법」).

2. 절차법

(1) 법을 실체법과 절차법으로 구별하면 「형집행법」은 절차법에 속한다.
(2) 실체법 : 윤리적 · 도덕적 색체가 강하며, 정적 · 고정적인 성격을 가지고 있다(「형법」).
(3) 절차법 : 형벌의 집행절차를 규정한 것으로 동적 · 기술적 · 발전적 성격을 가지고 있다. (「형집행법」, 「형사소송법」)

3. 행정법

(1) 법을 입법법 · 행정법 · 사법법으로 구별하면 「형집행법」은 행정법에 속한다.
(2) 사법법 : 사법법은 법적 안정성의 원리를 중시하고 있다(「형법」 · 「형사소송법」).
(3) 행정법 : 「형집행법」은 수형자를 교정교화하여 사회복귀 시키는 합목적성 원리를 중시하고 있어 행정법으로 보고 있지만, 사법적 색채가 강한 행정법으로 이해할 수 있다.

(4) 입법법 : 입법과 관련해 규정한 법을 의미한다.

4. 형사법

(1) 법을 목적에 따라 민사법과 형사법으로 구분하면 「형집행법」은 형사법에 속한다.
(2) 민사법 : 개인과 개인, 부분과 부분간의 평균적 정의 실현을 목적으로 한다(「민법」).
(3) 형사법 : 국가와 개인 및 전체와 부분간의 배분적 정의 실현을 목적으로 한다(「형집행법」).

5. 강행법

(1) 법적 효력에 따라 강행법과 임의법으로 구별하면, 「형집행법」은 강행법에 속한다.
(2) 임의법 : 당사자의 의사에 의하여 다른 효과를 발생시킬 수 있는 법을 말한다(「민법」).
(3) 강행법 : 당사자의 의사와 관계없이 강제적으로 집행이 가능한 법을 말한다(「형집행법」).

04 형집행법의 기능 참고

JUSTICE

1. 의의

국가와 수용자와의 공법관계를 규율하는 「형집행법」의 기능은 일반적으로 규범적 기능 · 강제적 기능 · 보호적 기능 · 형제적 기능으로 구분할 수 있다.

2. 「형집행법」의 기능

(1) 규범적 기능

① 국가와 수용자 간에 발생하는 여러 가지 사항을 「형집행법」에 정한 기준에 따라 합법적 또는 위법적으로 판단하고 그에 상응하는 법적 효과를 부여하는 기능을 말한다.
② 교도관에게는 준수해야 할 규범을 제시하는 평가규범으로서의 기능을 하고, 수용자에게는 위법 또는 무가치한 의사결정을 하지 않을 의무를 부과하는 의사결정규범으로서의 기능을 한다.

(2) 강제적 기능

형집행법에 규정한 각종 준수사항을 지켜야 할 의무를 부과하고, 이를 위반한 경우에 강제적으로 실현할 수 있는 기능을 말한다.

(3) 보호적(보장적) 기능

부당한 인권침해를 방지하고 최소한도의 문화적 생활을 보장해주는 수용자를 위한 마그나카르타(Magna Charta)로서의 기능을 보호적 기능 또는 보장적 기능이라고 한다.

(4) 형제적(刑制的) 기능(풍습이나 관습이 아님)

교정시설에 관한 여러 가지 제도를 정립할 때 성립되는 기능으로, 교정 관련 법령에 의해 독거제·혼거제·교정시설의 경비등급·분류제 등 각종 제도를 새롭게 정립할 수 있는 기능을 말한다.

05 기본계획 수립(동법 제5조의 2, 제5조의 3, 시행령 제1조의 2)

JUSTICE

1. 시기

법무부장관은 이 법의 목적을 효율적으로 달성하기 위하여 5년마다 형의 집행 및 수용자 처우에 관한 기본계획을 수립하고 추진하여야 한다.

2. 기본계획 사항

① 형의 집행 및 수용자 처우에 관한 기본 방향
② 인구·범죄의 증감 및 수사 또는 형 집행의 동향 등 교정시설의 수요 증감에 관한 사항
③ 교정시설의 수용 실태 및 적정한 규모의 교정시설 유지 방안
④ 수용자에 대한 처우 및 교정시설의 유지·관리를 위한 적정한 교도관 인력 확충 방안
⑤ 교도작업과 직업훈련의 현황, 수형자의 건전한 사회복귀를 위한 작업설비 및 프로그램의 확충 방안
⑥ 수형자의 교육·교화 및 사회적응에 필요한 프로그램의 추진방향
⑦ 수용자 인권보호 실태와 인권 증진 방안
⑧ 교정사고의 발생 유형 및 방지에 필요한 사항
⑨ 형의 집행 및 수용자 처우와 관련하여 관계 기관과의 협력에 관한 사항
⑩ 그 밖에 법무부장관이 필요하다고 인정하는 사항

3. 법무부장관은 기본계획을 수립 또는 변경하려는 때에는 법원, 검찰 및 경찰 등 관계 기관과 협의하여야 한다.

4. 법무부장관은 기본계획을 수립하기 위하여 실태조사와 수요예측 조사를 실시할 수 있다.

5. 법무부장관은 기본계획을 수립하기 위하여 필요하다고 인정하는 경우에는 관계기관의 장에게 필요한 자료를 요청할 수 있다. 이 경우 자료를 요청받은 관계기관의 장은 특별한 사정이 없으면 요청에 따라야 한다.

6. 법무부장관은 형의 집행 및 수용자 처우에 관한 사항을 협의하기 위하여 법원, 검찰 및 경찰 등 관계 기관과 협의체를 설치하여 운영할 수 있다.

7. 협의체의 설치 및 운영 등에 필요한 사항은 대통령령으로 정한다.

8. 협의체는 위원장을 포함하여 12명의 위원으로 구성한다.

9. 협의체의 위원장은 법무부차관이 되고, 협의체의 위원은 다음 각 호의 사람이 된다.

① 기획재정부, 교육부, 법무부, 국방부, 행정안전부, 보건복지부, 고용노동부, 경찰청 및 해양경찰청 소속 고위공무원단에 속하는 공무원(국방부의 경우에는 고위공무원단에 속하는 공무원 또는 이에 상당하는 장성급 장교를, 경찰청 및 해양경찰청의 경우에는 경무관 이상의 경찰공무원을 말한다) 중에서 해당 소속 기관의 장이 지명하는 사람 각 1명
② 법원행정처 소속 판사 또는 3급 이상의 법원일반직공무원 중에서 법원행정처장이 지명하는 사람 1명
③ 대검찰청 소속 검사 또는 고위공무원단에 속하는 공무원 중에서 검찰총장이 지명하는 사람 1명

10. 협의체의 위원장은 협의체 회의를 소집하며, 회의 개최 7일 전까지 회의의 일시 · 장소 및 안건 등을 각 위원에게 알려야 한다.

11. 협의체의 위원장은 협의체의 회의 결과를 위원이 소속된 기관의 장에게 통보해야 한다.

CHAPTER 2 교정시설 수용

01 수용

1. 의의

(1) 수용은 국가의 강제력에 의하여 수형자 및 미결수용자의 자유권을 박탈하여 교도소 등의 교정시설에 구금하여 수용자로서의 신분을 갖게 하는 것을 말한다.
(2) 교정시설의 수용은 엄격한 법률적 요건과 교정의 원활한 운영 및 범죄인의 처우향상 등 인권보장에 충실해야 한다.

2. 수용요건

(1) 의의

교정시설에 수용자를 수용하기 위해서는 형식적 요건과 실질적 요건을 구비하여야 한다.

(2) 형식적 요건(서류)

① 의의
수용자를 수용하기 위해서는 수용의 근거가 되는 적법한 문서를 구비해야 한다. 적법한 문서란 구금을 증명하는 문서로서, 이를 면밀히 조사·확인한 후에 수용하여야 한다.

② 구비문서
㉠ 미결수용자 : 구속영장(체포영장), 수용지휘서, 이송시 검사의 이송지휘서
㉡ 수형자 : 형집행지휘서, 재판서, 잔형집행의 경우 잔형집행지휘서 및 판결문등본
(기결은 수용지휘서, 구속영장, 검사의 이송지휘서가 필요 없음)
㉢ 사형수 : 사형확정통지서 및 판결문 등본, 수용지휘서
㉣ 노역장유치자 : 노역장유치집행지휘서, 재판서

(3) 실질적 요건(서류와 일치)

문서에 표시된 내용과 사람 및 수용장소 등이 실질적으로 일치해야 하는 것을 말한다.

(4) 감염병에 걸린 수용자의 거절

수용의 거절(법 제18조)

① 소장은 다른 사람의 건강에 위해를 끼칠 우려가 있는 감염병에 걸린 사람의 수용을 거절할 수 있다.

② 소장은 제1항에 따라 수용을 거절하였으면 그 사유를 지체 없이 수용지휘기관과 관할 보건소장에게 통보하고 법무부장관에게 보고하여야 한다.

※ 민영교도소 : 교정법인은 민영교도소 등에 수용되는 자에게 특별한 사유가 있다는 이유로 수용을 거절할 수 없다. 다만, 수용 · 작업 · 교화, 그 밖의 처우를 위하여 특별히 필요하다고 인정되는 경우에는 법무부장관에게 수용자의 이송을 신청할 수 있다.

감염병에 관한 조치(시행령 제53조) ★

① 소장은 수용자가 감염병에 걸렸다고 의심되는 경우에는 1주 이상 격리수용하고 그 수용자의 휴대품을 소독하여야 한다.

② 소장은 감염병이 유행하는 경우에는 수용자가 자비로 구매하는 음식물의 공급을 중지할 수 있다.

③ 소장은 수용자가 감염병에 걸린 경우에는 즉시 격리수용하고 그 수용자가 사용한 물품과 설비를 철저히 소독하여야 한다.

④ 소장은 제3항의 사실을 지체 없이 법무부장관에게 보고하고 관할 보건기관의 장에게 알려야 한다.

02 수용절차

JUSTICE

1. 신입자의 수용과 인수 등

신입자의 수용 등(법 제16조)

① 소장은 법원 · 검찰청 · 경찰관서 등으로부터 처음으로 교정시설에 수용되는 사람(이하 "신입자"라 한다)에 대하여는 집행지휘서, 재판서, 그 밖에 수용에 필요한 서류를 조사한 후 수용한다.

② 소장은 신입자에 대하여는 지체 없이 신체 · 의류 및 휴대품을 검사하고 건강진단을 하여야 한다.
③ 신입자는 제2항에 따라 소장이 실시하는 검사 및 건강진단을 받아야 한다.

간이입소절차(법 제16조의2)

다음 각 호의 어느 하나에 해당하는 신입자의 경우에는 법무부장관이 정하는 바에 따라 간이입소절차를 실시한다.

1. 「형사소송법」 제200조의2, 제200조의3 또는 제212조에 따라 체포되어 교정시설에 유치된 피의자
2. 「형사소송법」 제201조의2제10항 및 제71조의2에 따른 구속영장 청구에 따라 피의자 심문을 위하여 교정시설에 유치된 피의자

신입자의 인수(시행령 제13조)

① 소장은 법원 · 검찰청 · 경찰관서 등으로부터 처음으로 교정시설에 수용되는 사람(이하 "신입자"라 한다)을 인수한 경우에는 호송인(護送人)에게 인수서를 써 주어야 한다. 이 경우 신입자에게 부상 · 질병, 그 밖에 건강에 이상(이하 이 조에서 "부상 등"이라 한다)이 있을 때에는 호송인으로부터 그 사실에 대한 확인서를 받아야 한다.
② 신입자를 인수한 교도관은 제1항의 인수서에 신입자의 성명, 나이 및 인수일시를 적고 서명 또는 날인하여야 한다.
③ 소장은 제1항 후단에 따라 확인서를 받는 경우에는 호송인에게 신입자의 성명, 나이, 인계일시 및 부상 등의 사실을 적고 서명 또는 날인하도록 하여야 한다.

※ 인수서 : 신입자를 인수한 경우 호송인에게 써주어야 한다.
※ 확인서 : 신입자에게 부상 등이 있을 때 호송인으로부터 확인서를 받아야 한다.

2. 사진촬영 등

사진촬영 등(법 제19조)

① 소장은 신입자 및 다른 교정시설로부터 이송되어 온 사람에 대하여 다른 사람과의 식별을 위하여 필요한 한도에서 사진촬영, 지문채취, 수용자 번호지정, 그 밖에 대통령령으로 정하는 조치를 하여야 한다.
② 소장은 수용목적상 필요하면 수용 중인 사람에 대하여도 제1항의 조치를 할 수 있다.

신입자거실 수용 등(시행령 제18조) ★

① 소장은 신입자가 환자이거나 부득이한 사정이 있는 경우가 아니면 수용된 날부터 3일 동안

신입자거실에 수용하여야 한다.
② 소장은 제1항에 따라 신입자거실에 수용된 사람에게는 작업을 부과해서는 아니 된다.
③ 소장은 19세 미만의 신입자 그 밖에 특히 필요하다고 인정하는 수용자에 대하여는 제1항의 기간을 30일까지 연장할 수 있다.

수용기록부 등의 작성(시행령 제19조)

소장은 신입자 또는 이입자를 수용한 날부터 3일 이내에 수용기록부, 수용자명부 및 형기종료부를 작성·정비하고 필요한 사항을 기록하여야 한다.

※ 신입자 거실과 달리 석방예정자 거실은 연장규정이 없고, 임의적 수용이며, 작업부과 금지규정도 없다.

신입자의 신원조사(시행령 제20조)

① 소장은 신입자의 신원에 관한 사항을 조사하여 수용기록부에 기록하여야 한다.
② 소장은 신입자의 본인 확인 및 수용자의 처우 등을 위하여 불가피한 경우 「개인정보 보호법」 제23조에 따른 정보, 같은 법 시행령 제18조제2호에 따른 범죄경력자료에 해당하는 정보, 같은 영 제19조에 따른 주민등록번호, 여권번호, 운전면허의 면허번호 또는 외국인등록번호가 포함된 자료를 처리할 수 있다.

PART 4

3. 고지사항 및 가족 통지

고지사항(법 제17조)

신입자 및 다른 교정시설로부터 이송되어 온 사람에게는 말이나 서면으로 다음 각 호의 사항을 알려 주어야 한다.

1. 형기의 기산일 및 종료일
2. 접견·편지, 그 밖의 수용자의 권리에 관한 사항
3. 청원, 「국가인권위원회법」에 따른 진정, 그 밖의 권리구제에 관한 사항
4. 징벌·규율, 그 밖의 수용자의 의무에 관한 사항
5. 일과(日課) 그 밖의 수용생활에 필요한 기본적인 사항

수용사실의 알림(법 제21조)

소장은 신입자 또는 다른 교정시설로부터 이송되어 온 사람이 있으면 그 사실을 수용자의 가족(배우자, 직계 존속·비속 또는 형제자매를 말한다. 이하 같다)에게 지체 없이 알려야 한다. 다만, 수용자가 알리는 것을 원하지 아니하면 그러하지 아니하다.

4. 신입자의 건강진단과 목욕

신입자의 수용 등(법 제16조)

① 소장은 법원 · 검찰청 · 경찰관서 등으로부터 처음으로 교정시설에 수용되는 사람(이하 "신입자"라 한다)에 대하여는 집행지휘서, 재판서, 그 밖에 수용에 필요한 서류를 조사한 후 수용한다.

② 소장은 신입자에 대하여는 지체 없이 신체 · 의류 및 휴대품을 검사하고 건강진단을 하여야 한다.

③ 신입자는 제2항에 따라 소장이 실시하는 검사 및 건강진단을 받아야 한다.

신입자의 신체 등 검사(시행령 제14조)

소장은 신입자를 인수한 경우에는 교도관에게 신입자의 신체 · 의류 및 휴대품을 지체 없이 검사하게 하여야 한다.

신입자의 건강진단(시행령 제15조)

법 제16조제2항에 따른 신입자의 건강진단은 수용된 날부터 3일 이내에 하여야 한다. 다만, 휴무일이 연속되는 등 부득이한 사정이 있는 경우에는 예외로 한다.

신입자의 목욕(시행령 제16조)

소장은 신입자에게 질병이나 그 밖의 부득이한 사정이 있는 경우가 아니면 지체 없이 목욕을 하게 하여야 한다.

신입자의 신체 특징 기록 등(시행령 제17조)

① 소장은 신입자의 키 · 용모 · 문신 · 흉터 등 신체 특징과 가족 등 보호자의 연락처를 수용기록부에 기록하여야 하며, 교도관이 업무상 필요한 경우가 아니면 이를 열람하지 못하도록 하여야 한다.

② 소장은 신입자 및 다른 교정시설로부터 이송(移送)되어 온 사람(이하 "이입자"라 한다)에 대하여 수용자번호를 지정하고 수용 중 번호표를 상의의 왼쪽 가슴에 붙이게 하여야 한다. 다만, 수용자의 교화 또는 건전한 사회복귀를 위하여 특히 필요하다고 인정하면 번호표를 붙이지 아니할 수 있다.

03 수용의 원칙

JUSTICE

1. 현행법상 수용의 원칙

(1) 의의

현행법상 수용의 원칙으로는 구분수용의 원칙, 분리수용의 원칙, 독거수용의 원칙이 있다.

(2) 수용의 원칙

① 구분수용의 원칙
구분수용의 원칙은 19세 이상 수형자, 19세 미만 수형자, 미결수용자, 사형확정자 등을 구분 하여 교정시설별로 수용하는 것을 말한다.

② 분리수용의 원칙
분리수용의 원칙은 남성과 여성 및 같은 교정시설에 수형자와 미결수용자, 19세 이상의 수형자와 19세 미만의 수형자를 함께 수용하는 경우 서로 분리하여 수용하는 것을 말한다.

③ 독거수용의 원칙은 수용자를 1개 거실에 1명씩 수용하는 것을 말한다. 현행법상으로는 독거수용을 원칙으로 하면서, 혼거수용을 예외적으로 인정하고 있다. 하지만 일선 교정시설에서는 독거실이 절대적으로 부족해 혼거수용 위주로 운영하고 있다.

2. 구분수용 원칙

구분수용(법 제11조)

① 수용자는 다음 각 호에 따라 구분하여 수용한다.
1. 19세 이상 수형자 : 교도소
2. 19세 미만 수형자 : 소년교도소
3. 미결수용자 : 구치소
4. 사형확정자 : 교도소 또는 구치소. 이 경우 구체적인 구분 기준은 법무부령으로 정한다.

② 교도소 및 구치소의 각 지소에는 교도소 또는 구치소에 준하여 수용자를 수용한다.

구분수용의 예외(법 제12조) ★

① 다음 각 호의 어느 하나에 해당하는 사유가 있으면 교도소에 미결수용자를 수용할 수 있다.
1. 관할 법원 및 검찰청 소재지에 구치소가 없는 때
2. 구치소의 수용인원이 정원을 훨씬 초과하여 정상적인 운영이 곤란한 때
3. 범죄의 증거인멸을 방지하기 위하여 필요하거나 그 밖에 특별한 사정이 있는 때

② 취사 등의 작업을 위하여 필요하거나 그 밖에 특별한 사정이 있으면 구치소에 수형자를 수용할 수 있다.
③ 수형자가 소년교도소에 수용 중에 19세가 된 경우에도 교육 · 교화프로그램, 작업, 직업훈련 등을 실시하기 위하여 특히 필요하다고 인정되면 23세가 되기 전까지는 계속하여 수용할 수 있다.
④ 소장은 특별한 사정이 있으면 제11조의 구분수용 기준에 따라 다른 교정시설로 이송하여야 할 수형자를 6개월을 초과하지 아니하는 기간 동안 계속하여 수용할 수 있다.

3. 분리수용 원칙

분리수용(법 제13조)

① 남성과 여성은 분리하여 수용한다.
② 제12조에 따라 수형자와 미결수용자, 19세 이상의 수형자와 19세 미만의 수형자를 같은 교정시설에 수용하는 경우에는 서로 분리하여 수용한다.

4. 독거수용 원칙

독거수용(법 제14조) ★

수용자는 독거수용한다. 다만, 다음 각 호의 어느 하나에 해당하는 사유가 있으면 혼거수용할 수 있다.

1. 독거실 부족 등 시설여건이 충분하지 아니한 때
2. 수용자의 생명 또는 신체의 보호, 정서적 안정을 위하여 필요한 때
3. 수형자의 교화 또는 건전한 사회복귀를 위하여 필요한 때

독거실의 비율(시행령 제4조)

교정시설을 새로 설치하는 경우에는 법 제14조에 따른 수용자의 거실수용을 위하여 독거실(獨居室)과 혼거실(混居室)의 비율이 적정한 수준이 되도록 한다.

독거수용의 구분(시행령 제5조)

독거수용은 다음 각 호와 같이 구분한다.

1. 처우상 독거수용 : 주간에는 교육 · 작업 등의 처우를 위하여 일과(日課)에 따른 공동생활을 하게 하고 휴업일과 야간에만 독거수용하는 것을 말한다.

2. 계호(戒護)상 독거수용 : 사람의 생명 · 신체의 보호 또는 교정시설의 안전과 질서유지를 위하여 항상 독거수용하고 다른 수용자와의 접촉을 금지하는 것을 말한다. 다만, 수사 · 재판 · 실외운동 · 목욕 · 접견 · 진료 등을 위하여 필요한 경우에는 그러하지 아니하다.

계호상 독거수용자의 시찰(시행령 제6조) ★

① 교도관은 제5조제2호에 따라 독거수용된 사람(이하 "계호상 독거수용자"라 한다)을 수시로 시찰하여 건강상 또는 교화상 이상이 없는지 살펴야 한다.

② 교도관은 제1항의 시찰 결과, 계호상 독거수용자가 건강상 이상이 있는 것으로 보이는 경우에는 교정시설에 근무하는 의사(공중보건의사를 포함한다. 이하 "의무관"이라 한다)에게 즉시 알려야 하고, 교화상 문제가 있다고 인정하는 경우에는 소장에게 지체 없이 보고하여야 한다.

③ 의무관은 제2항의 통보를 받은 즉시 해당 수용자를 상담 · 진찰하는 등 적절한 의료조치를 하여야 하며, 계호상 독거수용자를 계속하여 독거수용하는 것이 건강상 해롭다고 인정하는 경우에는 그 의견을 소장에게 즉시 보고하여야 한다.

④ 소장은 계호상 독거수용자를 계속하여 독거수용하는 것이 건강상 또는 교화상 해롭다고 인정하는 경우에는 이를 즉시 중단하여야 한다.

혼거수용 인원의 기준(시행령 제8조) ★

혼거수용 인원은 3명 이상으로 한다. 다만, 요양이나 그 밖의 부득이한 사정이 있는 경우에는 예외로 한다.

혼거수용의 제한(시행령 제9조) ★

소장은 노역장 유치명령을 받은 수형자와 징역형 · 금고형 또는 구류형을 선고받아 형이 확정된 수형자를 혼거수용해서는 아니 된다. 다만, 징역형 · 금고형 또는 구류형의 집행을 마친 다음에 계속해서 노역장 유치명령을 집행하거나 그 밖에 부득이한 사정이 있는 경우에는 그러하지 아니하다.

5. 수용거실 지정

수용거실 지정(법 제15조) ★

소장은 수용자의 거실을 지정하는 경우에는 죄명 · 형기 · 죄질 · 성격 · 범죄전력 · 나이 · 경력 및 수용생활 태도, 그 밖에 수용자의 개인적 특성을 고려하여야 한다.

수용자의 자리지정(시행령 제10조) ★

소장은 수용자의 생명·신체의 보호, 증거인멸의 방지 및 교정시설의 안전과 질서유지를 위하여 필요하다고 인정하면 혼거실·교육실·강당·작업장, 그 밖에 수용자들이 서로 접촉할 수 있는 장소에서 수용자의 자리를 지정할 수 있다.

거실의 대용금지(시행령 제11조)

소장은 수용자거실을 작업장으로 사용해서는 아니 된다. 다만, 수용자의 심리적 안정, 교정교화 또는 사회적응능력 함양을 위하여 특히 필요하다고 인정하면 그러하지 아니하다.

현황표 등의 부착 등(시행령 제12조)

① 소장은 수용자거실에 면적, 정원 및 현재인원을 적은 현황표를 붙여야 한다.
② 소장은 수용자거실 앞에 이름표를 붙이되, 이름표 윗부분에는 수용자의 성명·출생연도·죄명·형명(刑名) 및 형기(刑期)를 적고, 그 아랫부분에는 수용자번호 및 입소일을 적되, 윗부분의 내용이 보이지 않도록 해야 한다.
③ 소장은 수용자가 법령에 따라 지켜야 할 사항과 수용자의 권리구제 절차에 관한 사항을 수용자거실의 보기 쉬운 장소에 붙이는 등의 방법으로 비치하여야 한다.

※ 수용자의 거실지정 시 나이, 경력, 성격, 형기는 작업부과 시 고려사항과 같으나, 범죄전력, 죄명, 죄질, 수용생활태도, 그 밖에 수용자의 개인적 특성은 작업부과 시만 고려한다.

04 수용자의 이송 등

JUSTICE

1. 수용자의 이송

수용자의 이송(법 제20조)

① 소장은 수용자의 수용·작업·교화·의료, 그 밖의 처우를 위하여 필요하거나 시설의 안전과 질서유지를 위하여 필요하다고 인정하면 법무부장관의 승인을 받아 수용자를 다른 교정시설로 이송할 수 있다.
② 법무부장관은 제1항의 이송승인에 관한 권한을 대통령령으로 정하는 바에 따라 지방교정청장에게 위임할 수 있다.

지방교정청장의 이송승인권(시행령 제22조)

① 지방교정청장은 법 제20조제2항에 따라 다음 각 호의 어느 하나에 해당하는 경우에는 수

용자의 이송을 승인할 수 있다.
1. 수용시설의 공사 등으로 수용거실이 일시적으로 부족한 때
2. 교정시설 간 수용인원의 뚜렷한 불균형을 조정하기 위하여 특히 필요하다고 인정되는 때
3. 교정시설의 안전과 질서유지를 위하여 긴급하게 이송할 필요가 있다고 인정되는 때

② 제1항에 따른 지방교정청장의 이송승인은 관할 내 이송으로 한정한다.

이송 중지(시행령 제23조)

소장은 수용자를 다른 교정시설에 이송하는 경우에 의무관으로부터 수용자가 건강상 감당하기 어렵다는 보고를 받으면 이송을 중지하고 그 사실을 이송받을 소장에게 알려야 한다.

호송 시 분리(시행령 제24조) ★

수용자를 이송이나 출정(出廷), 그 밖의 사유로 호송하는 경우에는 수형자는 미결수용자와, 여성수용자는 남성수용자와, 19세 미만의 수용자는 19세 이상의 수용자와 각각 호송 차량의 좌석을 분리하는 등의 방법으로 서로 접촉하지 못하게 하여야 한다.

PART 4

2. 재난 시의 조치

재난 시의 조치(법 제102조)

① 천재지변이나 그 밖의 재해가 발생하여 시설의 안전과 질서유지를 위하여 긴급한 조치가 필요하면 소장은 수용자로 하여금 피해의 복구나 그 밖의 응급용무를 보조하게 할 수 있다.

② 소장은 교정시설의 안에서 천재지변이나 그 밖의 사변에 대한 피난의 방법이 없는 경우에는 수용자를 다른 장소로 이송할 수 있다.

③ 소장은 제2항에 따른 이송이 불가능하면 수용자를 일시 석방할 수 있다.

④ 제3항에 따라 석방된 사람은 석방 후 24시간 이내에 교정시설 또는 경찰관서에 출석하여야 한다.

재난 시의 조치(시행령 제127조)

① 소장은 법 제102조제1항에 따른 응급용무의 보조를 위하여 교정성적이 우수한 수형자를 선정하여 필요한 훈련을 시킬 수 있다.

② 소장은 법 제102조제3항에 따라 수용자를 일시석방하는 경우에는 같은 조 제4항의 출석 시한과 장소를 알려주어야 한다.

3. 도주 시의 조치

수용을 위한 체포(법 제103조)

① 교도관은 수용자가 도주 또는 제134조 각 호의 어느 하나에 해당하는 행위(이하 "도주 등"이라 한다)를 한 경우에는 도주 후 또는 출석기한이 지난 후 72시간 이내에만 그를 체포할 수 있다.

② 교도관은 제1항에 따른 체포를 위하여 긴급히 필요하면 도주 등을 하였다고 의심할 만한 상당한 이유가 있는 사람 또는 도주 등을 한 사람의 이동경로나 소재를 안다고 인정되는 사람을 정지시켜 질문할 수 있다.

③ 교도관은 제2항에 따라 질문을 할 때에는 그 신분을 표시하는 증표를 제시하고 질문의 목적과 이유를 설명하여야 한다.

④ 교도관은 제1항에 따른 체포를 위하여 영업시간 내에 공연장 · 여관 · 음식점 · 역, 그 밖에 다수인이 출입하는 장소의 관리자 또는 관계인에게 그 장소의 출입이나 그 밖에 특히 필요한 사항에 관하여 협조를 요구할 수 있다.

⑤ 교도관은 제4항에 따라 필요한 장소에 출입하는 경우에는 그 신분을 표시하는 증표를 제시하여야 하며, 그 장소의 관리자 또는 관계인의 정당한 업무를 방해하여서는 아니 된다.

출석의무 위반 등(법 제134조)

다음 각 호의 어느 하나에 해당하는 행위를 한 수용자는 1년 이하의 징역에 처한다.

1. 정당한 사유 없이 제102조제4항을 위반하여 일시석방 후 24시간 이내에 교정시설 또는 경찰관서에 출석하지 아니하는 행위
2. 귀휴 · 외부통근, 그 밖의 사유로 소장의 허가를 받아 교도관의 계호 없이 교정시설 밖으로 나간 후에 정당한 사유 없이 기한까지 돌아오지 아니하는 행위

도주 등에 따른 조치(시행령 제128조)

① 소장은 수용자가 도주하거나 법 제134조 각 호의 어느 하나에 해당하는 행위(이하 이 조에서 "도주 등"이라 한다)를 한 경우에는 교정시설의 소재지 및 인접지역 또는 도주 등을 한 사람(이하 이 조에서 "도주자"라 한다)이 숨을 만한 지역의 경찰관서에 도주자의 사진이나 인상착의를 기록한 서면을 첨부하여 그 사실을 지체 없이 통보하여야 한다.

② 소장은 수용자가 도주 등을 하거나 도주자를 체포한 경우에는 법무부장관에게 지체 없이 보고하여야 한다.

국제수형자이송법 주요 규정 참고

1. 정의(제2조)
   (1) 국내이송이란 외국에서 자유형을 선고받아 그 형이 확정되어 형집행중인 대한민국 국민(이하 "국내이송대상수형자"라 한다)을 외국으로부터 인도받아 그 자유형을 집행하는 것을 말한다.
   (2) 국외이송이란 대한민국에서 자유형을 선고받아 그 형이 확정되어 형집행중인 외국인(이하 "국외이송대상수형자"라 한다)을 외국으로 인도하여 그 자유형을 집행받도록 하는 것을 말한다.
2. 조약과의 관계(제3조)
   국제수형자이송은 대한민국과 외국간에 조약이 체결되어 있는 경우에 한하여 이 법과 그 조약이 정하는 바에 따라 실시한다. 이 경우 조약에 이 법과 다른 규정이 있는 때에는 그 조약의 규정에 의한다.
3. 국제수형자이송 관련 문서 등의 접수 및 송부(제4조)
   (1) 국제수형자이송의 요청 및 승인 등과 관련된 외국과의 문서 또는 통지의 접수 및 송부는 외교부장관이 행한다. 다만, 긴급을 요하거나 특별한 사정이 있는 때에는 법무부장관이 외교부장관의 동의를 얻어 이를 행할 수 있다.
   (2) 외교부장관은 제1항의 규정에 의하여 외국으로부터 접수한 국제수형자이송과 관련되는 문서 또는 통지를 법무부장관에게 송부하여야 한다.
4. 국내이송
   (1) 국내이송의 요건(제11조)
      ① 외국에서 자유형이 선고·확정된 범죄사실이 대한민국의 법률에 의하여 범죄를 구성할 것. 이 경우 수 개의 범죄사실중 한 개의 범죄사실이 대한민국의 법률에 의하여 범죄를 구성하는 경우를 포함한다.
      ② 외국에서 선고된 자유형의 판결이 확정될 것
      ③ 국내이송대상수형자가 국내이송에 동의할 것(철회가 인정되지 않음)
   (2) 외국법원의 판결의 효력 : 국내이송에 의하여 국내이송대상수형자에게 선고된 자유형을 국내에서 집행함에 있어서 그 외국법원의 판결은 대한민국 법률에 의한 대한민국 법원의 판결과 동일한 효력이 있는 것으로 본다.
   (3) 국내이송대상수형자에 대한 집행할 자유형의 형기 및 집행방법
      ① 집행할 자유형의 형기는 외국에서 선고하여 확정된 형기로 한다.
      ② 자유형이 유기인 때에는 50년을 초과하여 집행하지 못하며, 외국에서 선고하여 확정된 자유형이 종신형인 때에는 형기가 무기인 것으로 본다.
   (4) 공소제기의 제한 : 국내이송대상수형자에 대하여 외국에서 선고된 자유형을 집행 중인때와 그 자유형의 집행을 종료하거나 집행을 하지 아니하기로 확정된 때에는 동일한 범죄사실에 대하여 공소를 제기할 수 없다.
   (5) 국내이송 후 외국에 대한 통지 : 법무부장관은 다음의 하나에 해당하는 사유가 발생한 때에는 지체 없이 외국에 이를 통지하여야 한다.
      ① 국내이송수형자에 대한 자유형의 집행이 종료(종료된 것으로 간주되는 경우를 포함한다)된 때
      ② 국내이송수형자에 대한 자유형을 더 이상 집행하지 아니하기로 확정된 때
      ③ 국내이송수형자에 대한 자유형의 집행이 종료되기 전에 국내이송수형자가 도주한 때
5. 국외이송의 요건(제23조)
   (1) 대한민국에서 자유형이 선고·확정된 범죄사실이 외국의 법률에 의하여 범죄를 구성할 것. 이 경우 수 개의 범죄사실중 한 개의 범죄사실이 외국의 법률에 의하여 범죄를 구성하는 경우를 포함한다.

PART 4

(2) 대한민국에서 선고한 자유형의 판결이 확정될 것
(3) 국외이송대상수형자가 국외이송에 동의할 것(철회가 인정되지 않음)
(4) 대한민국에서 자유형이 선고 · 확정된 재판에서 벌금 · 과료 · 몰수 또는 추징이 병과된 때에는 그 집행이 종료되거나 집행을 하지 아니하기로 확정될 것
(5) 국외이송 후 외국에 대한 통지 : 법무부장관은 다음의 하나에 해당하는 때에는 지체없이 외국에 그 취지를 통지하여야 한다.
① 국외이송수형자에 대한 확정판결이 재심 등 판결확정 후 재판절차에서 취소되어 집행할 수 없게 되거나 형의 종류 또는 형기가 변경된 때
② 국외이송수형자가 사면된 때

6. 비용(제33조)
국내이송에 소요되는 비용중 대한민국이 국내이송수형자 본인과 관련하여 지출하는 비용은 국내이송수형자의 부담으로 한다. 다만, 법무부장관은 국내이송수형자의 경제적 사정을 감안하여 이를 감면할 수 있다.

CHAPTER 3 수용자의 계호

01 계호행위 참고

JUSTICE

1. 계호의 기능

(1) 소극적 경계기능 : 수용자의 구금확보와 교도소의 규율유지를 위한 권력작용을 뜻한다.
(2) 적극적 보호기능 : 교화개선적 측면과 보육 내지 복지증진 작용을 뜻한다(현대적 의미의 계호).

2. 계호의 필요성

(1) 수용자의 격리와 구금 및 신병확보
(2) 도주 · 자살 · 폭행 등 교정사고 예방

3. 계호의 목적

(1) 구금확보

① 구금확보의 원칙은 수용자를 시설 내에 두고 감시하는 것을 말하므로, 수용자가 일정한 장소를 이탈하거나 장애물로 인하여 시야가 가리는 등 시선을 벗어나게 해서는 안 된다.
② 지정된 장소를 벗어 날 때에는 원칙적으로 권한 있는 자의 명령에 의하여야 하며, 일정시간이 지나도 돌아오지 않을 때에는 반드시 확인하는 등 구금확보에 최선을 다해야 한다.

(2) 규율유지

① 소장은 교정시설의 안전과 질서유지 등을 위하여 필요하면 수용자의 자리를 지정할 수 있으므로, 작업장 · 교회당 등 다수의 수용자가 서로 접촉할 수 있는 장소에서는 자리를 지정하여 앉게 하여 규율을 유지해야 한다.
② 또한 교회당 등으로 수용자를 이동시키는 경우에는 질서를 유지해야 하며, 다른 취업장 수용자와 접촉하거나 금지된 물품을 교환하는 것을 철저히 단속하여야 한다.

4. 계호권 행사의 정당성(비례의 원칙)

(1) 의의

① 수용자에게 인권침해 우려가 있는 보호장비의 사용과 강제력 행사 및 무기 사용 등은 적법절차에 따라 비례의 원칙에 의해 행해져야만 그 정당성이 인정된다.

② 비례의 원칙은 수용자처우의 전반에 걸쳐 정당성을 부여받을 수 있는 원칙이다.

(2) 비례의 원칙

① 적합성의 원칙
계호권의 행사는 본래의 목적을 달성하는데 적합해야 한다는 원칙이다. 헌법재판소는 목적의 적합성, 수단의 적합성, 법익의 균형성을 적합성의 기준으로 제시하고 있다.

② 필요성의 원칙(최소침해의 원칙)
필요성의 원칙을 최소침해의 원칙이라고도 한다. 이는 계호권의 행사는 교정의 목적을 실현하는데 필요한 범위 내에서 이루어져야 하고, 여러 가지 대체수단이 있는 경우 가장 부담을 적게주는 방안을 선택해야 한다는 원칙을 말한다.

③ 상당성의 원칙(협의의 비례원칙)
상당성의 원칙을 법익교량의 원칙이라고도 한다. 이는 계호권을 행사함으로써 발생하는 이익보다 불이익이 큰 경우에는 조치를 취해서는 안 된다는 원칙을 말한다.

5. 계호권 행사의 효과 ★

(1) 정당하고 적법한 계호권 행사는 정당한 공무집행으로서 법률상 보호를 받고 위법성이 조각된다.

(2) 계호권의 행사가 적법으로 추정되어 상대방을 구속할 수 있다.

(3) 계호권 행사에 대해 폭력을 사용하고 거부할 경우에는 공무집행방해죄가 성립된다.

(4) 계호권 행사가 위법·부당할 경우에는 징계처분의 사유가 되고, 「형법」에 저촉되는 경우에는 형사처분의 대상이 된다.

(5) 불법·부당한 계호권 행사로 인해 피해를 입은 사람은 손해배상 또는 국가배상을 청구할 수 있다.

6. 계호권의 범위

(1) 제3자에 대한 계호권

① 계호권은 수용자와 계호자 사이에 발생하는 것이 원칙이지만, 특별한 경우에는 제3자(수용자 외의 사람)에게도 성립할 수 있다.

② 제3자가 수용자를 도주하게 하려고 하는 경우에는 계호권 발동이 가능하다.

③ 제3자가 현행범인 경우 체포가 가능하고, 「형집행법」에 의거 보안장비 등을 사용한 강제력 행사 및 무기사용이 가능하다.

(2) 타교도소 수형자에 대한 계호권

계호권은 자기가 소속한 교정시설의 수용자에게 행사할 수 있는 것이 원칙이다. 그렇지만 비상사태가 발생하여 타교도소가 응원을 구한 때에는 예외적으로 당해 소장의 지휘 · 감독하에 계호권을 인정할 수 있다.

7. 계호의 과학화

(1) 교도관은 자살 · 자해 · 도주 · 폭행 · 손괴, 그 밖에 수용자의 생명 · 신체를 해하거나 시설의 안전 또는 질서를 해하는 행위를 방지하기 위하여 필요한 범위에서 전자장비를 이용하여 수용자 또는 시설을 계호할 수 있다.

(2) 교정시설에서 활용하고 있는 전자장비의 종류로는 영상정보처리기기 · 전자감지기 · 전자경보기 · 물품검색기 · 증거수집장비(디지털카메라, 녹음기, 비디오카메라, 음주측정기 등 증거수집에 필요한 장비), 그 밖에 법무부장관이 정하는 전자장비 등이 있다.

(3) 일선기관에서는 전자장비의 효율적인 운용을 위하여 각종 전자장비를 통합 관리할 수 있는 시스템이 설치된 중앙통제실을 운영하고 있을 뿐만 아니라, 자동문 설치 등 갈수록 각종 전자장비를 활용한 계호의 과학화를 추구하고 있다.

8. 계호의 탄력적 운용 ★

(1) 의의

수용자의 개별적 특성 · 날씨 · 주변환경 등에 따라 계호를 탄력적으로 운영해야 계호의 효율성을 기할 수 있다.

(2) 계호의 강화 및 완화

① 계호강화 대상 : 사고우려자, 외부이동자, 취사장 조출자, 악천후 시 작업 등

② 계호완화 대상 : 경비처우급 상급자, 자치제 실시 수형자, 개방처우 대상자 등

★ 가석방 중인 자는 계호의 대상이 아니다.

02 계호권자

JUSTICE

1. 교도관

교도관이란 일반적으로 교도소 · 소년교도소 · 구치소 및 그 지소("교정시설")에 재직하면서 교정업무를 담당하는 공무원을 말한다.

(1) 교도관의 직무

「형집행법」 제10조에 이 법에 규정된 사항 외에 교도관의 직무에 관하여는 따로 법률로 정한다고 규정되어 있다. 그러나 「경찰관직무집행법」과 같이 아직까지 교도관의 직무에 관한 법률이 제정되지 않아 교도관직무규칙에 이에 관한 내용이 규정되어 있다.

(2) 관련 규정(「교도관직무규칙」 2023.1.11. 시행, 법무부령 제1045호, 2023.1.11. 일부개정) 참고

제2조(정의)

이 규칙에서 사용하는 용어의 뜻은 다음과 같다.

1. "교도관"이란 다음 각 목의 어느 하나에 해당하는 업무를 담당하는 공무원을 말한다.
   가. 수용자의 구금 및 형의 집행
   나. 수용자의 지도, 처우 및 계호(戒護)
   다. 수용자의 보건 및 위생
   라. 수형자의 교도작업 및 직업능력개발훈련
   마. 수형자의 교육·교화프로그램 및 사회복귀 지원
   바. 수형자의 분류심사 및 가석방
   사. 교도소·구치소 및 그 지소(支所)(이하 "교정시설"이라 한다)의 경계(警戒) 및 운영·관리
   아. 그 밖의 교정행정에 관한 사항
2. "교정직교도관"이란 「공무원임용령」 별표 1에 따른 교정직렬공무원을 말한다.
3. "직업훈련교도관"이란 「전문경력관 규정」 제2조제1항에 따른 전문경력관 임용절차에 따라 임용된 사람으로서 「국민 평생 직업능력 개발법」 제33조에 따른 직업능력개발훈련교사를 말한다.
4. "보건위생직교도관"이란 「공무원임용령」 별표 1에 따른 의무·약무·간호·의료기술·식품위생직렬공무원을 말하며, 해당 직렬에 따라 각각 의무직교도관, 약무직교도관, 간호직교도관, 의료기술직교도관, 식품위생직교도관으로 한다.
5. "기술직교도관"이란 「공무원임용령」 별표 1에 따른 공업·농업·시설·전산·방송통신·운전직렬공무원을 말한다.
6. "관리운영직교도관"이란 「공무원임용령」 별표 1에 따른 관리운영직군공무원을 말한다.
7. "상관"이란 직무수행을 할 때 다른 교도관을 지휘·감독할 수 있는 직위나 직급에 있는 교도관을 말한다.
8. "당직간부"란 교정시설의 장(이하 "소장"이라 한다)이 지명하는 교정직교도관으로서 보안과의 보안업무 전반에 걸쳐 보안과장을 보좌하고, 휴일 또는 야간(당일 오후 6시부터 다음 날 오전 9시까지를 말한다. 이하 같다)에 소장을 대리하는 사람을 말한다.

(3) 교도관의 직무(「교도관직무규칙」)

제25조(교정직교도관의 직무)

① 교정직교도관은 다음 각 호의 사무를 담당한다.

1. 수용자에 대한 지도 · 처우 · 계호
2. 삭제
3. 교정시설의 경계
4. 교정시설의 운영 · 관리
5. 그 밖의 교정행정에 관한 사항

② 소장은 제1항에도 불구하고 교정시설의 운영을 위하여 특히 필요하다고 인정하는 경우에는 교정직교도관으로 하여금 그 밖의 교도관의 직무를 수행하게 할 수 있다.

제75조(보건위생직교도관의 직무)

① 보건위생직교도관이 담당하는 사무는 다음 각 호와 같다.

1. 의무직교도관(공중보건의를 포함한다. 이하 "의무관"이라 한다)
   가. 수용자의 건강진단, 질병치료 등 의료
   나. 교정시설의 위생
   다. 그 밖의 교정행정에 관한 사항
2. 약무직교도관
   가. 약의 조제
   나. 의약품의 보관 및 수급(受給)
   다. 교정시설의 위생 보조
   라. 그 밖의 교정행정에 관한 사항
3. 간호직교도관
   가. 환자 간호
   나. 의무관의 진료 보조
   다. 교정시설의 위생 보조
   라. 「형의 집행 및 수용자의 처우에 관한 법률」 제36조제2항에 따른 의료행위
   마. 그 밖의 교정행정에 관한 사항
4. 의료기술직교도관
   가. 의화학적 검사 및 검사장비 관리업무
   나. 의무관의 진료 보조
   다. 교정시설의 위생 보조
   라. 그 밖의 교정행정에 관한 사항

5. 식품위생직교도관
   가. 식품위생 및 영양관리
   나. 교정시설의 위생 보조
   다. 그 밖의 교정행정에 관한 사항

② 보건위생직교도관은 직무상 필요한 경우에 수용자를 동행 · 계호할 수 있다.

③ 제2항에 따라 보건위생직교도관이 수용자를 동행 · 계호하는 경우에는 제34조(계호의 원칙), 제37조제1항 · 제2항(징벌대상행위의 보고 등)을 준용한다.

제86조(기술직교도관의 직무)

① 기술직교도관은 다음 각 호의 사무를 담당한다.
1. 건축 · 전기 · 기계 · 화공 · 섬유 · 전산 · 통신 및 농업 등 해당 분야의 시설공사
2. 수형자에 대한 기술지도
3. 교정시설의 안전 및 유지 관리
4. 차량의 운전 · 정비
5. 그 밖의 교정행정에 관한 사항

② 기술직교도관은 직무를 수행하기 위하여 필요한 경우에는 수용자를 동행 · 계호할 수 있다.

③ 제2항에 따라 기술직교도관이 수용자를 동행 · 계호하는 경우에는 제34조, 제37조제1항 · 제2항을 준용한다.

제90조(관리운영직교도관의 직무)

① 관리운영직교도관은 다음 각 호의 사무를 담당한다.
1. 보일러 · 전기 · 통신 및 오수정화 시설 등 기계 · 기구의 취급 · 설비 관리
2. 그 밖의 교정행정에 관한 사항

② 관리운영직교도관은 직무를 수행하기 위하여 필요한 경우에는 수용자를 동행 · 계호할 수 있다.

③ 제2항에 따라 관리운영직교도관이 수용자를 동행 · 계호하는 경우에는 제34조 및 제37조제1항 · 제2항을 준용한다.

제93조(직업훈련교도관의 직무)

① 직업훈련교도관은 수형자의 직업능력개발훈련(이하 이 절에서 "훈련"이라 한다)에 관한 사무와 그 밖의 교정행정에 관한 사항을 담당하며, 직무수행상 필요한 경우에는 수용자를 동행 · 계호할 수 있다.

② 제1항에 따라 직업훈련교도관이 수용자를 동행 · 계호하는 경우에는 제34조, 제37조제1항 · 제2항을 준용한다.

2. 교도관회의(「교도관직무규칙」)

제21조(교도관회의의 설치)

소장의 자문에 응하여 교정행정에 관한 중요한 시책의 집행 방법 등을 심의하게 하기 위하여 소장 소속의 교도관회의(이하 이 절에서 "회의"라 한다)를 둔다.

제22조(회의의 구성과 소집)

① 회의는 소장, 부소장 및 각 과의 과장과 소장이 지명하는 6급 이상의 교도관(지소의 경우에는 7급 이상의 교도관)으로 구성된다.

② 소장은 회의의 의장이 되며, 매주 1회 이상 회의를 소집하여야 한다.

제23조(심의)

① 회의는 다음 사항을 심의한다.

1. 교정행정 중요 시책의 집행방법

1의2. 교도작업 및 교도작업특별회계의 운영에 관한 주요사항

2. 각 과의 주요 업무 처리

3. 여러 과에 관련된 업무 처리

4. 주요 행사의 시행

5. 그 밖에 소장이 회의에 부치는 사항

② 소장은 제1항의 심의사항 중 필요하다고 인정하는 경우에는 6급 이하의 교도관을 참석시켜 그 의견 등을 들을 수 있다.

③ 소장은 회의에서 자문에 대한 조언과 그에 따른 심의 외에 필요한 지시를 하거나 보고를 받을 수 있다.

제24조(서기)

① 소장은 회의의 사무를 원활히 처리하기 위하여 총무과(지소의 경우에는 총무계) 소속의 교도관 중에서 서기 1명을 임명하여야 한다.

② 서기는 회의에서 심의 · 지시 · 보고된 사항 등을 회의록에 기록하고 참석자의 서명 또는 날인을 받아야 한다.

3. 「교도관직무규칙」 주요내용

제3조(기본강령)

교도관은 다음의 기본강령에 따라 근무해야 한다.

1. 교도관은 법령을 준수하고 상관의 직무상 명령에 복종하며, 일사불란한 지휘체계와 엄정한 복무기강을 확립한다.
2. 교도관은 상관에 대한 존경과 부하에 대한 믿음과 사랑을 바탕으로 직무를 수행하고 주어진 임무를 완수하기 위하여 모든 역량을 기울인다.
3. 교도관은 창의와 노력으로써 과학적 교정기법을 개발하고 교정행정의 능률을 향상시킨다.
4. 교도관은 청렴결백하고 근면성실한 복무자세를 지니며 직무수행의 결과에 대하여 책임을 진다.
5. 교도관은 풍부한 식견과 고매한 인격이 교정행정 발전의 원천임을 명심하고 인격을 닦기 위하여 끊임없이 노력한다.

제4조(다른 법령과의 관계)

교도관의 직무에 관하여는 다른 법령에 특별한 규정이 있는 경우가 아니면 이 규칙에 따른다.

제5조(근무의 구분)

① 교도관의 근무는 그 내용에 따라 보안근무와 사무근무로 구분하고, 보안근무는 근무 방법에 따라 주간근무와 주·야간 교대 근무(이하 "교대근무"라 한다)로 구분한다.

② 보안근무는 수용자의 계호를 주된 직무로 하고, 사무근무는 수용자의 계호 외의 사무처리를 주된 직무로 한다.

③ 보안근무와 사무근무의 구분에 필요한 세부사항은 소장이 해당 교정시설의 사정이나 근무 내용 등을 고려하여 따로 정한다.

제6조(직무의 우선순위) ★

수용자의 도주, 폭행, 소요, 자살 등 구금목적을 해치는 행위에 관한 방지 조치는 다른 모든 직무에 우선한다.

제7조(직무의 처리)

교도관은 직무를 신속·정확·공정하게 처리하고, 그 결과를 지체 없이 상관에게 문서 또는 구두로 보고하여야 한다. 다만, 상관으로부터 특별히 명령받은 직무로서 그 직무처리에 많은 시일이 걸리는 경우에는 그 중간 처리상황을 보고하여야 한다.

제8조(근무장소 이탈금지)

교도관은 상관의 허가 없이 또는 정당한 사유 없이 근무장소를 이탈하거나 근무장소 외의 장소에 출입하지 못한다.

제9조(교도관의 공동근무) ★

소장은 2명 이상의 교도관을 공동으로 근무하게 하는 경우에는 책임자를 지정하고 직무를 분담시켜 책임한계를 분명히 하여야 한다.

제10조(교도관의 지휘 · 감독)

교도관은 직무수행을 위하여 특히 필요하다고 인정되는 경우에는 그 직무수행에 참여하는 하위직급의 다른 직군 교도관을 지휘 · 감독할 수 있다.

제11조(교도관에 대한 교육 등)

소장은 교도관에 대하여 공지사항을 알리고, 포승(捕繩)을 사용하는 방법, 폭동진압훈련, 교정장비의 사용 · 조작훈련 등 직무수행에 필요한 교육 · 훈련을 실시하여야 한다.

제12조(수용자에 대한 호칭) ★

수용자를 부를 때에는 수용자 번호를 사용한다. 다만, 수용자의 심리적 안정이나 교화를 위하여 필요한 경우에는 수용자 번호와 성명을 함께 부르거나 성명만을 부를 수 있다.

제13조(수용기록부 등의 관리 등)

① 교도관은 수용자의 신상에 변동사항이 있는 경우에는 지체 없이 수용기록부(부속서류를 포함한다), 수용자명부 및 형기종료부 등 관계 서류를 바르게 고쳐 관리 · 보존하여야 한다.
② 교도관은 제1항에 따른 수용자의 신상 관계 서류를 공무상으로 사용하기 위하여 열람 · 복사 등을 하려면 상관의 허가를 받아야 한다.
③ 수용자의 신상에 관한 전산자료의 관리 · 보존, 열람 · 출력 등에 관하여는 제1항과 제2항을 준용한다.

제13조의2(고유식별정보의 처리)

소장은 교정시설의 외부에 있는 사람에게 수용자에 관한 수용 및 출소 증명서를 발급하는 사무를 수행하기 위하여 불가피한 경우 「개인정보 보호법 시행령」 제19조에 따른 주민등록번호, 여권번호, 운전면허의 면허번호 또는 외국인등록번호가 포함된 자료를 처리할 수 있다.

제14조(수용자의 손도장 증명) ★

① 수용자가 작성한 문서로서 해당 수용자의 날인이 필요한 것은 오른손 엄지손가락으로 손도

장을 찍게 한다. 다만, 수용자가 오른손 엄지손가락으로 손도장을 찍을 수 없는 경우에는 다른 손가락으로 손도장을 찍게 하고, 그 손도장 옆에 어느 손가락인지를 기록하게 한다.

② 제1항의 경우에는 문서 작성 시 참여한 교도관이 서명 또는 날인하여 해당 수용자의 손도장임을 증명하여야 한다.

제15조(비상소집 응소)

교도관은 천재지변이나 그 밖의 중대한 사태가 발생하여 비상소집 명령을 받은 경우에는 지체 없이 소집에 응하여 상관의 지시를 받아야 한다.

제16조(소방기구 점검 등) ★

소장은 교도관으로 하여금 매월 1회 이상 소화기 등 소방기구를 점검하게 하고 그 사용법의 교육과 소방훈련을 하게 하여야 한다.

제17조(이송 시 수용기록부 등의 인계)

소장은 다른 교정시설로 수용자를 이송(移送)하는 경우에는 수용기록부(부속서류를 포함한다) 등 개별처우에 필요한 자료를 해당 교정시설로 보내야 한다.

제18조(보안근무자의 근무시간)

① 보안근무자의 근무시간은 다음과 같다.

1. 주간근무 : 1일 주간 8시간
2. 교대근무 : 제1부, 제2부, 제3부 및 제4부의 4개 부로 나누어 서로 교대하여 근무하게 한다. 다만, 소장은 교정직교도관의 부족 등 근무의 형편상 부득이한 경우에는 교대근무자를 제1부와 제2부의 2개 부 또는 제1부, 제2부 및 제3부의 3개 부로 나누어 근무하게 할 수 있다.

② 보안근무자는 소장이 정하는 바에 따라 근무시간 중에 식사 등을 위한 휴식을 할 수 있다.

③ 소장은 계절, 지역 여건 및 근무 내용 등을 고려하여 필요하다고 인정하는 경우에는 보안근무자의 근무 시작시간·종료시간을 조정할 수 있다.

제19조(사무근무자의 근무시간)

사무근무자의 근무시간은 「국가공무원 복무규정」 제9조에 따른다.

제20조(근무시간 연장 등)

① 소장은 교도관의 부족, 직무의 특수성 등 근무의 형편에 따라 특히 필요하다고 인정하는 경우에는 제18조와 제19조에도 불구하고 근무시간을 연장하거나 조정할 수 있고 휴일 근무를 명할 수 있다.

② 제1항에 따라 휴일에 근무를 한 교도관의 휴무에 관하여는 「국가공무원 복무규정」 제11조 제2항에 따른다.

제25조(교정직교도관의 직무)

① 교정직교도관은 다음 각 호의 사무를 담당한다.

1. 수용자에 대한 지도 · 처우 · 계호
2. 삭제
3. 교정시설의 경계
4. 교정시설의 운영 · 관리
5. 그 밖의 교정행정에 관한 사항

② 소장은 제1항에도 불구하고 교정시설의 운영을 위하여 특히 필요하다고 인정하는 경우에는 교정직교도관으로 하여금 그 밖의 교도관의 직무를 수행하게 할 수 있다.

제26조(생활지도 등)

① 교정직교도관은 수용자가 건전한 국민정신과 올바른 생활자세를 가지도록 생활지도 및 교육에 노력하여야 한다.

② 교정직교도관이 수용자의 교육 · 교화프로그램 및 직업훈련 등에 참여하는 경우에는 교육 등이 원활히 진행될 수 있도록 수용자를 감독하여야 한다.

제27조(공평 처우)

교정직교도관은 접견, 물품지급 등에서 수용자를 공평하게 처우하고, 그 처우가 수용자의 심리적 안정 및 교화에 이바지할 수 있도록 하여야 한다.

제28조(수용자의 행실 관찰)

① 교정직교도관은 직접 담당하는 수용자의 행실을 계속하여 관찰하고, 그 결과를 지도 · 처우 및 계호의 자료로 삼아야 한다.

② 제1항에 따른 관찰결과 중 특이사항은 개요를 기록하여 상관에게 보고하여야 한다.

제29조(작업 감독)

① 교정직교도관은 수용자가 작업을 지정받은 경우에는 성실하게 작업하도록 감독하여야 한다.

② 교정직교도관은 수용자의 작업실적 등이 교정성적에 반영될 수 있도록 작업일과표를 매일 작성하는 등 작업관계 서류를 철저히 작성하여야 한다.

제30조(안전사고 예방)

교정직교도관은 수용자가 작업을 할 때에는 사전에 안전교육을 하는 등 사고 예방에 노력하여야 한다.

제31조(수용자의 의류 등의 관리)

① 교정직교도관은 수용자가 지급받은 의류, 침구, 그 밖의 생활용품(이하 이 조에서 "의류 등"이라 한다)을 낭비하지 아니하도록 지도하여야 한다.

② 교정직교도관은 수용자의 의류 등이 오염되거나 파손된 경우에는 상관에게 보고하고, 상관의 지시를 받아 교환·수리·세탁·소독 등 적절한 조치를 하여야 한다.

제32조(수용자의 청원 등 처리) ★

① 교정직교도관은 수용자가 「형의 집행 및 수용자의 처우에 관한 법률」(이하 "법"이라 한다) 제117조에 따른 청원, 「국가인권위원회법」 제31조에 따른 진정 및 「공공기관의 정보공개에 관한 법률」에 따른 정보공개청구 등을 하는 경우에는 지체 없이 상관에게 보고하여야 한다.

② 수용자가 상관 등과의 면담을 요청한 경우에는 그 사유를 파악하여 상관에게 보고하여야 한다.

제33조(위생관리 등)

① 교정직교도관은 수용자로 하여금 자신의 신체와 의류를 청결하게 하고, 두발 및 수염을 단정하게 하는 등 위생관리를 철저히 하도록 지도하여야 한다.

② 교정직교도관은 수용자가 부상을 당하거나 질병에 걸린 경우에는 즉시 적절한 조치를 하고 지체 없이 상관에게 보고하여야 한다.

제34조(계호의 원칙)

교정직교도관이 수용자를 계호할 때에는 수용자를 자신의 시선 또는 실력지배권 밖에 두어서는 아니 된다.

제35조(인원점검 등) ★

① 소장은 당직간부의 지휘 아래 교정직교도관으로 하여금 전체 수용자를 대상으로 하는 인원점검을 매일 2회 이상 충분한 사이를 두고 하게 하여야 한다.

② 제1항에 따라 인원점검을 한 당직간부는 그 결과를 소장에게 보고하여야 한다.

③ 교정직교도관은 자신이 담당하는 수용자를 대상으로 작업을 시작하기 전과 마친 후, 인원변동 시 등에 수시로 인원점검을 하여야 한다.

④ 교정직교도관은 수용자가 작업·운동 등 동작 중인 경우에는 항상 시선으로 인원에 이상이 있는지를 파악하여야 한다.

제36조(야간 거실문의 개폐) ★

① 교정직교도관은 일과종료(작업 · 교육 등 일과를 마치고 수용자를 거실로 들여보낸 다음 거실문을 잠그는 것을 말한다. 이하 같다) 후부터 그 다음날 일과시작(작업 · 교육 등 일과를 위하여 수용자를 거실에서 나오게 하기 위하여 거실문을 여는 것을 말한다. 이하 같다) 전까지는 당직간부의 허가를 받아 거실문을 여닫거나 수용자를 거실 밖으로 나오게 할 수 있다. 다만, 자살, 자해, 응급환자 발생 등 사태가 급박하여 당직간부의 허가를 받을 시간적 여유가 없는 경우에는 그러하지 아니하다.

② 제1항에 따라 거실문을 여닫거나 수용자를 거실 밖으로 나오게 하는 경우에는 사전에 거실 내 수용자의 동정(動靜)을 확인하여야 하고, 제1항 단서의 경우가 아니면 2명 이상의 교정직교도관이 계호하여야 한다.

제37조(징벌대상행위의 보고 등)

① 교정직교도관은 수용자가 법 제107조 각 호의 어느 하나에 해당하는 행위(이하 "징벌대상행위"라 한다)를 하는 경우에는 지체 없이 상관에게 보고하여야 한다. 다만, 수용자가 도주, 소요, 폭동 등 특히 중대한 징벌대상행위를 한 경우에는 지체 없이 비상신호나 그 밖의 방법으로 보안과에 알리는 등 체포 및 진압을 위한 모든 수단을 동원함과 동시에 상관에게 보고하여야 한다.

② 교정직교도관은 제1항에도 불구하고 도주하는 수용자를 체포할 기회를 잃을 염려가 있는 경우에는 지체 없이 그를 추격하여야 한다.

③ 소장은 수용자의 징벌대상행위에 관하여는 이를 조사하여 사안의 경중에 따라 사건송치, 징벌, 생활지도교육 등 적절한 조치를 하여야 한다.

제38조(재난 시의 조치)

교정직교도관은 천재지변이나 그 밖의 재해가 발생한 경우에는 수용자의 계호를 특히 엄중하게 하고, 상관의 지휘를 받아 적절한 피난 준비를 하여야 한다. 다만, 상관의 지휘를 받을 시간적 여유가 없는 경우에는 수용자의 생명과 안전을 위한 대피 등의 조치를 최우선적으로 하여야 한다.

제39조(물품 정리 등)

교정직교도관은 수용자가 사용하는 모든 설비와 기구가 훼손되거나 없어졌는지를 확인하고, 수용자로 하여금 자신이 사용하는 물품 등을 정리하도록 지도하여야 한다.

제40조(수용자의 호송)

① 교정직교도관이 수용자를 교정시설 밖으로 호송(護送)하는 경우에는 미리 호송계획서를 작

성하여 상관에게 보고하여야 한다.
② 교정직교도관은 수용자의 호송 중 도주 등의 사고가 발생하지 아니하도록 수용자의 동정을 철저히 파악하여야 한다.

제41조(접견 참여 등)

① 교정직교도관이 「형의 집행 및 수용자의 처우에 관한 법률 시행령」(이하 이 조에서 "영"이라 한다) 제62조제1항에 따라 수용자의 접견에 참여하는 경우에는 수용자와 그 상대방의 행동 · 대화내용을 자세히 관찰하여야 한다.

제42조(정문 근무) ★

① 정문에 근무하는 교정직교도관(이하 이 조에서 "정문근무자"라 한다)은 정문 출입자와 반출 · 반입 물품을 검사 · 단속하여야 한다.
② 정문근무자는 제1항의 검사 · 단속을 할 때 특히 필요하다고 인정하는 경우에는 출입자의 신체와 휴대품을 검사할 수 있다. 이 경우 검사는 필요한 최소한도의 범위에서 하여야 하며, 출입자 중 여성에 대한 검사는 여성교도관이 하여야 한다.
③ 정문근무자는 제1항 또는 제2항의 검사 도중 이상하거나 의심스러운 점을 발견한 경우에는 출입 등을 중지함과 동시에 상관에게 이를 보고하여 상관의 지시를 받아 적절한 조치를 하여야 한다.
④ 정문근무자는 수용자의 취침 시간부터 기상 시간까지는 당직간부의 허가 없이 정문을 여닫을 수 없다.

제43조(교정시설의 경계 등)

① 교정직교도관은 교정시설의 중요시설 등을 경계하고 자기가 담당하는 구역을 순찰하여야 한다.
② 교정직교도관이 제1항에 따라 경계 또는 순찰 근무를 하는 경우에는 그의 시선 내에 있는 구역 · 시설 등을 감시하여 수용자의 도주 등 교정사고, 수용자의 징벌대상행위, 외부로부터의 침입 등을 예방 · 단속하여야 한다.

제44조(사형 집행)

사형집행은 상관의 지시를 받은 교정직교도관이 하여야 한다.

제45조(업무 인계) ★

보안근무 교정직교도관은 근무시간의 종료, 휴식시간의 시작, 그 밖의 사유에도 불구하고 다음 근무자에게 업무를 인계한 후가 아니면 근무장소를 떠나서는 아니 된다.

제46조(근무결과 보고)

보안근무 교정직교도관은 근무를 마치거나 다음 근무자에게 업무를 인계할 때에는 근무 중 이상이 있었는지 등을 상관에게 보고하여야 한다.

제47조(상황 및 의견의 보고)

교정직교도관은 다음 각 호의 어느 하나에 해당하는 경우에는 그에 관한 상황 및 의견을 지체 없이 상관에게 보고하고, 상관의 지시를 받아 처리하여야 한다.

1. 직무의 집행에 착오가 있는 경우
2. 수용자 처우의 방법을 변경할 필요가 있는 경우
3. 수용자의 심경에 특이한 동요(動搖)나 변화가 있는 경우
4. 수용자가 처우에 관하여 불복하는 경우
5. 수용자의 처우에 필요한 정보를 얻은 경우
6. 그 밖에 직무와 관련된 사고가 발생한 경우

제48조(교정직교도관의 계호근무)

이 규칙에 규정된 사항 외에 교정직교도관의 계호근무에 관하여는 법무부장관이 정하는 바에 따른다.

제49조(당직간부의 편성)

① 당직간부는 교대근무의 각 부별로 2명 이상 편성한다. 이 경우 정(正)당직간부는 1명, 부(副)당직간부는 1명 이상으로 한다.

② 당직간부는 교정관 또는 교감으로 임명한다. 다만, 교정시설의 사정에 따라 결원의 범위에서 교위 중 적임자를 선정해 당직간부에 임명할 수 있다.

제71조(수형자분류처우심사표 기록)

분류심사업무 교도관은 수형자분류처우심사표에 수형자의 처우등급 변경 등 처우변동사항을 지체 없이 기록해야 한다.

제77조(감염병 환자 및 응급환자의 진료)

① 의무관은 감염병 환자가 발생했거나 발생할 우려가 있는 경우에는 지체 없이 소장에게 보고해야 하며, 그 치료와 예방에 노력해야 한다.

② 의무관은 응급환자가 발생한 경우에는 정상 근무시간이 아니더라도 지체 없이 출근하여 진료해야 한다.

제80조(의약품의 관리)

① 약무직교도관은 의약품을 교도관용, 수용자용 등으로 용도를 구분하여 보관해야 한다.
② 제1항에 따른 수용자용 의약품은 예산으로 구입한 것과 수용자 또는 수용자 가족 등이 구입한 것으로 구분하여 보관해야 한다.
③ 유독물은 잠금장치가 된 견고한 용기에 넣어 출입문 잠금장치가 이중으로 되어 있는 장소에 보관·관리해야 한다. 다만, 보관장소의 부족 등 부득이한 경우에는 이중 잠금장치가 된 견고한 용기에 넣어 보관·관리할 수 있다.
④ 약무직교도관은 천재지변이나 그 밖의 중대한 사태에 대비해 필요한 약품을 확보해야 하며, 월 1회 이상 그 수량 및 보관상태 등을 점검한 후 점검 결과를 상관에게 보고해야 한다.

제81조(교정직교도관 등에 대한 의료교육)

① 의무관은 의료과 및 의료수용동 등에 근무하는 교정직교도관에 대해 월 1회 이상 감염병 예방, 소독, 그 밖의 의료업무 수행에 필요한 소양교육을 해야 한다.
② 의무관은 간병수용자에 대해 간호방법, 구급요법 등 간호에 필요한 사항을 훈련시켜야 한다.
③ 의무관은 교도관에 대해 연 1회 이상 간호방법, 심폐소생술, 응급처치 등의 교육을 해야 한다.

03 계호행위의 내용(개념만 이해할 것)

JUSTICE

1. 시찰

(1) 시찰은 수용자의 동정과 심리적 추이 등을 살펴보고 교정시설의 상태와 처우상의 문제점 등을 파악하는 것을 말한다.
(2) 이는 교정사고를 사전에 예방하기 위한 조치이며, 이를 바탕으로 처우와 운영상의 개선을 도모하고 있다.

2. 명령

(1) 명령은 수용자에게 일정한 행위와 불행위를 강제적으로 요구하는 것을 말한다.
(2) 통상적으로 구두·서면· 게시·신호 등 인식할 수 있는 방법에 의하며, 명령이 실현되지 않았을 때에는 강제력 발동의 근거가 된다.

3. 강제

(1) 교도관이 수용자에게 적법하고 정당한 지시 · 명령을 하였으나, 상당한 이유없이 이를 행하지 않는 경우에 그 명령을 실행한 것과 동일한 상태를 실현하는 행위를 말한다.
(2) 다른 사람에게 위해를 끼치려고 하는 자에 대한 교도관의 신체적 유형력의 사용과 보안장비 사용 등이 이에 해당한다.

4. 검사

(1) 교정사고를 미연에 방지하기 위하여 거실 · 신체 · 의류 · 작업도구 · 시설 등을 검사해서 보안상 위해가 되는 것을 사전에 제거하는 것을 말한다.
(2) 교도관은 시설의 안전과 질서유지를 위하여 필요하면 수용자의 신체 · 의류 · 휴대품 · 거실 및 작업장 등을 검사하게 할 수 있다.

5. 정돈

(1) 정돈은 거실과 작업장 등에 있는 각종 시설과 물품을 정리 · 정돈하는 것을 말한다.
(2) 정돈은 계호기능 이외 수용자의 무질서한 습벽교정에도 유용하다.
(3) 수용자는 자신의 신체 및 의류를 청결히 하여야 하며, 자신이 사용하는 거실 · 작업장, 그 밖의 수용시설의 청결유지에 협력하여야 한다.
(4) 수용자는 교도관이 자신이 사용하는 거실 · 작업장, 그 밖의 수용시설의 청결을 유지하기 위하여 필요한 지시를 한 경우에는 이에 따라야 한다.

6. 배제

(1) 계호상의 장애를 초래하거나 위험이 발생할 가능성이 있는 것을 사전에 제거하여 교정시설의 안전과 질서를 유지하는 예방조치를 말한다.
(2) 교정시설의 구내에는 시야를 가리거나 그 밖에 계호상 장애가 되는 물건을 두어서는 아니 된다.

7. 구제

(1) 위험이 발생하였을 때 수용자 등을 구하기 위한 사후조치를 말한다.
(2) 천재지변이나 그 밖의 재해가 발생하여 시설의 안전과 질서유지를 위하여 긴급한 조치가 필요하면 소장은 수용자로 하여금 피해의 복구나 그 밖의 응급용무를 보조하게 할 수 있다.

8. 관련 규정

(1) 「형집행법」

신체검사 등(법 제93조)

① 교도관은 시설의 안전과 질서유지를 위하여 필요하면 수용자의 신체 · 의류 · 휴대품 · 거실 및 작업장 등을 검사할 수 있다.

② 수용자의 신체를 검사하는 경우에는 불필요한 고통이나 수치심을 느끼지 아니하도록 유의하여야 하며, 특히 신체를 면밀하게 검사할 필요가 있으면 다른 수용자가 볼 수 없는 차단된 장소에서 하여야 한다.

③ 교도관은 시설의 안전과 질서유지를 위하여 필요하면 교정시설을 출입하는 수용자 외의 사람에 대하여 의류와 휴대품을 검사할 수 있다. 이 경우 출입자가 제92조의 금지물품을 지니고 있으면 교정시설에 맡기도록 하여야 하며, 이에 따르지 아니하면 출입을 금지할 수 있다.

④ 여성의 신체 · 의류 및 휴대품에 대한 검사는 여성교도관이 하여야 한다.

⑤ 소장은 제1항에 따라 검사한 결과 제92조의 금지물품이 발견되면 형사 법령으로 정하는 절차에 따라 처리할 물품을 제외하고는 수용자에게 알린 후 폐기한다. 다만, 폐기하는 것이 부적당한 물품은 교정시설에 보관하거나 수용자로 하여금 자신이 지정하는 사람에게 보내게 할 수 있다.

금지물품(법 제92조)

① 수용자는 다음 각 호의 물품을 지녀서는 아니 된다.

1. 마약 · 총기 · 도검 · 폭발물 · 흉기 · 독극물, 그 밖에 범죄의 도구로 이용될 우려가 있는 물품
2. 무인비행장치, 전자 · 통신기기, 그 밖에 도주나 다른 사람과의 연락에 이용될 우려가 있는 물품
3. 주류 · 담배 · 화기 · 현금 · 수표, 그 밖에 시설의 안전 또는 질서를 해칠 우려가 있는 물품
4. 음란물, 사행행위에 사용되는 물품, 그 밖에 수형자의 교화 또는 건전한 사회복귀를 해칠 우려가 있는 물품

전자장비를 이용한 계호(법 제94조)

① 교도관은 자살 · 자해 · 도주 · 폭행 · 손괴, 그 밖에 수용자의 생명 · 신체를 해하거나 시설의 안전 또는 질서를 해하는 행위(이하 "자살 등"이라 한다)를 방지하기 위하여 필요한 범위에서 전자장비를 이용하여 수용자 또는 시설을 계호할 수 있다. 다만, 전자영상장비로 거실에 있는 수용자를 계호하는 것은 자살 등의 우려가 큰 때에만 할 수 있다.

② 제1항 단서에 따라 거실에 있는 수용자를 전자영상장비로 계호하는 경우에는 계호직원·계호시간 및 계호대상 등을 기록하여야 한다. 이 경우 수용자가 여성이면 여성교도관이 계호하여야 한다.
③ 제1항 및 제2항에 따라 계호하는 경우에는 피계호자의 인권이 침해되지 아니하도록 유의하여야 한다.
④ 전자장비의 종류·설치장소·사용방법 및 녹화기록물의 관리 등에 관하여 필요한 사항은 법무부령으로 정한다.

(2) 시행령

거실 등에 대한 검사(시행령 제112조) ★

소장은 교도관에게 수용자의 거실, 작업장, 그 밖에 수용자가 생활하는 장소(이하 이 조에서 "거실 등"이라 한다)를 정기적으로 검사하게 하여야 한다. 다만, 법 제92조의 금지물품을 숨기고 있다고 의심되는 수용자와 법 제104조제1항의 마약류사범·조직폭력사범 등 법무부령으로 정하는 수용자의 거실 등은 수시로 검사하게 할 수 있다.

신체 등에 대한 검사(시행령 제113조)

소장은 교도관에게 작업장이나 실외에서 수용자거실로 돌아오는 수용자의 신체·의류 및 휴대품을 검사하게 하여야 한다. 다만, 교정성적 등을 고려하여 그 검사가 필요하지 아니하다고 인정되는 경우에는 예외로 할 수 있다.

검사장비의 이용(시행령 제114조)

교도관은 법 제93조에 따른 검사를 위하여 탐지견, 금속탐지기, 그 밖의 장비를 이용할 수 있다.

외부인의 출입(시행령 제115조)

① 교도관 외의 사람은 「국가공무원 복무규정」 제9조에 따른 근무시간 외에는 소장의 허가없이 교정시설에 출입하지 못한다.
② 소장은 외부인의 교정시설 출입에 관한 사무를 수행하기 위하여 불가피한 경우 「개인정보 보호법 시행령」 제19조에 따른 주민등록번호, 여권번호, 운전면허의 면허번호 또는 외국인등록번호가 포함된 자료를 처리할 수 있다.

외부와의 차단(시행령 제116조)

① 교정시설의 바깥문, 출입구, 거실, 작업장, 그 밖에 수용자를 수용하고 있는 장소는 외부와

차단하여야 한다. 다만, 필요에 따라 일시 개방하는 경우에는 그 장소를 경비하여야 한다.

② 교도관은 접견 · 상담 · 진료, 그 밖에 수용자의 처우를 위하여 필요한 경우가 아니면 수용자와 외부인이 접촉하게 해서는 아니 된다.

거실 개문 등 제한(시행령 제117조)

교도관은 수사 · 재판 · 운동 · 접견 · 진료 등 수용자의 처우 또는 자살방지, 화재진압 등 교정시설의 안전과 질서유지를 위하여 필요한 경우가 아니면 수용자거실의 문을 열거나 수용자를 거실 밖으로 나오게 해서는 아니 된다.

장애물 방치 금지(시행령 제118조)

교정시설의 구내에는 시야를 가리거나 그 밖에 계호상 장애가 되는 물건을 두어서는 아니 된다.

04 계호의 종류

JUSTICE

1. 계호의 대상에 따른 구분 ★

(1) 대인계호

수용자나 제3자, 즉 사람을 대상으로 행하는 계호를 말하며, 물품검사(의류와 휴대품 검사) 및 보호장비와 무기사용 등이 있다.

(2) 대물계호

물건을 대상으로 행해지는 계호로서 차입물품의 검사, 소지품검사, 거실 및 작업장 검사가 이에 해당한다.

2. 계호의 수단에 따른 구분

(1) 인적계호

① 의의

교도관이 신체적 · 정신적 기능을 발휘해 수용자를 계호하는 등 인적 요인에 의한 계호를 말한다.

㉠ 직접계호 : 교도관이 수용자를 직접 바라보며 계호하는 것을 말한다.

㉡ 간접계호 : 출입문의 경계나 순찰 · 입초 등 주변 경계근무에 임하는 것을 말한다.

(2) 물적계호

도주방지시설이나 보호장비사용 · 무기사용 등 구금시설물인 물적 요인에 의한 계호를 말한다.

3. 계호의 장소에 따른 구분 ★

(1) 호송계호

수용자를 다른 교정시설 또는 외부병원 이송 등 교도소 외부로 이동 시킬 때 실시하는 계호를 말한다. 즉, 출정계호 이외 수용자를 외부로 이동시킬 때 실시하는 계호를 말한다.

(2) 출정계호

소송진행을 위한 검사의 조사나 법원의 소환에 응하기 위해 수용자를 검찰청이나 법원으로 동행하며 실시하는 계호를 말한다.

4. 사태의 긴박성에 따른 구분

(1) 통상계호

법익의 침해가 크지 않는 평상시의 계호를 말한다.

(2) 비상계호

천재지변 · 화재 · 도주 · 폭동 등 비상사태 시에 모든 수단과 방법을 동원하여 행하는 계호를 말한다. 평상시보다 강력한 신체적 구속을 요구하는 등 법익침해가 강한 계호이므로 법률의 근거가 필요하다.

5. 수용자의 특수성에 따른 구분

(1) 일반계호

일반적인 수용자를 대상으로 행하는 보편적인 계호를 말한다.

(2) 특별계호

도주 · 자살 · 상습폭행 우려자 및 정신질환자 등 특별한 수용자에 대해 교정사고를 미연에 방지하고자 행하는 강도 높은 계호를 말한다. 자살 등의 우려가 클 때 교도관이 수용자를 지속적으로 바라보면서 계호하는 대면계호 및 전자영상장비로 거실에 있는 수용자를 계호하는 것이 이에 해당한다.

05 엄중관리 ★

JUSTICE

1. 엄중관리대상자

(1) 의의

엄중관리대상자는 교정시설의 안전과 질서유지를 위하여 다른 수용자와 접촉을 차단하거나 계호를 엄중히 하여야 하는 수용자를 말한다.

(2) 구분

엄중관리대상자로는 조직폭력수용자, 마약류수용자, 관심대상수용자(그 밖에 교정시설의 안전과 질서유지를 위하여 엄중한 수용관리가 필요하다고 인정되는 수용자)가 있다.

(3) 관련 규정

마약류사범 등의 관리(법 제104조)

① 소장은 마약류사범 · 조직폭력사범 등 법무부령으로 정하는 수용자에 대하여는 시설의 안전과 질서유지를 위하여 필요한 범위에서 다른 수용자와의 접촉을 차단하거나 계호를 엄중히 하는 등 법무부령으로 정하는 바에 따라 다른 수용자와 달리 관리할 수 있다.
② 소장은 제1항에 따라 관리하는 경우에도 기본적인 처우를 제한하여서는 아니 된다.

엄중관리대상자의 구분(시행규칙 제194조)

법 제104조에 따라 교정시설의 안전과 질서유지를 위하여 다른 수용자와의 접촉을 차단하거나 계호를 엄중히 하여야 하는 수용자(이하 이 장에서 "엄중관리대상자"라 한다)는 다음 각 호와 같이 구분한다.

1. 조직폭력수용자(제199조제1항에 따라 지정된 수용자를 말한다. 이하 같다)
2. 마약류수용자(제205조제1항에 따라 지정된 수용자를 말한다. 이하 같다)
3. 관심대상수용자(제211조제1항에 따라 지정된 수용자를 말한다. 이하 같다)

번호표 등 표시(시행규칙 제195조) ★

① 엄중관리대상자의 번호표 및 거실표의 색상은 다음 각 호와 같이 구분한다.
1. 관심대상수용자 : 노란색
2. 조직폭력수용자 : 노란색
3. 마약류수용자 : 파란색

② 제194조의 엄중관리대상자 구분이 중복되는 수용자의 경우 그 번호표 및 거실표의 색상은 제1항 각 호의 순서에 따른다.

상담(시행규칙 제196조) ★

① 소장은 엄중관리대상자 중 지속적인 상담이 필요하다고 인정되는 사람에 대하여는 상담책임자를 지정한다.
② 제1항의 상담책임자는 감독교도관 또는 상담 관련 전문교육을 이수한 교도관을 우선하여 지정하여야 하며, 상담대상자는 상담책임자 1명당 10명 이내로 하여야 한다.
③ 상담책임자는 해당 엄중관리대상자에 대하여 수시로 개별상담을 함으로써 신속한 고충처리와 원만한 수용생활 지도를 위하여 노력하여야 한다.
④ 제3항에 따라 상담책임자가 상담을 하였을 때에는 그 요지와 처리결과 등을 제119조제3항에 따른 교정정보시스템에 입력하여야 한다. 이 경우 엄중관리대상자의 처우를 위하여 필요하면 별지 제13호서식의 엄중관리대상자 상담결과 보고서를 작성하여 소장에게 보고하여야 한다.

작업부과(시행규칙 제197조)

소장은 엄중관리대상자에게 작업을 부과할 때에는 법 제59조제3항(분류심사 신상 조사, 적성검사)에 따른 조사나 검사 등의 결과를 고려하여야 한다.

2. 조직폭력수용자 ★

지정대상(시행규칙 제198조)

조직폭력수용자의 지정대상은 다음 각 호와 같다.
1. 체포영장, 구속영장, 공소장 또는 재판서에 조직폭력사범으로 명시된 수용자
2. 공소장 또는 재판서에 조직폭력사범으로 명시되어 있지는 아니하나 「폭력행위 등 처벌에 관한 법률」 제4조 · 제5조 또는 「형법」 제114조가 적용된 수용자
3. 공범 · 피해자 등의 체포영장 · 구속영장 · 공소장 또는 재판서에 조직폭력사범으로 명시된 수용자

지정 및 해제(시행규칙 제199조)

① 소장은 제198조 각 호의 어느 하나에 해당하는 수용자에 대하여는 조직폭력수용자로 지정한다. 현재의 수용생활 중 집행되었거나 집행할 형이 제198조제1호 또는 제2호에 해당하는 경우에도 또한 같다.

② 소장은 제1항에 따라 조직폭력수용자로 지정된 사람에 대하여는 석방할 때까지 지정을 해제할 수 없다. 다만, 공소장 변경 또는 재판 확정에 따라 지정사유가 해소되었다고 인정되는 경우에는 교도관회의의 심의 또는 분류처우위원회의 의결을 거쳐 지정을 해제한다.

수용자를 대표하는 직책 부여 금지(시행규칙 제200조)

소장은 조직폭력수용자에게 거실 및 작업장 등의 봉사원, 반장, 조장, 분임장, 그 밖에 수용자를 대표하는 직책을 부여해서는 아니 된다.

수형자 간 연계활동 차단을 위한 이송(시행규칙 제201조)

소장은 조직폭력수형자가 작업장 등에서 다른 수형자와 음성적으로 세력을 형성하는 등 집단화할 우려가 있다고 인정하는 경우에는 법무부장관에게 해당 조직폭력수형자의 이송을 지체 없이 신청하여야 한다.

처우상 유의사항(시행규칙 제202조)

소장은 조직폭력수용자가 다른 사람과 접견할 때에는 외부 폭력조직과의 연계가능성이 높은 점 등을 고려하여 접촉차단시설이 있는 장소에서 하게 하여야 하며, 귀휴나 그 밖의 특별한 이익이 되는 처우를 결정하는 경우에는 해당 처우의 허용 요건에 관한 규정을 엄격히 적용하여야 한다.

특이사항의 통보(시행규칙 제203조)

소장은 조직폭력수용자의 편지 및 접견의 내용 중 특이사항이 있는 경우에는 검찰청, 경찰서 등 관계기관에 통보할 수 있다.

3. 마약류수용자 ★

지정대상(시행규칙 제204조)

마약류수용자의 지정대상은 다음 각 호와 같다.

1. 체포영장 · 구속영장 · 공소장 또는 재판서에 「마약류관리에 관한 법률」, 「마약류 불법거래 방지에 관한 특례법」, 그 밖에 마약류에 관한 형사 법률이 적용된 수용자
2. 제1호에 해당하는 형사 법률을 적용받아 집행유예가 선고되어 그 집행유예 기간 중에 별건으로 수용된 수용자

지정 및 해제(시행규칙 제205조)

① 소장은 제204조 각 호의 어느 하나에 해당하는 수용자에 대하여는 마약류수용자로 지정하여야 한다. 현재의 수용생활 중 집행되었거나 집행할 형이 제204조제1호에 해당하는 경우에도 또한 같다.

② 소장은 제1항에 따라 마약류수용자로 지정된 사람에 대하여는 석방할 때까지 지정을 해제할 수 없다. 다만, 다음 각 호의 어느 하나에 해당하는 경우에는 교도관회의의 심의 또는 분류처우위원회의 의결을 거쳐 지정을 해제할 수 있다.

1. 공소장 변경 또는 재판 확정에 따라 지정사유가 해소되었다고 인정되는 경우
2. 지정 후 5년이 지난 마약류수용자로서 수용생활태도, 교정성적 등이 양호한 경우. 다만, 마약류에 관한 형사 법률 외의 법률이 같이 적용된 마약류수용자로 한정한다.

마약반응검사(시행규칙 제206조)

① 마약류수용자에 대하여 다량 또는 장기간 복용할 경우 환각증세를 일으킬 수 있는 의약품을 투약할 때에는 특히 유의하여야 한다.

② 소장은 교정시설에 마약류를 반입하는 것을 방지하기 위하여 필요하면 강제에 의하지 아니하는 범위에서 수용자의 소변을 채취하여 마약반응검사를 할 수 있다.

③ 소장은 제2항의 검사 결과 양성반응이 나타난 수용자에 대하여는 관계기관에 혈청검사, 모발검사, 그 밖의 정밀검사를 의뢰하고 그 결과에 따라 적절한 조치를 하여야 한다.

물품전달 제한(시행규칙 제207조)

소장은 수용자 외의 사람이 마약류수용자에게 물품을 건네줄 것을 신청하는 경우에는 마약류 반입 등을 차단하기 위하여 신청을 허가하지 않는다. 다만, 다음 각 호의 어느 하나에 해당하는 물품을 건네줄 것을 신청한 경우에는 예외로 할 수 있다.

1. 법무부장관이 정하는 바에 따라 교정시설 안에서 판매되는 물품
2. 그 밖에 마약류 반입을 위한 도구로 이용될 가능성이 없다고 인정되는 물품

보관품 등 수시점검(시행규칙 제208조)

담당교도관은 마약류수용자의 보관품 및 지니는 물건의 변동 상황을 수시로 점검하고, 특이사항이 있는 경우에는 감독교도관에게 보고해야 한다.

재활교육(시행규칙 제209조)

① 소장은 마약류수용자가 마약류 근절(根絶) 의지를 갖고 이를 실천할 수 있도록 해당 교정시설의 여건에 적합한 마약류수용자 재활교육계획을 수립하여 시행하여야 한다.

② 소장은 마약류수용자의 마약류 근절 의지를 북돋울 수 있도록 마약 퇴치 전문강사, 성직자 등과 자매결연을 주선할 수 있다.

4. 관심대상수용자

지정대상(시행규칙 제210조)

관심대상수용자의 지정대상은 다음 각 호와 같다.

1. 다른 수용자에게 상습적으로 폭력을 행사하는 수용자
2. 교도관을 폭행하거나 협박하여 징벌을 받은 전력(前歷)이 있는 사람으로서 같은 종류의 징벌대상행위를 할 우려가 큰 수용자
3. 수용생활의 편의 등 자신의 요구를 관철할 목적으로 상습적으로 자해를 하거나 각종 이물질을 삼키는 수용자
4. 다른 수용자를 괴롭히거나 세력을 모으는 등 수용질서를 문란하게 하는 조직폭력수용자(조직폭력사범으로 행세하는 경우를 포함한다)
5. 조직폭력수용자로서 무죄 외의 사유로 출소한 후 5년 이내에 교정시설에 다시 수용된 사람
6. 상습적으로 교정시설의 설비·기구 등을 파손하거나 소란행위를 하여 공무집행을 방해하는 수용자
7. 도주(음모, 예비 또는 미수에 그친 경우를 포함한다)한 전력이 있는 사람으로서 도주의 우려가 있는 수용자
8. 중형선고 등에 따른 심적 불안으로 수용생활에 적응하기 곤란하다고 인정되는 수용자
9. 자살을 기도한 전력이 있는 사람으로서 자살할 우려가 있는 수용자
10. 사회적 물의를 일으킨 사람으로서 죄책감 등으로 인하여 자살 등 교정사고를 일으킬 우려가 큰 수용자
11. 징벌집행이 종료된 날부터 1년 이내에 다시 징벌을 받는 등 규율 위반의 상습성이 인정되는 수용자
12. 상습적으로 법령에 위반하여 연락을 하거나 금지물품을 반입하는 등의 방법으로 부조리를 기도하는 수용자
13. 그 밖에 교정시설의 안전과 질서유지를 위하여 엄중한 관리가 필요하다고 인정되는 수용자

지정 및 해제(시행규칙 제211조)

① 소장은 제210조 각 호의 어느 하나에 해당하는 수용자에 대하여는 <u>분류처우위원회의 의결을 거쳐 관심대상수용자로 지정</u>한다. 다만, <u>미결수용자 등 분류처우위원회의 의결 대상자</u>

가 아닌 경우에도 관심대상수용자로 지정할 필요가 있다고 인정되는 수용자에 대하여는 교도관회의의 심의를 거쳐 관심대상수용자로 지정할 수 있다.

② 소장은 관심대상수용자의 수용생활태도 등이 양호하고 지정사유가 해소되었다고 인정하는 경우에는 제1항의 절차에 따라 그 지정을 해제한다.

③ 제1항 및 제2항에 따라 관심대상수용자로 지정하거나 지정을 해제하는 경우에는 담당교도관 또는 감독교도관의 의견을 고려하여야 한다.

〈엄중관리대상자 비교〉

구분	지정	해제
조직폭력수용자	소장	분류처우위원회 의결 또는 교도관회의 심의
마약류수용자	소장	분류처우위원회 의결 또는 교도관회의 심의
관심대상수용자	분류처우위원회 의결 원칙, 예외 교도관회의 심의	분류처우위원회 의결 원칙, 예외 교도관회의 심의

〈엄중관리대상자 정리〉

구분	조직폭력	마약류	관심대상
의의	• 상담책임자 1명당 10명 이내로 하고, 수시(정기적X)로 개별상담 실시 • 조폭(노란), 관심대상(노란), 마약(파란) : 중복 노란 • 작업부과시 분류심사 규정에 따른 조사나 검사 등의 결과 고려		
지정기준	• 체포 · 구속영장, 공소장, 재판서에 조폭기재 • 범죄단체 조직 등이 적용된 수용자 • 공범 · 피해자 등의 영장에 조폭으로 명시된 자	• 체포 · 구속영장, 공소장, 재판서에 마약기재 • 집행유예기간 중에 별건으로 수용된 자	• 수용자 상습폭력 • 교도관 협박 · 폭행 등 재발위험 • 요구관철할 목적의 자해 등 • 수용질서 문란, 파손, 소란 • 도주 전력 • 중형 선고 • 사회적 물의(자살의 우려) • 자살 우려 • 징벌종료 후 1년 이내 징벌 • 금지물품 반입 등 부조리 • 조폭으로 무죄 이외의 사유로 출소 후 5년 이내 다시 수용된 자 • 조폭행세하거나 수용질서 문란하게 하는 조폭
처우제한	• 대표직책 금지 • 차단시설 접견 • 귀휴 허가요건 엄격 적용 • 특이사항 검찰청 등 통보	• 마약검사 가능 • 물품교부 제한 • 보관품 수시 점검 • 재활교육 • 특이사항 감독관 보고	
지정	요건 : 당연소장직권지정	요건 : 당연소장직권지정	분류처우위원회 의결 원칙, 예외 교도관회의 심의(미결수 등)

구분	조직폭력	마약류	관심대상
해제	분류처우위원회 또는 교도관회의 심의	분류처우위원회 또는 교도관회의 심의 : 병과된 자가 5년 경과되거나 공소장 변경 등	분류처우위원회 의결 원칙, 예외 교도관회의 심의(미결수 등)

06 보호실 및 진정실 수용

JUSTICE

1. 보호실 수용

(1) 의의

자살 또는 자해의 우려가 있거나, 신체적 · 정신적 질병으로 인하여 특별한 보호가 필요한 때에 자살 및 자해 방지 등의 설비를 갖춘 거실에 수용자를 수용해 보호하는 것을 말한다.

(2) 관련 규정

보호실 수용(법 제95조)

① 소장은 수용자가 다음 각 호의 어느 하나에 해당하면 의무관의 의견을 고려하여 보호실(자살 및 자해 방지 등의 설비를 갖춘 거실을 말한다. 이하 같다)에 수용할 수 있다.
 1. 자살 또는 자해의 우려가 있는 때
 2. 신체적 · 정신적 질병으로 인하여 특별한 보호가 필요한 때

② 수용자의 보호실 수용기간은 15일 이내로 한다. 다만, 소장은 특히 계속하여 수용할 필요가 있으면 의무관의 의견을 고려하여 1회당 7일의 범위에서 기간을 연장할 수 있다.

③ 제2항에 따라 수용자를 보호실에 수용할 수 있는 기간은 계속하여 3개월을 초과할 수 없다.

④ 소장은 수용자를 보호실에 수용하거나 수용기간을 연장하는 경우에는 그 사유를 본인에게 알려 주어야 한다.

⑤ 의무관은 보호실 수용자의 건강상태를 수시로 확인하여야 한다.

⑥ 소장은 보호실 수용사유가 소멸한 경우에는 보호실 수용을 즉시 중단하여야 한다.

2. 진정실 수용

(1) 의의

강제력을 행사하거나 보호장비를 사용하여도 그 목적을 달성할 수 없는 경우, 일반 수용거실로부터 격리되어 있고 방음설비 등을 갖춘 거실에 수용하여 수용자를 보호하는 것을 말한다.

(2) 관련 규정

진정실 수용(법 제96조)

① 소장은 수용자가 다음 각 호의 어느 하나에 해당하는 경우로서 강제력을 행사하거나 제98조의 보호장비를 사용하여도 그 목적을 달성할 수 없는 경우에만 진정실(일반 수용거실로부터 격리되어 있고 방음설비 등을 갖춘 거실을 말한다. 이하 같다)에 수용할 수 있다.

1. 교정시설의 설비 또는 기구 등을 손괴하거나 손괴하려고 하는 때
2. 교도관의 제지에도 불구하고 소란행위를 계속하여 다른 수용자의 평온한 수용생활을 방해하는 때

② 수용자의 진정실 수용기간은 24시간 이내로 한다. 다만, 소장은 특히 계속하여 수용할 필요가 있으면 의무관의 의견을 고려하여 1회당 12시간의 범위에서 기간을 연장할 수 있다.

③ 제2항에 따라 수용자를 진정실에 수용할 수 있는 기간은 계속하여 3일을 초과할 수 없다.

④ 진정실 수용자에 대하여는 제95조제4항부터 제6항까지의 규정을 준용한다.

3. 보호실 등 수용중지

보호실 등 수용중지(시행령 제119조)

① 법 제95조제5항 및 법 제96조제4항에 따라 의무관이 보호실이나 진정실 수용자의 건강을 확인한 결과 보호실 또는 진정실에 계속 수용하는 것이 부적당하다고 인정하는 경우에는 소장에게 즉시 보고하여야 한다. 이 경우 소장은 특별한 사유가 없으면 보호실 또는 진정실 수용을 즉시 중지하여야 한다.

② 소장은 의무관이 출장 · 휴가, 그 밖의 부득이한 사유로 법 제95조제5항 및 법 제96조제4항의 직무를 수행할 수 없을 때에는 그 교정시설에 근무하는 의료관계 직원에게 대행하게 할 수 있다.

4. 보호실과 진정실 수용 ★

구분	보호실	진정실
사유	• 자살 · 자해의 우려 • 질병으로 인한 특별한 보호 필요	• 설비 또는 기구 등을 손괴 • 소란행위를 계속하여 수용생활 방해 (강제력 행사 또는 보호장비 사용해도 위의 행위 계속)
의무관의 의견 고려	○	×
연장시 의무관의 의견 고려	○	○
기간	15일 이내	24시간 이내
연장기간, 최대 수용기간	1회당 7일 이내, 최초 수용기간 포함 최대 3개월	1회당 12시간 이내, 최초 수용기간 포함 최대 3일
수용 및 연장수용 사유고지	○	○

CHAPTER 4 교정장비

01 교정장비

JUSTICE

1. 의의

(1) 의의

① 교정장비는 교정시설의 안(교도관이 교정시설 밖에서 수용자를 계호하고 있는 경우 그 장소 포함)에서 사람의 생명과 신체의 보호, 도주의 방지 및 교정시설의 안전과 질서유지를 위하여 교도관이 사용하는 장비와 기구 및 그 부속품을 말한다.
② 종류로는 전자장비, 보호장비, 보안장비, 무기가 있다.

(2) 교정장비의 종류

① 전자장비 : 수용자 또는 시설을 계호하는 경우에 사용할 수 있는 전자장비를 말한다.
② 보호장비 : 수용자의 도주 · 폭행 · 소요 · 자살 등을 방지하기 위하여 수용자 신체의 일부에 사용하는 장비를 말한다.
③ 보안장비 : 교도봉 · 가스분사기 · 가스총 · 최루탄 등 사람의 생명과 신체의 보호, 도주의 방지 및 시설의 안전과 질서유지를 위하여 교도관 등이 사용하는 장비와 기구를 말한다.
④ 무기 : 권총과 소총 등 사람의 신체를 해할 수 있는 총기류를 말한다.

(3) 관련 규정

교정장비의 종류(시행규칙 제157조)

교정장비의 종류는 다음 각 호와 같다.
1. 전자장비
2. 보호장비
3. 보안장비
4. 무기

교정장비의 관리(시행규칙 제158조)

① 소장은 교정장비의 보관 및 관리를 위하여 관리책임자와 보조자를 지정한다.

② 제1항의 관리책임자와 보조자는 교정장비가 적정한 상태로 보관·관리될 수 있도록 수시로 점검하는 등 필요한 조치를 하여야 한다.

③ 특정 장소에 고정식으로 설치되는 장비 외의 교정장비는 별도의 장소에 보관·관리하여야 한다.

교정장비 보유기준 등(시행규칙 제159조)

교정장비의 교정시설별 보유기준 및 관리방법 등에 관하여 필요한 사항은 법무부장관이 정한다.

교정장비

구분	전자장비	보호장비	보안장비		무기의 사용	
대상	수용자 + 시설	수용자	수용자	수용자 외	수용자	수용자 외
주체	교도관		교도관			
종류	① 영상정보처리기기 ② 전자감지기 ③ 전자경보기 ④ 물품검색기 ⑤ 증거수집장비	① 수갑 ② 머리보호장비 ③ 발목보호장비 ④ 보호대 ⑤ 보호의자 ⑥ 보호침대 ⑦ 보호복 ⑧ 포승	① 교도봉 ② 전기교도봉 ③ 가스분사기 ④ 가스총 ⑤ 최루탄 ⑥ 전자충격기		① 권총 ② 소총 ③ 기관총	
한계	• 영상장비 → 거실 → 자살 등 • ~ 우려가 큰 때	• 필요한 최소한도 • 사유소멸하면 사용중단 • 징벌수단으로 사용금지	필요한 최소한도		필요한 최소한도 최후의 수단	

장비사용 요건 비교

	사유	위임규정	주체	대상	고지	소장 허가·명령	비고
보호장비	~우려가 있을 때	요건 : 법률 절차 : 대통령령 사용방법·규격 : 법무부령	교도관	• 수용자○ • 수용자 이외의자×	사전사유 고지○ (예외×)	○ (예외○)	계호상 독거
보안장비	~하려고 하는 때	기본적 요건·절차 : 법률 구체적 요건·절차 : 법무부령	교도관	• 수용자○ • 수용자 이외의자○	사전경고 (예외○)		
무기	급박·긴박				사전경고 (예외×)		법무장관 보고

2. 전자장비

(1) 전자장비의 종류

전자장비의 종류(시행규칙 제160조)

교도관이 법 제94조에 따라 수용자 또는 시설을 계호하는 경우 사용할 수 있는 전자장비는 다음 각 호와 같다.

1. 영상정보처리기기 : 일정한 공간에 지속적으로 설치되어 사람 또는 사물의 영상 및 이에 따르는 음성·음향 등을 수신하거나 이를 유·무선망을 통하여 전송하는 장치
2. 전자감지기 : 일정한 공간에 지속적으로 설치되어 사람 또는 사물의 움직임을 빛·온도·소리·압력 등을 이용하여 감지하고 전송하는 장치
3. 전자경보기 : 전자파를 발신하고 추적하는 원리를 이용하여 사람의 위치를 확인하거나 이동경로를 탐지하는 일련의 기계적 장치
4. 물품검색기(고정식 물품검색기와 휴대식 금속탐지기로 구분한다)
5. 증거수집장비 : 디지털카메라, 녹음기, 비디오카메라, 음주측정기 등 증거수집에 필요한 장비
6. 그 밖에 법무부장관이 정하는 전자장비

(2) 관련 규정

①「형집행법」

전자장비를 이용한 계호(법 제94조)

① 교도관은 자살·자해·도주·폭행·손괴, 그 밖에 수용자의 생명·신체를 해하거나 시설의 안전 또는 질서를 해하는 행위(이하 "자살 등"이라 한다)를 방지하기 위하여 필요한 범위에서 전자장비를 이용하여 수용자 또는 시설을 계호할 수 있다. 다만, 전자영상장비로 거실에 있는 수용자를 계호하는 것은 자살 등의 우려가 큰 때에만 할 수 있다.

② 제1항 단서에 따라 거실에 있는 수용자를 전자영상장비로 계호하는 경우에는 계호직원·계호시간 및 계호대상 등을 기록하여야 한다. 이 경우 수용자가 여성이면 여성교도관이 계호하여야 한다.

③ 제1항 및 제2항에 따라 계호하는 경우에는 피계호자의 인권이 침해되지 아니하도록 유의하여야 한다.

④ 전자장비의 종류·설치장소·사용방법 및 녹화기록물의 관리 등에 관하여 필요한 사항은 법무부령으로 정한다.

② 시행규칙

중앙통제실의 운영(시행규칙 제161조)

① 소장은 전자장비의 효율적인 운용을 위하여 각종 전자장비를 통합적으로 관리할 수 있는 시스템이 설치된 중앙통제실을 설치하여 운영한다.

② 소장은 중앙통제실에 대한 외부인의 출입을 제한하여야 한다. 다만, 시찰, 참관, 그 밖에 소장이 특별히 허가한 경우에는 그러하지 아니하다.

③ 전자장비의 통합관리시스템, 중앙통제실의 운영·관리 등에 관하여 필요한 사항은 법무부장관이 정한다.

영상정보처리기기 설치(시행규칙 제162조)

① 영상정보처리기기 카메라는 교정시설의 주벽(周壁)·감시대·울타리·운동장·거실·작업장·접견실·전화실·조사실·진료실·복도·중문, 그 밖에 법 제94조제1항에 따라 전자장비를 이용하여 계호하여야 할 필요가 있는 장소에 설치한다.

② 영상정보처리기기 모니터는 중앙통제실, 수용관리팀의 사무실, 그 밖에 교도관이 계호하기에 적정한 장소에 설치한다.

③ 거실에 영상정보처리기기 카메라를 설치하는 경우에는 용변을 보는 하반신의 모습이 촬영되지 아니하도록 카메라의 각도를 한정하거나 화장실 차폐시설을 설치하여야 한다.

거실수용자 계호(시행규칙 제163조)

① 교도관이 법 제94조제1항에 따라 거실에 있는 수용자를 계호하는 경우에는 별지 제9호서식의 거실수용자 영상계호부에 피계호자의 인적사항 및 주요 계호내용을 개별적으로 기록하여야 한다. 다만, 중경비시설의 거실에 있는 수용자를 전자장비를 이용하여 계호하는 경우에는 중앙통제실 등에 비치된 현황표에 피계호인원 등 전체 현황만을 기록할 수 있다.

② 교도관이 법 제94조제1항에 따라 계호하는 과정에서 수용자의 처우 및 관리에 특히 참고할만한 사항을 알게 된 경우에는 그 요지를 수용기록부에 기록하여 소장에게 지체 없이 보고하여야 한다.

전자감지기의 설치(시행규칙 제164조)

전자감지기는 교정시설의 주벽·울타리, 그 밖에 수용자의 도주 및 외부로부터의 침입을 방지하기 위하여 필요한 장소에 설치한다.

전자경보기의 사용(시행규칙 제165조)

교도관은 외부의료시설 입원, 이송·출정, 그 밖의 사유로 교정시설 밖에서 수용자를 계호하는 경우 보호장비나 수용자의 팔목 등에 전자경보기를 부착하여 사용할 수 있다.

물품검색기 설치 및 사용(시행규칙 제166조)

① 고정식 물품검색기는 정문, 수용동 입구, 작업장 입구, 그 밖에 수용자 또는 교정시설을 출입하는 수용자 외의 사람에 대한 신체 · 의류 · 휴대품의 검사가 필요한 장소에 설치한다.

② 교도관이 법 제93조제1항에 따라 수용자의 신체 · 의류 · 휴대품을 검사하는 경우에는 특별한 사정이 없으면 고정식 물품검색기를 통과하게 한 후 휴대식 금속탐지기 또는 손으로 이를 확인한다.

③ 교도관이 법 제93조제3항에 따라 교정시설을 출입하는 수용자 외의 사람의 의류와 휴대품을 검사하는 경우에는 고정식 물품검색기를 통과하게 하거나 휴대식 금속탐지기로 이를 확인한다.

증거수집장비의 사용(시행규칙 제167조)

교도관은 수용자가 사후에 증명이 필요하다고 인정되는 행위를 하거나 사후 증명이 필요한 상태에 있는 경우 수용자에 대하여 증거수집장비를 사용할 수 있다.

녹음 · 녹화 기록물의 관리(시행규칙 제168조)

소장은 전자장비로 녹음 · 녹화된 기록물을 「공공기록물 관리에 관한 법률」에 따라 관리하여야 한다.

3. 보호장비

(1) 보호장비의 사용

① 「형집행법」

보호장비의 사용(법 제97조) ★

① 교도관은 수용자가 다음 각 호의 어느 하나에 해당하면 보호장비를 사용할 수 있다.

1. 이송 · 출정, 그 밖에 교정시설 밖의 장소로 수용자를 호송하는 때
2. 도주 · 자살 · 자해 또는 다른 사람에 대한 위해의 우려가 큰 때
3. 위력으로 교도관의 정당한 직무집행을 방해하는 때
4. 교정시설의 설비 · 기구 등을 손괴하거나 그 밖에 시설의 안전 또는 질서를 해칠 우려가 큰 때

② 보호장비를 사용하는 경우에는 수용자의 나이, 건강상태 및 수용생활 태도 등을 고려하여야 한다.

③ 교도관이 교정시설의 안에서 수용자에 대하여 보호장비를 사용한 경우 의무관은 그 수용자의 건강상태를 수시로 확인하여야 한다.

보호장비 남용 금지(법 제99조) ★

① 교도관은 필요한 최소한의 범위에서 보호장비를 사용하여야 하며, 그 사유가 없어지면 사용을 지체 없이 중단하여야 한다.
② 보호장비는 징벌의 수단으로 사용되어서는 아니 된다.

(2) 보호장비의 종류

① 보호장비 ★

보호장비의 종류 및 사용요건(법 제98조)

① 보호장비의 종류는 다음 각 호와 같다.
1. 수갑
2. 머리보호장비
3. 발목보호장비
4. 보호대(帶)
5. 보호의자
6. 보호침대
7. 보호복
8. 포승

② 보호장비의 종류별 사용요건은 다음 각 호와 같다.
1. 수갑·포승 : 제97조제1항제1호부터 제4호까지의 어느 하나에 해당하는 때
2. 머리보호장비 : 머리부분을 자해할 우려가 큰 때
3. 발목보호장비·보호대·보호의자 : 제97조제1항제2호부터 제4호까지의 어느 하나에 해당하는 때
4. 보호침대·보호복 : 자살·자해의 우려가 큰 때

③ 보호장비의 사용절차 등에 관하여 필요한 사항은 대통령령으로 정한다.

보호장비의 종류(시행규칙 제169조)

교도관이 법 제98조제1항에 따라 사용할 수 있는 보호장비는 다음 각 호로 구분한다.
1. 수갑 : 양손수갑, 일회용수갑(일시적사용), 한손수갑
2. 머리보호장비

3. 발목보호장비 : 양발목보호장비, 한발목보호장비
4. 보호대 : 금속보호대, 벨트보호대
5. 보호의자
6. 보호침대
7. 보호복
8. 포승 : 일반포승, 벨트형포승, 조끼형포승

② 시행령

보호장비의 사용(시행령 제120조)

① 교도관은 소장의 명령 없이 수용자에게 보호장비를 사용하여서는 아니 된다. 다만, 소장의 명령을 받을 시간적 여유가 없는 경우에는 사용 후 소장에게 즉시 보고하여야 한다.
② 법 및 이 영에 규정된 사항 외에 보호장비의 규격과 사용방법 등에 관하여 필요한 사항은 법무부령으로 정한다.

보호장비 사용중지 등(시행령 제121조)

① 의무관은 수용자에게 보호장비를 계속 사용하는 것이 건강상 부적당하다고 인정하는 경우에는 소장에게 즉시 보고하여야 한다. 이 경우 소장은 특별한 사유가 없으면 보호장비 사용을 즉시 중지하여야 한다.
② 의무관이 출장·휴가, 그 밖의 부득이한 사유로 법 제97조제3항의 직무를 수행할 수 없을 때에는 제119조제2항(교정시설에 근무하는 의료관계 직원에게 대행하게 할 수 있다)을 준용한다.

보호장비 사용사유의 고지(시행령 제122조)

보호장비를 사용하는 경우에는 수용자에게 그 사유를 알려주어야 한다.

보호장비 착용 수용자의 거실지정(시행령 제123조) ★

보호장비를 착용 중인 수용자는 특별한 사정이 없으면 계호상 독거수용한다.

보호장비 사용의 감독(시행령 제124조) ★

① 소장은 보호장비의 사용을 명령한 경우에는 수시로 그 사용 실태를 확인·점검하여야 한다.
② 지방교정청장은 소속 교정시설의 보호장비 사용 실태를 정기적으로 점검하여야 한다.

③ 시행규칙

보호장비 사용 명령(시행규칙 제171조)

소장은 영 제120조제1항에 따라 보호장비 사용을 명령하거나 승인하는 경우에는 보호장비의 종류 및 사용방법을 구체적으로 지정하여야 하며, 이 규칙에서 정하지 아니한 방법으로 보호장비를 사용하게 해서는 아니 된다.

둘 이상의 보호장비 사용(시행규칙 제180조) ★

하나의 보호장비로 사용목적을 달성할 수 없는 경우에는 둘 이상의 보호장비를 사용할 수 있다. 다만, 다음 각 호의 어느 하나에 해당하는 경우에는 다른 보호장비와 같이 사용할 수 없다.

1. 보호의자를 사용하는 경우
2. 보호침대를 사용하는 경우

보호장비 사용의 기록(시행규칙 제181조)

교도관은 법 제97조제1항에 따라 보호장비를 사용하는 경우에는 별지 제10호서식의 보호장비 사용 심사부에 기록해야 한다. 다만, 법 제97조제1항제1호(이송 · 출정)에 따라 보호장비를 사용하거나 같은 항 제2호로부터 제4호까지의 규정에 따라 양손수갑을 사용하는 경우에는 호송계획서나 수용기록부의 내용 등으로 그 기록을 갈음할 수 있다.

의무관의 건강확인(시행규칙 제182조)

의무관은 법 제97조제3항에 따라 보호장비 착용 수용자의 건강상태를 확인한 결과 특이사항을 발견한 경우에는 별지 제10호 서식의 보호장비 사용 심사부에 기록하여야 한다.

보호장비의 계속사용(시행규칙 제183조)

① 소장은 보호장비를 착용 중인 수용자에 대하여 별지 제10호 서식의 보호장비 사용 심사부 및 별지 제11호 서식의 보호장비 착용자 관찰부 등의 기록과 관계직원의 의견 등을 토대로 보호장비의 계속사용 여부를 매일 심사하여야 한다.

② 소장은 영 제121조에 따라 의무관 또는 의료관계 직원으로부터 보호장비의 사용 중지 의견을 보고받았음에도 불구하고 해당 수용자에 대하여 보호장비를 계속하여 사용할 필요가 있는 경우에는 의무관 또는 의료관계 직원에게 건강유지에 필요한 조치를 취할 것을 명하고 보호장비를 사용할 수 있다. 이 경우 소장은 별지 제10호서식의 보호장비 사용 심사부에 보호장비를 계속 사용할 필요가 있다고 판단하는 근거를 기록하여야 한다.

보호장비 사용의 중단(시행규칙 제184조)

① 교도관은 법 제97조제1항 각 호에 따른 보호장비 사용 사유가 소멸한 경우에는 소장의 허가를 받아 지체 없이 보호장비 사용을 중단하여야 한다. 다만, 소장의 허가를 받을 시간적 여유가 없을 때에는 보호장비 사용을 중단한 후 지체 없이 소장의 승인을 받아야 한다.

② 교도관은 보호장비 착용 수용자의 목욕, 식사, 용변, 치료 등을 위하여 필요한 경우에는 보호장비 사용을 일시 중지하거나 완화할 수 있다.

보호장비 착용 수용자의 관찰 등(시행규칙 제185조)

소장은 보호의자 · 보호침대 및 보호복의 보호장비를 사용하거나 포승을 하체승으로 사용하게 하는 경우에는 교도관으로 하여금 수시로 해당 수용자의 상태를 확인하고 매 시간마다 보호장비 착용자 관찰부에 이를 기록하게 하여야 한다. 다만, 소장은 보호장비 착용자를 법 제94조에 따라 전자영상장비로 계호할 때에는 보호장비 착용자 관찰부를 거실수용자 영상계호부에 기록하게 할 수 있다.

(3) 보호장비 사용방법

수갑의 사용방법(시행규칙 제172조)

② 제1항제1호(보호장비의 사용)에 따라 수갑을 사용하는 경우에는 수갑보호기를 함께 사용할 수 있다.

④ 수갑은 구체적 상황에 적합한 종류를 선택하여 사용할 수 있다. 다만, 일회용수갑은 일시적으로 사용하여야 하며, 사용목적을 달성한 후에는 즉시 사용을 중단하거나 다른 보호장비로 교체하여야 한다.

머리보호장비의 사용방법(시행규칙 제173조)

머리보호장비는 별표 9의 방법으로 사용하며, 수용자가 머리보호장비를 임의로 해제하지 못하도록 다른 보호장비를 함께 사용할 수 있다

보호의자의 사용방법(시행규칙 제176조) ★

① 보호의자는 별표 14의 방법으로 사용하며, 다른 보호장비로는 법 제97조제1항제2호부터 제4호(도주, 자살 · 자해, 직무집행방해, 교정시설손괴)까지의 규정의 어느 하나에 해당하는 행위를 방지하기 어려운 특별한 사정이 있는 경우에만 사용하여야 한다.

② 보호의자는 제184조제2항(목욕, 식사, 용변, 치료)에 따라 그 사용을 일시 중지하거나 완화하는 경우를 포함하여 8시간을 초과하여 사용할 수 없으며, 사용 중지 후 4시간이 경과하지 아니하면 다시 사용할 수 없다.

보호침대의 사용방법(시행규칙 제177조)

① 보호침대는 별표 15의 방법으로 사용하며, 다른 보호장비로는 자살 · 자해를 방지하기 어려운 특별한 사정이 있는 경우에만 사용하여야 한다.

② 보호침대의 사용에 관하여는 제176조제2항을 준용한다.

교정장비의 종류별 사용요건

종류	사용요건
머리보호장비	머리 부분을 자해할 우려가 큰 때
수갑 포승	① 이송 · 출정 그 밖에 교정시설 밖의 장소로 수용자를 호송하는 때 ② 도주 · 자살 · 자해 또는 다른 사람에 대한 위해의 우려가 큰 때 ③ 위력으로 교도관 등의 정당한 직무집행을 방해하는 때 ④ 교정시설의 설비 · 기구 등을 손괴하거나 그 밖에 시설의 안전 또는 질서를 해칠 우려가 큰 때
발목보호장비 보호대 보호의자	① 도주 · 자살 · 자해 또는 다른 사람에 대한 위해의 우려가 큰 때 ② 위력으로 교도관 등의 정당한 직무집행을 방해하는 때 ③ 교정시설의 설비 · 기구 등을 손괴하거나 그 밖에 시설의 안전 또는 질서를 해칠 우려가 큰 때
보호침대 보호복	자살 · 자해의 우려가 큰 때

02 강제력의 행사와 무기사용

JUSTICE

1. 강제력의 행사와 보안장비

(1) 강제력의 행사

강제력의 행사(법 제100조)

① 교도관은 수용자가 다음 각 호의 어느 하나에 해당하면 강제력을 행사할 수 있다.

1. 도주하거나 도주하려고 하는 때
2. 자살하려고 하는 때
3. 자해하거나 자해하려고 하는 때

4. 다른 사람에게 위해를 끼치거나 끼치려고 하는 때
5. 위력으로 교도관의 정당한 직무집행을 방해하는 때
6. 교정시설의 설비 · 기구 등을 손괴하거나 손괴하려고 하는 때
7. 그 밖에 시설의 안전 또는 질서를 크게 해치는 행위를 하거나 하려고 하는 때

② 교도관은 수용자 외의 사람이 다음 각 호의 어느 하나에 해당하면 강제력을 행사할 수 있다.
1. 수용자를 도주하게 하려고 하는 때
2. 교도관 또는 수용자에게 위해를 끼치거나 끼치려고 하는 때
3. 위력으로 교도관의 정당한 직무집행을 방해하는 때
4. 교정시설의 설비 · 기구 등을 손괴하거나 하려고 하는 때
5. 교정시설에 침입하거나 하려고 하는 때
6. 교정시설의 안(교도관이 교정시설의 밖에서 수용자를 계호하고 있는 경우 그 장소를 포함한다)에서 교도관의 퇴거요구를 받고도 이에 따르지 아니하는 때

③ 제1항 및 제2항에 따라 강제력을 행사하는 경우에는 보안장비를 사용할 수 있다.

④ 제3항에서 "보안장비"란 교도봉 · 가스분사기 · 가스총 · 최루탄 등 사람의 생명과 신체의 보호, 도주의 방지 및 시설의 안전과 질서유지를 위하여 교도관이 사용하는 장비와 기구를 말한다.

⑤ 제1항 및 제2항에 따라 강제력을 행사하려면 사전에 상대방에게 이를 경고하여야 한다. 다만, 상황이 급박하여 경고할 시간적인 여유가 없는 때에는 그러하지 아니하다.

⑥ 강제력의 행사는 필요한 최소한도에 그쳐야 한다.

⑦ 보안장비의 종류, 종류별 사용요건 및 사용절차 등에 관하여 필요한 사항은 법무부령으로 정한다.

보안장비의 사용

수용자에게 행사	수용자 외에 사람에게 행사
① 도주하거나 도주하려고 하는 때 ② 자살하려고 하는 때 ③ 자해하거나 자해하려고 하는 때 ④ 다른 사람에게 위해를 끼치거나 끼치려고 하는 때 ⑤ 위력으로 교도관등의 정당한 직무집행을 방해하는 때 ⑥ 교정시설의 설비·기구 등을 손괴하거나 손괴하려고 하는 때 ⑦ 그 밖에 시설의 안전 또는 질서를 크게 해치는 행위를 하거나 하려고 하는 때	① 수용자를 도주하게 하려고 하는 때 ② 교도관등 또는 수용자에게 위해를 끼치거나 끼치려고 하는 때 ③ 위력으로 교도관등의 정당한 직무집행을 방해하는 때 ④ 교정시설의 설비·기구 등을 손괴하거나 하려고 하는 때 ⑤ 교정시설에 침입하거나 하려고 하는 때 ⑥ 교정시설의 안(교도관이 교정시설의 밖에서 수용자를 계호하고 있는 경우 그 장소를 포함)에서 교도관등의 퇴거요구를 받고도 이에 응하지 아니하는 때

> **➲ 교정관계법령상의 교정장비**
> 1. 소년원에서의 보호장비 : 포승, 수갑, 가스총, 전자충격기, 머리보호장비, 보호대
> 2. 보호관찰소에서의 보호장구 : 포승, 수갑, 가스총, 전자충격기, 보호대

(2) 보안장비

보안장비의 종류(시행규칙 제186조)

교도관이 법 제100조에 따라 강제력을 행사하는 경우 사용할 수 있는 보안장비는 다음 각 호와 같다.

1. 교도봉(접이식을 포함한다. 이하 같다)
2. 전기교도봉
3. 가스분사기
4. 가스총(고무탄 발사겸용을 포함한다. 이하 같다)
5. 최루탄 : 투척용, 발사용(그 발사장치를 포함한다. 이하 같다)
6. 전자충격기
7. 그 밖에 법무부장관이 정하는 보안장비

보안장비의 종류별 사용기준(시행규칙 제188조)

보안장비의 종류별 사용기준은 다음 각 호와 같다.

1. 교도봉 · 전기교도봉 : 얼굴이나 머리부분에 사용해서는 아니 되며, 전기교도봉은 타격 즉시 떼어야 함
2. 가스분사기 · 가스총 : 1미터 이내의 거리에서는 상대방의 얼굴을 향하여 발사해서는 안됨
3. 최루탄 : 투척용 최루탄은 근거리용으로 사용하고, 발사용 최루탄은 50미터 이상의 원거리에서 사용하되, 30도 이상의 발사각을 유지하여야 함
4. 전자충격기 : 전극침 발사장치가 있는 전자충격기를 사용할 경우 전극침을 상대방의 얼굴을 향해 발사해서는 안됨

2. 무기

(1) 무기사용

무기의 사용(법 제101조)

① 교도관은 다음 각 호의 어느 하나에 해당하는 사유가 있으면 수용자에 대하여 무기를 사용

할 수 있다.
1. 수용자가 다른 사람에게 중대한 위해를 끼치거나 끼치려고 하여 그 사태가 위급한 때
2. 수용자가 폭행 또는 협박에 사용할 위험물을 지니고 있어 교도관이 버릴 것을 명령하였음에도 이에 따르지 아니하는 때
3. 수용자가 폭동을 일으키거나 일으키려고 하여 신속하게 제지하지 아니하면 그 확산을 방지하기 어렵다고 인정되는 때
4. 도주하는 수용자에게 교도관이 정지할 것을 명령하였음에도 계속하여 도주하는 때
5. 수용자가 교도관의 무기를 탈취하거나 탈취하려고 하는 때
6. 그 밖에 사람의 생명 · 신체 및 설비에 대한 중대하고도 뚜렷한 위험을 방지하기 위하여 무기의 사용을 피할 수 없는 때

② 교도관은 교정시설의 안(교도관이 교정시설의 밖에서 수용자를 계호하고 있는 경우 그 장소를 포함한다)에서 자기 또는 타인의 생명 · 신체를 보호하거나 수용자의 탈취를 저지하거나 건물 또는 그 밖의 시설과 무기에 대한 위험을 방지하기 위하여 급박하다고 인정되는 상당한 이유가 있으면 수용자 외의 사람에 대하여도 무기를 사용할 수 있다.

③ 교도관은 소장 또는 그 직무를 대행하는 사람의 명령을 받아 무기를 사용한다. 다만, 그 명령을 받을 시간적 여유가 없으면 그러하지 아니하다.

④ 제1항 및 제2항에 따라 무기를 사용하려면 공포탄을 발사하거나 그 밖에 적당한 방법으로 사전에 상대방에 대하여 이를 경고하여야 한다.

⑤ 무기의 사용은 필요한 최소한도에 그쳐야 하며, 최후의 수단이어야 한다.

⑥ 사용할 수 있는 무기의 종류, 무기의 종류별 사용요건 및 사용절차 등에 관하여 필요한 사항은 법무부령으로 정한다.

무기의 사용

수용자에 대한 무기사용	수용자 외의 사람에 대한 무기사용
① 중대한 위해 → 사태가 위급 ② 위험물 소지 → 버릴것을 명령 ③ 폭동 → 확산방지 ④ 도주 → 정지명령 → 계속 도주 ⑤ 무기 탈취 ⑥ 생명·신체·설비에 대한 중대하고 뚜렷한 위험	① 자기 또는 타인의 생명·신체를 보호 ② 수용자의 탈취를 저지 ③ 건물 또는 그 밖의 시설과 무기에 대한 위험을 방지 ⇩ 급박하다고 인정되는 상당한 이유

(2) 무기의 종류 등

무기의 종류(시행규칙 제189조)

교도관이 법 제101조에 따라 사용할 수 있는 무기의 종류는 다음 각 호와 같다.

1. 권총
2. 소총
3. 기관총
4. 그 밖에 법무부장관이 정하는 무기

기관총의 설치(시행규칙 제191조)

기관총은 대공초소 또는 집중사격이 가장 용이한 장소에 설치하고, 유사 시 즉시 사용할 수 있도록 충분한 인원의 사수(射手) · 부사수 · 탄약수를 미리 지정하여야 한다.

총기의 사용절차(시행규칙 192조)

교도관이 총기를 사용하는 경우에는 구두경고, 공포탄 발사, 위협사격, 조준사격의 순서에 따라야 한다. 다만, 상황이 긴급하여 시간적 여유가 없을 때에는 예외로 한다.

총기 교육 등(시행규칙 제193조)

① 소장은 소속 교도관에 대하여 연 1회 이상 총기의 조작 · 정비 · 사용에 관한 교육을 한다.

② 제1항의 교육을 받지 아니하였거나 총기 조작이 미숙한 사람, 그 밖에 총기휴대가 부적당하다고 인정되는 사람에 대하여는 총기휴대를 금지하고 별지 제12호서식의 총기휴대 금지자 명부에 그 명단을 기록한 후 총기를 지급할 때마다 대조 · 확인하여야 한다.

③ 제2항의 총기휴대 금지자에 대하여 금지사유가 소멸한 경우에는 그 사유를 제2항에 따른 총기휴대 금지자 명부에 기록하고 총기휴대금지를 해제하여야 한다.

➲ 보호장비, 강제력행사, 무기사용 요약 ★

구분	보호장비 사용	강제력 행사	무기사용
① 소장명령	필요	필요	필요
② 사전경고	불필요(사용 사유 고지)	필요	필요
③ 보고	소장	소장	소장, 법무부장관
④ 제한	필요한 최소한의 범위 징벌의 수단으로 사용 안됨	필요한 최소한도	필요한 최소한도 최후의 수단
⑤ 제3자	규정없음	가능	가능

CHAPTER 5 수용자에 대한 처우

01 수용자의 외부교통권 참고

JUSTICE

1. 외부교통권의 의의

(1) 접견과 통신 등 수용자의 외부와의 교통은 교도소 내에서의 긴장완화와 수용자의 원만한 사회복귀를 위해서도 절실히 필요할 뿐만 아니라, 오늘날에는 기본권보장의 차원에서 적극적인 권리로 인정하고 있다.

(2) 수용자의 외부교통권은 시설의 안전과 질서유지를 위하여 반드시 필요한 경우가 아니면 폭넓게 인정하는 것이 바람직하며, 제한하더라도 법률에 의해서만 가능하다는 것이 일반적인 견해이다.

(3) 일반적으로 수용자의 외부교통권은 외부의 정보(신문 · 잡지 등의 구독, TV시청, 라디오 청취)를 입수하고, 외부와 접촉(접견 · 귀휴 · 외부통근 · 교화위원과의 상담 등)하는 모든 방법을 의미한다.

(4) 수용자가 수시 또는 정기적으로 외부인과 의사를 교류할 수 있는 접견 · 편지 및 전화 통화가 가장 중요한 외부교통권이기 때문에 이를 협의의 외부교통권이라고도 한다.

2. 필요성

(1) 교정시설 내에서의 긴장완화와 안정된 수용생활을 유지하는데 기여한다.

(2) 사회와 지속적인 유대관계를 유지할 수 있어 원만한 사회복귀에 도움이 된다.

(3) 교정교화 효과를 촉진시킬 수 있고, 재범을 방지하는데 기여한다.

02 현행법상 외부교통(접견, 편지, 집필, 전화통화)

JUSTICE

1. 접견

(1) 의의

접견은 수용자가 가족 · 친지 등 일반 사회인과 만나 교담하는 것을 말한다. 이는 수용생활로 인한 폐쇄적인 정서를 완화하고 심리적 안정을 유지하는데 도움을 주며, 사회적응력을 향상시키는데 기여한다.

(2) 접견

접견(법 제41조) ★

① 수용자는 교정시설의 외부에 있는 사람과 접견할 수 있다. 다만, 다음 각 호의 어느 하나에 해당하는 사유가 있으면 그러하지 아니하다.

1. 형사 법령에 저촉되는 행위를 할 우려가 있는 때
2. 「형사소송법」이나 그 밖의 법률에 따른 접견금지의 결정이 있는 때
3. 수형자의 교화 또는 건전한 사회복귀를 해칠 우려가 있는 때
4. 시설의 안전 또는 질서를 해칠 우려가 있는 때

② 수용자의 접견은 접촉차단시설이 설치된 장소에서 하게 한다. 다만, 다음 각 호의 어느 하나에 해당하는 경우에는 접촉차단시설이 설치되지 아니한 장소에서 접견하게 한다.

1. 미결수용자(형사사건으로 수사 또는 재판을 받고 있는 수형자와 사형확정자를 포함한다)가 변호인(변호인이 되려는 사람을 포함)과 접견하는 경우
2. 수용자가 소송사건의 대리인인 변호사와 접견하는 경우 등 수용자의 재판청구권 등을 실질적으로 보장하기 위하여 대통령령으로 정하는 경우로서 교정시설의 안전 또는 질서를 해칠 우려가 없는 경우

③ 제2항에도 불구하고 다음 각 호의 어느 하나에 해당하는 경우에는 접촉차단시설이 설치되지 아니한 장소에서 접견하게 할 수 있다(임의적).

1. 수용자가 미성년자인 자녀와 접견하는 경우
2. 그 밖에 대통령령으로 정하는 경우

④ 소장은 다음 각 호의 어느 하나에 해당하는 사유가 있으면 교도관으로 하여금 수용자의 접견내용을 청취 · 기록 · 녹음 또는 녹화하게 할 수 있다(임의적).

1. 범죄의 증거를 인멸하거나 형사 법령에 저촉되는 행위를 할 우려가 있는 때
2. 수형자의 교화 또는 건전한 사회복귀를 위하여 필요한 때

3. 시설의 안전과 질서유지를 위하여 필요한 때

⑤ 제4항에 따라 녹음 · 녹화하는 경우에는 사전에 수용자 및 그 상대방에게 그 사실을 알려주어야 한다.

⑥ 접견의 횟수 · 시간 · 장소 · 방법 및 접견내용의 청취 · 기록 · 녹음 · 녹화 등에 관하여 필요한 사항은 대통령령으로 정한다.

(3) 접견 시간 및 횟수

접견(시행령 제58조)

① 수용자의 접견은 매일(공휴일 및 법무부장관이 정한 날은 제외한다) 「국가공무원 복무규정」 제9조에 따른 근무시간 내에서 한다.

② 변호인(변호인이 되려고 하는 사람을 포함한다. 이하 같다)과 접견하는 미결수용자를 제외한 수용자의 접견시간은 회당 30분 이내로 한다.

③ 수형자의 접견 횟수는 매월 4회로 한다.

④ 삭제

⑤ 법 및 이 영에 규정된 사항 외에 수형자, 사형확정자 및 미결수용자를 제외한 수용자의 접견 횟수 · 시간 · 장소 등에 관하여 필요한 사항은 법무부장관이 정한다.

⑥ 소장은 교정시설의 외부에 있는 사람의 수용자 접견에 관한 사무를 수행하기 위하여 불가피한 경우 「개인정보 보호법」 시행령 제19조에 따른 주민등록번호, 여권번호, 운전면허의 면허번호 또는 외국인등록번호가 포함된 자료를 처리할 수 있다.

변호사와의 접견(시행령 제59조의2) ★

① 제58조제2항에도 불구하고 수용자가 다음 각 호의 어느 하나에 해당하는 변호사와 접견하는 시간은 회당 60분으로 한다.

1. 소송사건의 대리인인 변호사
2. 「형사소송법」에 따른 상소권회복 또는 재심 청구사건의 대리인이 되려는 변호사

② 수용자가 제1항 각 호의 변호사와 접견하는 횟수는 다음 각 호의 구분에 따르되, 이를 제58조제3항(수형자 매월4회), 제101조(미결수용자 매일1회) 및 제109조(사형확정자 매월4회)의 접견 횟수에 포함시키지 아니한다.

1. 소송사건의 대리인인 변호사 : 월 4회
2. 「형사소송법」에 따른 상소권회복 또는 재심 청구사건의 대리인이 되려는 변호사 : 사건당 2회

③ 소장은 제58조제1항과 이 조 제1항 및 제2항에도 불구하고 소송사건의 수 또는 소송내용의 복잡성 등을 고려하여 소송의 준비를 위하여 특히 필요하다고 인정하면 접견 시간대 외에도 접견을 하게 할 수 있고, 접견 시간 및 횟수를 늘릴 수 있다.
④ 소장은 제1항 및 제2항에도 불구하고 접견 수요 또는 접견실 사정 등을 고려하여 원활한 접견 사무 진행에 현저한 장애가 발생한다고 판단하면 접견 시간 및 횟수를 줄일 수 있다. 이 경우 줄어든 시간과 횟수는 다음 접견 시에 추가하도록 노력하여야 한다.
⑤ 수용자가 「형사소송법」에 따른 상소권회복 또는 재심 청구사건의 대리인이 되려는 변호사와 접견하는 경우에는 교정시설의 안전 또는 질서를 해칠 우려가 없는 한 접촉차단시설이 설치되지 않은 장소에서 접견하게 한다.
⑥ 제1항부터 제5항까지에서 규정한 사항 외에 수용자와 제1항 각 호의 변호사의 접견에 관하여 필요한 사항은 법무부령으로 정한다.

소송사건의 대리인인 변호사의 접견 등 신청(시행규칙 제29조의2)

① 소송사건의 대리인인 변호사가 수용자를 접견하고자 하는 경우에는 별지 제32호서식의 신청서에 다음 각 호의 자료를 첨부하여 소장에게 제출하여야 한다.
1. 소송위임장 사본 등 소송사건의 대리인임을 소명할 수 있는 자료
2. 소송계속 사실을 소명할 수 있는 자료

② 소송사건의 대리인인 변호사가 영 제59조의2제3항에 따라 접견 시간을 연장하거나 접견 횟수를 추가하고자 하는 경우에는 별지 제33호서식의 신청서에 해당 사유를 소명할 수 있는 자료를 첨부하여 소장에게 제출하여야 한다.

접견(시행규칙 제87조) ★

① 수형자의 경비처우급별 접견의 허용횟수는 다음 각 호와 같다.
1. 개방처우급 : 1일 1회
2. 완화경비처우급 : 월 6회
3. 일반경비처우급 : 월 5회
4. 중(重)경비처우급 : 월 4회

② 제1항제2호부터 제4호까지의 경우 접견은 1일 1회만 허용한다. 다만, 처우상 특히 필요한 경우에는 그러하지 아니하다.
③ 소장은 교화 및 처우상 특히 필요한 경우에는 수용자가 다른 교정시설의 수용자와 통신망을 이용하여 화상으로 접견하는 것(이하 "화상접견"이라 한다)을 허가할 수 있다. 이 경우 화상접견은 제1항의 접견 허용횟수에 포함한다.

(4) 접견의 예외

접견의 예외(시행령 제59조) ★

① 소장은 제58조제1항 및 제2항에도 불구하고 수형자의 교화 또는 건전한 사회복귀를 위하여 특히 필요하다고 인정하면 접견 시간대 외에도 접견을 하게 할 수 있고 접견시간을 연장할 수 있다.

② 소장은 제58조제3항에도 불구하고 수형자가 다음 각 호의 어느 하나에 해당하면 접견 횟수를 늘릴 수 있다.

1. 19세 미만인 때
2. 교정성적이 우수한 때
3. 교화 또는 건전한 사회복귀를 위하여 특히 필요하다고 인정되는 때

③ 법 제41조제3항제2호에서 "대통령령으로 정하는 경우"란 다음 각 호의 어느 하나에 해당하는 경우를 말한다.

1. 수형자가 제2항제2호 또는 제3호에 해당하는 경우
2. 미결수용자의 처우를 위하여 소장이 특별히 필요하다고 인정하는 경우
3. 사형확정자의 교화나 심리적 안정을 위하여 소장이 특별히 필요하다고 인정하는 경우

접견장소(시행규칙 제88조)

소장은 개방처우급 수형자에 대하여는 법무부장관이 정하는 바에 따라 접촉차단시설이 설치된 장소 외의 적당한 곳에서 접견을 실시할 수 있다. 다만, 처우상 특히 필요하다고 인정하는 경우에는 그 밖의 수형자에 대하여도 이를 허용할 수 있다.

(5) 접견 시 유의사항 등

접견 시 외국어 사용(시행령 제60조)

① 수용자와 교정시설 외부의 사람이 접견하는 경우에 법 제41조제4항에 따라 접견내용이 청취 · 녹음 또는 녹화될 때에는 외국어를 사용해서는 아니 된다. 다만, 국어로 의사소통하기 곤란한 사정이 있는 경우에는 외국어를 사용할 수 있다.

② 소장은 제1항 단서의 경우에 필요하다고 인정하면 교도관 또는 통역인으로 하여금 통역하게 할 수 있다.

접견 시 유의사항 고지(시행령 제61조)

소장은 법 제41조에 따라 접견을 하게 하는 경우에는 수용자와 그 상대방에게 접견 시 유의사항을 방송이나 게시물 부착 등 적절한 방법으로 알려줘야 한다.

접견내용의 청취 · 기록 · 녹음 · 녹화(시행령 제62조)

① 소장은 법 제41조제4항의 청취 · 기록을 위하여 다음 각 호의 사람을 제외한 수용자의 접견에 교도관을 참여하게 할 수 있다.

1. 변호인과 접견하는 미결수용자
2. 소송사건의 대리인인 변호사와 접견하는 수용자

② 소장은 특별한 사정이 없으면 교도관으로 하여금 법 제41조제5항에 따라 수용자와 그 상대방에게 접견내용의 녹음 · 녹화 사실을 수용자와 그 상대방이 접견실에 들어가기 전에 미리 말이나 서면 등 적절한 방법으로 알려 주게 하여야 한다.

③ 소장은 법 제41조제4항에 따라 청취 · 녹음 · 녹화한 경우의 접견기록물에 대한 보호 · 관리를 위하여 접견정보 취급자를 지정하여야 하고, 접견정보 취급자는 직무상 알게 된 접견정보를 누설하거나 권한 없이 처리하거나 다른 사람이 이용하도록 제공하는 등 부당한 목적을 위하여 사용해서는 아니 된다.

④ 소장은 관계기관으로부터 다음 각 호의 어느 하나에 해당하는 사유로 제3항의 접견기록물의 제출을 요청받은 경우에는 기록물을 제공할 수 있다.

1. 법원의 재판업무 수행을 위하여 필요한 때
2. 범죄의 수사와 공소의 제기 및 유지에 필요한 때

⑤ 소장은 제4항에 따라 녹음 · 녹화 기록물을 제공할 경우에는 제3항의 접견정보 취급자로 하여금 녹음 · 녹화기록물을 요청한 기관의 명칭, 제공받는 목적, 제공 근거, 제공을 요청한 범위, 그 밖에 필요한 사항을 녹음 · 녹화기록물 관리프로그램에 입력하게 하고, 따로 이동식 저장매체에 옮겨 담아 제공한다.

(6) 접견의 중지 ★

접견의 중지 등(법 제42조)

교도관은 접견 중인 수용자 또는 그 상대방이 다음 각 호의 어느 하나에 해당하면 접견을 중지할 수 있다.

1. 범죄의 증거를 인멸하거나 인멸하려고 하는 때
2. 제92조의 금지물품을 주고받거나 주고받으려고 하는 때
3. 형사 법령에 저촉되는 행위를 하거나 하려고 하는 때
4. 수용자의 처우 또는 교정시설의 운영에 관하여 거짓사실을 유포하는 때
5. 수형자의 교화 또는 건전한 사회복귀를 해칠 우려가 있는 행위를 하거나 하려고 하는 때
6. 시설의 안전 또는 질서를 해하는 행위를 하거나 하려고 하는 때

접견중지 사유의 고지(시행령 제63조)

교도관이 법 제42조에 따라 수용자의 접견을 중지한 경우에는 그 사유를 즉시 알려주어야 한다.

(7) 미결수용자의 접견

접견횟수(시행령 제101조)

미결수용자의 접견 횟수는 매일 1회로 하되, 변호인과의 접견은 그 횟수에 포함시키지 않는다.

접견의 예외(시행령 제102조)

소장은 미결수용자의 처우를 위하여 특히 필요하다고 인정하면 제58조제1항에도 불구하고 접견 시간대 외에도 접견하게 할 수 있고, 변호인이 아닌 사람과 접견하는 경우에도 제58조제2항 및 제101조에도 불구하고 접견시간을 연장하거나 접견 횟수를 늘릴 수 있다.

2. 편지

(1) 의의

편지수수는 서면에 의한 외부와의 교통수단을 말한다. 과거에는 편지수수를 엄격히 통제하였지만, 현재는 인간으로서 누려야 할 기본권으로 인식해 수용자의 권리로 격상시켜 거의 제한 없이 인정하고 있다.

(2) 관련 규정

① 「형집행법」

편지수수(법 제43조) ★

① 수용자는 다른 사람과 편지를 주고받을 수 있다. 다만, 다음 각 호의 어느 하나에 해당하는 사유가 있으면 그러하지 아니하다.

1. 「형사소송법」이나 그 밖의 법률에 따른 편지의 수수금지 및 압수의 결정이 있는 때
2. 수형자의 교화 또는 건전한 사회복귀를 해칠 우려가 있는 때
3. 시설의 안전 또는 질서를 해칠 우려가 있는 때

② 제1항 각 호 외의 부분 본문에도 불구하고 같은 교정시설의 수용자 간에 편지를 주고받으려면 소장의 허가를 받아야 한다.

③ 소장은 수용자가 주고받는 편지에 법령에 따라 금지된 물품이 들어 있는지 확인할 수 있다.

④ 수용자가 주고받는 편지의 내용은 검열받지 아니한다. 다만, 다음 각 호의 어느 하나에 해당하는 사유가 있으면 그러하지 아니하다.

1. 편지의 상대방이 누구인지 확인할 수 없는 때
2. 「형사소송법」이나 그 밖의 법률에 따른 편지검열의 결정이 있는 때
3. 제1항제2호 또는 제3호에 해당하는 내용이나 형사 법령에 저촉되는 내용이 기재되어 있다고 의심할 만한 상당한 이유가 있는 때
4. 대통령령으로 정하는 수용자 간의 편지인 때

⑤ 소장은 제3항 또는 제4항 단서에 따라 확인 또는 검열한 결과 수용자의 편지에 법령으로 금지된 물품이 들어 있거나 편지의 내용이 다음 각 호의 어느 하나에 해당하면 발신 또는 수신을 금지할 수 있다.

1. 암호·기호 등 이해할 수 없는 특수문자로 작성되어 있는 때
2. 범죄의 증거를 인멸할 우려가 있는 때
3. 형사 법령에 저촉되는 내용이 기재되어 있는 때
4. 수용자의 처우 또는 교정시설의 운영에 관하여 명백한 거짓사실을 포함하고 있는 때
5. 사생활의 비밀 또는 자유를 침해할 우려가 있는 때
6. 수형자의 교화 또는 건전한 사회복귀를 해칠 우려가 있는 때
7. 시설의 안전 또는 질서를 해칠 우려가 있는 때

⑥ 소장이 편지를 발송하거나 내어주는 경우에는 신속히 하여야 한다.

⑦ 소장은 제1항 단서 또는 제5항에 따라 발신 또는 수신이 금지된 편지는 그 구체적인 사유를 서면으로 작성해 관리하고, 수용자에게 그 사유를 알린 후 교정시설에 보관한다. 다만, 수용자가 동의하면 폐기할 수 있다.

⑧ 편지발송의 횟수, 편지 내용물의 확인방법 및 편지 내용의 검열절차 등에 관하여 필요한 사항은 대통령령으로 정한다.

※ 편지의 확인과 검열의 차이점
- 확인 : 편지 속에 금지물품 등이 들어 있는지 확인하는 것을 말한다.
- 검열 : 편지의 내용을 면밀히 살펴보며 검토하는 것을 말한다.

② 시행령

편지수수의 횟수(시행령 제64조)

수용자가 보내거나 받는 편지는 법령에 어긋나지 않으면 횟수를 제한하지 않는다.

편지 내용물의 확인(시행령 제65조) ★

① 수용자는 편지를 보내려는 경우 해당 편지를 봉함하여 교정시설에 제출한다. 다만, 소장은 다음 각 호의 어느 하나에 해당하는 경우로서 법 제43조제3항에 따른 금지물품의 확인을 위하여 필요한 경우에는 편지를 봉함하지 않은 상태로 제출하게 할 수 있다.

1. 다음 각 목의 어느 하나에 해당하는 수용자가 변호인 외의 자에게 편지를 보내려는 경우
   가. 법 제104조제1항에 따른 마약류사범 · 조직폭력사범 등 법무부령으로 정하는 수용자
   나. 제84조제2항에 따른 처우등급이 법 제57조제2항제4호의 중(重)경비시설 수용대상인 수형자
2. 수용자가 같은 교정시설에 수용 중인 다른 수용자에게 편지를 보내려는 경우
3. 규율위반으로 조사 중이거나 징벌집행 중인 수용자가 다른 수용자에게 편지를 보내려는 경우

② 소장은 수용자에게 온 편지에 금지물품이 들어 있는지를 개봉하여 확인할 수 있다.

편지 내용의 검열(시행령 제66조) ★

① 소장은 법 제43조제4항제4호에 따라 다음 각 호의 어느 하나에 해당하는 수용자가 다른 수용자와 편지를 주고받는 때에는 그 내용을 검열할 수 있다.

1. 법 제104조제1항에 따른 마약류사범 · 조직폭력사범 등 법무부령으로 정하는 수용자인 때
2. 편지를 주고받으려는 수용자와 같은 교정시설에 수용 중인 때
3. 규율위반으로 조사 중이거나 징벌집행 중인 때
4. 범죄의 증거를 인멸할 우려가 있는 때

② 수용자 간에 오가는 편지에 대한 제1항의 검열은 편지를 보내는 교정시설에서 한다. 다만, 특히 필요하다고 인정되는 경우에는 편지를 받는 교정시설에서도 할 수 있다.

③ 소장은 수용자가 주고받는 편지가 법 제43조제4항 각 호의 어느 하나에 해당하면 이를 개봉한 후 검열할 수 있다.

④ 소장은 제3항에 따라 검열한 결과 편지의 내용이 법 제43조제5항의 발신 또는 수신 금지사유에 해당하지 아니하면 발신편지는 봉함한 후 발송하고, 수신편지는 수용자에게 건네준다.

⑤ 소장은 편지의 내용을 검열했을 때에는 그 사실을 해당 수용자에게 지체 없이 알려주어야 한다.

관계기관 송부문서(시행령 제67조)

소장은 법원 · 경찰관서, 그 밖의 관계기관에서 수용자에게 보내온 문서는 다른 법령에 특

별한 규정이 없으면 열람한 후 본인에게 전달하여야 한다.

편지 등의 대서(시행령 제68조)

소장은 수용자가 편지, 소송서류, 그 밖의 문서를 스스로 작성할 수 없어 대신 써 달라고 요청하는 경우에는 교도관이 대신 쓰게 할 수 있다.

편지 등 발송비용의 부담(시행령 제69조)

수용자의 편지 · 소송서류, 그 밖의 문서를 보내는 경우에 드는 비용은 수용자가 부담한다. 다만, 소장은 수용자가 그 비용을 부담할 수 없는 경우에는 예산의 범위에서 해당 비용을 부담할 수 있다.

참고사항의 기록(시행령 제71조)

교도관은 수용자의 접견, 편지수수, 전화통화 등의 과정에서 수용자의 처우에 특히 참고할 사항을 알게 된 경우에는 그 요지를 수용기록부에 기록해야 한다.

3. 집필

(1) 의의

집필은 문서 또는 도서를 작성하거나 문학 · 학술 등에 관한 사항을 기록하거나 저술하는 것을 말한다. 현행법은 집필에 대한 사전허가제를 폐지하여 수용자의 자유로운 집필활동을 보장하고 있다.

(2) 관련 규정

① 「형집행법」

집필(법 제49조)

① 수용자는 문서 또는 도화를 작성하거나 문예 · 학술, 그 밖의 사항에 관하여 집필할 수 있다. 다만, 소장이 시설의 안전 또는 질서를 해칠 명백한 위험이 있다고 인정하는 경우는 예외로 한다.

② 제1항에 따라 작성 또는 집필한 문서나 도화를 지니거나 처리하는 것에 관하여는 제26조를 준용한다.

③ 제1항에 따라 작성 또는 집필한 문서나 도화가 제43조제5항(발신 · 수신금지 사유) 각 호의 어느 하나에 해당하면 제43조제7항(수용자에게 알린후 교정시설에 보관)을 준용한다.

④ 집필용구의 관리, 집필의 시간 · 장소, 집필한 문서 또는 도화의 외부반출 등에 관하여 필요한 사항은 대통령령으로 정한다.

② 시행령

집필용구의 구입비용(시행령 제74조)

집필용구의 구입비용은 수용자가 부담한다. 다만, 소장은 수용자가 그 비용을 부담할 수 없는 경우에는 필요한 집필용구를 지급할 수 있다.

집필의 시간대 · 시간 및 장소(시행령 제75조)

① 수용자는 휴업일 및 휴게시간 내에 시간의 제한 없이 집필할 수 있다. 다만, 부득이한 사정이 있는 경우에는 그러하지 아니하다.
② 수용자는 거실 · 작업장, 그 밖에 지정된 장소에서 집필할 수 있다.

문서 · 도화의 외부발송 등(시행령 제76조)

① 소장은 수용자 본인이 작성 또는 집필한 문서나 도화를 외부에 보내거나 내가려고 할 때에는 그 내용을 확인하여 법 제43조제5항(발신·수신금지 사유) 각 호의 어느 하나에 해당하지 않으면 허가해야 한다.
② 제1항에 따라 문서나 도화를 외부로 보내거나 내갈 때 드는 비용은 수용자가 부담한다.
③ 법 및 이 영에 규정된 사항 외에 수용자의 집필에 필요한 사항은 법무부장관이 정한다.

4. 전화통화

(1) 의의

전화통화는 교정시설 내에서 수용자에게 외부와의 전화통화를 허가하는 것을 말한다.

(2) 관련 규정

① 「형집행법」 및 시행령, 시행규칙

전화통화(법 제44조) ★

① 수용자는 소장의 허가를 받아 교정시설의 외부에 있는 사람과 전화통화를 할 수 있다.
② 제1항에 따른 허가에는 통화내용의 청취 또는 녹음을 조건으로 붙일 수 있다.
③ 제42조는 수용자의 전화통화에 관하여 준용한다.

④ 제2항에 따라 통화내용을 청취 또는 녹음하려면 사전에 수용자 및 상대방에게 그 사실을 알려 주어야 한다.
⑤ 전화통화의 허가범위, 통화내용의 청취 · 녹음 등에 관하여 필요한 사항은 법무부령으로 정한다.

전화통화(시행령 제70조)

수용자의 전화통화에 관하여는 제60조제1항 및 제63조를 준용한다.

전화통화의 허용횟수(시행규칙 제90조)

① 수형자의 경비처우급별 전화통화의 허용횟수는 다음 각 호와 같다.
- 개방처우급 : 월 5회 이내
- 완화경비처우급 : 월 3회 이내
- 일반경비처우급 · 중(重)경비처우급 : 처우상 특히 필요한 경우 월 2회 이내

② 시행규칙

전화통화의 허가(시행규칙 제25조) ★

① 소장은 전화통화(발신하는 것만을 말한다. 이하 같다)를 신청한 수용자에 대하여 다음 각 호의 어느 하나에 해당하는 사유가 없으면 전화통화를 허가할 수 있다. 다만, 미결수용자에게 전화통화를 허가할 경우 그 허용횟수는 월 2회 이내로 한다.
1. 범죄의 증거를 인멸할 우려가 있을 때
2. 형사법령에 저촉되는 행위를 할 우려가 있을 때
3. 「형사소송법」 제91조 및 같은 법 제209조에 따라 접견 · 편지수수 금지결정을 하였을 때
4. 교정시설의 안전 또는 질서를 해칠 우려가 있을 때
5. 수형자의 교화 또는 건전한 사회복귀를 해칠 우려가 있을 때

② 소장은 제1항에 따른 허가를 하기 전에 전화번호와 수신자(수용자와 통화할 상대방을 말한다. 이하 같다)를 확인하여야 한다. 이 경우 수신자에게 제1항 각 호에 해당하는 사유가 있으면 제1항의 허가를 아니 할 수 있다.
③ 전화통화의 통화시간은 특별한 사정이 없으면 5분 이내로 한다.

전화이용시간(시행규칙 제26조)

① 수용자의 전화통화는 매일(공휴일 및 법무부장관이 정한 날은 제외한다) 「국가공무원 복무규정」 제9조에 따른 근무시간 내에서 실시한다.

② 소장은 제1항에도 불구하고 평일에 전화를 이용하기 곤란한 특별한 사유가 있는 수용자에 대해서는 전화이용시간을 따로 정할 수 있다.

통화허가의 취소(시행규칙 제27조) ★

소장은 다음 각 호의 어느 하나에 해당할 때에는 전화통화의 허가를 취소할 수 있다.

1. 수용자 또는 수신자가 전화통화 내용의 청취·녹음에 동의하지 아니할 때
2. 수신자가 수용자와의 관계 등에 대한 확인 요청에 따르지 아니하거나 거짓으로 대답할 때
3. 전화통화 허가 후 제25조제1항 각 호의 어느 하나에 해당되는 사유가 발견되거나 발생하였을 때

통화내용의 청취·녹음(시행규칙 제28조) ★

① 소장은 제25조제1항 각 호의 어느 하나에 해당하지 아니한다고 명백히 인정되는 경우가 아니면 통화내용을 청취하거나 녹음한다.

② 제1항의 녹음기록물은 「공공기록물 관리에 관한 법률」에 따라 관리하고, 특히 녹음기록물이 손상되지 아니하도록 유의해서 보존하여야 한다.

③ 소장은 제1항의 녹음기록물에 대한 보호·관리를 위해 전화통화정보 취급자를 지정해야 하고, 전화통화정보 취급자는 누설 또는 권한 없이 처리하거나 다른 사람이 이용하도록 제공하는 등 부당한 목적으로 사용해서는 안 된다.

④ 제1항의 녹음기록물을 관계기관에 제공하는 경우에는 영 제62조제4항 및 제5항을 준용한다.

통화요금의 부담(시행규칙 제29조)

① 수용자의 전화통화 요금은 수용자가 부담한다.

② 소장은 교정성적이 양호한 수형자 또는 보관금이 없는 수용자 등에 대하여는 제1항에도 불구하고 예산의 범위에서 요금을 부담할 수 있다.

세부사항(시행규칙 제29조의2)

규칙에서 정한 사항 외에 전화통화의 허가범위, 통화내용의 청취·녹음 등에 필요한 세부사항은 법무부장관이 정한다.

소송사건의 대리인인 변호사 등의 접견 등 신청(시행규칙 제29조의3)

① 영 제59조의2제1항 각 호의 변호사가 수용자를 접견하고자 하는 경우에는 별지 제32호 서식의 신청서를 소장에게 제출해야 한다. 다만, 영 제59조의2제1항제1호의 변호사는 소송위임장 사본 등 소송사건의 대리인임을 소명할 수 있는 자료를 첨부하여 소장에게 제출해야 한다.

② 영 제59조2제1항 각 호의 변호사가 같은 조 제3항에 따라 접견 시간을 연장하거나 접견 횟수를 추가하고자 하는 경우에는 별지 제33호 서식의 신청서에 해당 사유를 소명할 수 있는 자료를 첨부하여 소장에게 제출해야 한다.

03 금품관리

JUSTICE

1. 의의

금품보관은 교정시설 내의 질서유지를 위하여 수용자 소유의 금전과 물품의 점유권을 일정기간 박탈하여 국가가 보관하여 관리하는 것을 말한다. 광의로는 현재 소지하고 있는 금품 이외에 앞으로 소지하게 될 금품을 보관하는 것을 포함하며, 협의로는 교정시설에 입소할 때 소지한 금품을 보관하는 것을 의미한다.

2. 성질

(1) 보관은 「민법」 상 계약관계에 의해 성립하는 것이 아니라 행정상으로 강제보관하는 일종의 행정처분이다.
(2) 보관은 수용자의 소유물에 대한 소유권을 박탈하거나 소유권 행사를 제한하는 것이 아니라, 지배권을 일시정지 또는 제한하는 점유권 박탈행위에 해당한다.
(3) 보관금품에 대한 권리제한은 사용권의 제한, 수익권의 제한, 처분권의 제한으로 구분할 수 있다.

3. 관리

국가는 보관금품에 대한 선량한 관리자의 주의의무가 있으므로, 보관금품에 손해가 발생한 경우에는 배상할 책임이 있다. 직원의 고의 또는 중대한 과실로 인해 손해가 발생하였을 경우에는 국가는 관련 직원에게 구상할 수 있다.

보관

① 비록 훔친 물건일지라도 수용자가 소유하고 있는 것이면 일단 보관의 대상물이다.
② 저금통장에 대한 보관은 통장에 대한 보관이지 채권을 보관하는 것은 아니다.

4. 보관의 객체

(1) 휴대금품

휴대금품은 수용자가 입소 시에 착용하거나 휴대한 금전 및 물품을 말한다. 금전일 때는 휴대금, 물품일 때는 휴대품이라 하지만 보통 양자를 합해 휴대금품이라고 한다.

(2) 차입물

차입물은 수용자가 교정시설에 입소한 후 외부인이 금전 및 물품을 직접 지참 또는 우송하여 수용자에게 교부·신청하는 것을 말한다.

5. 보관의 대상

(1) 수용자가 소지하고 있는 휴대금품
(2) 외부로부터 수용자에게 송부된 금품(차입물)
(3) 수용자가 일정한 절차에 의하여 구입한 금품
(4) 검찰청 등 관계기관으로부터 환부된 금품 등

6. 보관금품

(1) 보관금

① 보관금은 「민법」상의 소비대차와 같은 성질을 지니고 있다.
② 수용자는 국가에 대하여 보관금과 동일한 금액의 지불을 청구할 채권을 갖는다.
③ 보관금은 동액으로 지불하면 되며, 보관 당시의 돈일 필요는 없다.

현금

현금은 국고의 일시보관금으로 관리하며, 일정액이 넘는 금액에 대해서는 수용자의 신청에 의해 이자가 있는 예금으로 예치하여 관리한다.

(2) 보관품

① 보관품은 금전과는 달리 무이자 소비대차와 유사한 성격을 가지고 있다.
② 반환 시에는 보관한 물건과 동일한 물건을 제공해야 한다.

7. 보통보관과 특별보관

(1) 보통보관

특별히 보관할 필요가 있는 귀중품이 아닌, 일반보관품을 보관하는 것을 말한다.

(2) 특별보관

보관품이 금 · 은 · 보석 · 유가증권 · 인장 그 밖에 특별히 보관할 필요가 있는 귀중품인 경우 잠금장치가 되어 있는 견고한 용기에 넣어 특별히 보관하는 것을 말한다.

8. 휴대금품의 보관

(1) 「형집행법」

휴대금품의 보관 등(법 제25조)

① 소장은 수용자의 휴대금품을 교정시설에 보관한다. 다만, 휴대품이 다음 각 호의 어느 하나에 해당하는 것이면 수용자로 하여금 자신이 지정하는 사람에게 보내게 하거나 그 밖에 적당한 방법으로 처분하게 할 수 있다.
1. 썩거나 없어질 우려가 있는 것
2. 물품의 종류 · 크기 등을 고려할 때 보관하기에 적당하지 아니한 것
3. 사람의 생명 또는 신체에 위험을 초래할 우려가 있는 것
4. 시설의 안전 또는 질서를 해칠 우려가 있는 것
5. 그 밖에 보관할 가치가 없는 것

② 소장은 수용자가 제1항 단서에 따라 처분하여야 할 휴대품을 상당한 기간 내에 처분하지 아니하면 폐기할 수 있다.

(2) 시행령

휴대금품의 정의 등(시행령 제34조)

① 법 제25조에서 "휴대금품"이란 신입자가 교정시설에 수용될 때에 지니고 있는 현금(자기앞수표를 포함한다. 이하 같다)과 휴대품을 말한다.

② 법 제25조제1항 각 호의 어느 하나에 해당하지 아니한 신입자의 휴대품은 보관한 후 사용하게 할 수 있다.

③ 법 제25조제1항 단서에 따라 신입자의 휴대품을 팔 경우에는 그 비용을 제외한 나머지 대금을 보관할 수 있다.

④ 소장은 신입자가 법 제25조제1항 각 호의 어느 하나에 해당하는 휴대품을 법무부장관이 정한 기간에 처분하지 않은 경우에는 본인에게 그 사실을 고지한 후 폐기한다.

금품의 보관(시행령 제35조)

수용자의 현금을 보관하는 경우에는 그 금액을 보관금대장에 기록하고 수용자의 물품을 보관하는 경우에는 그 품목 · 수량 및 규격을 보관품대장에 기록해야 한다.

귀중품의 보관(시행령 제36조)

소장은 보관품이 금 · 은 · 보석 · 유가증권 · 인장, 그 밖에 특별히 보관할 필요가 있는 귀중품인 경우에는 잠금장치가 되어 있는 견고한 용기에 넣어 보관해야 한다.

보관품 매각대금의 보관(시행령 제37조)

소장은 수용자의 신청에 따라 보관품을 팔 경우에는 그 비용을 제외한 나머지 대금을 보관할 수 있다.

보관금의 사용 등(시행령 제38조)★

① 소장은 수용자가 그의 가족(배우자, 직계존비속 또는 형제자매를 말한다. 이하 같다) 또는 배우자의 직계존속에게 도움을 주거나 그 밖에 정당한 용도로 사용하기 위하여 보관금의 사용을 신청한 경우에는 그 사정을 고려하여 허가할 수 있다.
② 제1항에 따라 보관금을 사용하는 경우 발생하는 비용은 수용자가 부담한다.
③ 보관금의 출납 · 예탁(預託), 보관금품의 보관 등에 관하여 필요한 사항은 법무부장관이 정한다.

9. 금품전달

(1) 의의

금품전달은 수용자 외의 사람이 교정시설의 장(소장)의 허가를 받아 수용자에게 전달할 수 있는 금품을 말한다.

(2) 관련 규정

①「형집행법」

수용자에 대한 금품전달(법 제27조)

① 수용자 외의 사람이 수용자에게 금품을 건네줄 것을 신청하는 때에는 소장은 다음 각 호의 어느 하나에 해당하지 아니하면 허가하여야 한다.
1. 수형자의 교화 또는 건전한 사회복귀를 해칠 우려가 있는 때
2. 시설의 안전 또는 질서를 해칠 우려가 있는 때
② 소장은 수용자 외의 사람이 수용자에게 주려는 금품이 제1항 각 호의 어느 하나에 해당하거나 수용자가 금품을 받지 아니하려는 경우에는 해당 금품을 보낸 사람에게 되돌려 보내야 한다.
③ 소장은 제2항의 경우에 금품을 보낸 사람을 알 수 없거나 보낸 사람의 주소가 불분명한

경우에는 금품을 다시 가지고 갈 것을 공고하여야 하며, 공고한 후 6개월이 지나도 금품을 돌려달라고 청구하는 사람이 없으면 그 금품은 국고에 귀속된다.
④ 소장은 제2항 또는 제3항에 따른 조치를 하였으면 그 사실을 수용자에게 알려 주어야 한다.

② 시행령

지닐 수 없는 물품의 처리(시행령 제39조)
법 제26조제2항 및 제3항에 따라 지닐 수 있는 범위를 벗어난 수용자의 물품을 처분하거나 폐기하는 경우에는 제34조제3항 및 제4항을 준용한다.

물품의 폐기(시행령 제40조)
수용자의 물품을 폐기하는 경우에는 그 품목 · 수량 · 이유 및 일시를 관계 장부에 기록하여야 한다.

금품전달 신청자의 확인(시행령 제41조)
소장은 수용자가 아닌 사람이 법 제27조제1항에 따라 수용자에게 금품을 건네줄 것을 신청하는 경우에는 그의 성명 · 주소 및 수용자와의 관계를 확인해야 한다.

전달 허가금품의 사용 등(시행령 제42조)
① 소장은 법 제27조제1항에 따라 수용자에 대한 금품의 전달을 허가한 경우에는 그 금품을 보관한 후 해당 수용자가 사용하게 할 수 있다.
② 법 제27조제1항에 따라 수용자에게 건네주려고 하는 금품의 허가범위 등에 관하여 필요한 사항은 법무부령으로 정한다.

전달 허가물품의 검사(시행령 제43조)
소장은 법 제27조제1항에 따라 건네줄 것을 허가한 물품은 검사할 필요가 없다고 인정되는 경우가 아니면 교도관으로 하여금 검사하게 해야 한다. 이 경우 그 물품이 의약품인 경우에는 의무관으로 하여금 검사하게 해야 한다.

③ 시행규칙

전달금품의 허가(시행규칙 제22조)
① 소장은 수용자 외의 사람이 수용자에게 금원(金員)을 건네줄 것을 신청하는 경우에는 현금 · 수표 및 우편환의 범위에서 허가한다. 다만, 수용자 외의 사람이 온라인으로 수용자의 예금계좌에 입금한 경우에는 금원을 건네줄 것을 허가한 것으로 본다.

② 소장은 수용자 외의 사람이 수용자에게 음식물을 건네줄 것을 신청하는 경우에는 법무부장관이 정하는 바에 따라 교정시설 안에서 판매되는 음식물 중에서 허가한다. 다만, 제30조 각 호에 해당하는 종교행사 및 제114조 각 호에 해당하는 교화프로그램의 시행을 위하여 특히 필요하다고 인정하는 경우에는 교정시설 안에서 판매되는 음식물이 아니더라도 건네줄 것을 허가할 수 있다.

③ 소장은 수용자 외의 사람이 수용자에게 음식물 외의 물품을 건네줄 것을 신청하는 경우에는 다음 각 호의 어느 하나에 해당하지 아니하면 법무부장관이 정하는 교정시설의 보관범위 및 수용자가 지닐 수 있는 범위에서 허가한다.

1. 오감 또는 통상적인 검사장비로는 내부검색이 어려운 물품
2. 음란하거나 현란한 그림 · 무늬가 포함된 물품
3. 사행심을 조장하거나 심리적인 안정을 해칠 우려가 있는 물품
4. 도주 · 자살 · 자해 등에 이용될 수 있는 금속류, 끈 또는 가죽 등이 포함된 물품
5. 위화감을 조성할 우려가 있는 높은 가격의 물품
6. 그 밖에 수형자의 교화 또는 건전한 사회복귀를 해칠 우려가 있거나 교정시설의 안전 또는 질서를 해칠 우려가 있는 물품

10. 보관금품의 반환

보관금품의 반환 등(법 제29조)

① 소장은 수용자가 석방될 때 제25조에 따라 보관하고 있던 수용자의 휴대금품을 본인에게 돌려주어야 한다. 다만, 보관품을 한꺼번에 가져가기 어려운 경우 등 특별한 사정이 있어 수용자가 석방 시 소장에게 일정 기간 동안(1개월 이내의 범위로 한정한다) 보관품을 보관하여 줄 것을 신청하는 경우에는 그러하지 아니하다.

② 제1항 단서에 따른 보관 기간이 지난 보관품에 관하여는 제28조를 준용한다. 이 경우 "사망자" 및 "도주자"는 "피석방자"로, "금품"은 "보관품"으로, "상속인" 및 "가족"은 "피석방자 본인 또는 가족"으로 본다.

유류금품의 처리(법 제28조)

① 소장은 사망자 또는 도주자가 남겨두고 간 금품이 있으면 사망자의 경우에는 그 상속인에게, 도주자의 경우에는 그 가족에게 그 내용 및 청구절차 등을 알려 주어야 한다. 다만, 썩거나 없어질 우려가 있는 것은 폐기할 수 있다.

② 소장은 상속인 또는 가족이 제1항의 금품을 내어달라고 청구하면 지체 없이 내어주어야 한다. 다만, 제1항에 따른 알림을 받은 날(알려줄 수가 없는 경우에는 청구사유가 발생한 날)부터 1년이 지나도 청구하지 아니하면 그 금품은 국고에 귀속된다.

유류금품의 처리(시행령 제45조)

① 소장은 사망자의 유류품을 건네받을 사람이 원거리에 있는 등 특별한 사정이 있는 경우에는 유류품을 받을 사람의 청구에 따라 유류품을 팔아 그 대금을 보낼 수 있다.

② 법 제28조에 따라 사망자의 유류금품을 보내거나 제1항에 따라 유류품을 팔아 대금을 보내는 경우에 드는 비용은 유류금품의 청구인이 부담한다.

11. 수거(몰취) 및 폐기

(1) 의의

수거와 폐기는 위법한 휴대물 또는 차입물의 점유권과 소유권을 박탈하는 처분을 말한다.

① 수거(몰취) : 가치가 있는 유가물을 국고에 귀속시키는 것을 말한다.

② 폐기 : 가치가 없는 무가물(無價物)의 존재를 상실시키는 것을 말한다.

(2) 구 별

① 수거 : 유가물, 국고귀속, 소유권 박탈

② 폐기 : 무가물, 존재상실, 소유권 박탈

(3) 관련 규정

금지물품(법 제92조)

① 수용자는 다음 각 호의 물품을 지녀서는 아니 된다.

1. 마약 · 총기 · 도검 · 폭발물 · 흉기 · 독극물, 그 밖에 범죄의 도구로 이용될 우려가 있는 물품
2. 무인비행장치, 전자 · 통신기기, 그 밖에 도주나 다른 사람과의 연락에 이용될 우려가 있는 물품
3. 주류 · 담배 · 화기 · 현금 · 수표, 그 밖에 시설의 안전 또는 질서를 해칠 우려가 있는 물품
4. 음란물, 사행행위에 사용되는 물품, 그 밖에 수형자의 교화 또는 건전한 사회복귀를 해칠 우려가 있는 물품

② 제1항에도 불구하고 소장이 수용자의 처우를 위하여 허가하는 경우에는 제1항제2호의 물품을 지닐 수 있다.

수용자가 지니는 물품 등(법 제26조)

① 수용자는 편지 · 도서, 그 밖에 수용생활에 필요한 물품을 법무부장관이 정하는 범위에서

지닐 수 있다.
② 소장은 제1항에 따라 법무부장관이 정하는 범위를 벗어난 물품으로서 교정시설에 특히 보관할 필요가 있다고 인정하지 아니하는 물품은 수용자로 하여금 자신이 지정하는 사람에게 보내게 하거나 그 밖에 적당한 방법으로 처분하게 할 수 있다.
③ 소장은 수용자가 제2항에 따라 처분하여야 할 물품을 상당한 기간 내에 처분하지 아니하면 폐기할 수 있다.

휴대금품의 정의 등(시행령 제34조)

① 법 제25조에서 "휴대금품"이란 신입자가 교정시설에 수용될 때에 지니고 있는 현금(자기앞수표를 포함한다. 이하 같다)과 휴대품을 말한다.
② 법 제25조제1항 각 호의 어느 하나에 해당하지 아니한 신입자의 휴대품은 보관한 후 사용하게 할 수 있다.
③ 법 제25조제1항 단서에 따라 신입자의 휴대품을 팔 경우에는 그 비용을 제외한 나머지 대금을 보관할 수 있다
④ 소장은 신입자가 법 제25조제1항 각 호의 어느 하나에 해당하는 휴대품을 법무부장관이 정한 기간에 처분하지 않은 경우에는 본인에게 그 사실을 고지한 후 폐기한다.

수용자에 대한 금품 전달(법 제27조)

① 수용자 외의 사람이 수용자에게 금품을 건네줄 것을 신청하는 때에는 소장은 다음 각 호의 어느 하나에 해당하지 아니하면 허가하여야 한다.
1. 수형자의 교화 또는 건전한 사회복귀를 해칠 우려가 있는 때
2. 시설의 안전 또는 질서를 해칠 우려가 있는 때
② 소장은 수용자 외의 사람이 수용자에게 주려는 금품이 제1항 각 호의 어느 하나에 해당하거나 수용자가 금품을 받지 아니하려는 경우에는 해당 금품을 보낸 사람에게 되돌려 보내야 한다.
③ 소장은 제2항의 경우에 금품을 보낸 사람을 알 수 없거나 보낸 사람의 주소가 불분명한 경우에는 금품을 다시 가지고 갈 것을 공고하여야 하며, 공고한 후 6개월이 지나도 금품을 돌려달라고 청구하는 사람이 없으면 그 금품은 국고에 귀속된다.
④ 소장은 제2항 또는 제3항에 따른 조치를 하였으면 그 사실을 수용자에게 알려 주어야 한다.

금품전달 신청자의 확인(시행령 제41조)

소장은 수용자가 아닌 사람이 법 제27조제1항에 따라 수용자에게 금품을 건네줄 것을 신청하는 경우에는 그의 성명 · 주소 및 수용자와의 관계를 확인해야 한다.

전달금품의 허가(시행규칙 제22조)

① 소장은 수용자 외의 사람이 수용자에게 금원(金員)을 건네줄 것을 신청하는 경우에는 현금·수표 및 우편환의 범위에서 허가한다. 다만, 수용자 외의 사람이 온라인으로 수용자의 예금계좌에 입금한 경우에는 금원을 건네줄 것을 허가한 것으로 본다.

② 소장은 수용자 외의 사람이 수용자에게 음식물을 건네줄 것을 신청하는 경우에는 법무부장관이 정하는 바에 따라 교정시설 안에서 판매되는 음식물 중에서 허가한다. 다만, 제30조 각 호에 해당하는 종교행사 및 제114조 각 호에 해당하는 교화프로그램의 시행을 위하여 특히 필요하다고 인정하는 경우에는 교정시설 안에서 판매되는 음식물이 아니더라도 건네줄 것을 허가할 수 있다.

③ 소장은 수용자 외의 사람이 수용자에게 음식물 외의 물품을 건네줄 것을 신청하는 경우에는 다음 각 호의 어느 하나에 해당하지 아니하면 법무부장관이 정하는 교정시설의 보관범위 및 수용자가 지닐 수 있는 범위에서 허가한다.

1. 오감 또는 통상적인 검사장비로는 내부검색이 어려운 물품
2. 음란하거나 현란한 그림·무늬가 포함된 물품
3. 사행심을 조장하거나 심리적인 안정을 해칠 우려가 있는 물품
4. 도주·자살·자해 등에 이용될 수 있는 금속류, 끈 또는 가죽 등이 포함된 물품
5. 위화감을 조성할 우려가 있는 높은 가격의 물품
6. 그 밖에 수형자의 교화 또는 건전한 사회복귀를 해칠 우려가 있거나 교정시설의 안전 또는 질서를 해칠 우려가 있는 물품

전달 허가금품의 사용 등(시행령 제42조)

① 소장은 법 제27조제1항에 따라 수용자에 대한 금품의 전달을 허가한 경우에는 그 금품을 보관한 후 해당 수용자가 사용하게 할 수 있다.

② 법 제27조제1항에 따라 수용자에게 건네주려고 하는 금품의 허가범위 등에 관하여 필요한 사항은 법무부령으로 정한다.

전달 허가물품의 검사(시행령 제43조)

소장은 법 제27조제1항에 따라 건네줄 것을 허가한 물품은 검사할 필요가 없다고 인정되는 경우가 아니면 교도관으로 하여금 검사하게 해야 한다. 이 경우 그 물품이 의약품인 경우에는 의무관으로 하여금 검사하게 해야 한다.

보관의 예외(시행령 제44조)

음식물은 보관의 대상이 되지 않는다.

04 물품지급

JUSTICE

1. 의의

(1) 물품지급이란 수용자에게 의식주 등 일상생활을 영위하는데 필요한 생활용품을 지급 또는 대여하는 것을 말한다. 이는 인간으로서의 존엄과 가치를 유지하고 인간다운 생활을 유지할 수 있는 「헌법」상 수준의 급여가 필요하다. 물품지급에는 관급과 자비부담이 있으며, 우리나라에서는 관급이 원칙이다.

(2) 수형자에 대한 물품급여는 경비처우급에 상응하도록 한다.

(3) 식량 · 음료 및 기타 건강을 유지함에 필요한 물품은 경비처우급에 의하여 구별하지 아니한다.

2. 생활용품 지급

(1) 「형집행법」 및 시행령

의류 및 침구 등의 지급(법 제22조)

① 소장은 수용자에게 건강유지에 적합한 의류 · 침구, 그 밖의 생활용품을 지급한다.

② 의류 · 침구, 그 밖의 생활용품의 지급기준 등에 관하여 필요한 사항은 법무부령으로 정한다.

생활용품 지급 시의 유의사항(시행령 제25조)

① 소장은 법 제22조제1항에 따라 의류 · 침구, 그 밖의 생활용품(이하 "의류 등"이라 한다)을 지급하는 경우에는 수용자의 건강, 계절 등을 고려하여야 한다.

② 소장은 수용자에게 특히 청결하게 관리할 수 있는 재질의 식기를 지급하여야 하며, 다른 사람이 사용한 의류 등을 지급하는 경우에는 세탁하거나 소독하여 지급하여야 한다.

생활기구의 비치(시행령 제26조)

① 소장은 거실 · 작업장, 그 밖에 수용자가 생활하는 장소(이하 이 조에서 "거실 등"이라 한다)에 수용생활에 필요한 기구를 갖춰 둬야 한다.

② 거실 등에는 갖춰 둔 기구의 품목 · 수량을 기록한 품목표를 붙여야 한다.

(2) 시행규칙

의류의 품목(시행규칙 제4조) 참고

① 수용자 의류의 품목은 평상복 · 특수복 · 보조복 · 의복부속물 · 모자 및 신발로 한다.

② 제1항에 따른 품목별 구분은 다음 각 호와 같다.

1. 평상복은 겨울옷 · 봄가을옷 · 여름옷을 수형자용(用), 미결수용자용 및 피보호감호자(종전의 「사회보호법」에 따라 보호감호선고를 받고 교정시설에 수용 중인 사람을 말한다. 이하 같다)용과 남녀용으로 각각 구분하여 18종으로 한다.
2. 특수복은 모범수형자복 · 외부통근자복 · 임산부복 · 환자복 · 운동복 및 반바지로 구분하고, 그 중 모범수형자복 및 외부통근자복은 겨울옷 · 봄가을옷 · 여름옷을 남녀용으로 각각 구분하여 6종으로 하고, 임산부복은 봄가을옷 · 여름옷을 수형자용과 미결수용자용으로 구분하여 4종으로 하며, 환자복은 겨울옷 · 여름옷을 남녀용으로 구분하여 4종으로 하고, 운동복 및 반바지는 각각 1종으로 한다.
3. 보조복은 위생복 · 조끼 및 비옷으로 구분하여 3종으로 한다.
4. 의복부속물은 러닝셔츠 · 팬티 · 겨울내의 · 장갑 · 양말로 구분하여 5종으로 한다.
5. 모자는 모범수형자모 · 외부통근자모 · 방한모 및 위생모로 구분하여 4종으로 한다.
6. 신발은 고무신 · 운동화 및 방한화로 구분하여 3종으로 한다.

침구의 품목(시행규칙 제6조) 참고

수용자 침구의 품목은 이불 2종(솜이불 · 겹이불), 매트리스 2종(일반매트리스 · 환자매트리스), 담요 및 베개로 구분한다.

의류 · 침구 등 생활용품의 지급기준(시행규칙 제8조④항)

④ 신입수용자에게는 수용되는 날에 칫솔, 치약 및 수건 등 수용생활에 필요한 최소한의 생활용품을 지급하여야 한다.

의류 · 침구의 색채 · 규격(시행규칙 제9조)

수용자 의류 · 침구의 품목별 색채 및 규격은 법무부장관이 정한다.

물품지급(시행규칙 제84조②항) ★

② 제1항에 따라 의류를 지급하는 경우 수형자가 개방처우급인 경우에는 색상, 디자인 등을 다르게 할 수 있다.

3. 음식물 지급

(1) 「형집행법」 및 시행령

음식물의 지급(법 제23조) ★

① 소장은 수용자에게 건강상태, 나이, 부과된 작업의 종류, 그 밖의 개인적 특성을 고려하여 건강 및 체력을 유지하는 데에 필요한 음식물을 지급한다.

② 음식물의 지급기준 등에 관하여 필요한 사항은 법무부령으로 정한다.

음식물의 지급(시행령 제27조)

법 제23조에 따라 수용자에게 지급하는 음식물은 주식 · 부식 · 음료, 그 밖의 영양물로 한다.

주식의 지급(시행령 제28조)

① 수용자에게 지급하는 주식은 쌀로 한다.

② 소장은 쌀 수급이 곤란하거나 그 밖에 필요하다고 인정하면 주식을 쌀과 보리 등 잡곡의 혼합곡으로 하거나 대용식을 지급할 수 있다.

특식의 지급(시행령 제29조)

소장은 국경일이나 그 밖에 이에 준하는 날에는 특별한 음식물을 지급할 수 있다.

환자의 음식물(시행령 제30조)

소장은 의무관의 의견을 고려하여 환자에게 지급하는 음식물의 종류 또는 정도를 달리 정할 수 있다.

(2) 시행규칙

주식의 지급(시행규칙 제10조)

소장이 「형의 집행 및 수용자의 처우에 관한 법률 시행령」(이하 "영"이라 한다) 제28조제2항에 따라 주식을 쌀과 보리 등 잡곡의 혼합곡으로 하거나 대용식을 지급하는 경우에는 법무부장관이 정하는 바에 따른다.

주식의 지급(시행규칙 제11조)

① 수용자에게 지급하는 주식은 1명당 1일 390 그램을 기준으로 한다.

② 소장은 수용자의 나이, 건강, 작업 여부 및 작업의 종류 등을 고려하여 필요한 경우에는 제1항의 지급 기준량을 변경할 수 있다.

③ 소장은 수용자의 기호 등을 고려하여 주식으로 빵이나 국수 등을 지급할 수 있다

주식의 확보(시행규칙 제12조)

소장은 수용자에 대한 원활한 급식을 위하여 해당 교정시설의 직전 분기 평균 급식 인원을 기준으로 1개월분의 주식을 항상 확보하고 있어야 한다.

부식(시행규칙 제13조)

① 부식은 주식과 함께 지급하며, 1명당 1일의 영양섭취기준량은 별표 2와 같다.
② 소장은 작업의 장려나 적절한 처우를 위하여 필요하다고 인정하는 경우 특별한 부식을 지급할 수 있다.

주 · 부식의 지급횟수 등(시행규칙 제14조)

① 주 · 부식의 지급횟수는 1일 3회로 한다.
② 수용자에게 지급하는 음식물의 총열량은 1명당 1일 2천500 킬로칼로리를 기준으로 한다.

특식 등 지급(시행규칙 제15조)

① 영 제29조에 따른 특식은 예산의 범위에서 지급한다.
② 소장은 작업시간을 3시간 이상 연장하는 경우에는 수용자에게 주 · 부식 또는 대용식 1회분을 간식으로 지급할 수 있다.

급식 관련 위원회 참고

1. 중앙급식관리위원회(수용자 급식관리위원회 운영지침)
   ① 시설에 수용된 자의 급식관리에 관하여 법무부장관의 자문에 응하기 위하여 법무부에 중앙급식관리위원회를 둔다.
   ② 구성 : 위원장은 법무부 교정본부장이 되고, 위원회는 위원장 1인을 포함하여 7인 이상 9인 이하의 위원으로 구성한다.
   ③ 위원의 위촉 및 임기
      ㉠ 위촉 : 위원은 법무부 교정정책단장, 소년과장과 영양 및 조리에 관한 학식과 경험이 풍부한 자 또는 시민단체에서 추천한 자 중에서 법무부장관이 위촉하는 자로 한다.
      ㉡ 임기 : 위촉위원의 임기는 2년으로 하며, 연임할 수 있다.
   ④ 회의
      ㉠ 회의는 위원장이 필요하다고 인정하는 때 또는 위원 2인 이상의 요구가 있는 때 위원장이 이를 소집한다.
      ㉡ 회의는 재적위원 과반수의 출석으로 개의하고, 출석위원 과반수의 찬성으로 의결한다.

2. 지방급식관리위원회

① 각 수용기관에 수용기관장의 자문에 응하고, 필요한 사항을 건의할 수 있도록 각 기관장 소속하에 지방급식위원회를 둔다.

② 위원장은 해당 수용기관의 장이 되고, 해당 수용기관의 과장 이상의 직에 있거나 영양 또는 조리에 관한 경험이 풍부한 자 중에서 해당 수용기관의 장이 임명 또는 위촉한다. 위촉위원의 임기는 2년으로 하며, 연임할 수 있다.

③ 위원회는 위원장 1명을 포함하여 5명 이상 7명 이하의 위원으로 구성한다.

④ 심의사항

㉠ 법무부장관이 결정한 수용자에게 급식할 영양섭취 기준 내에서의 식단 선택과 그 수량의 결정에 관한 사항

㉡ 선택된 식단과 수량에 대한 함유 영양량의 검토에 관한 사항

㉢ 수용자의 급식에 관한 위생 및 시설관리 그 밖에 운영개선에 관한 사항

⑤ 임시회의

㉠ 회의는 매월 1회 이상 위원장이 소집하되, 위원 2인 이상의 요구가 있는 때에는 위원장이 이를 소집해야 한다.

㉡ 회의는 재적위원 과반수의 출석으로 개의하고, 출석위원 과반수의 찬성으로 의결한다.

4. 물품의 자비구매

(1) 의의

자비구매물품은 수용자가 교도소 · 구치소 및 그 지소(교정시설)의 장의 허가를 받아 자신의 비용으로 구매할 수 있는 물품을 말한다.

(2) 관련 규정

①「형집행법」 및 시행령

물품의 자비구매(법 제24조)

① 수용자는 소장의 허가를 받아 자신의 비용으로 음식물 · 의류 · 침구, 그 밖에 수용생활에 필요한 물품을 구매할 수 있다.

② 물품의 자비구매 허가범위 등에 관하여 필요한 사항은 법무부령으로 정한다.

자비 구매 물품의 기준(시행령 제31조)

수용자가 자비로 구매하는 물품은 교화 또는 건전한 사회복귀에 적합하고 교정시설의 안전과 질서를 해칠 우려가 없는 것이어야 한다.

자비 구매 의류 등의 사용(시행령 제32조)

소장은 수용자가 자비로 구매한 의류 등을 보관한 후 그 수용자가 사용하게 할 수 있다.

의류 등의 세탁 등(시행령 제33조)

① 소장은 수용자가 사용하는 의류 등을 적당한 시기에 세탁 · 수선 또는 교체(이하 이 조에서 "세탁 등"이라 한다)하도록 하여야 한다.

② 자비로 구매한 의류 등을 세탁 등을 하는 경우 드는 비용은 수용자가 부담한다.

② 시행규칙

자비 구매물품의 종류 등(시행규칙 제16조)

① 자비구매물품의 종류는 다음 각 호와 같다.

1. 음식물
2. 의약품 및 의료용품
3. 의류 · 침구류 및 신발류
4. 신문 · 잡지 · 도서 및 문구류
5. 수형자 교육 등 교정교화에 필요한 물품
6. 그 밖에 수용생활에 필요하다고 인정되는 물품

② 제1항 각 호에 해당하는 자비구매물품의 품목 · 유형 및 규격 등은 영 제31조에 어긋나지 아니하는 범위에서 소장이 정하되, 수용생활에 필요한 정도, 가격과 품질, 다른 교정시설과의 균형, 공급하기 쉬운 정도 및 수용자의 선호도 등을 고려하여야 한다.

③ 법무부장관은 자비구매물품 공급의 교정시설 간 균형 및 교정시설의 안전과 질서유지를 위하여 공급물품의 품목 및 규격 등에 대한 통일된 기준을 제시할 수 있다.

구매허가 및 신청제한(시행규칙 제17조)

① 소장은 수용자가 자비구매물품의 구매를 신청하는 경우에는 법무부장관이 교정성적 또는 제74조에 따른 경비처우급을 고려하여 정하는 보관금의 사용한도, 교정시설의 보관범위 및 수용자가 지닐 수 있는 범위에서 허가한다.

② 소장은 감염병(「감염병의 예방 및 관리에 관한 법률」에 따른 감염병을 말한다)의 유행 또는 수용자의 징벌집행 등으로 자비구매물품의 사용이 중지된 경우에는 구매신청을 제한할 수 있다.

우선 공급(시행규칙 제18조)

소장은 교도작업제품(교정시설 안에서 수용자에게 부과된 작업에 의하여 생산된 물품을 말한다)으로서 자비구매물품으로 적합한 것은 제21조에 따라 지정받은 자비구매물품 공급자를 거쳐 우선하여 공급할 수 있다.

제품 검수(시행규칙 제 19조)

① 소장은 물품공급업무 담당공무원을 검수관(檢收官)으로 지정하여 제21조(공급업무를 담당하는 법인 또는 개인의 지정)에 따라 지정받은 자비구매물품 공급자로부터 납품받은 제품의 수량·상태 및 소비기한 등을 검사하도록 해야 한다.

② 검수관은 공급제품이 부패, 파손, 규격미달, 그 밖의 사유로 수용자에게 공급하기에 부적당하다고 인정하는 경우에는 소장에게 이를 보고하고 필요한 조치를 하여야 한다.

주요사항 고지 등(시행규칙 제 20조)

① 소장은 수용자에게 자비구매물품의 품목·가격, 그 밖에 구매에 관한 주요사항을 미리 알려주어야 한다.

② 소장은 제품의 변질, 파손, 그 밖의 정당한 사유로 수용자가 교환, 반품 또는 수선을 원하는 경우에는 신속히 적절한 조치를 하여야 한다.

공급업무의 담당자 지정(시행규칙 제21조)

① 법무부장관은 자비구매물품의 품목·규격·가격 등의 교정시설 간 균형을 유지하고 공급과정의 효율성·공정성을 높이기 위하여 그 공급업무를 담당하는 법인 또는 개인을 지정할 수 있다.

② 제1항에 따라 지정받은 법인 또는 개인은 그 업무를 처리하는 경우 교정시설의 안전과 질서유지를 위하여 선량한 관리자로서의 의무를 다하여야 한다.

③ 자비구매물품 공급업무의 담당자 지정 등에 관한 세부사항은 법무부장관이 정한다.

05 위생과 의료

JUSTICE

1. 의의

수용자는 제한된 시설 및 공간 속에서 생활할 수밖에 없기 때문에 정신적·신체적으로 질병에 걸릴 수 있는 개연성이 높으므로, 철저한 개인위생과 집단위생이 필요하다.

2. 위생과 청결유지

위생 · 의료 조치의무(법 제30조)

소장은 수용자가 건강한 생활을 하는 데에 필요한 위생 및 의료상의 적절한 조치를 하여야 한다.

청결유지(법 제31조)

소장은 수용자가 사용하는 모든 설비와 기구가 항상 청결하게 유지되도록 하여야 한다.

청결의무(법 제32조)

① 수용자는 자신의 신체 및 의류를 청결히 하여야 하며, 자신이 사용하는 거실 · 작업장, 그 밖의 수용시설의 청결유지에 협력하여야 한다.

② 수용자는 위생을 위하여 머리카락과 수염을 단정하게 유지하여야 한다.

진료환경 등(법 제39조)

① 교정시설에는 수용자의 진료를 위하여 필요한 의료 인력과 설비를 갖추어야 한다.

② 소장은 정신질환이 있다고 의심되는 수용자가 있으면 정신건강의학과 의사의 진료를 받을 수 있도록 하여야 한다.

③ 외부의사는 수용자를 진료하는 경우에는 법무부장관이 정하는 사항을 준수하여야 한다.

④ 교정시설에 갖추어야 할 의료설비의 기준에 관하여 필요한 사항은 법무부령으로 정한다.

보건 · 위생관리계획의 수립 등(시행령 제46조)

소장은 수용자의 건강, 계절 및 시설여건 등을 고려하여 보건 · 위생관리계획을 정기적으로 수립하여 시행하여야 한다.

시설의 청소 · 소독(시행령 제47조)

① 소장은 거실 · 작업장 · 목욕탕, 그 밖에 수용자가 공동으로 사용하는 시설과 취사장, 주식 · 부식 저장고, 그 밖에 음식물 공급과 관련된 시설을 수시로 청소 · 소독하여야 한다.

② 소장은 저수조 등 급수시설을 6개월에 1회 이상 청소 · 소독하여야 한다.

청결의무(시행령 제48조)

수용자는 교도관이 법 제32조제1항에 따라 자신이 사용하는 거실, 작업장, 그 밖의 수용시설의 청결을 유지하기 위하여 필요한 지시를 한 경우에는 이에 따라야 한다.

의료설비의 기준(시행규칙 제23조)

① 교정시설에는「의료법」 제3조에 따른 의료기관 중 의원(醫院)이 갖추어야 하는 시설 수준 이상의 의료시설(진료실 등의 의료용 건축물을 말한다. 이하 같다)을 갖추어야 한다.
② 교정시설에 갖추어야 하는 의료장비(혈압측정기 등의 의료기기를 말한다)의 기준은 별표 3과 같다.
③ 의료시설의 세부종류 및 설치기준은 법무부장관이 정한다.

비상의료용품 기준(시행규칙 제24조)

① 소장은 수용정원과 시설여건 등을 고려하여 적정한 양의 비상의료용품을 갖추어 둔다.
② 교정시설에 갖추어야 하는 비상의료용품의 기준은 별표 4와 같다.

3. 운동과 목욕 ★

운동 및 목욕(법 제33조)

① 소장은 수용자가 건강유지에 필요한 운동 및 목욕을 정기적으로 할 수 있도록 하여야 한다.
② 운동시간 · 목욕횟수 등에 관하여 필요한 사항은 대통령령으로 정한다.

실외운동(시행령 제49조)

소장은 수용자가 매일(공휴일 및 법무부장관이 정하는 날은 제외한다)「국가공무원 복무규정」 제9조에 따른 근무시간 내에서 1시간 이내의 실외운동을 할 수 있도록 하여야 한다. 다만, 다음 각 호의 어느 하나에 해당하면 실외운동을 실시하지 아니할 수 있다.

1. 작업의 특성상 실외운동이 필요 없다고 인정되는 때
2. 질병 등으로 실외운동이 수용자의 건강에 해롭다고 인정되는 때
3. 우천, 수사, 재판, 그 밖의 부득이한 사정으로 실외운동을 하기 어려운 때

목욕횟수(시행령 제50조)

소장은 작업의 특성, 계절, 그 밖의 사정을 고려하여 수용자의 목욕횟수를 정하되 부득이한 사정이 없으면 매주 1회 이상이 되도록 한다.

4. 건강검진 ★

건강검진(법 제34조)

① 소장은 수용자에 대하여 건강검진을 정기적으로 하여야 한다.

② 건강검진의 횟수 등에 관하여 필요한 사항은 대통령령으로 정한다.

신입자의 수용 등(법 제16조②~③항)

② 소장은 신입자에 대하여는 지체 없이 신체 · 의류 및 휴대품을 검사하고 건강진단을 하여야 한다.

③ 신입자는 제2항에 따라 소장이 실시하는 검사 및 건강진단을 받아야 한다.

건강검진횟수(시행령 제51조)

① 소장은 수용자에 대하여 1년에 1회 이상 건강검진을 하여야 한다. 다만, 19세 미만의 수용자와 계호상 독거수용자에 대하여는 6개월에 1회 이상(노인수용자포함) 하여야 한다.

② 제1항의 건강검진은 「건강검진기본법」 제14조에 따라 지정된 건강검진기관에 의뢰하여 할 수 있다.

5. 감염병 등에 관한 조치 참고

감염병 등에 관한 조치(법 제35조)

소장은 감염병이나 그 밖에 감염의 우려가 있는 질병의 발생과 확산을 방지하기 위하여 필요한 경우 수용자에 대하여 예방접종 · 격리수용 · 이송, 그 밖에 필요한 조치를 하여야 한다.

수용의 거절(법 제18조)

① 소장은 다른 사람의 건강에 위해를 끼칠 우려가 있는 감염병에 걸린 사람의 수용을 거절할 수 있다.

② 소장은 제1항에 따라 수용을 거절하였으면 그 사유를 지체 없이 수용지휘기관과 관할 보건소장에게 통보하고 법무부장관에게 보고하여야 한다.

감염병의 정의(시행령 제52조)

법 제18조제1항, 법 제53조제1항제3호 및 법 제128조제2항에서 "감염병"이란 「감염병의 예방 및 관리에 관한 법률」에 따른 감염병을 말한다.

감염병에 관한 조치(시행령 제53조)

① 소장은 수용자가 감염병에 걸렸다고 의심되는 경우에는 1주 이상 격리수용하고 그 수용자의 휴대품을 소독하여야 한다.

② 소장은 감염병이 유행하는 경우에는 수용자가 자비로 구매하는 음식물의 공급을 중지할 수 있다.

③ 소장은 수용자가 감염병에 걸린 경우에는 즉시 격리수용하고 그 수용자가 사용한 물품과 설비를 철저히 소독하여야 한다.

④ 소장은 제3항의 사실을 지체 없이 법무부장관에게 보고하고 관할 보건기관의 장에게 알려야 한다.

6. 부상자 등 치료

부상자 등 치료(법 제36조)

①소장은 수용자가 부상을 당하거나 질병에 걸리면 적절한 치료를 받도록 하여야 한다.

② 제1항의 치료를 위하여 교정시설에 근무하는 간호사는 야간 또는 공휴일 등에 「의료법」 제27조에도 불구하고 대통령령으로 정하는 경미한 의료행위를 할 수 있다.

수용자의 의사에 반하는 의료조치(법 제40조)

① 소장은 수용자가 진료 또는 음식물의 섭취를 거부하면 의무관으로 하여금 관찰·조언 또는 설득을 하도록 하여야 한다.

② 소장은 제1항의 조치에도 불구하고 수용자가 진료 또는 음식물의 섭취를 계속 거부하여 그 생명에 위험을 가져올 급박한 우려가 있으면 의무관으로 하여금 적당한 진료 또는 영양보급 등의 조치를 하게 할 수 있다.

의료거실 수용 등(시행령 제54조)

소장은 수용자가 부상을 당하거나 질병에 걸린 경우에는 그 수용자를 의료거실에 수용하거나, 다른 수용자에게 그 수용자를 간병하게 할 수 있다.

간호사의 의료행위(시행령 제54조의2)

법 제36조제2항에서 대통령령으로 정하는 경미한 의료행위란 다음 각 호의 의료행위를 말한다.

1. 외상 등 흔히 볼 수 있는 상처의 치료
2. 응급을 요하는 수용자에 대한 응급처치
3. 부상과 질병의 악화방지를 위한 처치

4. 환자의 요양지도 및 관리
5. 제1호부터 제4호까지의 의료행위에 따르는 의약품의 투여

외부의사의 치료(시행령 제55조)

소장은 특히 필요하다고 인정하면 외부 의료시설에서 근무하는 의사(이하 "외부의사"라 한다)에게 수용자를 치료하게 할 수 있다.

7. 외부의료시설 진료

외부의료시설 진료 등(법 제37조)

① 소장은 수용자에 대한 적절한 치료를 위하여 필요하다고 인정하면 교정시설 밖에 있는 의료시설(이하 "외부의료시설"이라 한다)에서 진료를 받게 할 수 있다.
② 소장은 수용자의 정신질환 치료를 위하여 필요하다고 인정하면 법무부장관의 승인을 받아 치료감호시설로 이송할 수 있다.
③ 제2항에 따라 이송된 사람은 수용자에 준하여 처우한다.
④ 소장은 제1항 또는 제2항에 따라 수용자가 외부의료시설에서 진료받거나 치료감호시설로 이송되면 그 사실을 그 가족(가족이 없는 경우에는 수용자가 지정하는 사람)에게 지체 없이 알려야 한다. 다만, 수용자가 알리는 것을 원하지 아니하면 그러하지 아니하다.
⑤ 소장은 수용자가 자신의 고의 또는 중대한 과실로 부상 등이 발생하여 외부의료시설에서 진료를 받은 경우에는 그 진료비의 전부 또는 일부를 그 수용자에게 부담하게 할 수 있다.

자비치료(법 제38조)

소장은 수용자가 자신의 비용으로 외부의료시설에서 근무하는 의사(이하 "외부의사"라 한다)에게 치료받기를 원하면 교정시설에 근무하는 의사(공중보건의사를 포함하며, 이하 "의무관"이라 한다)의 의견을 고려하여 이를 허가할 수 있다.

위독 사실의 알림(시행령 제56조)

소장은 수용자가 위독한 경우에는 그 사실을 가족에게 지체 없이 알려야 한다.

외부 의료시설 입원 등 보고(시행령 제57조)

소장은 법 제37조제1항에 따라 수용자를 외부 의료시설에 입원시키거나 입원 중인 수용자를 교정시설로 데려온 경우에는 그 사실을 법무부장관에게 지체 없이 보고하여야 한다.

06 특별한 보호

JUSTICE

1. 기본이해

(1) 수용자 중에서도 여성·유아·노인·장애인·외국인 수용자 등은 사회적 약자임을 고려하여 적정한 배려 또는 처우를 하여 특별히 보호하는 것을 말한다.
(2) 현행법상 특별한 보호가 필요한 수용자는 여성·노인·장애인·소년·외국인이다.

2. 여성수용자와 임산부의 처우

여성수용자의 처우(법 제50조)

① 소장은 여성수용자에 대하여 여성의 신체적·심리적 특성을 고려하여 처우하여야 한다.
② 소장은 여성수용자에 대하여 건강검진을 실시하는 경우에는 나이·건강 등을 고려하여 부인과질환에 관한 검사를 포함시켜야 한다.
③ 소장은 생리 중인 여성수용자에 대하여는 위생에 필요한 물품을 지급하여야 한다.

여성수용자 처우 시의 유의사항(법 제51조)

① 소장은 여성수용자에 대하여 상담·교육·작업 등(이하 이 조에서 "상담 등"이라 한다)을 실시하는 때에는 여성교도관이 담당하도록 하여야 한다. 다만, 여성교도관이 부족하거나 그 밖의 부득이한 사정이 있으면 그러하지 아니하다.
② 제1항 단서에 따라 남성교도관이 1인의 여성수용자에 대하여 실내에서 상담 등을 하려면 투명한 창문이 설치된 장소에서 다른 여성을 입회시킨 후 실시하여야 한다.

임산부인 수용자의 처우(법 제52조)

① 소장은 수용자가 임신 중이거나 출산(유산·사산을 포함한다)한 경우에는 모성보호 및 건강유지를 위하여 정기적인 검진 등 적절한 조치를 하여야 한다.
② 소장은 수용자가 출산하려고 하는 경우에는 외부의료시설에서 진료를 받게 하는 등 적절한 조치를 하여야 한다.

여성수용자의 목욕(시행령 제77조)

① 소장은 제50조에 따라 여성수용자의 목욕횟수를 정하는 경우에는 그 신체적 특성을 특히 고려하여야 한다.
② 소장은 여성수용자가 목욕을 하는 경우에 계호가 필요하다고 인정하면 여성교도관이 하도록 하여야 한다.

출산의 범위(시행령 제78조)

법 제52조제1항에서 "출산(유산·사산을 포함한다)한 경우"란 출산(유산·사산한 경우를 포함한다) 후 60일이 지나지 아니한 경우를 말한다.

임산부수용자 등에 대한 특칙(시행규칙 제42조)

소장은 임산부인 수용자 및 법 제53조에 따라 유아의 양육을 허가받은 수용자에 대하여 필요하다고 인정하는 경우에는 교정시설에 근무하는 의사(공중보건의사를 포함한다. 이하 "의무관"이라 한다)의 의견을 들어 필요한 양의 죽 등의 주식과 별도로 마련된 부식을 지급할 수 있으며, 양육유아에 대하여는 분유 등의 대체식품을 지급할 수 있다.

3. 유아의 양육신청

유아의 양육(법 제53조)

① 여성수용자는 자신이 출산한 유아를 교정시설에서 양육할 것을 신청할 수 있다. 이 경우 소장은 다음 각 호의 어느 하나에 해당하는 사유가 없으면, 생후 18개월에 이르기까지 허가하여야 한다.

1. 유아가 질병·부상, 그 밖의 사유로 교정시설에서 생활하는 것이 특히 부적당하다고 인정되는 때
2. 수용자가 질병·부상, 그 밖의 사유로 유아를 양육할 능력이 없다고 인정되는 때
3. 교정시설에 감염병이 유행하거나 그 밖의 사정으로 유아양육이 특히 부적당한 때

② 소장은 제1항에 따라 유아의 양육을 허가한 경우에는 필요한 설비와 물품의 제공, 그 밖에 양육을 위하여 필요한 조치를 하여야 한다.

유아의 양육(시행령 제79조)

소장은 법 제53조제1항에 따라 유아의 양육을 허가한 경우에는 교정시설에 육아거실을 지정·운영하여야 한다.

유아의 인도(시행령 제80조)

① 소장은 유아의 양육을 허가하지 아니하는 경우에는 수용자의 의사를 고려하여 유아보호에 적당하다고 인정하는 법인 또는 개인에게 그 유아를 보낼 수 있다. 다만, 적당한 법인 또는 개인이 없는 경우에는 그 유아를 해당 교정시설의 소재지를 관할하는 시장·군수 또는 구청장에게 보내서 보호하게 하여야 한다.

② 법 제53조제1항에 따라 양육이 허가된 유아가 출생 후 18개월이 지나거나, 유아양육의 허가를 받은 수용자가 허가의 취소를 요청하는 때 또는 법 제53조제1항 각 호의 어느 하나에 해당되는 때에도 제1항과 같다.

4. 노인수용자의 정의 등

노인수용자 등의 정의(시행령 제81조)

① 법 제54조제1항에서 노인수용자란 65세 이상인 수용자를 말한다.

② 법 제54조제2항에서 장애인수용자란 시각 · 청각 · 언어 · 지체(肢體) 등의 장애로 통상적인 수용생활이 특히 곤란하다고 인정되는 사람으로서 법무부령으로 정하는 수용자를 말한다.

③ 법 제54조제3항에서 외국인수용자란 대한민국의 국적을 가지지 아니한 수용자를 말한다.

④ 법 제54조제4항에서 소년수용자란 다음 각 호의 사람을 말한다.

1. 19세 미만의 수형자
2. 법 제12조제3항에 따라 소년교도소에 수용 중인 수형자
3. 19세 미만의 미결수용자

수용자에 대한 특별한 처우(법 제54조)

① 소장은 노인수용자에 대하여 나이 · 건강상태 등을 고려하여 그 처우에 있어 적정한 배려를 하여야 한다.

② 소장은 장애인수용자에 대하여 장애의 정도를 고려하여 그 처우에 있어 적정한 배려를 하여야 한다.

③ 소장은 외국인수용자에 대하여 언어 · 생활문화 등을 고려하여 적정한 처우를 하여야 한다.

④ 소장은 소년수용자에 대하여 나이 · 적성 등을 고려하여 적정한 처우를 하여야 한다.

⑤ 노인수용자 · 장애인수용자 · 외국인수용자 및 소년수용자에 대한 적정한 배려 또는 처우에 관하여 필요한 사항은 법무부령으로 정한다.

5. 노인수용자

전담교정시설(시행규칙 제43조)

① 법 제57조제6항에 따라 법무부장관이 노인수형자의 처우를 전담하도록 정하는 시설(이하 "노인수형자 전담교정시설"이라 한다)에는 「장애인 · 노인 · 임산부 등의 편의증진보장에 관한 법률 시행령」 별표 2의 교도소 · 구치소 편의시설의 종류 및 설치기준에 따른 편의시

설을 갖추어야 한다.

② 노인수형자 전담교정시설에는 별도의 공동휴게실을 마련하고 노인이 선호하는 오락용품 등을 갖춰두어야 한다.

수용거실(시행규칙 제44조)

① 노인수형자 전담교정시설이 아닌 교정시설에서는 노인수용자를 수용하기 위하여 별도의 거실을 지정하여 운용할 수 있다.

② 노인수용자의 거실은 시설부족 또는 그 밖의 부득이한 사정이 없으면 건물의 1층에 설치하고, 특히 겨울철 난방을 위하여 필요한 시설을 갖추어야 한다.

주 · 부식 등 지급(시행규칙 제45조)

소장은 노인수용자의 나이 · 건강상태 등을 고려하여 필요하다고 인정하면 제4조부터 제8조(의류 · 침구의 품목, 착용시기 및 대상, 의류침구등 생활용품 지급기준) 까지의 규정, 제10조, 제11조, 제13조 및 제14조(주 · 부식 지급, 지급횟수)에 따른 수용자의 지급기준을 초과하여 주 · 부식, 의류 · 침구, 그 밖의 생활용품을 지급할 수 있다.

운동 · 목욕(시행규칙 제46조)

① 소장은 노인수용자의 나이 · 건강상태 등을 고려하여 필요하다고 인정하면 영 제49조(실외운동)에 따른 운동시간을 연장하거나 영 제50조(목욕횟수)에 따른 목욕횟수를 늘릴 수 있다.

② 소장은 노인수용자가 거동이 불편하여 혼자서 목욕하기 어려운 경우에는 교도관, 자원봉사자 또는 다른 수용자로 하여금 목욕을 보조하게 할 수 있다.

전문의료진 등(시행규칙 제47조)

① 노인수형자 전담교정시설의 장은 노인성 질환에 관한 전문적인 지식을 가진 의료진과 장비를 갖추고, 외부의료시설과 협력체계를 강화하여 노인수형자가 신속하고 적절한 치료를 받을 수 있도록 노력하여야 한다.

② 소장은 노인수용자에 대하여 6개월에 1회 이상 건강검진을 하여야 한다.

교육 · 교화프로그램 및 작업(시행규칙 제48조)

① 노인수형자 전담교정시설의 장은 노인문제에 관한 지식과 경험이 풍부한 외부전문가를 초빙하여 교육하게 하는 등 노인수형자의 교육 받을 기회를 확대하고, 노인전문오락, 그 밖에 노인의 특성에 알맞은 교화프로그램을 개발 · 시행하여야 한다.

② 소장은 노인수용자가 작업을 원하는 경우에는 나이 · 건강상태 등을 고려하여 해당 수용자가 감당할 수 있는 정도의 작업을 부과한다. 이 경우 의무관의 의견을 들어야 한다.

6. 외국인수용자

전담교정시설(시행규칙 제55조)

법 제57조제6항에 따라 법무부장관이 외국인수형자의 처우를 전담하도록 정하는 시설의 장은 외국인의 특성에 알맞은 교화프로그램 등을 개발하여 시행하여야 한다.

전담요원 지정(시행규칙 제56조)

① 외국인수용자를 수용하는 소장은 외국어에 능통한 소속 교도관을 전담요원으로 지정하여 일상적인 개별면담, 고충해소, 통역·번역 및 외교공관 또는 영사관 등 관계기관과의 연락 등의 업무를 수행하게 하여야 한다.

② 제1항의 전담요원은 외국인 미결수용자에게 소송 진행에 필요한 법률지식을 제공하는 등의 조력을 하여야 한다.

수용거실 지정(시행규칙 제57조)

① 소장은 외국인수용자의 수용거실을 지정하는 경우에는 종교 또는 생활관습이 다르거나 민족감정 등으로 인하여 분쟁의 소지가 있는 외국인수용자는 거실을 분리하여 수용하여야 한다.

② 소장은 외국인수용자에 대하여는 그 생활양식을 고려하여 필요한 수용설비를 제공하도록 노력하여야 한다.

주·부식 지급(시행규칙 제58조)

① 외국인수용자에게 지급하는 음식물의 총열량은 제14조제2항(주·부식의 지급횟수)에도 불구하고 소속 국가의 음식문화, 체격 등을 고려하여 조정할 수 있다.

② 외국인수용자에 대하여는 쌀, 빵 또는 그 밖의 식품을 주식으로 지급하되, 소속 국가의 음식문화를 고려하여야 한다.

③ 외국인수용자에게 지급하는 부식의 지급기준은 법무부장관이 정한다.

위독 또는 사망 시의 조치(시행규칙 제59조)

소장은 외국인수용자가 질병 등으로 위독하거나 사망한 경우에는 그의 국적이나 시민권이 속하는 나라의 외교공관 또는 영사관의 장이나 그 관원 또는 가족에게 이를 즉시 알려야 한다.

7. 장애인수용자

정의(시행규칙 제49조)

"장애인수용자"란 「장애인복지법 시행령」 별표 1의 제1호부터 제15호까지의 규정에 해당하는 사람으로서 시각·청각·언어·지체(肢體) 등의 장애로 통상적인 수용생활이 특히 곤란하다고 인정되는 수용자를 말한다.

전담교정시설(시행규칙 제50조)

① 법 제57조제6항에 따라 법무부장관이 장애인수형자의 처우를 전담하도록 정하는 시설(이하 "장애인수형자 전담교정시설"이라 한다)의 장은 장애종류별 특성에 알맞은 재활치료프로그램을 개발하여 시행하여야 한다.

② 장애인수형자 전담교정시설 편의시설의 종류 및 설치기준에 관하여는 제43조제1항을 준용한다.

수용거실(시행규칙 제51조)

① 장애인수형자 전담교정시설이 아닌 교정시설에서는 장애인수용자를 수용하기 위하여 별도의 거실을 지정하여 운용할 수 있다.

② 장애인수용자의 거실은 시설부족 또는 그 밖의 부득이한 사정이 없으면 건물의 1층에 설치하고, 특히 장애인이 이용할 수 있는 변기 등의 시설을 갖추도록 하여야 한다.

전문의료진 등(시행규칙 제52조)

장애인수형자 전담교정시설의 장은 장애인의 재활에 관한 전문적인 지식을 가진 의료진과 장비를 갖추도록 노력하여야 한다.

직업훈련(시행규칙 제53조)

장애인수형자 전담교정시설의 장은 장애인수형자에 대한 직업훈련이 석방 후의 취업과 연계될 수 있도록 그 프로그램의 편성 및 운영에 특히 유의하여야 한다.

준용규정(시행규칙 제54조)

장애인수용자의 장애정도, 건강 등을 고려하여 필요하다고 인정하는 경우 주·부식 등의 지급, 운동·목욕 및 교육·교화프로그램·작업에 관하여 제45조·제46조 및 제48조를 준용한다.

8. 소년수용자

전담교정시설(시행규칙 제59조의2)

① 법 제57조제6항에 따라 법무부장관이 19세 미만의 수형자(이하 "소년수형자"라 한다)의 처우를 전담하도록 정하는 시설(이하 "소년수형자 전담교정시설"이라 한다)의 장은 소년의 나이 · 적성 등 특성에 알맞은 교육 · 교화프로그램을 개발하여 시행하여야 한다.

② 소년수형자 전담교정시설에는 별도의 공동학습공간을 마련하고 학용품 및 소년의 정서 함양에 필요한 도서, 잡지 등을 갖춰 두어야 한다.

수용거실(시행규칙 제59조의3)

① 소년수형자 전담교정시설이 아닌 교정시설에서는 소년수용자(영 제81조제4항에 따른 소년수용자를 말한다. 이하 같다)를 수용하기 위하여 별도의 거실을 지정하여 운용할 수 있다.

② 소년수형자 전담교정시설이 아닌 교정시설에서 소년수용자를 수용한 경우 교육 · 교화프로그램에 관하여는 제59조의2제1항을 준용한다.

의류(시행규칙 제59조의4)

법무부장관은 제4조 및 제5조에도 불구하고 소년수용자의 나이 · 적성 등을 고려하여 필요하다고 인정하는 경우 의류의 품목과 품목별 착용 시기 및 대상을 달리 정할 수 있다.

접견 · 전화(시행규칙 제59조의5)

소장은 소년수형자 등의 나이 · 적성 등을 고려하여 필요하다고 인정하면 제87조 및 제90조에 따른 접견 및 전화통화 횟수를 늘릴 수 있다.

사회적 처우(시행규칙 제59조의6)

제92조제1항에도 불구하고 소장은 소년수형자 등의 나이 · 적성 등을 고려하여 필요하다고 인정하면 소년수형자 등에게 같은 항 각 호에 해당하는 활동을 허가할 수 있다. 이 경우 소장이 허가할 수 있는 활동에는 발표회 및 공연 등 참가 활동을 포함한다.

준용규정(시행규칙 제59조의7)

소년수용자의 나이 · 건강상태 등을 고려하여 필요하다고 인정하는 경우 주 · 부식의 등의 지급, 운동 · 목욕, 전문의료진 등 및 작업에 관하여 제45조부터 제48조까지의 규정을 준용한다.

박상민

JUSTICE 교정학

PART 5

시설내 처우 Ⅱ

Chapter 1 수용자 상벌제도
Chapter 2 교정교화
Chapter 3 교정상담 및 교정처우기법
Chapter 4 교도작업과 직업훈련
Chapter 5 미결수용자 처우

CHAPTER 1

수용자 상벌제도

01 상벌제도

JUSTICE

1. 상벌제도의 의의

(1) 상벌제도

① 상벌제도란 모범적인 수용생활을 하고 교정성적이 우수한 수용자에게는 그에 상응한 상과 혜택을 부여하고, 교정성적이 저조하고 규율을 위반한 수용자에게는 그에 상응한 처벌과 불이익을 부여하는 제도를 말한다.

② 선행을 하는 수용자에게는 각종 혜택을 부여하고 악행을 하는 수용자에게 징벌을 부과하는 신상필벌은, 다수인이 공동생활하는 교정시설 내의 질서유지와 교화촉진을 위한 가장 유효한 방안의 일종이라 할 수 있다.

(2) 상벌제도의 종류

① 상우제도 : 모범적인 수용자나 선행을 하는 수용자에게 부과하는 교정행정상 이익되는 처분을 말한다.

② 징벌제도 : 교정시설의 규칙을 위반하거나 위반할 우려가 있는 수용자에게 부과하는 불이익한 처분을 말한다.

(3) 상벌제도의 성격

① 상벌은 수용자에게 행정상의 이익 또는 불이익 처분을 부과하는 행정처분의 일종이다.

② 상벌은 수용자에게 부과하는 교정제도이다.

③ 상벌은 수용자의 교화개선을 촉진시키는 제도이다.

④ 징벌은 형벌이 아니므로 죄형법정주의가 엄격히 요구되지 않지만, 수용자에 대한 불이익한 처분에 해당하므로 징벌의 요건 · 종류 · 절차 등이 명확해야 한다.

2. 포상제도

(1) 의의

포상제도는 모범적인 수용자나 선행을 하는 수용자에게 각종 혜택을 부여하는 것을 말한다. 「형집행법」에 포상할 수 있는 규정, 시행령에는 포상금을 지급할 수 있는 규정, 시행규칙에는 [형집행법」에 따른 포상기준에 관한 규정을 두고 있다.

그 외 수용자에게 각종 혜택을 부여하는 상우방법으로는 소장표창, 접견횟수 증가, 가석방, 귀휴, 가족 만남의 날 행사, 가족 만남의 집 활용 등을 들 수 있다.

(2) 관련 규정

포상(법 제106조)

소장은 수용자가 다음 각 호의 어느 하나에 해당하면 법무부령으로 정하는 바에 따라 포상할 수 있다.

1. 사람의 생명을 구조하거나 도주를 방지한 때
2. 제102조제1항에 따른 응급용무에 공로가 있는 때
3. 시설의 안전과 질서유지에 뚜렷한 공이 인정되는 때
4. 수용생활에 모범을 보이거나 건설적이고 창의적인 제안을 하는 등 특히 포상할 필요가 있다고 인정되는 때

포상(시행규칙 제214조의2)

법 제106조에 따른 포상기준은 다음 각 호와 같다.

1. 법 제106조제1호 및 제2호에 해당하는 경우 소장표창 및 제89조에 따른 가족만남의 집 이용 대상자 선정
2. 법 제106조제3호 및 제4호에 해당하는 경우 소장표창 및 제89조에 따른 가족만남의 날 행사 참여 대상자 선정

3. 징벌제도

(1) 의의

징벌제도는 규칙을 위반하거나 위반할 우려가 있는 수용자에게 행정상 불이익한 처분을 하는 제도이다. 징벌의 소극적인 목적은 교정시설 내의 질서유지이고, 적극적인 목적은 수용자의 교화개선을 근간으로 한다.

(2) 징벌제도의 운영원칙

① 명확성의 원칙 : 징벌의 요건 · 절차 · 내용 등을 법률이나 권한 있는 행정기관의 규칙으로 명확하게 명시해야 한다.

② 필요최소한의 원칙 : 구금의 목적과 질서유지를 위해 필요한 최소한도에 그쳐야 한다.

③ 보충성의 원칙 : 징벌은 다른 수단으로 수용자의 교정이 곤란할 때 최후의 수단으로 운영되어야 한다.

④ 비례의 원칙 : 징벌을 부과하는 경우에는 규율위반 원인과 내용을 정확하게 분석하여 적정한 처벌이 되도록 해야 한다.

⑤ 인권존중의 원칙 : 수용자의 인권이 부당하게 침해되지 않도록 고려해야 한다.

➲ 형벌과 징벌의 구별

형벌	징벌
① 사회의 공공질서 침해행위 ② 범죄에 대한 처벌 ③ 위법한 모든 국민에게 적용(수용자 포함)	① 교정시설 내부질서 문란행위 ② 교정시설의 규율위반에 대한 처벌 ③ 수용자에게만 적용

➲ 형벌과 징벌

① 형벌은 출소 후에도 수용 중에 범한 행위에 대해 처벌이 가능하지만, 징벌은 수용 중이 아니면 부과할 수 없다.

② 형벌과 징벌 간에는 일사부재리의 원칙이 적용되지 않으므로 동시에 부과할 수 있다.

③ 징벌 상호 간에는 일사부재리의 원칙이 적용되므로 동일한 행위에 대하여 거듭 징벌을 부과할 수 없다.

(3) 징벌제도의 문제점과 개선방안 참고

① 문제점

㉠ 우리나라는 모든 징벌을 소장이 요구하고 집행하고 있다.

㉡ 징벌의 전제가 되는 수용자의 준수사항이 광범위하다는 지적이 있다.

㉢ 징벌 혐의자의 항고 또는 재심청구 등과 같은 구제수단과, 변호인 등에 의한 변론기회 등 절차적 권리보장이 미흡하다는 지적이 있다(행정심판, 행정소송 등은 가능함).

㉣ 가석방제도와 연관성이 적어 징벌 효과가 미흡한 편이다.

➲ 징벌에 대한 행정심판 청구

징벌처분에 대해 이의가 있는 수용자는 지방교정청 행정심판위원회에 행정심판을 청구할 수 있다. 하지만 행정심판위원회가 직근 상급기관에 소속되어 있어 객관성 및 실효성을 거두기 어려운 점이 있다.

② 개선안

㉠ 반성문 제출 등 교육적인 처우를 감안한 징벌프로그램 개발이 필요하다.

㉡ 징벌혐의자에 대한 변론기회 강화 등 절차적 권리를 보강할 필요가 있다.

㉢ 징벌위원회 결정에 대한 재심청구 등 구제수단의 도입이 필요하다.

㉣ 경미한 징벌사안에 대해서는 권한을 위임할 필요가 있다.

㉤ 징벌 선고유예제도를 도입할 필요가 있다(징벌 집행유예제도와 징벌 실효제도는 운영하고 있음).

㉥ 과태료 또는 벌금제도 등 금전적인 제재를 가하는 방안을 강구할 필요가 있다.

㉦ 상습규율위반자에 대해서는 형기가중제도를 도입할 필요가 있다.

㉧ 금치기간 만큼 가석방혜택을 줄여나가는 방안 등 가석방제도와 연관성을 강화해 징벌의 효과를 증대시켜 나갈 필요가 있다.

02 현행법상 징벌제도

JUSTICE

1. 수용자의 의무

(1) 수용자의 의무

① 수용자는 교정법령이 정하는 수용질서에 순응할 의무가 있다.

② 적법하고 정당한 감독권과 징벌권에 수명할 의무가 있다.

③ 일시석방 시 24시간 이내 교정시설 또는 경찰관서에 출석할 의무가 있다(법 제102조).

④ 거실·작업장 등 수용시설 청결의무가 있다(법 제32조).

⑤ 수형자는 자신에게 부과된 작업과 그 밖의 노역을 해야 할 의무가 있다(법 제66조).

⑥ 그 외 신입자는 소장이 실시하는 건강진단을 받아야 하는 의무 등이 있다(법 제16조 ③).

(2) 관련 규정

①「형집행법」

규율 등(법 제105조) ★

① 수용자는 교정시설의 안전과 질서유지를 위하여 법무부장관이 정하는 규율을 지켜야 한다.

② 수용자는 소장이 정하는 일과시간표를 지켜야 한다.

③ 수용자는 교도관의 직무상 지시에 따라야 한다.

징벌(법 제107조)

소장은 수용자가 다음 각 호의 어느 하나에 해당하는 행위를 하면 제111조의 징벌위원회의 의결에 따라 징벌을 부과할 수 있다.

1. 「형법」, 「폭력행위 등 처벌에 관한 법률」, 그 밖의 형사 법률에 저촉되는 행위(21일 이상 30일 이하의 금치)
2. 수용생활의 편의 등 자신의 요구를 관철할 목적으로 자해하는 행위(10일 이상 15일 이하의 금치 또는 2개월의 작업장려금 삭감)
3. 정당한 사유 없이 작업 · 교육 · 교화프로그램 등을 거부하거나 태만히 하는 행위(10일 이상 15일 이하의 금치 또는 2개월의 작업장려금 삭감)
4. 제92조의 금지물품을 지니거나 반입 · 제작 · 사용 · 수수 · 교환 · 은닉하는 행위(21일 이상 30일 이하의 금치)
5. 다른 사람을 처벌받게 하거나 교도관의 직무집행을 방해할 목적으로 거짓 사실을 신고하는 행위(16일 이상 20일 이하의 금치 또는 3개월의 작업장려금 삭감)
6. 그 밖에 시설의 안전과 질서유지를 위하여 법무부령으로 정하는 규율을 위반하는 행위

② 시행규칙

규율(시행규칙 제214조)

수용자는 다음 각 호에 해당하는 행위를 해서는 안 된다.

1. 교정시설의 안전 또는 질서를 해칠 목적으로 다중(多衆)을 선동하는 행위
2. 허가되지 아니한 단체를 조직하거나 그에 가입하는 행위
3. 교정장비, 도주방지시설, 그 밖의 보안시설의 기능을 훼손하는 행위
4. 음란한 행위를 하거나 다른 사람에게 성적(性的) 언동 등으로 성적 수치심 또는 혐오감을 느끼게 하는 행위
5. 다른 사람에게 부당한 금품을 요구하는 행위

5의2. 허가 없이 다른 수용자에게 금품을 교부하거나 수용자 외의 사람을 통하여 다른 수용자에게 금품을 교부하는 행위

6. 작업 · 교육 · 접견 · 집필 · 전화통화 · 운동, 그 밖에 교도관의 직무 또는 다른 수용자의 정상적인 일과 진행을 방해하는 행위
7. 문신을 하거나 이물질을 신체에 삽입하는 등 의료 외의 목적으로 신체를 변형시키는 행위
8. 허가 없이 지정된 장소를 벗어나거나 금지구역에 출입하는 행위
9. 허가 없이 다른 사람과 만나거나 연락하는 행위

10. 수용생활의 편의 등 자신의 요구를 관철할 목적으로 이물질을 삼키는 행위
11. 인원점검을 회피하거나 방해하는 행위
12. 교정시설의 설비나 물품을 고의로 훼손하거나 낭비하는 행위
13. 고의로 수용자의 번호표, 거실표 등을 지정된 위치에 붙이지 아니하거나 그 밖의 방법으로 현황파악을 방해하는 행위
14. 큰 소리를 내거나 시끄럽게 하여 다른 수용자의 평온한 수용생활을 현저히 방해하는 행위
15. 허가 없이 물품을 지니거나 반입 · 제작 · 변조 · 교환 또는 주고받는 행위
16. 도박이나 그 밖에 사행심을 조장하는 놀이나 내기를 하는 행위
17. 지정된 거실에 입실하기를 거부하는 등 정당한 사유 없이 교도관의 직무상 지시나 명령을 따르지 아니하는 행위
   (징벌부과기준 : 1~3호 - 21~30일 이하 금치, 4~8호 - 16~20일 이하 금치 또는 3개월의 작업장려금 삭감, 9~14호 - 10~15일 이하 금치 또는 2개월 작업장려금 삭감, 15~17호 - 9일 이하의 금치 또는 1개월의 작업장려금 삭감)
18. 공연히 다른 사람을 해할 의사를 표시하는 행위

2. 징벌기관(징벌위원회)

(1) 「형집행법」

징벌위원회(법 제111조) ★

① 징벌대상자의 징벌을 결정하기 위하여 교정시설에 징벌위원회(이하 이 조에서 "위원회"라 한다)를 둔다.

② 위원회는 위원장을 포함한 5명 이상 7명 이하의 위원으로 구성하고, 위원장은 소장의 바로 다음 순위자가 되며, 위원은 소장이 소속 기관의 과장(지소의 경우에는 7급 이상의 교도관) 및 교정에 관한 학식과 경험이 풍부한 외부인사 중에서 임명 또는 위촉한다. 이 경우 외부위원은 3명 이상으로 한다.

③ 위원회는 소장의 징벌요구에 따라 개회하며, 징벌은 그 의결로써 정한다.

④ 위원이 징벌대상자의 친족이거나 그 밖에 공정한 심의 · 의결을 기대할 수 없는 특별한 사유가 있는 경우에는 위원회에 참석할 수 없다.

⑤ 징벌대상자는 위원에 대하여 기피신청을 할 수 있다. 이 경우 위원회의 의결로 기피 여부를 결정하여야 한다.

⑥ 위원회는 징벌대상자가 위원회에 출석하여 충분한 진술을 할 수 있는 기회를 부여하여야 하며, 징벌대상자는 서면 또는 말로써 자기에게 유리한 사실을 진술하거나 증거를 제출할

수 있다.
⑦ 위원회의 위원 중 공무원이 아닌 사람은 「형법」 제127조 및 제129조부터 제132조까지의 규정을 적용할 때에는 공무원으로 본다.

(2) 시행령

징벌위원회의 소집(시행령 제129조)

법 제111조에 따른 징벌위원회(이하 이 장에서 “위원회”라 한다)의 위원장은 소장의 징벌요구에 따라 위원회를 소집한다.

위원장의 직무대행(시행령 제130조)

위원회의 위원장이 불가피한 사정으로 그 직무를 수행하기 어려운 경우에는 위원장이 미리 지정한 위원이 그 직무를 대행한다.

위원의 제척(시행령 제131조)

위원회의 위원이 해당 징벌대상 행위의 조사를 담당한 경우에는 해당 위원회에 참석할 수 없다.

징벌의결 통고(시행령 제132조)

위원회가 징벌을 의결한 경우에는 이를 소장에게 즉시 통고하여야 한다.

(3) 시행규칙

징벌위원회 외부위원(시행규칙 제223조)

① 소장은 법 제111조제2항에 따른 징벌위원회의 외부위원을 다음 각 호의 사람 중에서 위촉한다.
1. 변호사
2. 대학에서 법률학을 가르치는 조교수 이상의 직에 있는 사람
3. 교정협의회(교정위원 전원으로 구성된 협의체를 말한다)에서 추천한 사람
4. 그 밖에 교정에 관한 학식과 경험이 풍부한 사람

② 제1항에 따라 위촉된 위원의 임기는 2년으로 하며, 연임할 수 있다.
③ 소장은 외부위원이 다음 각 호의 어느 하나에 해당하는 경우에는 해당 위원을 해촉할 수 있다.

1. 심신장애로 직무수행이 불가능하거나 현저히 곤란하다고 인정되는 경우
2. 직무와 관련된 비위사실이 있는 경우
3. 직무태만, 품위 손상, 그 밖의 사유로 인하여 위원으로서 직무를 수행하기 적합하지 아니하다고 인정되는 경우
4. 위원 스스로 직무를 수행하는 것이 곤란하다고 의사를 밝히는 경우
5. 특정 종파나 특정 사상에 편향되어 징벌의 공정성을 해칠 우려가 있는 경우

④ 제1항에 따라 위촉된 위원이 징벌위원회에 참석한 경우에는 예산의 범위에서 수당, 여비, 그 밖에 필요한 경비를 지급할 수 있다.

징벌위원회 위원장(시행규칙 제224조)

법 제111조제2항에서 "소장의 바로 다음 순위자"는 「법무부와 그 소속기관 직제 시행규칙」의 직제순위에 따른다.

징벌위원회 심의 · 의결대상(시행규칙 제225조)

징벌위원회는 다음 각 호의 사항을 심의 · 의결한다.

1. 징벌대상행위의 사실 여부
2. 징벌의 종류와 내용
3. 제220조제3항에 따른 징벌기간 산입
4. 법 제111조제5항에 따른 징벌위원에 대한 기피신청의 심의 · 의결
5. 법 제114조제1항에 따른 징벌집행의 유예여부와 그 기간
6. 그 밖에 징벌내용과 관련된 중요 사항

3. 징벌의결 요구 및 의결

징벌의결의 요구(시행규칙 제226조)

① 소장이 징벌대상자에 대하여 징벌의결을 요구하는 경우에는 별지 제14호서식의 징벌의결 요구서를 작성하여 징벌위원회에 제출하여야 한다.

② 제1항에 따른 징벌의결 요구서에는 징벌대상행위의 입증에 필요한 관계서류를 첨부할 수 있다.

징벌대상자에 대한 출석통지(시행규칙 제227조)

① 징벌위원회가 제226조에 따른 징벌의결 요구서를 접수한 경우에는 지체 없이 징벌대상자에게 별지 제15호서식의 출석통지서를 전달하여야 한다.

② 제1항에 따른 출석통지서에는 다음 각 호의 내용이 포함되어야 한다.
1. 혐의사실 요지
2. 출석 장소 및 일시
3. 징벌위원회에 출석하여 자기에게 이익이 되는 사실을 말이나 서면으로 진술할 수 있다는 사실
4. 서면으로 진술하려면 징벌위원회를 개최하기 전까지 진술서를 제출하여야 한다는 사실
5. 증인신청 또는 증거제출을 할 수 있다는 사실
6. 형사절차상 불리하게 적용될 수 있는 사실에 대하여 진술을 거부할 수 있다는 것과 진술하는 경우에는 형사절차상 불리하게 적용될 수 있다는 사실

③ 제1항에 따라 출석통지서를 전달받은 징벌대상자가 징벌위원회에 출석하기를 원하지 아니하는 경우에는 별지 제16호서식의 출석포기서를 징벌위원회에 제출하여야 한다.

징벌위원회의 회의(시행규칙 제228조)

① 징벌위원회는 출석한 징벌대상자를 심문하고, 필요하다고 인정하는 경우에는 교도관이나 다른 수용자 등을 참고인으로 출석하게 하여 심문할 수 있다.

② 징벌위원회는 필요하다고 인정하는 경우 제219조의2에 따라 심리상담을 한 교도관으로 하여금 그 심리상담 결과를 제출하게 하거나 해당 교도관을 징벌위원회에 출석하게 하여 심리상담 결과를 진술하게 할 수 있다.

③ 징벌위원회는 징벌대상자에게 제227조제1항에 따른 출석통지서를 전달하였음에도 불구하고 징벌대상자가 같은 조 제3항에 따른 출석포기서를 제출하거나 정당한 사유 없이 출석하지 아니한 경우에는 그 사실을 별지 제17호서식의 징벌위원회 회의록에 기록하고 서면심리만으로 징벌을 의결할 수 있다.

④ 징벌위원회는 재적위원 과반수의 출석으로 개의하고, 출석위원 과반수의 찬성으로 의결한다. 이 경우 외부위원 1명 이상이 출석한 경우에만 개의할 수 있다.

⑤ 징벌의 의결은 별지 제18호서식의 징벌의결서에 따른다.

⑥ 징벌위원회가 작업장려금 삭감을 의결하려면 사전에 수용자의 작업장려금을 확인하여야 한다.

⑦ 징벌위원회의 회의에 참여한 사람은 직무상 알게 된 비밀을 누설하여서는 아니 된다.

4. 징벌의 종류

징벌의 종류(법 제108조)(징벌의 종류는 법률로 정한다)

징벌의 종류는 다음 각 호와 같다.

1. 경고
2. 50시간 이내의 근로봉사
3. 3개월 이내의 작업장려금 삭감
4. 30일 이내의 공동행사 참가 정지
5. 30일 이내의 신문열람 제한(도서열람X)
6. 30일 이내의 텔레비전 시청 제한(라디오X)
7. 30일 이내의 자비구매물품(의사가 치료를 위하여 처방한 의약품을 제외한다) 사용 제한
8. 30일 이내의 작업 정지(신청에 따른 작업에 한정한다)
9. 30일 이내의 전화통화 제한
10. 30일 이내의 집필 제한
11. 30일 이내의 편지수수 제한
12. 30일 이내의 접견 제한
13. 30일 이내의 실외운동 정지
14. 30일 이내의 금치(禁置)

5. 징벌의 부과와 일사부재리의 원칙

(1) 「형집행법」

징벌의 부과(법 제109조)

① 제108조제4호부터 제13호까지의 처분은 함께 부과할 수 있다.

② 수용자가 다음 각 호의 어느 하나에 해당하면 제108조제2호부터 제14호까지의 규정에서 정한 징벌의 장기의 2분의 1까지 가중할 수 있다.

1. 2 이상의 징벌사유가 경합하는 때
2. 징벌이 집행 중에 있거나 징벌의 집행이 끝난 후 또는 집행이 면제된 후 6개월 내에 다시 징벌사유에 해당하는 행위를 한 때

③ 징벌은 동일한 행위에 관하여 거듭하여 부과할 수 없으며, 행위의 동기 및 경중, 행위 후의 정황, 그 밖의 사정을 고려하여 수용목적을 달성하는 데에 필요한 최소한도에 그쳐야 한다.

④ 징벌사유가 발생한 날부터 2년이 지나면 이를 이유로 징벌을 부과하지 못한다.

PART 5

※ 징벌의 부과
- 징벌의 종류 중 가중할 수 없는 징벌(1가지) : 경고
- 징벌 부과 시 적용원칙 : 일사부재리의 원칙, 필요한 최소한도의 원칙
- 시효 : 징벌사유가 발생한 날부터 2년이 지나면 이를 이유로 징벌을 부과하지 못한다.

※ 함께 부과할 수 있는 징벌
법 제109조 ① : 제 108조 제4호부터 제13호까지의 처분은 함께 부과할 수 있다.

※ 당연히 함께 부과되는 징벌
- 법 제112조 ③ : 제 108조 제14호(30일 이내의 금치) 처분을 받은 사람에게는 그 기간 중 제4호부터 제12호까지의 처우제한이 함께 부과된다.
- 제14호(30일 이내의 금치) 처분 시 : 1) 제1호(경고), 2) 제2호(50시간 이내의 근로봉사), 3) 제3호(3개월 이내의 작업장려금 삭감)은 함께 부과할 수 있는 규정 없음

※ 함께 부과할 수 없는 징벌
1) 제1호(경고), 2) 제2호(50시간 이내의 근로봉사), 3) 제3호(3개월 이내의 작업장려금 삭감)는 함께 부여할 수 있는 규정 없음

(2) 시행규칙

징벌부과 시 고려사항(시행규칙 제216조)

제215조의 기준에 따라 징벌을 부과하는 경우에는 다음 각 호의 사항을 고려하여야 한다.
1. 징벌대상행위를 하였다고 의심할 만한 상당한 이유가 있는 수용자(이하 "징벌대상자"라 한다)의 나이 · 성격 · 지능 · 성장환경 · 심리상태 및 건강
2. 징벌대상행위의 동기 · 수단 및 결과
3. 자수 등 징벌대상행위 후의 정황
4. 교정성적 또는 그 밖의 수용생활태도

교사와 방조(시행규칙 제217조)

① 다른 수용자를 교사(敎唆)하여 징벌대상행위를 하게 한 수용자에게는 그 징벌대상행위를 한 수용자에게 부과되는 징벌과 같은 징벌을 부과한다.
② 다른 수용자의 징벌대상행위를 방조(幇助)한 수용자에게는 그 징벌대상행위를 한 수용자에게 부과되는 징벌과 같은 징벌을 부과하되, 그 정황을 고려하여 2분의 1까지 감경할 수 있다.

징벌대상행위의 경합(시행규칙 제218조)

① 둘 이상의 징벌대상행위가 경합하는 경우에는 각각의 행위에 해당하는 징벌 중 가장 중한 징벌의 2분의 1까지 가중할 수 있다.
② 제1항의 경우 징벌의 경중(輕重)은 제215조(징벌부과기준) 각 호의 순서에 따른다. 이 경우 같은 조 제2호부터 제5호까지의 경우에는 각 목의 순서에 따른다.

6. 징벌대상자의 조사

(1) 「형집행법」

징벌대상자의 조사(법 제110조)

① 소장은 징벌사유에 해당하는 행위를 하였다고 의심할 만한 상당한 이유가 있는 수용자(이하 "징벌대상자"라 한다)가 다음 각 호의 어느 하나에 해당하면 조사기간 중 분리하여 수용할 수 있다.

1. 증거를 인멸할 우려가 있는 때
2. 다른 사람에게 위해를 끼칠 우려가 있거나 다른 수용자의 위해로부터 보호할 필요가 있는 때

② 소장은 징벌대상자가 제1항 각 호의 어느 하나에 해당하면 접견 · 편지수수 · 전화통화 · 실외운동 · 작업 · 교육훈련, 공동행사 참가, 중간처우 등 다른 사람과의 접촉이 가능한 처우의 전부 또는 일부를 제한할 수 있다.

(2) 시행규칙

조사 시 지켜야 할 사항(시행규칙 제219조)

징벌대상행위에 대하여 조사하는 교도관이 징벌대상자 또는 참고인 등을 조사할 때에는 다음 각 호의 사항을 지켜야 한다.

1. 인권침해가 발생하지 아니하도록 유의할 것
2. 조사의 이유를 설명하고, 충분한 진술의 기회를 제공할 것
3. 공정한 절차와 객관적 증거에 따라 조사하고, 선입견이나 추측에 따라 처리하지 아니할 것
4. 형사 법률에 저촉되는 행위에 대하여 징벌 부과 외에 형사입건조치가 요구되는 경우에는 형사소송절차에 따라 조사대상자에게 진술을 거부할 수 있다는 것과 변호인을 선임할 수 있다는 것을 알릴 것

조사기간(시행규칙 제220조)

① 수용자의 징벌대상행위에 대한 조사기간(조사를 시작한 날부터 법 제111조제1항의 징벌위원회의 의결이 있는 날까지를 말한다. 이하 같다)은 10일 이내로 한다. 다만, 특히 필요하다고 인정하는 경우에는 1회에 한하여 7일을 초과하지 아니하는 범위에서 그 기간을 연장할 수 있다.

② 소장은 제1항의 조사기간 중 조사결과에 따라 다음 각 호의 어느 하나에 해당하는 조치를 할 수 있다.

1. 법 제111조제1항의 징벌위원회(이하 "징벌위원회"라 한다)로의 회부
2. 징벌대상자에 대한 무혐의 통고
3. 징벌대상자에 대한 훈계
4. 징벌위원회 회부 보류
5. 조사 종결

③ 제1항의 조사기간 중 법 제110조제2항(다른 사람과의 접촉제한)에 따라 징벌대상자에 대하여 처우를 제한하는 경우에는 징벌위원회의 의결을 거쳐 처우를 제한한 기간의 전부 또는 일부를 징벌기간에 포함할 수 있다.

④ 소장은 징벌대상행위가 징벌대상자의 정신병적인 원인에 따른 것으로 의심할 만한 충분한 사유가 있는 경우에는 징벌절차를 진행하기 전에 의사의 진료, 전문가 상담 등 필요한 조치를 하여야 한다.

⑤ 소장은 징벌대상행위에 대한 조사 결과 그 행위가 징벌대상자의 정신병적인 원인에 따른 것이라고 인정하는 경우에는 그 행위를 이유로 징벌위원회에 징벌을 요구할 수 없다.

⑥ 제1항의 조사기간 중 징벌대상자의 생활용품 등의 보관에 대해서는 제232조(금치 집행 중 생활용품 등의 별도 보관)를 준용한다.

조사의 일시정지(시행규칙 제221조)

① 소장은 징벌대상자의 질병이나 그 밖의 특별한 사정으로 인하여 조사를 계속하기 어려운 경우에는 조사를 일시 정지할 수 있다.

② 제1항에 따라 정지된 조사기간은 그 사유가 해소된 때부터 다시 진행한다. 이 경우 조사가 정지된 다음 날부터 정지사유가 소멸한 전날까지의 기간은 조사기간에 포함되지 아니한다.

징벌대상자 처우제한의 알림(시행규칙 제222조)

소장은 법 제110조제2항에 따라 접견 · 편지수수 또는 전화통화를 제한하는 경우에는 징벌대상자의 가족 등에게 그 사실을 알려야 한다. 다만, 징벌대상자가 알리기를 원하지 않는 경우에는 그렇지 않다.

7. 징벌의 집행

(1) 「형집행법」

징벌의 집행(법 제112조)

① 징벌은 소장이 집행한다.

② 소장은 징벌집행을 위하여 필요하다고 인정하면 수용자를 분리하여 수용할 수 있다.

③ 제108조제14호(30일이내 금치)의 처분을 받은 사람에게는 그 기간 중 같은 조 제4호부터 제12호(30일 이내 공동행사, 신문열람, 텔레비전시청, 자비구매물품, 작업, 전화통화, 집필, 편지수수, 접견)까지의 처우제한이 함께 부과된다. 다만, 소장은 수용자의 권리구제, 수형자의 교화 또는 건전한 사회복귀를 위하여 특히 필요하다고 인정하면 집필 · 편지수수 또는 접견을 허가할 수 있다.

④ 소장은 제108조제14호의 처분을 받은 사람에게 다음 각 호의 어느 하나에 해당하는 사유가 있어 필요하다고 인정하는 경우에는 건강유지에 지장을 초래하지 아니하는 범위에서 실외운동을 제한할 수 있다.

1. 도주의 우려가 있는 경우
2. 자해의 우려가 있는 경우
3. 다른 사람에게 위해를 끼칠 우려가 있는 경우
4. 그 밖에 시설의 안전 또는 질서를 크게 해칠 우려가 있는 경우로서 법무부령으로 정하는 경우

⑤ 소장은 제108조제13호(30일이내 실외운동정지)에 따른 실외운동 정지를 부과하는 경우 또는 제4항에 따라 실외운동을 제한하는 경우라도 수용자가 매주 1회 이상 실외운동을 할 수 있도록 하여야 한다.

⑥ 소장은 제108조제13호 또는 제14호의 처분을 집행하는 경우에는 의무관으로 하여금 사전에 수용자의 건강을 확인하도록 하여야 하며, 집행 중인 경우에도 수시로 건강상태를 확인하여야 한다.

(2) 시행령

징벌의 집행(시행령 제133조)

① 소장은 제132조(징벌의결통고)의 통고를 받은 경우에는 징벌을 지체 없이 집행하여야 한다.

② 소장은 수용자가 징벌처분을 받아 접견, 편지수수 또는 전화통화가 제한된 경우에는 그의 가족에게 그 사실을 알려야 한다. 다만, 수용자가 알리는 것을 원하지 않으면 알리지 않는다.

③ 삭제

④ 소장은 법 제108조제13호 및 제14호의 징벌집행을 마친 경우에는 의무관에게 해당 수용자의 건강을 지체 없이 확인하게 하여야 한다.

⑤ 의무관이 출장, 휴가, 그 밖의 부득이한 사유로 법 제112조제5항(실외운동제한) 및 이 조 제4항의 직무를 수행할 수 없는 경우에는 제119조제2항(교정시설에 근무하는 의료관계직원이 대행)을 준용한다.

징벌집행의 계속(시행령 제134조)

법 제108조제4호부터 제14호(30일 이내의)까지의 징벌 집행 중인 수용자가 다른 교정시설로 이송되거나 법원 또는 검찰청 등에 출석하는 경우에는 징벌집행이 계속되는 것으로 본다.

이송된 사람의 징벌(시행령 제136조)

수용자가 이송 중에 징벌대상 행위를 하거나 다른 교정시설에서 징벌대상 행위를 한 사실이 이송된 후에 발각된 경우에는 그 수용자를 인수한 소장이 징벌을 부과한다.

징벌사항의 기록(시행령 제137조)

소장은 수용자의 징벌에 관한 사항을 수용기록부 및 징벌집행부에 기록하여야 한다.

(3) 시행규칙

집행절차(시행규칙 제229조)

① 징벌위원회는 영 제132조에 따라 소장에게 징벌의결 내용을 통고하는 경우에는 징벌의결서 정본(正本)을 첨부하여야 한다.
② 소장은 징벌을 집행하려면 징벌의결의 내용과 징벌처분에 대한 불복방법 등을 기록한 별지 제19호서식의 징벌집행통지서에 징벌의결서 부본(副本)을 첨부하여 해당 수용자에게 전달하여야 한다.
③ 영 제137조에 따른 징벌집행부는 별지 제19호의2 서식에 따른다.
④ 소장은 영 제137조에 따라 수용자의 징벌에 관한 사항을 징벌집행부에 기록한 때에는 그 내용을 제119조제3항에 따른 교정정보시스템에 입력해야 한다.

징벌의 집행순서(시행규칙 제230조)

① 금치와 그 밖의 징벌을 집행할 경우에는 금치를 우선하여 집행한다. 다만, 작업장려금의 삭감과 경고는 금치와 동시에 집행할 수 있다.
② 같은 종류의 징벌은 그 기간이 긴 것부터 집행한다.
③ 금치를 제외한 두 가지 이상의 징벌을 집행할 경우에는 함께 집행할 수 있다.
④ 두 가지 이상의 금치는 연속하여 집행할 수 없다. 다만, 두 가지 이상의 금치 기간의 합이 45일 이하인 경우에는 그렇지 않다.

징벌의 집행방법(시행규칙 제231조)

① 작업장려금의 삭감은 징벌위원회가 해당 징벌을 의결한 날이 속하는 달의 작업장려금부터 이미 지급된 작업장려금에 대하여 역순으로 집행한다.

② 소장은 금치를 집행하는 경우에는 징벌집행을 위하여 별도로 지정한 거실(이하 "징벌거실"이라 한다)에 해당 수용자를 수용하여야 한다.
③ 소장은 금치 외의 징벌을 집행하는 경우 그 징벌의 목적을 달성하기 위하여 필요하다고 인정하면 해당 수용자를 징벌거실에 수용할 수 있다.
④ 소장은 징벌집행을 받고 있거나 집행을 앞둔 수용자가 같은 행위로 형사 법률에 따른 처벌이 확정되어 징벌을 집행할 필요가 없다고 인정하면 징벌집행을 감경하거나 면제할 수 있다.

금치 집행 중 생활용품 등의 별도 보관(시행규칙 제232조)

소장은 금치 중인 수용자가 생활용품 등으로 자살 · 자해할 우려가 있거나 교정시설의 안전과 질서를 해칠 우려가 있는 경우에는 그 물품을 따로 보관하고 필요한 경우에만 이를 사용하게 할 수 있다.

징벌집행 중인 수용자의 심리상담 등(시행규칙 제233조)

① 소장은 징벌집행 중인 수용자의 심리적 안정과 징벌대상행위의 재발방지를 위해서 교도관으로 하여금 징벌집행 중인 수용자에 대한 심리상담을 하게 해야 한다.
② 소장은 징벌대상행위의 재발방지에 도움이 된다고 인정하는 경우에는 징벌집행 중인 수용자가 교정위원, 자원봉사자 등 전문가의 상담을 받게 할 수 있다.

8. 징벌집행의 정지 · 면제

징벌집행의 정지 · 면제(법 제113조)

① 소장은 질병이나 그 밖의 사유로 징벌집행이 곤란하면 그 사유가 해소될 때까지 그 집행을 일시 정지할 수 있다.
② 소장은 징벌집행 중인 사람이 뉘우치는 빛이 뚜렷한 경우에는 그 징벌을 감경하거나 남은 기간의 징벌집행을 면제할 수 있다.

징벌기간의 계산(시행령 제135조)

소장은 법 제113조제1항에 따라 징벌집행을 일시 정지한 경우 그 정지사유가 해소되었을 때에는 지체 없이 징벌집행을 재개하여야 한다. 이 경우 집행을 정지한 다음날부터 집행을 재개한 전날까지의 일수는 징벌기간으로 계산하지 아니한다.

9. 징벌집행의 유예

징벌집행의 유예(법 제114조) ★

① 징벌위원회는 징벌을 의결하는 때에 행위의 동기 및 정황, 교정성적, 뉘우치는 정도 등 그 사정을 고려할 만한 사유가 있는 수용자에 대하여 2개월 이상 6개월 이하의 기간 내에서 징벌의 집행을 유예할 것을 의결할 수 있다.

② 소장은 징벌집행의 유예기간 중에 있는 수용자가 다시 제107조의 징벌대상행위를 하여 징벌이 결정되면 그 유예한 징벌을 집행한다.

③ 수용자가 징벌집행을 유예받은 후 징벌을 받음이 없이 유예기간이 지나면 그 징벌의 집행은 종료된 것으로 본다.

10. 징벌의 실효 등

(1) 「형집행법」

징벌의 실효 등(법 제115조)

① 소장은 징벌의 집행이 종료되거나 집행이 면제된 수용자가 교정성적이 양호하고 법무부령으로 정하는 기간 동안 징벌을 받지 아니하면 법무부장관의 승인을 받아 징벌을 실효시킬 수 있다.

② 제1항에도 불구하고 소장은 수용자가 교정사고 방지에 뚜렷한 공로가 있다고 인정되면 분류처우위원회의 의결을 거친 후 법무부장관의 승인을 받아 징벌을 실효시킬 수 있다.

③ 이 법에 규정된 사항 외에 징벌에 관하여 필요한 사항은 법무부령으로 정한다.

(2) 시행규칙 ★

징벌의 실효(시행규칙 제234조)

① 법 제115조제1항에서 "법무부령으로 정하는 기간"이란 다음 각 호와 같다.

1. 제215조제1호부터 제4호까지의 징벌 중 금치의 경우에는 다음 각 목의 기간

   가. 21일 이상 30일 이하의 금치 : 2년 6개월

   나. 16일 이상 20일 이하의 금치 : 2년

   다. 10일 이상 15일 이하의 금치 : 1년 6개월

   라. 9일 이하의 금치 : 1년

2. 제215조제2호에 해당하는 금치 외의 징벌 : 2년
3. 제215조제3호에 해당하는 금치 외의 징벌 : 1년 6개월
4. 제215조제4호에 해당하는 금치 외의 징벌 : 1년
5. 제215조제5호에 해당하는 징벌 : 6개월

② 소장은 법 제115조제1항 · 제2항에 따라 징벌을 실효시킬 필요가 있으면 징벌실효기간이 지나거나 분류처우위원회의 의결을 거친 후에 지체 없이 법무부장관에게 그 승인을 신청하여야 한다.

③ 소장은 법 제115조에 따라 실효된 징벌을 이유로 그 수용자에게 처우상 불이익을 주어서는 아니 된다.

11. 양형 참고자료 통보

징벌대상행위에 관한 양형 참고자료 통보(법 제111조의2)

소장은 미결수용자에게 징벌을 부과한 경우에는 그 징벌대상행위를 양형(量刑) 참고자료로 작성하여 관할 검찰청 검사 또는 관할 법원에 통보할 수 있다.

보충

※ 징벌의 실효기간

구분				실효기간
경중	금치	작업장려금 삭감	30일 내의 각종 제한 등	
1	21일 이상 30일 이하		-	2년 6개월
2	16일 이상 20일 이하	3개월분	-	2년
3	10일 이상 15일 이하	2개월분	-	1년 6개월
4	9일 이하	1개월분	30일 이내의 실외운동 및 공동행사 참가정지, 접견 · 편지수수 · 집필 및 전화통화 제한, 텔레비전 시청 및 신문열람 제한	1년
5	-	-	징벌대상 행위 중 경미한 행위로서 30일 이내의 접견 · 편지수수 · 집필 및 전화통화 제한, 작업정지, 자비구매물품 사용제한, 텔레비전 시청제한, 신문열람 제한, 공동행사 참가정지 및 50시간 이내의 근로봉사, 경고	6개월

03 벌칙

JUSTICE

1. 관련 규정

금지물품을 지닌 경우(법 제132조)

① 수용자가 제92조제2항을 위반하여 소장의 허가 없이 무인비행장치, 전자 · 통신기기를 지닌 경우 2년 이하의 징역 또는 2천만원 이하의 벌금에 처한다.

② 수용자가 제92조제1항제3호를 위반하여 주류 · 담배 · 화기 · 현금 · 수표를 지닌 경우 1년 이하의 징역 또는 1천만원 이하의 벌금에 처한다.

금지물품의 반입(법 제133조)

① 소장의 허가 없이 무인비행장치, 전자 · 통신기기를 교정시설에 반입한 사람은 3년 이하의 징역 또는 3천만원 이하의 벌금에 처한다.

② 주류 · 담배 · 화기 · 현금 · 수표 · 음란물 · 사행행위에 사용되는 물품을 수용자에게 전달할 목적으로 교정시설에 반입한 사람은 1년 이하의 징역 또는 1천만원 이하의 벌금에 처한다.

③ 상습적으로 제2항의 죄를 범한 사람은 2년 이하의 징역 또는 2천만원 이하의 벌금에 처한다.

CHAPTER 2

교정교화

01 교화

JUSTICE

1. 의의

수형자의 정신적 결함을 교정하고 선도하기 위하여 종교적 · 도덕적 방법 등으로 정신감화를 유도하여, 수형자의 도덕성을 회복하고 사회성을 배양하여 건전한 인격형성에 이바지하며 심성을 순화하고 범죄성을 제거하는 데 목적을 둔 활동을 말한다.

2. 종류

(1) 종교행사의 참석 등(법 제45조)

① 수용자는 교정시설의 안에서 실시하는 종교의식 또는 행사에 참석할 수 있으며, 개별적인 종교상담을 받을 수 있다.

② 수용자는 자신의 신앙생활에 필요한 책이나 물품을 지닐 수 있다.

③ 소장은 다음 각 호의 어느 하나에 해당하는 사유가 있으면 제1항 및 제2항에서 규정하고 있는 사항을 제한할 수 있다.

㉠ 수형자의 교화 또는 건전한 사회복귀를 위하여 필요한 때

㉡ 시설의 안전과 질서유지를 위하여 필요한 때

④ 종교행사의 종류 · 참석대상 · 방법, 종교상담의 대상 · 방법 및 종교도서 · 물품을 지닐 수 있는 범위 등에 관하여 필요한 사항은 법무부령으로 정한다.

종교행사의 종류(시행규칙 제30조)

「형의 집행 및 수용자의 처우에 관한 법률」(이하 "법"이라 한다) 제45조(종교행사의 참석 등)에 따른 종교행사의 종류는 다음 각 호와 같다.

1. 종교집회 - 예배 · 법회 · 미사 등

2. 종교의식 - 세례 · 수계 · 영세 등
3. 교리 교육 및 상담
4. 그 밖에 법무부장관이 정하는 종교행사

종교행사의 참석대상(시행규칙 제32조)

수용자는 자신이 신봉하는 종교행사에 참석할 수 있다. 다만, 소장은 다음 각 호의 어느 하나에 해당할 때에는 수용자의 종교행사 참석을 제한할 수 있다.

1. 종교행사용 시설의 부족 등 여건이 충분하지 아니할 때
2. 수용자가 종교행사 장소를 허가 없이 벗어나거나 다른 사람과 연락을 할 때
3. 수용자가 계속 큰 소리를 내거나 시끄럽게 하여 종교행사를 방해할 때
4. 수용자가 전도를 핑계삼아 다른 수용자의 평온한 신앙생활을 방해할 때
5. 그 밖에 다른 법령에 따라 공동행사의 참석이 제한될 때

종교상담(시행규칙 제33조)

소장은 수용자가 종교상담을 신청하거나 수용자에게 종교상담이 필요한 경우에는 해당 종교를 신봉하는 교도관 또는 교정참여인사(법 제130조의 교정위원, 그 밖에 교정행정에 참여하는 사회 각 분야의 사람 중 학식과 경험이 풍부한 자를 말한다)로 하여금 상담하게 할 수 있다.

(2) 작업의 면제(법 제72조) ★

① 소장은 수형자의 가족 또는 배우자의 직계존속이 사망하면 2일간, 부모 또는 배우자의 제삿날에는 1일간 해당 수형자의 작업을 면제한다. 다만, 수형자가 작업을 계속하기를 원하는 경우는 예외로 한다.

② 소장은 수형자에게 부상 · 질병, 그 밖에 작업을 계속하기 어려운 특별한 사정이 있으면 그 사유가 해소될 때까지 작업을 면제할 수 있다.

(3) 교화프로그램(법 제64조) ★

① 소장은 수형자의 교정교화를 위하여 상담 · 심리치료, 그 밖의 교화프로그램을 실시하여야 한다.

② 교화프로그램의 종류 · 내용 등에 관하여 필요한 사항은 법무부령으로 정한다.

③ 교화프로그램의 종류(시행규칙 제114조)

㉠ 문화프로그램

㉡ 문제행동예방프로그램

㉢ 가족관계회복프로그램(참여인원은 5명이내)

㉣ 교화상담

㉤ 그 밖에 법무부장관이 정하는 교화프로그램

④ 교화프로그램 운영방법(시행규칙 제119조) : 소장은 교화프로그램을 운영하는 경우 약물중독·정신질환·신체장애·건강·성별·나이 등 수형자의 개별 특성을 고려하여야 하며, 프로그램의 성격 및 시설 규모와 인원을 고려하여 이송 등의 적절한 조치를 할 수 있다.

⑤ 전문인력(시행규칙 제119조의2)

㉠ 법무부장관은 교화프로그램의 효과를 높이기 위해 소속 공무원 중에서 법 제64조제2항에 따른 전문인력을 선발 및 양성할 수 있다.

㉡ 제1항에 따른 전문인력 선발 및 양성의 요건, 방법, 그 밖에 필요한 사항은 법무부장관이 정한다.

(4) 정서교육(시행령 제88조)

소장은 수형자의 정서 함양을 위하여 필요하다고 인정하면 연극·영화관람, 체육행사, 그 밖의 문화예술활동을 하게 할 수 있다.

➲ 교화의 종류

종류	내용	관련 법규
종교교화	최초로 1787년 펜실베니아 감옥협회의 회원인 윌리엄 로저스(Willian Rogers)가 월넛 감옥에서 실시	법 제45조
일반교화	종교교화 이외의 교화방법으로 교화위원이나 사회저명인사의 강연의 형태	
집합교화 (총집교화)	전체 또는 일부의 수형자를 교회나 공장 등 일정 장소에 정시 또는 임시로 집합시키고 사회저명인사나 교정직원 또는 교화위원, 종교위원이 작업시간을 피하여 행하는 것	
개인교화	수형자 개개인에 대하여 교화상 필요한 경우에 본인의 희망에 따라 이루어지는 것	
작업면제자의 교화	소장은 수형자의 가족 또는 배우자의 직계존속이 사망하면 2일간, 부모 또는 배우자의 기일을 맞이하면 1일간 해당 수형자의 작업을 면제. 다만, 수형자가 작업을 계속하기를 원하는 경우는 예외	법 제72조
교화상담	소장은 수형자의 건전한 가치관 형성, 정서안정, 고충해소 등을 위하여 교화상담을 실시	시행규칙 제118조
문화프로그램	소장은 수형자의 인성 함양, 자아존중감 회복 등을 위하여 음악, 미술, 독서 등 문화예술과 관련된 다양한 프로그램을 도입하거나 개발하여 운영	시행규칙 제115조
문제행동예방 프로그램	소장은 수형자의 죄명, 죄질 등을 구분하여 그에 따른 심리측정·평가·진단·치료 등의 문제행동예방프로그램을 도입하거나 개발하여 실시	시행규칙 제116조
가족관계회복 프로그램	소장은 수형자와 그 가족의 관계를 유지·회복하기 위하여 수형자의 가족이 참여하는 각종 프로그램을 운영할 수 있다. 다만, 가족이 없는 수형자의 경우 교화를 위하여 필요하면 결연을 맺었거나 그 밖에 가족에 준하는 사람의 참여를 허가 대상 수형자는 교도관회의의 심의를 거쳐 선발하고, 참여인원은 5명 이내의 가족으로 한다. 다만, 특히 필요하다고 인정하는 경우에는 참여인원을 늘릴 수 있다.	시행규칙 제117조

02 문화

JUSTICE

1. 도서비치 및 이용

(1) 소장은 수용자의 지식함양 및 교양습득에 필요한 도서를 비치하고 수용자가 이용할 수 있도록 하여야 한다(법 제46조).

(2) 소장은 수용자가 쉽게 이용할 수 있도록 비치도서의 목록을 정기적으로 공개하여야 한다(시행령 제72조 제1항).

(3) 비치도서의 열람방법 · 열람기간 등에 관하여 필요한 사항은 법무부장관이 정한다(시행령 제72조 제2항).

(4) 소유자 불명 도서의 처리 - 소장은 소유자가 분명하지 아니한 도서를 회수하여 비치도서로 전환하거나 폐기할 수 있다(시행규칙 제36조 제2항).

2. 신문 등의 구독

(1) 수용자는 자신의 비용으로 신문 · 잡지 또는 도서의 구독을 신청할 수 있다(법 제47조 제1항).

(2) 소장은 구독을 신청한 신문 등이 「출판문화산업 진흥법」에 따른 유해간행물인 경우를 제외하고는 구독을 허가하여야 한다(법 제47조 제2항). 알 권리 및 정보액세스권은 기본권적 성격을 지니고 있어 이를 제한하지 않는 것이 바람직하나 불가피하게 제한하는 경우에는 반드시 법률에 의하여야 하고 그 요건도 엄격하게 규정해야 하므로 「출판문화산업 진흥법」에 해당하는 유해간행물인 경우에 한하여 구독을 불허하도록 한정하였다.

(3) 구독을 신청할 수 있는 신문 등의 범위 및 수량은 법무부령으로 정한다(법 제47조 제3항).

(4) 신문 등 구독허가의 취소사유(시행규칙 제36조 제1항)
  ① 허가 없이 다른 거실 수용자와 신문 등을 주고받을 때
  ② 그 밖에 법무부장관이 정하는 신문 등과 관련된 준수사항을 위반하였을 때

(5) 구독신청 수량(시행규칙 제35조)
  ① 원칙 - 수용자가 구독을 신청할 수 있는 신문 · 잡지 또는 도서는 교정시설의 보관범위 및 수용자의 소지범위를 벗어나지 아니하는 범위에서 신문은 월 3종 이내로, 도서(잡지를 포함한다)는 월 10권 이내로 한다.
  ② 예외 - 다만, 소장은 수용자의 지식함양 및 교양습득에 특히 필요하다고 인정하는 경우에는 신문 등의 신청 수량을 늘릴 수 있다.

3. 라디오 청취와 텔레비전 시청(법 제48조, 시행규칙 제37조 · 제39조 · 제41조)

(1) 수용자는 정서안정 및 교양습득을 위하여 라디오 청취와 텔레비전 시청을 할 수 있다.

(2) 라디오 및 텔레비전 방송의 일시중단(수용자) 및 청취 또는 시청 금지사유(개별 수용자)

① 수형자의 교화 또는 건전한 사회복귀를 해칠 우려가 있는 때

② 시설의 안전과 질서유지를 위하여 필요한 때

(3) 방송설비 · 방송프로그램 · 방송시간 등에 관하여 필요한 사항은 법무부령으로 정한다.

(4) 방송의 기본원칙

① 수용자를 대상으로 하는 방송은 무상으로 한다.

② 법무부장관은 방송의 전문성을 강화하기 위하여 외부전문가의 협력을 구할 수 있고, 모든 교정시설의 수용자를 대상으로 하는 통합방송을 실시할 수 있다.

③ 소장은 방송에 대한 의견수렴을 위하여 설문조사 등의 방법으로 수용자의 반응도 및 만족도를 측정할 수 있다.

(5) 방송편성시간 - 소장은 수용자의 건강과 일과시간 등을 고려하여 1일 6시간 이내에서 방송편성시간을 정한다. 다만, 토요일 · 공휴일, 작업 · 교육실태 및 수용자의 특성을 고려하여 방송편성시간을 조정할 수 있다.

(6) 수용자 준수사항

① 수용자는 소장이 지정한 장소에서 지정된 채널을 통하여 텔레비전을 시청하거나 라디오를 청취하여야 한다. 다만, 자치생활 수형자는 법무부장관이 정하는 방법에 따라 텔레비전을 시청할 수 있다.

② 수용자는 방송설비 또는 채널을 임의 조작 · 변경하거나 임의수신장비를 소지하여서는 아니된다.

③ 수용자가 방송시설과 장비를 손상하거나 그 밖의 방법으로 그 효용을 해친 경우에는 이를 배상하여야 한다.

4. 집필

(1) 수용자는 문서 또는 도화를 작성하거나 문예 · 학술, 그 밖의 사항에 관하여 집필할 수 있다. 다만, 소장이 시설의 안전 또는 질서를 해칠 명백한 위험이 있다고 인정하는 경우는 예외로 한다(법 제49조 제1항).

(2) (1)에 따라 작성 또는 집필한 문서나 도화를 지니거나 처리하는 것에 관하여는 법 제26조(수용자가 지니는 물품 등)를 준용한다.

★ 보유기준 수량을 초과하는 집필물이나 보관문서는 폐기하거나 교정시설 보관 또는 자비부담으로 가족에게 송부하도록 하여 협소한 수용거실의 생활공간을 확보하고 거실 검사의 장애요소도 제거하였다.

(3) 작성 또는 집필한 문서나 도화가 발신 또는 수신 금지사유의 어느 하나에 해당하면 사유를 알린 후 보관과 수용자 동의에 의한 폐기규정을 준용한다.

① 암호·기호 등 이해할 수 없는 특수문자로 작성되어 있는 때
② 범죄의 증거를 인멸할 우려가 있는 때
③ 형사법령에 저촉되는 내용이 기재되어 있는 때
④ 수용자의 처우 또는 교정시설의 운영에 관하여 명백한 거짓사실을 포함하고 있는 때
⑤ 사생활의 비밀 또는 자유를 침해할 우려가 있는 때
⑥ 수형자의 교화 또는 건전한 사회복귀를 해칠 우려가 있는 때
⑦ 시설의 안전 또는 질서를 해칠 우려가 있는 때

(4) 집필용구의 관리, 집필의 시간·장소, 집필한 문서 또는 도화의 외부반출 등에 관하여 필요한 사항은 대통령령으로 정한다.

(5) 집필용구의 구입비용(시행령 제74조)
집필용구의 구입비용은 수용자가 부담한다. 다만, 소장은 수용자가 그 비용을 부담할 수 없는 경우에는 필요한 집필용구를 지급할 수 있다.

(6) 집필의 시간대·시간 및 장소(시행령 제75조)

① 수용자는 휴업일 및 휴게시간 내에 시간의 제한 없이 집필할 수 있다. 다만, 부득이한 사정이 있는 경우에는 그러하지 아니하다.
② 수용자는 거실·작업장 그 밖에 지정된 장소에서 집필할 수 있다.

(7) 집필한 문서·도화의 외부발송(시행령 제76조)

① 소장은 수용자 본인이 작성 또는 집필한 문서나 도화를 외부에 보내거나 내가려고 할 때에는 그 내용을 확인하여 발신 또는 수신 금지사유의 어느 하나에 해당하지 않으면 허가해야 한다.
② 문서나 도화를 외부로 보내거나 내갈 때 드는 비용은 수용자가 부담한다.
③ 동법 및 동법시행령에 규정된 사항 외에 수용자의 집필에 필요한 사항은 법무부장관이 정한다.

CHAPTER 3 교정상담 및 교정처우기법

01 교육 참고

JUSTICE

1. 의의

(1) 광의

교정시설에서 수형자의 사회적응성을 높이기 위하여 행하는 각종 교육을 말하며, 학과교육, 종교교육, 직업훈련 등을 포함한다.

(2) 협의

교육대상이 범죄인이라는 특수한 신분을 고려하여 범죄인의 건전한 사회복귀를 도모하기 위하여 수형자의 인격을 도야하고 지능을 계발하며 국민정신을 함양시키는 교화작용으로 학과교육, 생활지도교육, 정신교육, 정서교육 기타 교화행사교육 등을 말한다.

2. 교정교육의 기본원리

(1) 인간존중의 원리

범죄자를 독립된 인격체로 인정하고, 갱생을 저해하고 있는 문제나 조건을 해결할 수 있는 능력을 가지고 있다는 데에 대한 신뢰감에서 교육은 시작되어야 한다.

(2) 자기인식의 원리

지도자는 자기인식을 통하여 범죄자에 대한 편견이나 선입관을 배제하지 않으면 안 된다는 원리이다.

(3) 자발성의 원리(자조원리)

범죄자가 자기의 힘으로 문제를 해결해 나가도록 조력하는 원리이다.

(4) 신뢰의 원리

문제해결을 위해 지도자와 범죄자 사이에 믿고 신뢰하는 인간관계를 통해서만이 교정교육의 효과를 기대할 수 있다.

(5) 개인차 존중의 원리

교육대상자의 개인적 능력을 고려하여 교육을 실시하여야 소정의 목적을 달성할 수 있다.

(6) 사회화의 원리

교정의 궁극적인 목적은 범죄자를 개선 · 교화하여 사회에 복귀시키는 데 있으므로 사회적 처우 확대를 통해서 건전한 사회인으로 육성해야 한다는 원리이다.

(7) 직관의 원리(실습식 방법이나 체험교육 등)

실습 또는 체험을 통해 직접 느끼며 체득하는 교육과정이 가장 효과적이라는 데 착안한 원리이다.

3. 교육과 관련된 규정

(1) 소장은 수형자가 건전한 사회복귀에 필요한 지식과 소양을 습득하도록 교육할 수 있다(법 제63조 제1항).

(2) 소장은 「교육기본법」 제8조의 의무교육을 받지 못한 수형자에 대하여는 본인의 의사 · 나이 · 지식정도, 그 밖의 사정을 고려하여 그에 알맞게 교육하여야 한다(법 제63조 제2항).

(3) 소장은 (1) 및 (2)에 따른 교육을 위하여 필요하면 수형자를 중간처우를 위한 전담교정시설에 수용하여 다음의 조치를 할 수 있다(법 제63조 제3항).

① 외부 교육기관에의 통학

② 외부 교육기관에서의 위탁교육

(4) 교육과정 · 외부통학 · 위탁교육 등에 관하여 필요한 사항은 법무부령으로 정한다(법 제63조 제4항).

(5) 소장은 교육을 효과적으로 시행하기 위하여 교육실을 설치하는 등 교육에 적합한 환경을 조성하여야 한다(시행령 제87조 제1항).

(6) 소장은 교육 대상자, 시설 여건 등을 고려하여 교육계획을 수립하여 시행하여야 한다(시행령 제87조 제2항).

(7) 교육대상자 선발

소장은 각 교육과정의 선정 요건과 수형자의 나이, 학력, 교정성적, 자체 평가시험 성적, 정신자세, 성실성, 교육계획과 시설의 규모, 교육대상인원 등을 고려하여 교육대상자를 선발하거나 추천하여야 한다(시행규칙 제103조 제1항).

(8) 소장은 교육을 위하여 필요한 경우에는 외부강사를 초빙할 수 있으며, 카세트 또는 재생전용기기의 사용을 허용할 수 있다(시행규칙 제104조 제2항).

(9) 소장은 교육의 실효성을 확보하기 위하여 교육실을 설치 · 관리하여야 하며, 교육목적을 위하여 필요한 경우 신체장애를 보완하는 교육용 물품의 사용을 허가하거나 예산의 범위에서 학용품과 응시료를 지원할 수 있다(시행규칙 제104조 제3항).

4. 교육관리 기본원칙과 교육대상자가 지켜야 할 기본원칙

(1) 교육관리 기본원칙(시행규칙 제101조)

① 소장은 교육대상자를 소속기관에서 선발하여 교육한다. 다만, 소속기관에서 교육대상자를 선발하기 어려운 경우에는 다른 기관에서 추천한 사람을 모집하여 교육할 수 있다.

② 소장은 교육대상자의 성적불량, 학업태만 등으로 인하여 교육의 목적을 달성하기 어려운 경우에는 그 선발을 취소할 수 있다.

③ 소장은 교육대상자 및 시험응시 희망자의 학습능력을 평가하기 위하여 자체 평가시험을 실시할 수 있다.

④ 소장은 교육의 효과를 거두지 못하였다고 인정하는 교육대상자에 대하여 다시 교육을 할 수 있다.

⑤ 소장은 기관의 교육전문인력, 교육시설, 교육대상인원 등의 사정을 고려하여 단계별 교육과 자격취득 목표를 설정할 수 있으며, 자격취득 · 대회입상 등을 하면 처우에 반영할 수 있다.

(2) 교육대상자가 지켜야 할 기본원칙(시행규칙 제102조)

① 교육대상자는 교육의 시행에 관한 관계법령, 학칙 및 교육관리지침을 성실히 지켜야 한다.

② 교육을 실시하는 경우 소요되는 비용은 특별한 사정이 없으면 교육대상자의 부담으로 한다.

③ 교육대상자로 선발된 수형자는 소장에게 다음의 선서를 하고 서약서를 제출해야 한다.
[나는 교육대상자로서 긍지를 가지고 제반규정을 지키며, 교정시설 내 교육을 성실히 이수할 것을 선서합니다.]

④ 교육대상자에게는 작업 · 직업훈련 등을 면제한다(시행규칙 제107조 ①항).

5. 교육대상자 관리 등

(1) 과정수료 단위(시행규칙 제104조)

① 학과교육대상자의 과정수료 단위는 학년으로 하되, 학기의 구분은 국공립학교의 학기에 준한다.

② 다만, 독학에 의한 교육은 수업 일수의 제한을 받지 아니한다.

(2) 교육 취소 등(시행규칙 제105조)

① 각 교육과정의 관계법령, 학칙, 교육관리지침 등을 위반한 때
② 학습의욕이 부족하여 구두경고를 하였는데도 개선될 여지가 없거나 수학능력이 현저히 부족하다고 판단되는 때(성적불량 및 학업태만 등)
③ 징벌을 받고 교육 부적격자로 판단되는 때
④ 중대한 질병, 부상, 그 밖의 부득이한 사정으로 교육을 받을 수 없다고 판단되는 때

★ 소장은 교육대상자에게 질병, 부상, 그 밖의 부득이한 사정이 있는 경우에는 교육과정을 일시중지할 수 있다.

(3) 이송 등(시행규칙 제106조)

① 소장은 특별한 사유가 없으면 교육기간 동안에 교육대상자를 다른 기관으로 이송할 수 없다.
② 교육대상자의 선발이 취소되거나 교육대상자가 교육을 수료하였을 때에는 선발 당시 소속기관으로 이송한다. 다만, 다음 각 호의 어느 하나에 해당하는 경우에는 소속기관으로 이송하지 아니하거나 다른 기관으로 이송할 수 있다.
㉠ 집행할 형기가 이송 사유가 발생한 날부터 3개월 이내인 때
㉡ 징벌을 받고 교육 부적격자로 판단되는 사유로 인하여 교육대상자 선발이 취소된 때
㉢ 소속기관으로의 이송이 부적당하다고 인정되는 특별한 사유가 있는 때

(4) 작업 등(시행규칙 제107조)

① 교육대상자에게는 작업 · 직업훈련 등을 면제한다.
② 작업 · 직업훈련 수형자 등도 독학으로 검정고시 · 학사고시 등에 응시하게 할 수 있다. 이 경우 자체 평가시험 성적 등을 고려해야 한다.

6. 교육의 종류

(1) 검정고시반 설치 및 운영(시행규칙 제108조 ①항)

① 초등학교 졸업학력 검정고시
② 중학교 졸업학력 검정고시
③ 고등학교 졸업학력 검정고시

(2) 방송통신고등학교과정 설치 및 운영(시행규칙 제109조 ③항)

방송통신고등학교 교육과정의 입학금, 수업료, 교과용 도서 구입비 등 교육에 필요한 비용을 예산의 범위에서 지원할 수 있다.

(3) 대학교육 과정(시행규칙 제110조 ~ 제112조) ★

구분	기본요건	경비처우급
독학에 의한 학위취득과정	• 고등학교 졸업 또는 이와 동등한 수준 이상의 학력이 인정될 것 • 교육개시일을 기준으로 형기의 1/3(21년 이상의 유기형 또는 무기형의 경우에는 7년)이 지났을 것 • 집행할 형기가 2년 이상일 것	모두 가능
방송통신대학 과정		개방처우급 · 완화경비처우급 · 일반경비처우급
전문대학 위탁교육과정		개방처우급 · 완화경비처우급 · 일반경비처우급

(4) 정보화 및 외국어 교육과정 설치 및 운영 등(시행규칙 제113조)

① 소장은 수형자에게 지식정보사회에 적응할 수 있는 교육기회를 부여하기 위하여 정보화 교육과정을 설치 · 운영할 수 있다.

② 소장은 개방처우급 · 완화경비처우급 · 일반경비처우급 수형자에게 다문화 시대에 대처할 수 있는 교육기회를 부여하기 위하여 외국어 교육과정을 설치 · 운영할 수 있다.

③ 소장은 외국어 교육대상자가 교육실 외에서의 어학학습장비를 이용한 외국어학습을 원하는 경우에는 계호 수준, 독거 여부, 교육 정도 등에 대한 교도관회의의 심의를 거쳐 허가할 수 있다.

④ 소장은 이 규칙에서 정한 교육과정 외에도 법무부장관이 수형자로 하여금 건전한 사회복귀에 필요한 지식과 소양을 습득하게 하기 위하여 정하는 교육과정을 설치 · 운영할 수 있다.

7. 교정교육의 효과

(1) 교정교육은 범죄성의 제거만을 목적으로 한 것이 아니라 그들이 사회생활에 원만하게 적응할 수 있도록 전인교육을 목표로 다양한 교정교육을 과학적 프로그램에 의하여 실시함으로써 정신적 안정과 수용 생활의 활성화를 가져온다.

(2) 반성을 통한 갱생의욕을 촉구하는 효과를 가져 오며 교정교육의 수용태도와 성적 우수자는 가석방을 허가하는 등의 교육효과를 증진하기 위한 동기부여를 하고 있다.

02 교정상담(교화상담)

JUSTICE

1. 교정상담의 의의

교정상담이란 수용자가 자신이 처한 문제상황에 대하여 보다 효율적으로 대처 · 관리할 수 있게 하고 나아가 잘못된 인생관 및 생활방식을 바람직한 방향으로의 변화를 유도하거나 고충을 해소하기 위하여 실시하는 상담을 말한다.

2. 교정상담의 특징 참고

(1) 행동주의적 상담이론에서는 외형적 행동을 강조한다.
(2) 생태학적 상담이론에서는 개인의 환경적 특성을 찾아 해결하려 한다.
(3) 심리요법상담표는 내적 상태의 변화에 따라 처리한다.
(4) 집단상담은 교도소 내 반사회적 집단에 대하여 건설적인 처리방안을 제공한다.
(5) 상황에 대해 지속적인 관찰과 변화를 살펴야 한다.

3. 상담자의 요건

교정상담의 목적과 범위는 교정 분야를 선택한 상담의 창의성, 직업적 전문성 그리고 책임감에 의해 영향을 받으므로 다음과 같은 조건을 갖추어야 한다.

(1) 보안과 치료라는 대립적 성격의 업무를 동시에 효과적으로 수행하기 위하여 고도의 전문지식을 갖추고 있어야 한다.
(2) 이상적인 치료환경보다는 열악한 환경에서 일할 의지를 지니고 있어야 한다.
(3) 교정상담과정에서 발생하는 특별한 문제들을 위협이라기보다는 도전으로 받아들이는 자세가 필요하다.
(4) 심각한 문제를 가진 내담자를 다루는 기술과 재능을 갖춘 사람이어야 한다.

4. 교정현장 상담과 사회 내 상담의 비교 ★

구 분	사회 내 상담	교정현장 상담
내담자 문제발생 시 고려사항	상담과정에서 내담자의 문제발생 시 내담자의 복지를 최우선으로 고려한다.	상담과정에서 수용자의 문제행동이 있을 때, 수용질서를 최우선적으로 고려한다.
내담자에 대한 편견과 선입견 문제	내담자에 대한 사전 정보를 갖지 못하고 상담이 시작되는 경우가 많아 상대적으로 편견이나 선입견으로 인한 문제점이 적다.	구금시설에 있는 수용자에 대한 편견이나 선입견 등이 상담의 진행을 방해할 수 있다.
상담 진행	내담자가 상담자에게 자발적으로 신청하거나 지속적으로 방문하려는 의지가 중요하다.	수용자의 의지와는 관계없이 수시로 교도관은 관리자로서 호출상담이 가능하다.
상담 횟수	일정한 상담 횟수와 시간이 정해져서 상담이 체계적으로 이루어진다.	근무 중에도 관리자의 지도력을 중심으로 하는 일회성 혹은 단기간의 상담이 이루어진다.

5. 관련 규정 – 교화상담(시행규칙 제118조)

(1) 소장은 수형자의 건전한 가치관 형성, 정서안정, 고충해소 등을 위하여 교화상담을 실시할 수 있다.
(2) 소장은 (1)의 교화상담을 위하여 교도관이나 교정참여인사를 교화상담자로 지정할 수 있으며, 수형자의 안정을 위하여 결연을 주선할 수 있다.

03 심리요법(Psychotherapy)

JUSTICE

1. 의의

(1) 심리요법이란 수용자를 범인성으로 이끌었던 저변의 감정적 또는 심리학적 문제를 상담 · 치료하는 처우방법을 말하며, 범죄자는 이러한 심리요법을 통해 자신을 범죄로 이끌었던 갈등과 비양심적인 욕구를 해결하는 데 도움이 되는 통찰력을 얻게 된다.

(2) 현대 교정에 있어서 가장 보편적이고 광범위하게 활용되는 범죄자 처우는 심리학적 처우인데, 범죄성의 일차적인 원인이 정신적 결함에 있다를 근거로 두기 때문이다.

(3) 그러나 오늘날 범죄의 중요한 원인으로 사회환경적 요인을 중시하므로 이러한 가정은 더 이상 타당하다고 할 수가 없으나, 대부분의 교정처우가 심리학적 기법에 의존하고 있는 것은 개인의 변화를 전제로 해야만 사회적응력의 배양을 위한 사회요법도 가능하고 환경조정의 효과도 나타낼 수 있기 때문이다.

2. 분류

(1) 개별심리요법 ★

① 현실요법(Reality Therapy)

㉠ 글래저(Glasser)가 주장한 것으로 갈등이나 문제상황에 봉착한 내담자가 성공적인 정체성을 가지고 자기 삶을 바람직한 방향으로 통제하며 건강한 행동으로 유도하는 상담기법을 말한다.

㉡ 현실요법은 인간의 존엄성과 잠재가능성의 믿음을 전제로 과거보다는 현재를, 무의식적 경험보다는 의식적 경험을 중시하며 책임감과 성실성, 통제력 결여로 인한 부적응을 개선시키고자 하는 노력이며, 상담과정은 관계형성단계(진실되고 따뜻하며 관심 어린 친밀한 관계형성)와 행동변화단계(WDEP)를 거쳐 현실적인 상황에서 최선의 선택과 행동을 실천하여 궁극적으로 자기존중감을 증진시키고 성공적인 정체감형성을 돕는다.

㉢ 동기보다 행위 중시 : '왜 하는가(why)' 동기를 강조하기보다는 '무엇을 하는가(what)' 행동을 중시하며, 상담자는 일관성 있는 훈육과 사랑으로 수용자의 교화개선과 재활에 필요한 통제, 재교육, 사회재통합의 조치를 실시하고 범죄자가 책임 있는 행동을 보여줄 때 보호관찰부 가석방 추천 등을 해야 한다.

② 교류분석(Transactional Analysis) : 에릭 번(Eric Berne)이 창안한 것으로 과거의 경험을 회상하게 하고 반성하게 하며 스스로 과거의 부정적인 장면을 삭제하게 하여 새로운 삶에 대한 확신을 주는 처우기법을 말하며, 부모 · 성인 · 아동의 자아 내재, 부모는 판단 · 통제역할, 성인은 성숙되고 현실적이며 윤리적 역할, 아동은 유희적이고 의존적이며 버릇이 없는 역할을 담당한다. 따라서 성인과 관련되는 성격으로 이끄는 상담기법이다.

㉠ 심리분석학파와 유사한 인성이론을 이용하며, 인성은 세 가지 분야로 구성된다.

(ㄱ) Parents	(ㄴ) Adults	(ㄷ) Child
초자아(superego)와 유사	자아(ego)와 유사	본능(id)과 유사

㉡ 수용자로 하여금 과거경험이 현재 행위에 미친 영향을 녹음을 재생하듯 되돌려 보도록 하는 것이다(되돌아본 자신은 패배자). 따라서 과거에 대한 부정적 장면을 지우고 승자가 될 수 있다는 확신을 주는 것이다.

(2) 집단심리요법 참고

① 의의

집단요법이란 자신들이 공유한 개인적 또는 사회적 문제를 해결할 목적으로 3 ~ 4명이 집단적으로 벌이는 상담치료적 활동을 말하며, 개별요법 대신에 집단요법을 택하는 가장 중요한 이유는 전문인력자원의 부족 때문이다.

② 집단지도상호작용(Guided Group Interaction)

㉠ 주로 청소년범죄자에게 많이 적용되는 방법이며, 청소년 수형자들을 건전한 공동체에 합류시켜 캠퍼스와 같은 자율적인 환경에서 함께 생활하고 공부하는 가운데 자신의 인생사나 문제를 서로 나누고 자신이 문제에 빠지게 된 이유를 밝히는 것으로 시설이나 사회생활의 문제를 논의하게 하여 변화를 위한 자신의 계획을 구성하도록 유도하는 처우기법이다.

㉡ 이 기법은 부분적인 것이 아니라 가치관, 행동, 신념을 전혀 새로운 구조로 바꾸는 종합적인 전략이라는 데 의의가 있다.

③ 심리극(Psychodrama)

자신의 감정이나 행동을 보여 주게 하는 역할연기상황에 놓이게 함으로써 자신의 문제를 표출시키게 유도하여 자신이 겪고 있는 갈등을 공개적으로 다루는 것을 학습하게 하는 처우기법으로 심리극은 수용자로 하여금 사회적 상호작용의 기술을 배울 수 있게 해 주고, 포용력을 함양시켜 줌으로써 특히 격정범죄자에게 상당한 효과가 있는 것으로 평가되고 있다.

04 행동수정(Behavior Modification)요법 참고

JUSTICE

1. 의의

수용자에게 당근과 채찍을 부여, 그들의 행동을 통제하고 변화시키려는 처우기법(동전경제)이다.

2. 주요 내용

(1) 태도보다 행동 중심, 보상과 처벌 이용, 비자발적 · 강제적 참여, 긍정적 재강화 요소는 물질적 보상과 사회적 칭찬 등이 있다. 또한 동전경제(Token Economy)는 보상을 통하여 행위를 형성하는데, 수용자에게 중요한 보상일수록 효과적이다.

(2) 한계 : 현실세계는 통제된 환경이 아니어서 열심히 일한다고 다 성공할 수 없다. 즉, 현실적용의 한계가 있다.

05 사회요법(Social Therapy) 참고

JUSTICE

1. 의의

범죄를 개인적 인격과 주변 환경의 복합적 상호작용의 산물로 인식하며, 교도소의 친사회적인 환경 개발을 시도하는 처우기법으로 지금까지의 심리요법 또는 행동수정 프로그램의 약점을 보완하기 위하여 등장하였다.

2. 종류

(1) 환경요법(Milieu Therapy)

1956년 맥스웰 존스(Maxwell Jones)의 요법처우공동체라는 개념에서 시작하였으며, 모든 교정 환경을 이용하여 수용자들간의 상호작용의 수정과 환경통제를 통하여 개별 수용자의 행동에 영향을 미치고자 하는 처우기법이다.

① 요법처우공동체 : 수형자의 구금보다는 자율적인 처우에 역점을 두는(범죄자의 적절한 사회적 태도를 견지하고 법을 준수하는 생활양식을 함양할 수 있도록 수형자문화를 개발하고 모든 관행은 민주적으로 시행) 방식이다. - 수형자자치제

② 남녀공용교도소제 : 미국의 남녀 분리수용에 따른 문제에 대응하는 것으로 거실이나 수용동은 분계이며, 시설의 공동사용과 처우의 공동참여 등을 통한 형태로 남녀를 통합하여 공동으로 교육 · 교화하는 교도소이다.

㉠ 장점

ⓐ 여성수용자에 대한 차별적 불이익 해소

ⓑ 수용자 간의 폭력이나 동성애문제 해결

ⓒ 시설 내 질서유지에 긍정적임

ⓓ 수용자들의 자기존중심 고양, 사회재적응이라는 관점에 부합

㉡ 단점

ⓐ 국민의 법감정상 위배

ⓑ 많은 계호인력에 따른 관리비용의 증대

ⓒ 남성수용자의 교화개선에 지장

(2) 긍정적 동료문화(PPC : Positive Peer Culture)요법

① 집단지도상호작용(GGI)을 모태로 하여 생산적인 청소년하위문화를 형성시켜 부정적인 동료집단을 생산적인 방향으로 전환시키는 전략으로 PPC는 참여자에게 상호배려하는 훈련을 중시하여 이러한 상호 보살핌의 확산을 통해 상호 해침을 소멸시키는 데 역점을 두었다.

② PPC를 활용한 결과 청소년수용시설에서 수용사고가 적어지고 프로그램이 더욱 부드럽게 운영될 수 있다고 밝혀지고 있다(상호 배려하는 훈련 중시 ⇨ 상호 해침을 소멸시키는 데 역점 ⇨ 긍정적인 효과 발생).

06 물리요법(Physical Therapy) 참고

JUSTICE

상담치료 등이 별로 효과가 없는 유전적인 범죄자나 생화학적 문제로 인한 범죄자에게 가장 효과적인 처우는 약물요법으로 대표되는 물리요법으로, 수형자의 동의에 관계없이 수형자에 대한 처우의 필요성과 목표를 결정하는 것으로 인권의 침해 소지가 많다는 점에서 적용이 극히 한정되어야 한다. 또한, 현재 「성폭력범죄자의 성충동 약물치료에 관한 법률」제정으로 성폭력범죄자에 대한 화학적 거세(치료명령)가 가능해졌다.

07 가족요법(Family Therapy) 참고

JUSTICE

가족관계 혹은 가정문제가 범죄의 원인이 된 범죄자에게 가족 속의 개인이 아닌 가족을 하나의 단위로 생각하게 하고, 가족 간의 의사소통과 이해력 증진, 응집력 강화 등을 도모하는 치료기법이다.

CHAPTER 4

교도작업과 직업훈련

01 교도작업의 의의 참고

JUSTICE

1. 개념

(1) 교도작업은 교도소 등 교정시설에서 수형자에게 교정작용의 일환으로 부과하는 작업을 말한다.

(2) 정역(定役)은 자유형 중 징역형을 받은 수형자에게 법률에 의해 작업이 강제되는 것을 말한다. 금고형 및 구류형의 집행 중에 있는 사람과 미결수용자 및 사형확정자에게는 작업의무가 없지만 신청에 따른 작업은 부과할 수 있다.

(3) 교도작업의 수익은 국고수입이 되고, 출역한 수형자에게는 국가에서 보상적 차원에서 작업장려금을 지급하고 있다.

2. 기본이해

(1) 자유형에는 징역형 · 금고형 · 구류형 3가지가 있지만, 그 중에 징역형에만 강제적 작업인 정역을 부과한다. 벌금과 과료를 미납해서 노역장유치명령을 받은 사람은 노역의 의무가 있다.

(2) 교육형 · 목적형주의 입장에서는 자유형의 구별을 폐지하고 징역형으로 단일화할 것을 주장하고 있으며, 오늘날 노동은 신성한 인류의 보편적인 도덕적 의무로 인식하고 있어, 수형자에게 과하는 교도작업도 직업훈련을 시키기 위한 교화수단으로 인식하는 것이 일반적이다.

3. 관련 규정(「형법」)

징역(「형법」 제67조)

징역은 교정시설에 수용하여 집행하며, 정해진 노역(勞役)에 복무하게 한다.

금고와 구류(「형법」 제68조)

금고와 구류는 교정시설에 수용하여 집행한다.

벌금과 과료(「형법」 제69조)

① 벌금과 과료는 판결확정일로부터 30일내에 납입하여야 한다. 단, 벌금을 선고할 때에는 동시에 그 금액을 완납할 때까지 노역장에 유치할 것을 명할 수 있다.

② 벌금을 납입하지 아니한 자는 1일 이상 3년 이하, 과료를 납입하지 아니한 자는 1일 이상 30일 미만의 기간 노역장에 유치하여 작업에 복무하게 한다.

노역장 유치(「형법」 제70조) ★

① 벌금이나 과료를 선고할 때에는 이를 납입하지 아니하는 경우의 노역장 유치기간을 정하여 동시에 선고하여야 한다.

② 선고하는 벌금이 1억원 이상 5억원 미만인 경우에는 300일 이상, 5억원 이상 50억원 미만인 경우에는 500일 이상, 50억원 이상인 경우에는 1천일 이상의 노역장 유치기간을 정하여야 한다.

02 교도작업의 연혁 참고

JUSTICE

1. 외국

(1) 1595년 암스테르담 노역장에서는 강제노동을 단순한 위하가 아닌 교육적 성격을 띠고 있다고 생각하여 처음으로 교육적인 교도작업을 실시하였다. 로마의 산 미켈레 소년감화원과 벨기에의 간트교도소에서도 교화개선을 가미한 교도작업을 실시하였다.

(2) 17C 이전에는 일반적으로 교도작업은 착취 및 응보형사상에 기초한 고통부과 수단으로 인식되었다.

(3) 1777년 존 하워드가 「영국과 웨일즈의 감옥상태론」에서 "사람들을 근면하게 하라. 그렇지 않으면 정직한 사람을 만들 수 없다"고 하며 교도작업의 중요성을 강조하였다.

2. 국제적 관심

(1) 국제형법 및 형무회의의 「피구금자처우 최저준칙」

① 작업은 유용하고 수형자가 정상적인 일에 활동할 수 있는 작업을 부과하여야 한다.

② 작업은 가능한 석방 후 생활을 영위할 능력을 보유하게 하고 더욱 증진시키는 성질의 것이어야 한다.

(2) 1955년 「UN 피구금자처우 최저기준 규칙」(제71조)

국제형법 및 형무회의에서 논의된 것 이외 "교도작업은 성질상 고통을 주는 것이어서는 안된다"는 내용 등을 추가하였다.

(3) 2015년 개정된 「UN 피구금자처우 최저기준 규칙」

제96조부터 제103조에 걸쳐 작업에 관한 내용을 보다 상세하게 규정하고 있다.

(4) 2016년 개정된 「수용자 처우에 관한 유엔최저기준규칙」(만델라규칙)

3. 우리나라

(1) 조선시대

대명률에 도역에 종사하는 사람은 1 ~ 3년의 형기 동안 소금을 굽거나 못을 만드는 작업 등을 부과하였다.

(2) 징역처단례 제정

1895년 징역처단례를 제정하여 도형을 폐지하고 역형(징역형)을 일반범에게 부과하였다.

(3) 감옥규칙과 감옥세칙 개정

① 1894년 감옥규칙, 1898년 감옥세칙을 제정하여 근대적 행형법의 효시가 되었다.

② 감옥규칙과 감옥세칙에 작업의 부과방법 · 급여공전 및 작업 면역일에 대한 규정 등을 두었다. 실제로 정역을 과한 사실은 없으며, 수용자들이 자비로 볏짚을 구입해서 짚신을 만들어 매각한 사실은 있었다.

(4) 형법대전 제정

① 1905년에 형법대전을 제정하면서 역형(징역형)과 금옥형(금고형)으로 구분하였다.

② 역형을 받은 사람에게는 정역을 과하고, 금옥형을 받은 사람에게는 정역을 과하지 않았다.

③ 정역은 감옥 내의 청소 등 잡역에 종사하는 정도의 수준이었다.

(5) 1908년

감옥관제 실시와 함께 근대적인 교정시설이 설치됨에 따라 종로감옥에서 민간인의 도급작업(짚으로 만드는 수공)을 최초로 실시하고, 1909년부터 전국적으로 수형자에게 작업을 부과하였다.

(6) 1962년

1962년 「교도작업관용법」 및 「교도작업특별회계법」을 제정하여 시행해 왔는데, 이는 자급자족 및 민간기업 압박 문제를 해결하기 위한 방안으로 볼 수 있다.

(7) 2008년

2008.12.11. 「교도작업관용법」 및 「교도작업특별회계법」을 통합한 「교도작업의 운영 및 특별회계에 관한 법률」을 제정하여 시행하고 있다.

➲ 교도작업 발전과정

① 계약노동 ⇒ ② 단가제도(노동착취 비판) ⇒ ③ 직영방식(공정경쟁 비판) ⇒ ④ 관용제도

03 교도작업의 목적 참고

JUSTICE

1. 윤리적 목적

수형자의 노동혐오감과 무위도식하는 습벽을 교정하고 수형생활 중 고독감과 번민을 제거하여 정신적 · 육체적 건강을 증진시키고, 직업훈련을 통해 석방 후 안정된 직장생활을 하는데 기여한다.

2. 사회교육적 목적

수용자의 근로정신 함양과 생활지도 및 작업지도 등에 유익하다.

3. 경제적 목적

(1) 수형자의 작업수입으로 교정시설 경비의 일부를 충당할 수 있어 국가이익에 보탬이 된다.
(2) 우리나라는 작업수입을 교도작업 특별회계 수입으로 편입하기 때문에 국가수입을 늘릴 수 있다.

4. 행정적 목적

교정시설 내 질서유지에 도움을 주고 교정사고 예방에 유용하다. 교정시설의 질서를 유지하기 위한 소극적 목적은, 수형자의 정신적 · 육체적 지장을 초래하지 않는 범위 내에서 인정된다.

5. 형벌적 목적

수형자는 자신에게 부과된 작업과 그 밖의 노역을 성실히 수행하여야 할 의무가 있어 처벌적 성격을 가진다. 이러한 형벌의 일반예방 기능은 잠재적 범죄인에게 위화감을 주어 범죄를 예방하는 목적에 기여한다.

04 교도작업의 성격과 과제 참고

JUSTICE

1. 교도작업의 성격

(1) 교도작업은 전문적이고 생산적이어야 한다.
(2) 석방 후 활용이 가능한 전업적인 작업이어야 한다.
(3) 수형자에게 고통을 주거나 정신적 · 육체적 장애를 초래해서는 아니 된다.

2. 교도작업의 과제

(1) 안정적인 작업운영을 할 수 있는 적정한 작업량 확보가 필요하다.
(2) 시설 및 운영의 낙후성을 해결하고 기술전문요원 등을 확보해야 한다.
(3) 지나치게 이윤을 추구하는 것은 회피해야 한다.
(4) 수용자의 소질과 적성이 고려되어야 한다.
(5) <u>작업위주의 교정운영은 개별처우를 어렵게 한다.</u>
(6) 기술수준이 낙후되어 있어 외부기업과 긴밀한 협력체계를 유지할 필요가 있다.

05 교도작업의 종류

JUSTICE

1. 법적 성질에 의한 분류(일반작업, 신청에 따른 작업)

(1) 일반작업

징역형을 받은 수형자에게 과하는 작업을 말한다.

(2) 신청에 따른 작업

정역이 부과되는 징역형 수형자가 아닌, 금고형, 구류형 수형자, 미결수용자, 사형확정자 등의 신청에 따라 교도소장이 재량으로 허가하는 작업을 말한다.

2. 작업의 목적에 의한 분류(생산작업, 운영지원작업, 직업훈련)

(1) 생산작업

교정시설에서 시장성이 있는 상품을 생산하거나 노동 등 서비스에 종사하는 작업을 말한다.

(2) 관용(자영) 작업

① 청소 · 세탁 · 이발 · 간병 · 시설보수 등 교도시설의 기능을 유지하기 위한 내부작업을 말한다.
② 세입증대와는 무관하지만 예산을 절감하는 효과가 있으며, 민간기업의 압박이 없거나 가장 적은 작업이다.

(3) 직업훈련

수형자의 사회복귀와 기능인력 양성을 목적으로 하는 작업을 말한다.

3. 경영방식에 따른 분류(직영, 위탁, 노무, 도급작업) ★

(1) 직영(관사)작업

① 기본이해
 ㉠ 국가 예산으로 시설 · 재료 등을 직접 구입하여 물건을 생산 · 판매하는 등 교도소에서 직접 경영하는 공기업 방식을 말하며, 교도작업 관용주의에 가장 적합한 작업형태이다.
 ㉡ 우리나라에서는 직영작업이 원칙이며, 가장 많이 실시하고 있다.
② 장점
 ㉠ 교도작업 관용주의에 가장 적합하다.
 ㉡ 교정기관 주도하에 규율을 유지하면서 작업을 할 수 있다.
 ㉢ 사인의 관여를 금지할 수 있다.
 ㉣ 형벌집행의 통일과 작업통제가 용이하다.
 ㉤ 수형자의 적성에 맞는 작업을 부여할 수 있다.
 ㉥ 직업종목 선택이 자유롭고 직업훈련에 용이하다.
 ㉦ 국고수입 증대 및 자급자족 효과가 있다.
 ㉧ 이윤을 독점할 수 있다.
③ 단점
 ㉠ 시설 · 기계 · 재료구입 등에 많은 예산이 소요되고, 사무가 번잡하다.
 ㉡ 법규상 제약 등으로 인해 적절한 시기에 기계 · 원자재 등의 구입이 어렵다.
 ㉢ 시장개척 및 제품판매에 어려움이 있다.

㉣ 품질저하 등으로 인해 민간기업과의 경쟁에서 불리할 수 있다.

㉤ 대량출하 시 민간기업체를 압박할 수 있다.

★ 우리나라는 직영방식이 원칙이며, 가장 많이 실시하고 있다.

(2) 위탁(단가)작업

① 기본이해

㉠ 외부 민간업체 또는 개인위탁자로부터 작업에 필요한 시설·기계·재료 등의 전부 또는 일부를 제공받아 제품을 가공·생산하여 위탁자에게 교부하고, 교도소는 가공비 또는 단가를 그 대가로 받는 작업을 말한다.

㉡ 주로 부품조립·봉재 등 단순 반복작업 중심으로 이루고 있다.

② 장점

㉠ 설비와 자재를 업자가 제공하므로 이를 구입할 필요가 없고 사무가 단순하다.

㉡ 판매와 관계없이 납품만 하면 되므로 제품처리에 문제가 없다.

㉢ 적은 비용으로 할 수 있고, 경기변동에 직접적인 영향을 받지 않고 위험이 적다.

㉣ 직영(관사)작업이나 노무(수부)작업에 비하여 민간기업 압박이 적다.

㉤ 다수인원 취업이 가능하고 교정의 통일성을 유지할 수 있다.

③ 단점

㉠ 교도소와 특정업체의 연계로 인한 부당경쟁이 발생할 우려가 있다.

㉡ 전문작업이 아니라서 업종이 다양하지 못하고 직업훈련에 부적당하다.

㉢ 위탁자의 경영사정에 따라 일시적인 작업이 되기 쉽기 때문에 교도작업 목적에 부합하지 않을 수 있다.

㉣ 제품관리상 위탁업자의 잦은 교도소 출입으로 보안상 문제점이 있을 수 있다.

㉤ 다른 작업에 비하여 위탁작업은 경제적 이윤이 적은 편이다.

(3) 노무(수부·임대)작업

① 기본이해

㉠ 교도소와 외부민간인 등이 계약을 하여, 교도소는 외부민간인 등에게 노무를 제공하고, 그 대가로 임금을 받는 작업을 말한다.

㉡ 수형자는 단순노무만 제공하기 때문에 노무작업·수부작업·임대작업이라고도 한다.

㉢ 과거에는 수형자들이 추수·모내기 등에 취업한 사례가 있었지만, 현재는 거의 실시하지 않고 있다.

② 장점

㉠ 자본없이도 상당한 경제적 효과를 얻을 수 있다.

㉡ 경기변동에 큰 영향을 받지 않는다.

㉢ 자본없이도 가능하고 취업비가 필요없다.
㉣ 단순노무만 제공하므로 제품처리를 걱정할 필요가 없다.

③ 단점
㉠ 사인과 결탁으로 인한 부정 가능성이 있다.
㉡ 단순노동이라 직업훈련에 부적당하고 수형자의 교화목적이 외면될 우려가 있다.
㉢ 형 집행의 통일성을 유지하기 어렵고 임시작업이 대부분이다.
㉣ 사인이 작업을 직접 지시·통제하는 경우가 많아 사인의 관여가 가장 심하다.

(4) 도급작업

① 기본이해
다리공사와 같이 특정한 공사를 계약하고 교도소가 공사에 필요한 모든 것을 전담하여 기일 내에 완공하는 작업을 말한다. 도급작업은 구외작업이 대부분이라, 보안상 많은 문제점을 내포하고 있다.

② 장점
㉠ 공사를 전담하기 때문에 높은 수익을 얻을 수 있다.
㉡ 대량작업을 전제로 하므로 대규모 취업도 가능해 불취업 수형자를 해소할 수 있다.

③ 단점
㉠ 전문지식과 경험부족으로 큰 손실을 입을 수 있다.
㉡ 구외작업으로 인한 계호부담 및 보안상 문제가 많다.
㉢ 민간기업의 압박이 우려된다.
㉣ 작업에 요구되는 전문기술자 확보가 곤란하며 실현성이 희박하다.

06 구외(개방지역)작업

JUSTICE

1. 의의

(1) 구외작업은 교정시설의 외부에서 작업하는 것을 말하며, 구내작업은 교정시설 내부에서 작업하는 것을 말한다.
(2) 우리나라에서 대표적인 구외작업으로는 교도소에서 민간기업체에 출퇴근하며 작업하는 외부통근작업을 들 수 있다.

2. 연혁

(1) 구외작업은 18 ~ 19C 중엽 당시 영국의 식민지였던 호주 개발에 많은 수형자를 공공작업에

취업시킨 것에서 유래되었다.

(2) 1854년 아일랜드의 크로프톤(W. Crofton)이 가석방 전단계 처우과정으로 반자유구금 형태의 중간교도소제를 운영하며 구외작업을 실시한 것이 대표적이다. 당시의 구외지역작업은 시설 내 과밀수용을 완화하고 부족한 노동력을 보충하기 위해 실시하였다.

(3) 우리나라에서는 과거 염전 운영과 임야개간 및 영농작업 등을 실시한 바 있다.

3. 장단점

(1) 장점

① 수형자의 사회적응훈련에 용이하며, 특히 장기수형자의 사회적응 훈련에 도움이 된다.

② 외부통근작업이 입소 전의 직업과 연계되면 기능향상 및 석방 후 취업에 유리하다.

③ 도주우려가 적은 단기수형자에게 실시하기 용이하며, 장기수형자에게는 신체적 · 정신적 장애를 제거할 수 있다.

④ 수형자와 교도관 간에 인간적인 신뢰로 인한 반사회성 교정 및 갱생의욕을 고취할 수 있다.

⑤ 구외작업은 교정의 개방화에 부응하는 중간처우방법으로 활용할 수 있다.

⑥ 외부통근작업 등의 구외작업은 다른 작업보다 매우 경제적이다.

⑦ 개방시설을 활용하면 폐쇄시설보다 사회생활양식에 보다 가까이 접근할 수 있다.

(2) 단점

① 도주의 우려가 있어 계호인력의 낭비를 초래한다.

② 다수인의 혼거작업으로 인한 악풍감염 및 부정물품 반입 우려가 있다.

③ 대체로 구외작업은 기간이 짧아 실질적인 교화개선 효과를 거두기 어렵다.

④ 단순노무적인 구외작업은 오히려 내실있는 직업교육보다 실효성을 거두기 어렵다.

⑤ 민간인과의 접촉은 수형자의 인격에 손상을 줄 가능성이 있다.

4. 관련 규정

외부 통근 작업 등(법 제68조)

① 소장은 수형자의 건전한 사회복귀와 기술습득을 촉진하기 위하여 필요하면 외부기업체 등에 통근 작업하게 하거나 교정시설의 안에 설치된 외부기업체의 작업장에서 작업하게 할 수 있다.

② 외부 통근 작업 대상자의 선정기준 등에 관하여 필요한 사항은 법무부령으로 정한다.

PART 5

선정기준(시행규칙 제120조) ★

① 외부기업체에 통근하며 작업하는 수형자는 다음 각 호의 요건을 갖춘 수형자 중에서 선정한다.

1. 18세 이상 65세 미만일 것
2. 해당 작업 수행에 건강상 장애가 없을 것
3. 개방처우급 · 완화경비처우급에 해당할 것
4. 가족 · 친지 또는 법 제130조의 교정위원(이하 "교정위원"이라 한다) 등과 접견 · 편지수수 · 전화통화 등으로 연락하고 있을 것
5. 집행할 형기가 7년 미만이고 가석방이 제한되지 아니할 것

② 교정시설 안에 설치된 외부기업체의 작업장에 통근하며 작업하는 수형자는 제1항제1호부터 제4호까지의 요건(같은 항 제3호의 요건의 경우에는 일반경비처우급에 해당하는 수형자도 포함한다)을 갖춘 수형자로서 집행할 형기가 10년 미만이거나 형기기산일부터 10년 이상이 지난 수형자 중에서 선정한다.

③ 소장은 제1항 및 제2항에도 불구하고 작업 부과 또는 교화를 위하여 특히 필요하다고 인정하는 경우에는 제1항 및 제2항의 수형자 외의 수형자에 대하여도 외부통근자로 선정할 수 있다.

선정 취소(시행규칙 제121조)

소장은 외부통근자가 법령에 위반되는 행위를 하거나 법무부장관 또는 소장이 정하는 지켜야 할 사항을 위반한 경우에는 외부통근자 선정을 취소할 수 있다.

외부통근자 교육(시행규칙 제122조)

소장은 외부통근자로 선정된 수형자에 대하여는 자치활동 · 행동수칙 · 안전수칙 · 작업기술 및 현장적응훈련에 대한 교육을 하여야 한다.

자치활동(시행규칙 제123조)

소장은 외부통근자의 사회적응능력을 기르고 원활한 사회복귀를 촉진하기 위하여 필요하다고 인정하는 경우에는 수형자 자치에 의한 활동을 허가할 수 있다.

07 장해보상금(위로금 및 조위금)

JUSTICE

1. 의의

장해보상금은 작업에 취업하는 수용자가 작업 중에 안전사고 등으로 사망 또는 불구자가 되었을 때 정상을 참작하여 지급하는 위로금과 조위금을 말한다.

수용자 조위금 및 위로금 지급규정 개정(2006.1.26, 법무부예규 제743호)
작업 중에 수용자가 부상을 당하거나 사망하는 경우에 단순히 국가가 은혜적 차원에서 소액을 지급해 오던 보상금지급 규정을 2006.1.26. 개정하여, 일반근로자와 같이 「산업재해보상보험법」에 따르도록 변경하여 수용자의 복지를 크게 개선하였다.

2. 관련 규정

위로금 · 조위금(법 제74조) ★

① 소장은 수형자가 다음 각 호의 어느 하나에 해당하면 법무부장관이 정하는 바에 따라 위로금 또는 조위금을 지급한다.
   1. 작업 또는 직업훈련으로 인한 부상 또는 질병으로 신체에 장해가 발생한 때
   2. 작업 또는 직업훈련 중에 사망하거나 그로 인하여 사망한 때

② 위로금은 본인에게 지급(지급사유가 발생하면 언제든지 지급 가능)하고, 조위금은 그 상속인에게 지급한다.

다른 보상 · 배상과의 관계(법 제75조)

위로금 또는 조위금을 지급받을 사람이 국가로부터 동일한 사유로 「민법」이나 그 밖의 법령에 따라 제74조의 위로금 또는 조위금에 상당하는 금액을 지급받은 경우에는 그 금액을 위로금 또는 조위금으로 지급하지 아니한다.

위로금 · 조위금을 지급받을 권리의 보호(법 제76조)

① 제74조의 위로금 또는 조위금을 지급받을 권리는 다른 사람 또는 법인에게 양도하거나 담보로 제공할 수 없으며, 다른 사람 또는 법인은 이를 압류할 수 없다.

② 제74조에 따라 지급받은 금전을 표준으로 하여 조세와 그 밖의 공과금(公課金)을 부과하여서는 아니 된다.

08 작업장려금과 작업임금제

JUSTICE

1. 작업장려금

(1) 기본이해

① 작업장려금은 수용자의 근로의욕 고취와 작업능률 향상 및 출소 후 생활자금을 조성해주기 위하여 작업의 종류, 작업성적, 교정성적, 그 밖의 사정을 고려하여 국가가 수형자에 지급하는 금전을 말한다.

② 수형자의 작업을 장려하기 위하여 정책적으로 급부하는 공법적 성질을 가지며, 청구권이 인정되지 않는 은혜적 급부로서의 성격을 가진다.

③ 작업장려금은 모든 취업수용자(직업훈련생 포함)에게 지급하며, 매월 계산해서 작업장려금 대장에 등재하여 장부상의 계산액으로 관리한다.

(2) 작업장려금의 성격

① 작업에 대한 사법적인 대가급부(반대급부)가 아닌, 독립된 지출로 보고 있다.
② 작업장려를 위한 공법적 · 정책적 급부이다.
③ 청구권이 인정되지 않는 은혜적 급부이다.
④ 지급전까지는 단순한 계산고로만 존재하며, 지급되어야만 비로소 수형자의 소유가 된다.
⑤ 작업장려금은 지급 전까지는 국가소유이므로, 징벌로써 작업장려금을 삭감할 수 있다.

(3) 작업장려금 관련 규정

징벌의 종류(법 제108조)

징벌의 종류는 다음 각 호와 같다.
3. 3개월 이내의 작업장려금 삭감
8. 30일 이내의 작업 정지(신청에 따른 작업에 한정한다)

작업수입 등(법 제73조)

① 작업수입은 국고수입으로 한다.
② 소장은 수형자의 근로의욕을 고취하고 건전한 사회복귀를 지원하기 위하여 법무부장관이 정하는 바에 따라 작업의 종류, 작업성적, 교정성적, 그 밖의 사정을 고려하여 수형자에게 작업장려금을 지급할 수 있다.

③ 제2항의 작업장려금은 석방할 때에 본인에게 지급한다. 다만, 본인의 가족생활 부조, 교화 또는 건전한 사회복귀를 위하여 특히 필요하면 석방 전이라도 그 전부 또는 일부를 지급할 수 있다.

2. 작업임금제 참고

(1) 의의

① 수형자의 노무에 대한 대가로 국가가 수형자에게 임금을 지급하는 것을 말한다.
② 수형자가 노동을 제공한 것에 대한 보수를 권리로서 청구할 수 있는 제도이다.
③ 작업임금제는 교육형주의와 인권존중사상을 바탕으로 하는 이론이다.

(2) 연혁

① 16C 중엽 영국의 노역장에서 처음으로 채택하였고, 18C 말부터는 미국의 대부분의 주에서 인정하였다.
② 1884년 독일의 바알베르그(Wahlwerg)가 임금제를 주장하였고, 「수용자 처우에 관한 유엔최저기준규칙」에 이를 권장하고 있다(제103조 ① : 수형자의 작업에 대한 공정한 보수제도가 있어야 한다).

(3) 작업임금제 찬반론

① 찬성론
㉠ 노동에 대한 정당한 대가를 지불하는 것은 기본권 보장상 당연한 것이다.
㉡ 개선의 희망을 증대시킬 수 있어 수형자의 재사회화에 도움이 된다.
㉢ 근로의욕을 고취시킬 수 있고, 작업기술의 보도에 도움이 된다.
㉣ 보수를 자기용도로 사용하거나 저축하게 하여 경제적 생활에 익숙하게 할 수 있다.
㉤ 피해자에게 손해배상의 기회를 제공할 수 있다.
㉥ 수형자 가족의 생활부양에 도움이 된다.

② 반대론
㉠ 형집행은 노동계약이 아니므로 대가지불의 의무가 없다.
㉡ 국가에 손해를 끼친 자에게 임금을 지불함은 이율배반적이다.
㉢ 수형자가 노임을 받으면 심리적으로 의뢰심이 생길 수 있다.
㉣ 사회의 실업자와 비교할 때 불합리하므로 임금제는 부당하다.

09 관용주의와 자급자족주의 참고

JUSTICE

1. 교도작업 관용주의

(1) 교도작업으로 생산되는 물건이나 자재를 국가 또는 지방공공단체 및 국영기업체 등에 우선적으로 공급하게 하여 교도작업의 능률을 향상시키고 교정업무의 원활한 수행을 꾀하는 제도를 말한다.
(2) 민간기업의 압박이나 피해를 회피하면서 경제적 수익을 증진시켜 자급자족을 이룩할 수 있는 제도이며, 우리나라에서는 「교도작업 관용법」을 1962년에 제정하여 운영해 왔다.
(3) 우리나라는 2008.12.11. 「교도작업 관용법」 및 「교도작업 특별회계법」을 통합한 「교도작업의 운영 및 특별회계에 관한 법률」을 제정하여 시행하고 있다.
(4) 교도작업의 민간기업 참여 규정 및 교도작업으로 생산된 제품의 민간 위탁 판매 근거 규정을 신설하여 교도작업의 효율적인 운영과 활성화를 도모하였다.

「교도작업의 운영 및 특별회계에 관한 법률」 ★

목적(제1조)
이 법은 교도작업의 관리 및 교도작업특별회계의 설치 · 운용에 관한 사항을 규정함으로써 효율적이고 합리적인 교도작업의 운영을 도모함을 목적으로 한다.

정의(제2조)
이 법에서 사용하는 용어의 정의는 다음과 같다.
1. "교도작업"이란 교정시설의 수용자에게 부과하는 작업을 말한다.
2. "공공기관"이란 「공공기관의 운영에 관한 법률」 제4조부터 제6조까지의 규정에 따라 지정 · 고시된 기관을 말한다.

다른 법률의 적용(제3조)
교도작업에 관하여 이 법에 규정된 것을 제외하고는 「형의 집행 및 수용자의 처우에 관한 법률」을 적용한다.

교도작업제품의 공고(제4조)
법무부장관은 교도작업으로 생산되는 제품의 종류와 수량을 회계연도 개시 1개월 전까지 공고하여야 한다.

생산공급계획의 보고(시행령 제3조)

교도작업으로 생산되는 제품(이하 "교도작업제품"이라 한다)을 생산하는 교정시설의 장(이하 "소장"이라 한다)은 국가, 지방자치단체 또는 공공기관(이하 "수요기관"이라 한다)의 수요량과 해당 지역의 생산실태 등을 조사하여 법무부령으로 정하는 사항이 포함된 다음 연도의 생산공급계획을 수립하여 매년 10월 30일까지 법무부장관에게 보고하여야 한다.

교도작업제품의 우선구매(제5조)

국가, 지방자치단체 또는 공공기관은 그가 필요로 하는 물품이 제4조에 따라 공고된 것인 경우에는 공고된 제품 중에서 우선적으로 구매하여야 한다.

교도작업에의 민간참여(제6조)

① 법무부장관은 「형의 집행 및 수용자의 처우에 관한 법률」 제68조에 따라 수형자가 외부기업체 등에 통근 작업하거나 교정시설의 안에 설치된 외부기업체의 작업장에서 작업할 수 있도록 민간기업을 참여하게 하여 교도작업을 운영할 수 있다.
② 교정시설의 장은 제1항에 따라 민간기업이 참여할 교도작업(이하 이 조에서 "민간참여작업"이라 한다)의 내용을 해당 기업체와의 계약으로 정하고 이에 대하여 법무부장관의 승인(재계약의 경우에는 지방교정청장의 승인)을 받아야 한다. 다만, 법무부장관이 정하는 단기의 계약에 대하여는 그러하지 아니하다.
③ 제1항 및 제2항에 따른 민간기업의 참여 절차, 민간참여작업의 종류, 그 밖에 민간참여작업의 운영에 필요한 사항은 「형의 집행 및 수용자의 처우에 관한 법률」 제68조제1항의 사항을 고려하여 법무부장관이 정한다.

외부 통근 작업 등(형집행법 제68조)

① 소장은 수형자의 건전한 사회복귀와 기술습득을 촉진하기 위하여 필요하면 외부기업체 등에 통근 작업하게 하거나 교정시설의 안에 설치된 외부기업체의 작업장에서 작업하게 할 수 있다.

일반경쟁계약(시행령 제9조) ★

특별회계의 세입·세출의 원인이 되는 계약을 담당하는 공무원(이하 "계약담당자"라 한다)은 다음 각 호의 어느 하나에 해당하는 계약으로서 추정가격이 「국가를 당사자로 하는 계약에 관한 법률 시행령」 제26조제1항제5호가목에 따른 추정가격의 2배를 초과하는 계약을 하려는 경우에는 일반경쟁에 부쳐야 한다.

1. 고정자산에 속하거나 속하게 될 재산의 매매
2. 유동자산에 속하는 물건의 구입

PART 5

3. 잡수입(雜收入) 과목으로 처리되는 물건의 매도
4. 손실 과목으로 처리되는 물건의 구입

수의계약(시행령 제10조) ★

계약담당자는 제9조에도 불구하고 다음 각 호의 어느 하나에 해당하는 경우에는 수의계약으로 할 수 있다.

1. 계약의 성질 또는 목적이 특정된 조건을 필요로 하거나 특정인의 기술 또는 지능이 계약의 성취요건이 되어 대체할 수 없어 경쟁을 할 수 없는 경우
2. 수요기관과 계약을 하는 경우
3. 예산 또는 자금의 배정 지연으로 인하여 경쟁에 부칠 시간적 여유가 없어 교도작업 및 사업상 지장이 초래된다고 인정되는 경우

수의계약의 절차(시행규칙 제9조)

① 계약담당자는 계약을 수의계약으로 하려면 「교도관직무규칙」 제21조에 따른 교도관회의의 심의를 거쳐야 한다.
② 계약담당자가 계약을 수의계약으로 한 경우에는 법무부장관에게 보고하여야 한다.

교도작업제품의 민간판매(제7조)

교도작업으로 생산된 제품은 민간기업 등에 직접 판매하거나 위탁하여 판매할 수 있다.

교도작업제품의 판매방법(시행령 제7조)

법무부장관은 교도작업제품의 전시 및 판매를 위하여 필요한 시설을 설치 · 운영하거나 전자상거래 등의 방법으로 교도작업제품을 판매할 수 있다.

교도작업특별회계의 설치 · 운용(제8조)

① 교도작업의 효율적인 운영을 위하여 교도작업특별회계(이하 "특별회계"라 한다)를 설치한다.
② 특별회계는 법무부장관이 운용 · 관리한다.

특별회계의 세입 · 세출(제9조)

① 특별회계의 세입(歲入)은 다음 각 호와 같다.
   1. 교도작업으로 생산된 제품 및 서비스의 판매, 그 밖에 교도작업에 부수되는 수입금
   2. 제10조에 따른 일반회계로부터의 전입금
   3. 제11조에 따른 차입금
② 특별회계의 세출(歲出)은 다음 각 호와 같다.
   1. 교도작업의 관리, 교도작업 관련 시설의 마련 및 유지 · 보수, 그 밖에 교도작업의 운영

을 위하여 필요한 경비
2. 「형의 집행 및 수용자의 처우에 관한 법률」 제73조제2항의 작업장려금
3. 「형의 집행 및 수용자의 처우에 관한 법률」 제74조의 위로금 및 조위금
4. 수용자의 교도작업 관련 직업훈련을 위한 경비

일반회계로부터의 전입(제10조)

특별회계는 세입총액이 세출총액에 미달된 경우 또는 시설 개량이나 확장에 필요한 경우에는 예산의 범위에서 일반회계로부터 전입을 받을 수 있다.

일시 차입 등(제11조)

① 특별회계는 지출할 자금이 부족할 경우에는 특별회계의 부담으로 국회의 의결을 받은 금액의 범위에서 일시적으로 차입하거나 세출예산의 범위에서 수입금 출납공무원 등이 수납한 현금을 우선 사용할 수 있다.
② 제1항에 따라 일시적으로 차입하거나 우선 사용한 자금은 해당 회계연도 내에 상환하거나 지출금으로 대체납입하여야 한다.

잉여금의 처리(제11조의2)

특별회계의 결산상 잉여금은 다음 연도의 세입에 이입한다.

예비비(제12조)

특별회계는 예측할 수 없는 예산 외의 지출 또는 예산을 초과하는 지출에 충당하기 위하여 세출예산에 예비비를 계상(計上)할 수 있다.

2. 자급자족주의 참고

(1) 의의

① 광의로는 교도작업 수익으로 교정비용을 완전 충당하는 것을 의미하며, 협의로는 교도작업으로 생산되는 제품을 교정시설에서 이용하고 소비함으로써 경제적 비용을 줄이고 민간기업의 압박을 회피할 수 있는 경제활동을 말한다.
② 자급자족의 원칙을 실현하기 위해서는 경영을 합리화하여 수입을 증대시켜야 품질향상, 가격경쟁력 강화, 시장 확장 등이 가능하다.
③ 자급자족주의를 지나치게 강조하면 수형자의 노동력을 착취하는 결과가 되므로, 자급자족주의와 교화개선의 목적이 상충할 때에는 교화개선의 목적이 우선되어야 한다.

④ 교도작업을 통한 경제적 이익은, 수형자에 대한 교화수단으로서의 작업의 기능과 기술습득 및 출소 후 생활지원 등을 함께 고려하여야 한다.

(2) 발전과정

① 교도작업에 대한 민간기업의 압박문제가 제기되어 이를 해결하기 위한 방안으로 자급자족주의가 대두되고, 이것이 교도작업 관용주의로 발전하였다.
② 자급자족주의가 교도작업 관용주의의 기초이므로 상호유기적인 표리관계에 있다.
③ 1905년 헝가리 부다페스트에서 개최된 국제교도소회의에서 농업작물의 생산물은 먼저 교도소의 자급에 충당할 것을 결의한 바 있다.

(3) 관용주의와 자급자족주의의 장단점

① 장점
ⓐ 경기변동과 관계없이 작업을 계속할 수 있어 작업경영이 안정적이다.
ⓑ 국가기관이 교도소제품을 구매하면 민간기업의 압박을 회피할 수 있다.
ⓒ 생산품의 원가공급이 가능해 교정비용이 절약되고 자급경영의 합리화가 가능하다.
ⓓ 자급경영 및 계획생산 등 경영의 합리화가 용이하다.
ⓔ 수주활동 부담이 없다.
ⓕ 자급자족주의는 관용주의의 기초가 된다.

② 단점
ⓐ 정성부족으로 제품의 질이 저하될 우려가 있다.
ⓑ 탄력적인 경영이 어려워 제품을 적기에 공급하지 못할 우려가 있다.
ⓒ 경영에 열의가 없고 타성에 젖을 우려가 있다.
ⓓ 제품제작에 대한 소비자의 권고나 주의를 무시하기 쉽다.
ⓔ 제품 제작에 대한 신중성이 결여되기 쉽다.
ⓕ 경쟁의식을 못 느껴 친절감이 희박해질 우려가 있다.

3. 효율적인 교도작업 운영방안 참고

(1) 민간기업 압박 해결방안

① 민간기업과는 달리 교도작업은 영리적 목적보다 직업훈련에 적합하도록 운영한다.
② 민간기업과 충돌하기 쉬운 작업은 가능한 피하도록 한다.
③ 자급자족의 원칙하에 교도작업을 운영한다.
④ 가격 책정 시 시장가격을 고려하여 적정한 가격을 산정한다.

(2) 교도작업과 민간기업의 차이

① 교도작업과 민간기업의 작업목적이 서로 다르다.
② 교도작업과 민간기업에 종사하는 사람의 신분 자체에 차이가 있다.
③ 수형자 중에는 유능한 기술자가 적으며 작업능률도 낮다.
④ 교도작업 제품이 질적인 측면과 양적인 측면에서 민간기업을 따라가기 어렵다.

(3) 교도작업의 과제

① 경영의 합리화
② 시장확대 및 적기공급
③ 생산성 향상으로 인한 가격인하
④ 제품에 대한 부단한 연구개발
⑤ 효율적인 조직운영
⑥ 건실한 민간기업 적극참여 유도
⑦ 작업환경 및 여건개선
⑧ 기능보유 수형자를 집합시켜 활용
⑨ 신제품 개발 및 수주활동 강화

10 현행법상 교도작업

JUSTICE

1. 작업의 부과

작업의 부과(법 제65조) ★

① 수형자에게 부과하는 작업은 건전한 사회복귀를 위하여 기술을 습득하고 근로의욕을 고취하는 데에 적합한 것이어야 한다.
② 소장은 수형자에게 작업을 부과하려면 나이 · 형기 · 건강상태 · 기술 · 성격 · 취미 · 경력 · 장래생계, 그 밖의 수형자의 사정을 고려하여야 한다.

작업의무(법 제66조) ★

수형자는 자신에게 부과된 작업과 그 밖의 노역을 수행하여야 할 의무가 있다.

2. 작업의 종류 등 ★

작업의 종류(시행령 제89조)

소장은 법무부장관의 승인을 받아 수형자에게 부과하는 작업의 종류를 정한다.

작업의 고지 등(시행령 제91조)

① 소장은 수형자에게 작업을 부과하는 경우에는 작업의 종류 및 작업과정을 정하여 고지하여야 한다.

② 제1항의 작업과정은 작업성적, 작업시간, 작업의 난이도 및 숙련도를 고려하여 정한다. 작업과정을 정하기 어려운 경우에는 작업시간을 작업과정으로 본다.

작업실적의 확인(시행령 제92조)

소장은 교도관에게 매일 수형자의 작업실적을 확인하게 하여야 한다.

3. 작업시간 등

작업시간 등(제71조)

① 1일의 작업시간(휴식 · 운동 · 식사 · 접견 등 실제 작업을 실시하지 않는 시간을 제외한다. 이하 같다)은 8시간을 초과할 수 없다.

② 제1항에도 불구하고 취사 · 청소 · 간병 등 교정시설의 운영과 관리에 필요한 작업의 1일 작업시간은 12시간 이내로 한다.

③ 1주의 작업시간은 52시간을 초과할 수 없다. 다만, 수형자가 신청하는 경우에는 1주의 작업시간을 8시간 이내의 범위에서 연장할 수 있다.

④ 제2항 및 제3항에도 불구하고 19세 미만 수형자의 작업시간은 1일에 8시간을, 1주에 40시간을 초과할 수 없다.

⑤ 공휴일 · 토요일과 대통령령으로 정하는 휴일에는 작업을 부과하지 아니한다. 다만, 다음 각 호의 어느 하나에 해당하는 경우에는 작업을 부과할 수 있다.

1. 제2항에 따른 교정시설의 운영과 관리에 필요한 작업을 하는 경우
2. 작업장의 운영을 위하여 불가피한 경우
3. 공공의 안전이나 공공의 이익을 위하여 긴급히 필요한 경우
4. 수형자가 신청하는 경우

휴업일(시행령 제96조)

법 제71조에서 "그 밖의 휴일"이란 「각종 기념일 등에 관한 규정」에 따른 교정의 날 및 소장이 특히 지정하는 날을 말한다

4. 작업의 면제 ★

작업의 면제(법 제72조)

① 소장은 수형자의 가족 또는 배우자의 직계존속이 사망하면 2일간, 부모 또는 배우자의 제삿날에는 1일간 해당 수형자의 작업을 면제한다. 다만, 수형자가 작업을 계속하기를 원하는 경우는 예외로 한다.

② 소장은 수형자에게 부상·질병, 그 밖에 작업을 계속하기 어려운 특별한 사정이 있으면 그 사유가 해소될 때까지 작업을 면제할 수 있다.

5. 소년수형자 및 노인수형자의 작업 ★

소년수형자의 작업 등(시행령 제90조)

소장은 19세 미만의 수형자에게 작업을 부과하는 경우에는 정신적·신체적 성숙 정도, 교육적 효과 등을 고려하여야 한다.

교육·교화프로그램 및 작업(시행규칙 제48조 ②)

② 소장은 노인수용자가 작업을 원하는 경우에는 나이·건강상태 등을 고려하여 해당 수용자가 감당할 수 있는 정도의 작업을 부과한다. 이 경우 의무관의 의견을 들어야 한다.

6. 신청에 의한 작업

신청에 따른 작업(법 제67조)

소장은 금고형 또는 구류형의 집행 중에 있는 사람에 대하여는 신청에 따라 작업을 부과할 수 있다.

작업과 교화(법 제86조)

① 소장은 미결수용자에 대하여는 신청에 따라 교육 또는 교화프로그램을 실시하거나 작업을 부과할 수 있다.

② 제1항에 따라 미결수용자에게 교육 또는 교화프로그램을 실시하거나 작업을 부과하는 경우에는 제63조부터 제65조까지 및 제70조부터 제76조까지의 규정을 준용한다.

개인상담 등(법 제90조)

① 소장은 사형확정자의 심리적 안정 및 원만한 수용생활을 위하여 교육 또는 교화프로그램을 실시하거나 신청에 따라 작업을 부과할 수 있다.

② 사형확정자에 대한 교육·교화프로그램, 작업, 그 밖의 처우에 필요한 사항은 법무부령으로 정한다.

신청 작업의 취소(시행령 제93조)

소장은 법 제67조(신청에 따른 작업)에 따라 작업이 부과된 수형자가 작업의 취소를 요청하는 경우에는 그 수형자의 의사(意思), 건강 및 교도관의 의견 등을 고려하여 작업을 취소할 수 있다.

작업(시행규칙 제153조)

① 소장은 사형확정자가 작업을 신청하면 교도관회의의 심의를 거쳐 교정시설 안에서 실시하는 작업을 부과할 수 있다. 이 경우 부과하는 작업은 심리적 안정과 원만한 수용생활을 도모하는 데 적합한 것이어야 한다.

② 소장은 작업이 부과된 사형확정자에 대하여 교도관회의의 심의를 거쳐 제150조제4항(사형확정자의 번호표·거실표 붉은색)을 적용하지 아니할 수 있다.

③ 소장은 작업이 부과된 사형확정자가 작업의 취소를 요청하면 사형확정자의 의사(意思)·건강, 담당교도관의 의견 등을 고려하여 작업을 취소할 수 있다.

④ 사형확정자에게 작업을 부과하는 경우에는 법 제71조부터 제76조(휴일작업, 작업면제, 작업수입, 위로금·조위금, 보상·배상, 위로금·조위금을 지급받을 권리보호)까지의 규정 및 이 규칙 제200조(직책부여금지)를 준용한다.

7. 집중근로에 따른 처우

집중근로에 따른 처우(법 제70조)

① 소장은 수형자의 신청에 따라 제68조의 작업, 제69조제2항의 훈련, 그 밖에 집중적인 근로가 필요한 작업을 부과하는 경우에는 접견·전화통화·교육·공동행사 참가 등의 처우를 제한할 수 있다. 다만, 접견 또는 전화통화를 제한한 때에는 휴일이나 그 밖에 해당 수용자의 작업이 없는 날에 접견 또는 전화통화를 할 수 있게 하여야 한다.

② 소장은 제1항에 따라 작업을 부과하거나 훈련을 받게 하기 전에 수형자에게 제한되는 처우의 내용을 충분히 설명하여야 한다.

집중근로(시행령 제95조) ★

법 제70조제1항에서 "집중적인 근로가 필요한 작업"이란 수형자의 신청에 따라 1일 작업시간 중 접견·전화통화·교육 및 공동행사 참가 등을 하지 아니하고 휴게시간을 제외한 작업시간 내내 하는 작업을 말한다.

8. 작업·교육 등의 지도보조 ★

작업·교육 등의 지도보조(시행규칙 제94조)

소장은 수형자가 개방처우급 또는 완화경비처우급으로서 작업·교육 등의 성적이 우수하고 관련 기술이 있는 경우에는 교도관의 작업지도를 보조하게 할 수 있다.

9. 개인작업 ★

개인작업(시행규칙 제95조)

① 소장은 수형자가 개방처우급 또는 완화경비처우급으로서 작업기술이 탁월하고 작업성적이 우수한 경우에는 수형자 자신을 위한 개인작업을 하게 할 수 있다. 이 경우 개인작업 시간은 교도작업에 지장을 주지 아니하는 범위에서 1일 2시간 이내로 한다.

② 소장은 제1항에 따라 개인작업을 하는 수형자에게 개인작업 용구를 사용하게 할 수 있다. 이 경우 작업용구는 특정한 용기에 보관하도록 하여야 한다.

③ 제1항의 개인작업에 필요한 작업재료 등의 구입비용은 수형자가 부담한다. 다만, 처우상 필요한 경우에는 예산의 범위에서 그 비용을 지원할 수 있다.

11 직업훈련(기술교육)

JUSTICE

1. 의의와 연혁 참고

(1) 직업훈련의 의의

① 직업훈련은 수형자가 출소 후 직장에 취업하는데 필요한 기능을 습득하고 향상시키기 위하여 실시하는 훈련을 말한다.

② 이는 수형자에게 근로정신을 함양하고 기술을 습득하게 하여 사회복귀를 용이하게 함으로써 재범을 방지하고 고도산업사회에 필요한 기능인력을 양성하는데 의의가 있다.

③ 교도시설 내적으로는 직업훈련을 통하여 질서를 유지하고 규율을 확립하는데 의의가 있다.

(2) 문제점

효과적인 직업훈련에 필요한 현대적 장비와 훈련된 기술진이 부족하고 직업훈련분야가 출소 후 유용성이 떨어진다는 비판이 있어, 현대적인 직업훈련교도소를 신설하거나 직업훈련 전담교도소를 지정하여 운영하는 등 이를 적극적으로 보완해 나가고 있다.

(3) 직업훈련 연혁

① 1967년 「직업훈련법」이 제정되어 공포 · 시행됨에 따라, 이를 근거로 1969년에 21개 교도소에 공공직업훈련소를 병설하여 1인 1기를 목표로 자동차 · 건축 · 전기분야 등 54개 직종에 대한 직업훈련을 실시하였다. 그 후 「직업훈련법」은 「근로자 직업능력개발법」으로 명칭이 바뀌었다.

② 1971년 법무부에서 일반직업 훈련과정을 신설해서 직업훈련을 자체적으로 실시하였다.

③ 2005년 이후에는 남부 · 청주 · 경북북부직업훈련 · 순천 · 청주여자 · 화성직업훈련교도소를 집체직업훈련시설로 지정 · 운영하고 있다.

2. 직업훈련 참고

(1) 직업훈련 : 교정시설에서 수형자를 대상으로 석방 후 취업에 필요한 직무수행능력을 습득 · 향상하기 위하여 실시하는 훈련을 말한다.

(2) 공공직업훈련 : 「근로자 직업능력개발법」 등 관계규정에 따라 고용노동부장관이 정한 훈련기준 및 권고사항 등을 참고하여 실시하는 직업훈련을 말한다.

(3) 일반직업훈련 : 소장이 교화상 필요한 경우 예산 그 밖의 사정을 고려하여 「근로자 직업능력개발법」의 기준 외의 방법으로 실시하는 훈련을 말한다.

(4) 집체직업훈련 : 직업훈련 전담 교정시설이나 그 밖에 훈련을 실시하기에 적합한 교정시설에 집합수용하여 실시하는 직업훈련을 말한다.

(5) 양성직업훈련 : 수형자에게 직업에 필요한 기초적 직무수행 능력을 습득시키기 위하여 실시하는 훈련을 말한다.

(6) 향상직업훈련 : 양성훈련을 받은 수형자 또는 직업에 필요한 기초적 직무수행 능력을 가지고 있는 수형자에게 더 높은 직무수행능력을 습득시키거나 기술발전에 대응할 수 있는 지식과 기능을 보충하기 위해 실시하는 훈련을 말한다.

(7) 숙련직업훈련 : 양성훈련이나 향상훈련과정을 수료한 후, 현장적응 중심의 기술습득을 위하여 실시하는 훈련을 말한다.

3. 관련 규정

(1) 「형집행법」 및 시행령 ★

직업능력개발훈련(법 제69조)

① 소장은 수형자의 건전한 사회복귀를 위하여 기술 습득 및 향상을 위한 직업능력개발훈련(이하 "직업훈련"이라 한다)을 실시할 수 있다.

② 소장은 수형자의 직업훈련을 위하여 필요하면 외부의 기관 또는 단체에서 훈련을 받게 할 수 있다.

③ 직업훈련 대상자의 선정기준 등에 관하여 필요한 사항은 법무부령으로 정한다.

직업능력개발훈련 설비 등의 구비(시행령 제94조)

소장은 법 제69조에 따른 직업능력개발훈련을 하는 경우에는 그에 필요한 설비 및 실습 자재를 갖추어야 한다.

(2) 시행규칙

외부 직업훈련(시행규칙 제96조) ★

① 소장은 수형자가 개방처우급 또는 완화경비처우급으로서 직업능력 향상을 위하여 특히 필요한 경우에는 교정시설 외부의 공공기관 또는 기업체 등에서 운영하는 직업훈련을 받게 할 수 있다.

PART 5

② 제1항에 따른 직업훈련의 비용은 수형자가 부담한다. 다만, 처우상 특히 필요한 경우에는 예산의 범위에서 그 비용을 지원할 수 있다.

직업훈련 직종 선정 등(시행규칙 제124조) ★

① 직업훈련 직종 선정 및 훈련과정별 인원은 법무부장관의 승인을 받아 소장이 정한다.

② 직업훈련 대상자는 소속기관의 수형자 중에서 소장이 선정한다. 다만, 집체직업훈련(직업훈련 전담 교정시설이나 그 밖에 직업훈련을 실시하기에 적합한 교정시설에 수용하여 실시하는 훈련을 말한다) 대상자는 집체직업훈련을 실시하는 교정시설의 관할 지방교정청장이 선정한다.

직업훈련 대상자 선정기준(시행규칙 제125조)

① 소장은 수형자가 다음 각 호의 요건을 갖춘 경우에는 수형자의 의사, 적성, 나이, 학력 등을 고려하여 직업훈련 대상자로 선정할 수 있다.

1. 집행할 형기 중에 해당 훈련과정을 이수할 수 있을 것(기술숙련과정 집체직업훈련 대상자는 제외한다)
2. 직업훈련에 필요한 기본소양을 갖추었다고 인정될 것
3. 해당 과정의 기술이 없거나 재훈련을 희망할 것
4. 석방 후 관련 직종에 취업할 의사가 있을 것

② 소장은 소년수형자의 선도(善導)를 위하여 필요한 경우에는 제1항의 요건을 갖추지 못한 경우에도 직업훈련 대상자로 선정하여 교육할 수 있다.

직업훈련 대상자 선정의 제한(시행규칙 제126조) ★

소장은 제125조에도 불구하고 수형자가 다음 각 호의 어느 하나에 해당하는 경우에는 직업훈련 대상자로 선정해서는 아니 된다.

1. 15세 미만인 경우
2. 교육과정을 수행할 문자해독능력 및 강의 이해능력이 부족한 경우
3. 징벌대상행위의 혐의가 있어 조사 중이거나 징벌집행 중인 경우
4. 작업, 교육 · 교화프로그램 시행으로 인하여 직업훈련의 실시가 곤란하다고 인정되는 경우
5. 질병 · 신체조건 등으로 인하여 직업훈련을 감당할 수 없다고 인정되는 경우

직업훈련 대상자 이송(시행규칙 제127조)

① 법무부장관은 직업훈련을 위하여 필요한 경우에는 수형자를 다른 교정시설로 이송할 수 있다.

② 소장은 제1항에 따라 이송된 수형자나 직업훈련 중인 수형자를 다른 교정시설로 이송해서

는 아니 된다. 다만, 훈련취소 등 특별한 사유가 있는 경우에는 그러하지 아니하다.

직업훈련의 보류 및 취소 등(시행규칙 제128조)

① 소장은 직업훈련 대상자가 다음 각 호의 어느 하나에 해당하는 경우에는 직업훈련을 보류할 수 있다.

1. 징벌대상행위의 혐의가 있어 조사를 받게 된 경우
2. 심신이 허약하거나 질병 등으로 훈련을 감당할 수 없는 경우
3. 소질 · 적성 · 훈련성적 등을 종합적으로 고려한 결과 직업훈련을 계속할 수 없다고 인정되는 경우
4. 그 밖에 직업훈련을 계속할 수 없다고 인정되는 경우

② 소장은 제1항에 따라 직업훈련이 보류된 수형자가 그 사유가 소멸되면 본래의 과정에 복귀시켜 훈련하여야 한다. 다만, 본래 과정으로 복귀하는 것이 부적당하다고 인정하는 경우에는 해당 훈련을 취소할 수 있다.

12 취업지원협의회

JUSTICE

PART 5

1. 의의

외부전문가를 참여시켜 수형자에게 취업 · 창업 교육 등 사회복귀 지원활동을 체계적으로 함으로써 석방 후 안정적인 생활과 재범방지에 기여하기 위해 수형자 취업지원협의회를 교정시설에 설치하여 운영하고 있다.

2. 관련 규정

(1) 기능과 구성 ★

수형자 취업알선 등 협의기구(시행령 제85조)

① 수형자의 건전한 사회복귀를 지원하기 위하여 교정시설에 취업알선 및 창업지원에 관한 협의기구를 둘 수 있다.

② 제1항의 협의기구의 조직 · 운영, 그 밖에 활동에 필요한 사항은 법무부령으로 정한다.

기능(시행규칙 제144조)

영 제85조제1항에 따른 수형자 취업지원협의회(이하 이 장에서 "협의회"라 한다)의 기능은 다음 각 호와 같다.

1. 수형자 사회복귀 지원 업무에 관한 자문에 대한 조언
2. 수형자 취업·창업 교육
3. 수형자 사회복귀 지원을 위한 지역사회 네트워크 추진
4. 취업 및 창업 지원을 위한 자료제공 및 기술지원
5. 직업적성 및 성격검사 등 각종 검사 및 상담
6. 불우수형자 및 그 가족에 대한 지원 활동
7. 그 밖에 수형자 취업알선 및 창업지원을 위하여 필요한 활동

구성(시행규칙 제145조)

① 협의회는 회장 1명을 포함하여 3명 이상 5명 이하의 내부위원과 10명 이상의 외부위원으로 구성한다.

② 협의회의 회장은 소장이 되고, 부회장은 2명을 두되 1명은 소장이 내부위원 중에서 지명하고 1명은 외부위원 중에서 호선(互選)한다.

③ 내부위원은 소장이 지명하는 소속기관의 부소장·과장(지소의 경우에는 7급 이상의 교도관)으로 구성한다.

④ 회장·부회장 외에 협의회 운영을 위하여 기관실정에 적합한 수의 임원을 둘 수 있다.

(2) 외부위원

외부위원(시행규칙 제146조)

① 법무부장관은 협의회의 외부위원을 다음 각 호의 사람 중에서 소장의 추천을 받아 위촉한다.

   1. 고용노동부 고용센터 등 지역 취업·창업 유관 공공기관의 장 또는 기관 추천자
   2. 취업컨설턴트, 창업컨설턴트, 기업체 대표, 시민단체 및 기업연합체의 임직원
   3. 변호사, 「고등교육법」에 따른 대학(이하 "대학"이라 한다)에서 법률학을 가르치는 강사 이상의 직에 있는 사람
   4. 그 밖에 교정에 관한 학식과 경험이 풍부하고 수형자 사회복귀 지원에 관심이 있는 외부인사

② 외부위원의 임기는 3년으로 하며, 연임할 수 있다.

③ 법무부장관은 외부위원이 다음 각 호의 어느 하나에 해당하는 경우에는 소장의 건의를 받아 해당 위원을 해촉할 수 있다.

1. 심신장애로 직무수행이 불가능하거나 현저히 곤란하다고 인정되는 경우
2. 직무와 관련된 비위사실이 있는 경우
3. 직무태만, 품위손상, 그 밖의 사유로 인하여 위원으로 적합하지 아니하다고 인정되는 경우
4. 위원 스스로 직무를 수행하는 것이 곤란하다고 의사를 밝히는 경우

(3) 회장의 직무 등

회장의 직무(시행규칙 제147조)

① 회장은 협의회를 소집하고 협의회 업무를 총괄한다.

② 회장이 부득이한 사유로 직무를 수행할 수 없을 때에는 소장이 지정한 부회장이 그 직무를 대행한다.

회의(시행규칙 제148조)

① 협의회의 회의는 반기마다 개최한다. 다만, 다음 각 호의 어느 하나에 해당하는 경우에는 임시회의를 개최할 수 있다.

1. 수형자의 사회복귀 지원을 위하여 협의가 필요할 때
2. 회장이 필요하다고 인정하는 때
3. 위원 3분의 1 이상의 요구가 있는 때

② 협의회의 회의는 회장이 소집하고 그 의장이 된다.

③ 협의회의 회의는 재적위원 과반수의 출석으로 개의하고, 출석위원 과반수의 찬성으로 의결한다.

간사(시행규칙 제149조)

① 협의회의 사무를 처리하기 위하여 수형자 취업알선 및 창업지원 업무를 전담하는 직원 중에서 간사 1명을 둔다.

② 간사는 별지 제8호서식에 따른 협의회의 회의록을 작성하여 유지하여야 한다.

CHAPTER 5 미결수용자 처우

01 미결수용자 처우의 의의 참고

JUSTICE

1. 미결수용에 대한 기본이해

미결수용은 형사피의자 또는 형사피고인으로서 체포되거나 구속영장의 집행을 받은 사람에 대하여 형사소추의 원활한 진행을 위하여 재판이 확정될 때까지 구금시설에 구금하는 것을 말한다. 하지만 미결구금은 구금으로 인한 형벌적 측면과 악풍감염 및 인권침해 등이 문제가 되고 있다.

2. 미결구금의 목적

미결구금은 증거인멸과 도주방지를 통한 형사소추의 원활한 진행과 유죄판결 확정에 따른 형벌집행을 담보함이 목적이다.

3. 미결수용의 성격

미결수용은 형사피의자 또는 형사피고인을 구금시키는 국가의 행정작용에 속한다. 이는 형사소송절차의 원활한 진행을 확보하기 위한 것이므로 사법적 색채가 강한 행정작용으로 보고 있다.

02 미결수용자의 지위

JUSTICE

1. 관련 법규

형사피고인의 무죄추정(「헌법」 제27조 ④항)

④ 형사피고인은 유죄의 판결이 확정될 때까지는 무죄로 추정된다.

피고인의 무죄추정(「형사소송법」 제275조의2)
피고인은 유죄의 판결이 확정될 때까지는 무죄로 추정된다.

세계인권선언(제11조)
모든 형사피의자는 자신의 변호에 필요한 모든 것이 보장된 공개재판에서 법률에 따라 유죄로 입증될 때까지 무죄로 추정받을 권리를 갖는다.

미결수용자 처우의 원칙(「형집행법」 제79조)
미결수용자는 무죄의 추정을 받으며 그에 합당한 처우를 받는다.

2. 미결수용자의 신분 참고

미결수용자는 형이 확정되기 전까지는 무죄추정을 받으므로, 수용목적 외에는 일반사회인과 같이 「헌법」상의 기본적인 인권이 보장된다. 그러므로 미결구금은 형사소추를 위해 꼭 필요한 경우로 한정되어야 하며, 자유의 제약도 불가피한 범위 내로 한정되어야 한다.

3. 수용에 따른 제한 참고

(1) 수용의 본질에 의한 제한

미결수용의 본질상 당연히 인정될 수 없는 기본권을 말하며, 주거이전의 자유, 직업선택의 자유, 주거의 자유, 집회·결사의 자유 등이 있다.

(2) 공법상 영조물 이용관계에 의한 제한

각종 교정사고를 방지하고 수용질서를 유지하기 위해 수용자에게 부과하는 작위 또는 부작위 명령을 말한다. 이는 도주·폭동·난동·자살·화재 등을 방지하기 위한 각종 규율에 순응해야 하는 것을 뜻한다.

(3) 증거인멸 및 악풍감염 방지를 위한 제한

증거인멸과 악풍감염을 방지하기 위해 불가피한 기본권 제한을 말하며, 접견 시 외국어사용 금지, 접견 시 교도관 참여, 사건 상호관련자 분리수용 및 접촉금지 등이 있다.

(4) 예산상의 제약에 의한 제한

예산의 범위 내에서 미결수용자를 처우할 수밖에 없으므로, 윤택한 사회생활에 비해 많은 제약을 받는다.

4. 미결수용자 처우의 특례 참고

(1) 기본이해

미결수용자는 도주 및 증거인멸을 방지하기 위해 구속되었지만 무죄추정을 받고 있으므로, 현행법은 수형자와는 달리 미결수용자에 대한 처우상의 특례를 규정하고 있다.

(2) 미결수용자의 특례 규정

① 국민의 참정권 인정
② 미결수용자와 사형확정자가 수용된 거실 참관금지
③ 공범자 분리수용 및 접촉금지
④ 두발 · 수염 단삭 제한
⑤ 변호인과의 외부교통권 보장
⑥ 신청에 따른 교육 · 교화 · 작업
⑦ 공범자 분리호송 및 접촉금지
⑧ 도주 · 체포 및 위독 · 사망 시 검사(법원)에게 통보

03 현행법상 미결수용자 처우

JUSTICE

1. 미결수용시설의 설비 및 계호 ★

미결수용시설의 설비 및 계호의 정도(시행령 제98조)
미결수용자를 수용하는 시설의 설비 및 계호의 정도는 법 제57조제2항제3호의 일반경비시설에 준한다.

2. 미결수용자의 참관금지

참관금지(법 제80조)
미결수용자가 수용된 거실은 참관할 수 없다.

3. 공범자 분리수용

분리수용(법 제81조)

소장은 미결수용자로서 사건에 서로 관련이 있는 사람은 분리수용하고 서로 간의 접촉을 금지하여야 한다.

공범 분리(시행령 제100조) ★

소장은 이송이나 출정, 그 밖의 사유로 미결수용자를 교정시설 밖으로 호송하는 경우에는 해당 사건에 관련된 사람과 호송 차량의 좌석을 분리하는 등의 방법으로 서로 접촉하지 못하게 하여야 한다.

4. 이발

이발(법 제83조)

미결수용자의 머리카락과 수염은 특히 필요한 경우가 아니면 본인의 의사에 반하여 짧게 깎지 못한다.

5. 접견 및 편지

변호인과의 접견 및 편지수수(법 제84조) ★

① 제41조제4항(우려, 필요한때 접견내용청취 · 녹취)에도 불구하고 미결수용자와 변호인(변호인이 되려고 하는 사람을 포함한다. 이하 같다)과의 접견에는 교도관이 참여하지 못하며 그 내용을 청취 또는 녹취하지 못한다. 다만, 보이는 거리에서 미결수용자를 관찰할 수 있다.

② 미결수용자와 변호인 간의 접견은 시간과 횟수를 제한하지 아니한다.

③ 제43조제4항(편지검열사유있는 때) 단서에도 불구하고 미결수용자와 변호인 간의 편지는 교정시설에서 상대방이 변호인임을 확인할 수 없는 경우를 제외하고는 검열할 수 없다.

접견 횟수(시행령 제101조)

미결수용자의 접견 횟수는 매일 1회로 하되, 변호인과의 접견은 그 횟수에 포함시키지 않는다.

접견의 예외(시행령 제102조)

소장은 미결수용자의 처우를 위하여 특히 필요하다고 인정하면 제58조제1항(접견은 공무원

근무시간내)에도 불구하고 접견 시간대 외에도 접견하게 할 수 있고, 변호인이 아닌 사람과 접견하는 경우에도 제58조제2항(접견은 회당30분이내) 및 제101조(접견횟수)에도 불구하고 접견시간을 연장하거나 접견 횟수를 늘릴 수 있다.

※ 미결수용자와 변호인 간의 편지 : 내용을 검열할 수는 없지만, 금지물품이 들어있는지 확인할 수는 있다.

6. 작업과 교화

작업과 교화(법 제86조) ★

① 소장은 미결수용자에 대하여는 신청에 따라 교육 또는 교화프로그램을 실시하거나 작업을 부과할 수 있다.

② 제1항에 따라 미결수용자에게 교육 또는 교화프로그램을 실시하거나 작업을 부과하는 경우에는 제63조부터 제65조(교육, 교화프로그램, 작업의 부과)까지 및 제70조부터 제76조(집중근로에 따른 처우, 휴일의 작업, 작업의 면제, 작업수입, 위로금 · 조위금, 보상 · 배상, 위로금 · 조위금 받을 권리보호)까지의 규정을 준용한다.

교육 · 교화와 작업(시행령 제103조) ★

① 법 제86조제1항의 미결수용자에 대한 교육 · 교화프로그램 또는 작업은 교정시설 밖에서 행하는 것은 포함하지 아니한다.

② 소장은 법 제86조제1항에 따라 작업이 부과된 미결수용자가 작업의 취소를 요청하는 경우에는 그 미결수용자의 의사, 건강 및 교도관의 의견 등을 고려하여 작업을 취소할 수 있다.

7. 경찰서 유치장

유치장(법 제87조)

경찰관서에 설치된 유치장은 교정시설의 미결수용실로 보아 이 법을 준용한다.

준용규정(법 제88조)

형사사건으로 수사 또는 재판을 받고 있는 수형자와 사형확정자에 대하여는 제82조(사복착용), 제84조(변호인과의 접견 및 편지수수) 및 제85조(조사 등에서의 특칙)를 준용한다.

유치장 수용기간(시행령 제107조)

경찰관서에 설치된 유치장에는 수형자를 30일 이상 수용할 수 없다.

8. 도주 · 사망 · 외부의사 진찰

도주 등 통보(시행령 제104조) ★

소장은 미결수용자가 도주하거나 도주한 미결수용자를 체포한 경우에는 그 사실을 검사에게 통보하고, 기소된 상태인 경우에는 법원에도 지체 없이 통보하여야 한다.

사망 등 통보(시행령 제105조)

소장은 미결수용자가 위독하거나 사망한 경우에는 그 사실을 검사에게 통보하고, 기소된 상태인 경우에는 법원에도 지체 없이 통보하여야 한다.

외부의사의 진찰 등(시행령 제106조)

미결수용자가 「형사소송법」 제34조(피고인 · 피의자와의 접견, 교통, 진료), 제89조(구속된 피고인의 접견 · 진료) 및 제209조(준용규정)에 따라 외부의사의 진료를 받는 경우에는 교도관이 참여하고 그 경과를 수용기록부에 기록하여야 한다.

9. 사복착용 및 조사 등의 특칙

사복착용(법 제82조) ★

미결수용자는 수사 · 재판 · 국정감사 또는 법률로 정하는 조사에 참석할 때에는 사복을 착용할 수 있다. 다만, 소장은 도주우려가 크거나 특히 부적당한 사유가 있다고 인정하면 교정시설에서 지급하는 의류를 입게 할 수 있다.

조사 등에서의 특칙(법 제85조)

소장은 미결수용자가 징벌대상자로서 조사받고 있거나 징벌집행 중인 경우에도 소송서류의 작성, 변호인과의 접견 · 편지수수, 그 밖의 수사 및 재판 과정에서의 권리행사를 보장하여야 한다.

법률구조 지원(시행령 제99조) ★

소장은 미결수용자가 빈곤하거나 무지하여 수사 및 재판 과정에서 권리를 충분히 행사하지 못한다고 인정하는 경우에는 법률구조에 필요한 지원을 할 수 있다.

04 미결수용의 문제점과 개선방안 참고

JUSTICE

1. 미결수용의 문제점

(1) 미결수용은 실질적인 형벌과 같은 고통을 준다.
(2) 수용으로 인한 악풍감염의 우려가 있다.
(3) 구치소와 구치지소가 부족해 교도소에 미결수용자를 수용하는 곳이 많다.
(4) 구치소가 법원 · 검찰과 멀리 떨어져 있어 계호상 문제가 많다.
(5) 「형집행법」이 아닌 미결수용 목적에 부합하는 별도의 미결수용법을 제정할 필요가 있다.

2. 개선방안

(1) 수사와 재판의 신속화
(2) 불구속수사 내지 임의수사 원칙(구속수사 지양)
(3) 각종 석방제도 적극활용
(4) 구치소 등 미결구금시설의 증설 및 개선
(5) 실질적인 접견 · 교통권 보장
(6) 무죄선고자 보상제도 현실화
(7) 피구금자(미결수용자) 가족보호
(8) 미결수용법 제정

PART 6

사회적 처우

Chapter 1 사회적 처우와 개방처우
Chapter 2 사회적(개방) 처우의 종류

CHAPTER 1

사회적 처우와 개방처우

01 사회적 처우 참고

JUSTICE

1. 사회적 처우의 의의

(1) 의의

시설 내의 격리와 계호를 완화하여 사회와 접촉하고 교류하는 것을 확대시켜 수형자의 사회복귀를 용이하게 하는 것을 사회적 처우 · 개방처우 또는 중간처우라고 하며, 이는 시설내 처우와 사회내 처우의 결합형태를 말한다.

(2) 최근의 경향

① 최근의 교정은 교정시설의 과밀수용, 시설내 처우에 따른 악풍감염과 사회적응 곤란 및 낙인화 등으로 인해 시설내 처우에서 가능한 사회내 처우(보호관찰 · 갱생보호제도 등)로 전환하는 추세로 나가고 있다.

② 이러한 시대적 요청에 의해 범죄자에 대한 처우도 전통적인 교정시설의 폐쇄성에서 벗어나 시설내 처우의 사회화를 추구하고 있다.

2. 사회적 처우의 종류

(1) 의의

사회적 처우를 대별하면 시설내 처우를 원칙으로 하는 사회적 처우, 사회내 처우를 원칙으로 하는 사회적 처우로 나눌 수 있다.

(2) 구분

① 시설내 처우를 원칙으로 하는 사회적 처우

㉠ 이는 교정시설 내에서 처우하는 것을 원칙으로 하면서 사회와 접촉하고 교류하게 하는 것을 말한다. 방법상으로는 시설과 구조 자체를 완화한 개방처우(개방시설)와, 처우방법만

을 사회화하는 개방처우가 있다.

㉡ 개방교도소, 외부통근제, 주말구금제, 귀휴제, 부부특별면회제(가족만남의 집) 등이 이에 속한다.

② 사회내 처우를 원칙으로 하는 사회적 처우(중간처우)

㉠ 출소가 임박한 수형자들이 사회내에 설치된 중간시설을 이용하여 보다 폭 넓은 자유를 갖고 활동하게 함으로써 효과적으로 사회에 적응하고 복귀할 수 있도록 하거나, 입소자들의 시설구금 충격을 완화하는 것을 말한다. 주로 출소가 임박한 수형자를 대상으로 실시하고 있으며, 일반적으로 출소 및 입소 준비를 위한 사회적 처우만을 좁은 의미의 중간처우라고 한다.

㉡ 중간처우의 집, 석방 전 지도센터, 다목적센터, 집단처우센터 등이 이에 속한다.

3. 관련 규정

사회적 처우(시행규칙 제92조) ★

① 소장은 개방처우급·완화경비처우급 수형자에 대하여 교정시설 밖에서 이루어지는 다음 각 호에 해당하는 활동을 허가할 수 있다. 다만, 처우상 특히 필요한 경우에는 일반경비처우급 수형자에게도 이를 허가할 수 있다.

1. 사회견학
2. 사회봉사
3. 자신이 신봉하는 종교행사 참석
4. 연극, 영화, 그 밖의 문화공연 관람

② 제1항 각 호의 활동을 허가하는 경우 소장은 별도의 수형자 의류를 지정하여 입게 한다. 다만, 처우상 필요한 경우에는 자비구매의류를 입게 할 수 있다.

③ 제1항제4호의 활동에 필요한 비용은 수형자가 부담한다. 다만, 처우상 필요한 경우에는 예산의 범위에서 그 비용을 지원할 수 있다.

중간처우(시행규칙 제93조) ★

① 소장은 개방처우급 혹은 완화경비처우급 수형자가 다음 각 호의 사유에 모두 해당하는 경우에는 교정시설에 설치된 개방시설에 수용하여 사회 적응에 필요한 교육, 취업지원 등 적정한 처우를 할 수 있다.

1. 형기가 2년 이상인 사람
2. 범죄 횟수가 3회 이하인 사람
3. 중간처우를 받는 날부터 가석방 또는 형기 종료 예정일까지 기간이 3개월 이상 2년 6개월 이하인 사람

> ② 소장은 제1항에 따른 처우의 대상자 중 다음 각 호의 사유에 모두 해당하는 수형자에 대해서는 지역사회에 설치된 개방시설에 수용하여 제1항에 따른 처우를 할 수 있다.
> 1. 범죄 횟수가 1회인 사람
> 2. 중간처우를 받는 날부터 가석방 또는 형기 종료 예정일까지의 기간이 1년 6개월 미만인 사람
>
> ③ 제1항 및 제2항에 따른 중간처우 대상자의 선발절차, 교정시설 또는 지역사회에 설치하는 개방시설의 종류 및 기준, 그 밖에 필요한 사항은 법무부장관이 정한다.

02 개방처우

JUSTICE

1. 개방처우의 개념 참고

(1) 광의의 개방처우

시설과 구조 자체가 완화된 개방시설에서의 처우, 폐쇄시설에서 실시하고 있는 개방처우(외부통근제 · 귀휴제 · 부부접견제 등), 주말구금제도와 같은 반자유처우 및 출소준비를 위한 중간처우를 포함하는 개념을 말한다.

(2) 협의의 개방처우(개방시설)

① 높은 담과 쇠창살 · 자물쇠 등이 없는 개방시설에 수용하여 사회생활에 근접된 생활을 할 수 있도록 처우하는 것을 말한다. 이는 수형자에 대한 신뢰와 수형자의 자율과 책임을 바탕으로, 폐쇄수용으로 인한 폐해를 최소화하면서 재사회화 및 개선효과를 촉진시키기 위한 처우제도이다.

② 시설 내에 기반을 두면서 사회적 처우를 하는 개방처우와 구분하기 위해, 협의의 개방처우를 일반적으로 개방시설이라고 한다.

2. 등장배경

단기자유형의 폐단(악풍감염 · 낙인화 · 개선효과 미비), 과잉구금의 문제, 교정의 경제성, 처우의 효과 및 사회기여도 등이 문제시되면서 수형자의 건전한 사회복귀라는 관점에서 구금제도를 완화 · 보완한 개방시설이 등장하였다.

03 개방시설 참고

JUSTICE

1. 의의

(1) 연혁

① 개방시설의 연원은 19C 중엽 아일랜드에서 크로프톤(W. Crofton)이 가석방 전단계에 실시한 중간교도소제에서 찾고 있다.

② 제2차 대전 이후 처우의 개별화와 수형자의 건전한 사회복귀라는 관점에서 개방시설을 본격적으로 운영하였다.

(2) 1950년 제12회 국제형법 및 형무회의

"개방시설은 어느 정도로 전통적인 교도소를 대신할 수 있는가" 라는 문제를 제기하여 개방시설 이론과 실제에 관해 국제적으로 처음 논의하고 결의하였다. 개방시설을 주벽 · 자물쇠 · 쇠창살 또는 경비교도관 등과 같은 물리적 수단에 의한 도주방지 보안체계가 제공되지 않는 교도소로 정의하여, 물리적인 측면을 강조하였다.

(3) 1955년 제1회 UN 범죄방지 및 범죄자처우회의

'도주방지를 위한 물적 또는 인적 경비가 없고, 수형자의 자율성과 소속집단에 대한 책임감을 기초로 한 제도'로 개방시설을 정의하여, 물적 설비와 정신적 요소를 함께 강조하였고, 개방시설 처우 채택 및 확충을 각국에 권고사항으로 결의하였다.

(4) 1957년 제2회 UN 아시아지역 범죄방지 및 범죄자처우회의

수형자의 구외작업을 활성화하기 위해 개방교도소제도를 최대한 활용할 것을 권고하였다.

(5) 현행법상 개념(법 제57조 제2항 제1호)

개방시설 : 도주방지를 위한 통상적인 설비의 전부 또는 일부를 갖추지 아니하고 수형자의 자율적 활동이 가능하도록 통상적인 관리 · 감시의 전부 또는 일부를 하지 아니하는 교정시설을 말한다.

처우(법 제57조)

① 수형자는 제59조의 분류심사의 결과에 따라 그에 적합한 교정시설에 수용되며, 개별처우계획에 따라 그 특성에 알맞은 처우를 받는다.

PART 6

② 교정시설은 도주방지 등을 위한 수용설비 및 계호의 정도(이하 "경비등급"이라 한다)에 따라 다음 각 호로 구분한다. 다만, 동일한 교정시설이라도 구획을 정하여 경비등급을 달리할 수 있다.

1. 개방시설 : 도주방지를 위한 통상적인 설비의 전부 또는 일부를 갖추지 아니하고 수형자의 자율적 활동이 가능하도록 통상적인 관리 · 감시의 전부 또는 일부를 하지 아니하는 교정시설
2. 완화경비시설 : 도주방지를 위한 통상적인 설비 및 수형자에 대한 관리 · 감시를 일반경비시설보다 완화한 교정시설
3. 일반경비시설 : 도주방지를 위한 통상적인 설비를 갖추고 수형자에 대하여 통상적인 관리 · 감시를 하는 교정시설
4. 중(重)경비시설 : 도주방지 및 수형자 상호 간의 접촉을 차단하는 설비를 강화하고 수형자에 대한 관리 · 감시를 엄중히 하는 교정시설

③ 수형자에 대한 처우는 교화 또는 건전한 사회복귀를 위하여 교정성적에 따라 상향 조정될 수 있으며, 특히 그 성적이 우수한 수형자는 개방시설에 수용되어 사회생활에 필요한 적정한 처우를 받을 수 있다.

④ 소장은 가석방 또는 형기 종료를 앞둔 수형자 중에서 법무부령으로 정하는 일정한 요건을 갖춘 사람에 대해서는 가석방 또는 형기 종료 전 일정 기간 동안 지역사회 또는 교정시설에 설치된 개방시설에 수용하여 사회적응에 필요한 교육, 취업지원 등의 적정한 처우를 할 수 있다.

⑤ 수형자는 교화 또는 건전한 사회복귀를 위하여 교정시설 밖의 적당한 장소에서 봉사활동 · 견학, 그 밖에 사회적응에 필요한 처우를 받을 수 있다.

⑥ 학과교육생 · 직업훈련생 · 외국인 · 여성 · 장애인 · 노인 · 환자 · 소년(19세 미만인 자를 말한다), 제4항에 따른 처우(이하 "중간처우"라 한다)의 대상자, 그 밖에 별도의 처우가 필요한 수형자는 법무부장관이 특히 그 처우를 전담하도록 정하는 시설(이하 "전담교정시설"이라 한다)에 수용되며, 그 특성에 알맞은 처우를 받는다. 다만, 전담교정시설의 부족이나 그 밖의 부득이한 사정이 있는 경우에는 예외로 할 수 있다.

⑦ 제2항 각 호의 시설의 설비 및 계호의 정도에 관하여 필요한 사항은 대통령령으로 정한다.

2. 선정기준

(1) UN 결의안

분류심사에 의하여 수용적응이 있고 개방시설에 수용함이 적합하다고 판단되는 자로, 수형자의 형사상 또는 행정상의 범주나 형기의 장단에 관계없이 수용자가 개방시설에 수용할 경우 다른 시설에 수용하는 경우보다 사회적응이 달성될 가능성이 큰 때, 가능한 의학적·심리학적 검사 및 사회적 조사에 기초를 두고 행한다고 결의하였다.

(2) 형집행상 선정기준(법 제57조 ③)

수형자에 대한 처우는 교화 또는 건전한 사회복귀를 위하여 교정성적에 따라 상향 조정될 수 있으며, 특히 그 성적이 우수한 수형자는 개방시설에 수용되어 사회생활에 필요한 적정한 처우를 받을 수 있다.

3. 개방시설의 의의

(1) **형벌의 인도화** : 구금과 격리로 인한 고통을 완화시킬 수 있어 형벌의 인도화에 기여한다.

(2) **사회복귀 능력 향상** : 수형자에게 사회생활에 근접한 생활을 하게 함으로써 사회복귀 능력 향상 및 재범방지에 기여하는 효과가 있다.

(3) **재범방지 효과** : 외부통근작업을 실시하면 출소 후 생활자금으로 활용할 수 있고, 직업활동에 도움이 되므로 재범방지 효과가 있다.

(4) **교정경비 절감** : 도주방지를 위한 각종 보안설비 및 계호인력을 절감할 수 있다.

(5) **처우의 다양화** : 시설내 처우를 보완한 사회생활에 근접한 처우를 할 수 있어, 처우의 다양화에 기여한다.

4. 운영형태

(1) 의의

① 처음부터 수형자를 개방시설에 수용하는 방안도 있지만, 대체로 시설내 처우를 받아 온 수형자에 대해 석방 전 처우 내지 중간처우로 활용하고 있으며, 개방시설은 수형자가 되돌아갈 사회 내에 위치하는 것이 가장 바람직하다.

② 일반적으로 개방시설은 독립적으로 설치된 개방교도소 형태, 일반교도소에 부속되어 설치된 개방교도소의 형태가 있다.

(2) 운영형태

① 독립적으로 설치된 개방교도소
   ㉠ 일관되고 체계화된 운영으로 철저한 개방처우가 가능하다.
   ㉡ 우리나라에는 천안개방교도소가 있다.

② 일반교도소에 부속된 개방교도소
   ㉠ 처우의 지속성을 유지할 수 있다.
   ㉡ 개방시설에서 사고나 위험성이 있을 때 폐쇄시설로의 복귀가 용이하다.
   ㉢ 청주여자교도소에서는 주벽 밖에 약 20명 수용규모의 부속된 건물을 설치하여 운영하고 있다.

5. 장단점

(1) 장점

① 형벌의 인도화와 범죄자의 사회화에 기여하고, 수용의 부정적인 폐해를 줄일 수 있다.
② 수형자의 사회적응력을 향상시키고 교정에 대한 신뢰감을 얻을 수 있다.
③ 갱생의욕 증진 및 신체적 · 정신적 건강에 유리하다.
④ 단기자유형의 폐해를 줄일 수 있고, 석방 전 처우제도로 활용할 수 있다.
⑤ 보안시설과 인력경감으로 인한 교정경비를 절감할 수 있다.
⑥ 규율위반으로 인한 처벌감소 및 보안직원과 처우직원 간의 갈등해소에 도움이 된다.
⑦ 처우의 개별화 및 다양화에 기여하고, 가족과의 유대관계를 강화할 수 있다.

(2) 단점

① 일반국민의 법감정에 맞지 않고, 형벌개념의 혼란을 초래할 수 있다.
② 지역사회의 반대에 직면할 우려가 있다.
③ 도주 및 외부인과 부정한 접촉을 할 우려가 있다.
④ 사회보호를 강조해 수용해야 할 필요성이 없는 수형자를 개방처우하는 등 형사사법망의 확대를 가져올 수도 있다.

CHAPTER 2 사회적(개방) 처우의 종류

01 귀휴제도 ★

JUSTICE

1. 의의

(1) 귀휴는 교정성적이 양호하고 도주의 위험성이 없는 수형자에게 일정한 요건 하에 기간과 행선지를 제한하여 외출·외박을 허용하는 제도를 말하며, 형벌휴가제 또는 외박제라고도 한다.
(2) 귀휴제도는 가족관계나 사회관계를 유지하게 하여 사회복귀를 촉진시키기 위한 제도이며, 형의 집행을 정지시키지 않는다는 점에서 형집행정지제도와 구분된다.

2. 귀휴의 종류 참고

(1) 누진처우 최상급자에게 석방 전 중간처우로서 주어지는 귀휴

석방이 임박한 수형자에게 석방 후의 거주 및 직업 준비, 가족 및 사회관계 유지, 재사회화 촉진 등을 위해 실시하는 귀휴를 말한다.

(2) 모범수형자에게 일종의 상으로 주어지는 귀휴

교도작업 종사자나 모범수형자에게 일종의 상으로 실시하는 귀휴를 말한다.

(3) 부모의 사망 등 가족의 중요사에 허용하는 귀휴

부모의 사망·혼인 등 가족의 중요사에 실시하는 특별귀휴를 말한다.

(4) 각종 시험·교육·훈련·기능대회 등에 참가하기 위해 허용하는 귀휴

학교에 출석수업, 각종 시험과 기능대회 참가 및 준비를 위해 실시하는 귀휴를 말한다.

3. 귀휴제도의 연혁 ★

(1) 1913년 미국의 위스콘신주의 「후버법」(Huber Law)에서 비롯되어 1918년 미시시피주에서 최

초로 귀휴제도를 실시하였다는 학설과, 1922년 프로이센의 「감옥 직무 및 집행규칙」이 귀휴제도의 시초라고 주장하는 학설이 있다.

(2) 우리나라는 1961년 「행형법」 제1차 개정 시 귀휴실시 근거를 마련하여 1962년부터 일반귀휴를 실시하고 있고, 1999년 「행형법」 제7차 개정에서 특별귀휴가 도입되었다.

4. 귀휴의 의의 참고

(1) 가족 간의 유대를 강화하고 지역사회와 연계를 통한 사회적응력 배양에 도움이 된다.
(2) 가족 및 사회복귀에 대한 불안감을 제거하여 안정된 수용생활을 도모할 수 있다.
(3) 입소 전 직업이나 사업의 구제가 가능하고, 교화개선을 촉진하는 역할을 한다.
(4) 귀휴를 통해 가석방 대상자를 선별하고 석방시기를 판단하는 자료를 얻을 수 있다.

5. 우리나라의 귀휴제도

(1) 귀휴 및 취소 ★

귀휴(법 제77조)

① 소장은 6개월 이상 형을 집행받은 수형자로서 그 형기의 3분의 1(21년 이상의 유기형 또는 무기형의 경우에는 7년)이 지나고 교정성적이 우수한 사람이 다음 각 호의 어느 하나에 해당하면 1년 중 20일 이내의 귀휴를 허가할 수 있다(일반귀휴).
1. 가족 또는 배우자의 직계존속이 위독한 때
2. 질병이나 사고로 외부의료시설에의 입원이 필요한 때
3. 천재지변이나 그 밖의 재해로 가족, 배우자의 직계존속 또는 수형자 본인에게 회복할 수 없는 중대한 재산상의 손해가 발생하였거나 발생할 우려가 있는 때
4. 그 밖에 교화 또는 건전한 사회복귀를 위하여 법무부령으로 정하는 사유가 있는 때

② 소장은 다음 각 호의 어느 하나에 해당하는 사유가 있는 수형자에 대하여는 제1항에도 불구하고 5일 이내의 특별귀휴를 허가할 수 있다(특별귀휴).
1. 가족 또는 배우자의 직계존속이 사망한 때
2. 직계비속의 혼례가 있는 때

③ 소장은 귀휴를 허가하는 경우에 법무부령으로 정하는 바에 따라 거소의 제한이나 그 밖에 필요한 조건을 붙일 수 있다.

④ 제1항 및 제2항의 귀휴기간은 형 집행기간에 포함한다.

귀휴의 취소(법 제78조)

소장은 귀휴 중인 수형자가 다음 각 호의 어느 하나에 해당하면 그 귀휴를 취소할 수 있다.

1. 귀휴의 허가사유가 존재하지 아니함이 밝혀진 때
2. 거소의 제한이나 그 밖에 귀휴허가에 붙인 조건을 위반한 때

(2) 일반귀휴 허가요건

귀휴 허가(시행규칙 제129조)

① 소장은 법 제77조에 따른 귀휴를 허가하는 경우에는 제131조의 귀휴심사위원회의 심사를 거쳐야 한다.

② 소장은 개방처우급·완화경비처우급 수형자에게 법 제77조제1항에 따른 귀휴를 허가할 수 있다. 다만, 교화 또는 사회복귀 준비 등을 위하여 특히 필요한 경우에는 일반경비처우급 수형자에게도 이를 허가할 수 있다.

③ 법 제77조제1항제4호에 해당하는 귀휴사유는 다음 각 호와 같다.

1. 직계존속, 배우자, 배우자의 직계존속 또는 본인의 회갑일이나 고희일인 때
2. 본인 또는 형제자매의 혼례가 있는 때
3. 직계비속이 입대하거나 해외유학을 위하여 출국하게 된 때
4. 직업훈련을 위하여 필요한 때
5. 「숙련기술장려법」 제20조제2항에 따른 국내기능경기대회의 준비 및 참가를 위하여 필요한 때
6. 출소 전 취업 또는 창업 등 사회복귀 준비를 위하여 필요한 때
7. 입학식·졸업식 또는 시상식에 참석하기 위하여 필요한 때
8. 출석수업을 위하여 필요한 때
9. 각종 시험에 응시하기 위하여 필요한 때
10. 그 밖에 가족과의 유대강화 또는 사회적응능력 향상을 위하여 특히 필요한 때

형기기준 등(시행규칙 제130조)

① 법 제77조제1항의 형기를 계산할 때 부정기형은 단기를 기준으로 하고, 2개 이상의 징역 또는 금고의 형을 선고받은 수형자의 경우에는 그 형기를 합산한다.

② 법 제77조제1항의 "1년 중 20일 이내의 귀휴" 중 "1년"이란 매년 1월 1일부터 12월 31일까지를 말한다.

(3) 귀휴 허가 후 조치

귀휴허가증 발급 등(시행규칙 제139조)

소장은 귀휴를 허가한 때에는 별지 제4호서식의 귀휴허가부에 기록하고 귀휴허가를 받은 수형자(이하 "귀휴자"라 한다)에게 별지 제5호서식의 귀휴허가증을 발급하여야 한다.

귀휴조건(시행규칙 제140조)

귀휴를 허가하는 경우 법 제77조제3항에 따라 붙일 수 있는 조건(이하 "귀휴조건"이라 한다)은 다음 각 호와 같다.

1. 귀휴지 외의 지역 여행 금지
2. 유흥업소, 도박장, 성매매업소 등 건전한 풍속을 해치거나 재범 우려가 있는 장소 출입 금지
3. 피해자 또는 공범·동종범죄자 등과의 접촉금지
4. 귀휴지에서 매일 1회 이상 소장에게 전화보고(교도관을 동행한 귀휴는 제외한다)
5. 그 밖에 귀휴 중 탈선 방지 또는 귀휴 목적 달성을 위하여 필요한 사항

동행귀휴 등(시행규칙 제141조)

① 소장은 수형자에게 귀휴를 허가한 경우 필요하다고 인정하면 교도관을 동행시킬 수 있다.
② 소장은 귀휴자의 가족 또는 보호관계에 있는 사람으로부터 별지 제6호서식의 보호서약서를 제출받아야 한다.
③ 영 제97조제1항에 따라 경찰관서의 장에게 귀휴사실을 통보하는 경우에는 별지 제7호서식에 따른다.

귀휴비용 등(시행규칙 제142조)

① 귀휴자의 여비와 귀휴 중 착용할 복장은 본인이 부담한다.
② 소장은 귀휴자가 신청할 경우 작업장려금의 전부 또는 일부를 귀휴비용으로 사용하게 할 수 있다.

귀휴조건 위반에 대한 조치(시행규칙 제143조)

소장은 귀휴자가 귀휴조건을 위반한 경우에는 법 제78조에 따라 귀휴를 취소하거나 이의 시정을 위하여 필요한 조치를 하여야 한다.

(4) 귀휴심사위원회 ★

설치 및 구성(시행규칙 제131조)

① 법 제77조에 따른 수형자의 귀휴허가에 관한 심사를 하기 위하여 교정시설에 귀휴심사위원회(이하 이 절에서 "위원회"라 한다)를 둔다.

② 위원회는 위원장을 포함한 6명 이상 8명 이하의 위원으로 구성한다.

③ 위원장은 소장이 되며, 위원은 소장이 소속기관의 부소장 · 과장(지소의 경우에는 7급 이상의 교도관) 및 교정에 관한 학식과 경험이 풍부한 외부인사 중에서 임명 또는 위촉한다. 이 경우 외부위원은 2명 이상으로 한다.

위원장의 직무(시행규칙 제132조)

① 위원장은 위원회를 소집하고 위원회의 업무를 총괄한다.

② 위원장이 부득이한 사유로 직무를 수행할 수 없을 때에는 부소장인 위원이 그 직무를 대행하고, 부소장이 없거나 부소장인 위원이 사고가 있는 경우에는 위원장이 미리 지정한 위원이 그 직무를 대행한다.

회의(시행규칙 제133조)

① 위원회의 회의는 위원장이 수형자에게 법 제77조제1항 및 제2항에 따른 귀휴사유가 발생하여 귀휴심사가 필요하다고 인정하는 때에 개최한다.

② 위원회의 회의는 재적위원 과반수의 출석으로 개의하고, 출석위원 과반수의 찬성으로 의결한다.

외부위원(시행규칙 제136조)

① 외부위원의 임기는 2년으로 하며, 연임할 수 있다.

② 소장은 외부위원이 다음 각 호의 어느 하나에 해당하는 경우에는 해당 위원을 해촉할 수 있다.

1. 심신장애로 직무수행이 불가능하거나 현저히 곤란하다고 인정되는 경우
2. 직무와 관련된 비위사실이 있는 경우
3. 직무태만, 품위손상, 그 밖의 사유로 인하여 위원으로 적합하지 아니하다고 인정되는 경우
4. 위원 스스로 직무를 수행하는 것이 곤란하다고 의사를 밝히는 경우

③ 외부위원에게는 예산의 범위에서 수당과 여비를 지급할 수 있다.

(5) 귀휴심사

심사의 특례(시행규칙 제134조)

① 소장은 토요일, 공휴일, 그 밖에 위원회의 소집이 매우 곤란한 때에 법 제77조제2항제1호(가족 또는 배우자의 직계존속이 사망한 때)의 사유가 발생한 경우에는 제129조제1항에도 불구하고 위원회의 심사를 거치지 아니하고 귀휴를 허가할 수 있다. 다만, 이 경우 다음 각 호에 해당하는 부서의 장의 의견을 들어야 한다.

1. 수용관리를 담당하고 있는 부서(보안과)
2. 귀휴업무를 담당하고 있는 부서(사회복귀과)

② 제1항 각 호에 해당하는 부서의 장은 제137조제3항의 서류를 검토하여 그 의견을 지체 없이 소장에게 보고하여야 한다.

심사사항(시행규칙 제135조)

위원회는 귀휴심사대상자(이하 이 절에서 "심사대상자"라 한다)에 대하여 다음 각 호의 사항을 심사해야 한다.

1. 수용관계
   가. 건강상태
   나. 징벌유무 등 수용생활 태도
   다. 작업 · 교육의 근면 · 성실 정도
   라. 작업장려금 및 보관금
   마. 사회적 처우의 시행 현황
   바. 공범 · 동종범죄자 또는 심사대상자가 속한 범죄단체 구성원과의 교류 정도
2. 범죄관계
   가. 범행 시의 나이
   나. 범죄의 성질 및 동기
   다. 공범관계
   라. 피해의 회복 여부 및 피해자의 감정
   마. 피해자에 대한 보복범죄의 가능성
   바. 범죄에 대한 사회의 감정
3. 환경관계
   가. 가족 또는 보호자
   나. 가족과의 결속 정도
   다. 보호자의 생활상태
   라. 접견 · 전화통화의 내용 및 횟수

마. 귀휴예정지 및 교통·통신 관계
바. 공범·동종범죄자 또는 심사대상자가 속한 범죄단체의 활동상태 및 이와 연계한 재범 가능성

간사(시행규칙 제137조)

① 위원회의 사무를 처리하기 위하여 귀휴업무를 담당하는 교도관 중에서 간사 1명을 둔다.
② 간사는 위원장의 명을 받아 위원회의 사무를 처리한다.
③ 간사는 다음 각 호의 서류를 위원회에 제출하여야 한다.
1. 별지 제2호서식의 귀휴심사부
2. 수용기록부
3. 그 밖에 귀휴심사에 필요하다고 인정되는 서류
④ 간사는 별지 제3호서식에 따른 위원회 회의록을 작성하여 유지하여야 한다.

사실조회 등(시행규칙 제138조)

① 소장은 수형자의 귀휴심사에 필요한 경우에는 법 제60조제1항에 따라 사실조회를 할 수 있다.
② 소장은 심사대상자의 보호관계 등을 알아보기 위하여 필요하다고 인정하는 경우에는 그의 가족 또는 보호관계에 있는 사람에게 위원회 회의의 참석을 요청할 수 있다.

(6) 귀휴자에 대한 조치 ★

귀휴자에 대한 조치(시행령 제97조)

① 소장은 법 제77조에 따라 2일 이상의 귀휴를 허가한 경우에는 귀휴를 허가받은 사람(이하 "귀휴자"라 한다)의 귀휴지를 관할하는 경찰관서의 장에게 그 사실을 통보하여야 한다.
② 귀휴자는 귀휴 중 천재지변이나 그 밖의 사유로 자신의 신상에 중대한 사고가 발생한 경우에는 가까운 교정시설이나 경찰관서에 신고하여야 하고 필요한 보호를 요청할 수 있다.
③ 제2항의 보호 요청을 받은 교정시설이나 경찰관서의 장은 귀휴를 허가한 소장에게 그 사실을 지체 없이 통보하고 적절한 보호조치를 하여야 한다.

➲ 징벌위원회 및 귀휴심사위원회

징벌위원회	귀휴심사위원회
위원장 : 소장 바로 다음 순위자	위원장 : 소장
위원장 포함 5인 이상 7인 이하	위원장 포함 6명 이상 8명 이하
외부위원 3인 이상	외부위원 2인 이상
임기 2년, 연임 가능	임기 2년, 연임 가능

02 외부통근제도

JUSTICE

1. 의의

(1) 외부통근제도는 수형자를 주간에는 감독자 없이 시설 외의 직장에 통근시키고 야간과 휴일에는 시설 내에서 생활하게 하는 제도를 말하며, 이를 주간가석방제도(Day Parole), 반자유제(Semi Libert), 반구금제(Semi Detention)라고도 한다.

(2) 영국에서는 외부통근 수형자를 호스텔(Hostel)이라고 부르는 특수시설에 수용하여 호스텔제라고 한다.

(3) 외부통근제도는 행정형 외부통근제도와 사법형 외부통근제도 등이 있으며, 그 중에 사법형 외부통근제도를 통근형이라고 한다.

2. 연혁

(1) 미국

1913년 미국의 위스콘신주에서 후버법(Huber Law)을 제정하면서 처음으로 외부통근작업을 법제화하여 시행하였다. 후버법은 경범죄자 및 단기수용자에 대하여 법원의 판결로써 외부통근을 명하는 사법형 외부통근제이다.

(2) 영 국

① 의의

영국은 1954년 외부통근 수형자를 수용하는 개방시설인 호스텔을 별도로 설치하여 행정형 외부통근제를 실시하였다. 처음에는 장기수형자의 사회적응훈련을 촉진하기 위해 실시하였으나, 현재는 다양한 형태로 운영하고 있다.

② 운영형태

㉠ 일반적으로 장기수형자를 구금하는 시설에 외부통근 대상자 선정위원회를 둔다.

㉡ 4년 이상의 징역형을 받은 자 중에서 석방일 10개월 전에 선정심사를 완료한다.
㉢ 호스텔에 6개월 이상 9개월 이내로 체재시키면서 사회적응훈련을 실시한다.

(3) 국제적 관심

1955년 UN 범죄방지 및 범죄자처우회의에서 일반회사 통근작업과 직업보도를 권고하였다.

3. 유형

(1) 의의

외부통근제도의 유형은 사법형 외부통근제도와 행정형 외부통근제도 및 양자를 절충한 혼합형 외부통근제도가 있다.

(2) 사법형 외부통근제(통근형)

① 의의

㉠ 법원이 유죄확정자에게 형벌의 일종으로 외부통근형을 선고하여 외부통근을 실시하는 제도를 말한다. 미국의 대부분의 주에서 실시하고 있으며, 이를 통근형이라고 한다.
㉡ 직업을 가지고 있는 경범죄자와 단기수형자를 대상으로 하며, 본인이 희망하면 법원이 보호관찰관에게 사안을 조사토록 하여 적합하다고 판단될 때 판사가 통근형을 선고한다.
㉢ 형의 일종으로 판사가 외부통근을 선고하고, 수형초기부터 시설 외의 취업장으로 통근하는 점에서 누진처우의 일환으로 행해지는 행정형 외부통근제도와는 차이가 있다.

② 효과

㉠ 직장을 그대로 유지하면서 가족의 생계를 담당할 수 있다.
㉡ 사회활동을 계속할 수 있어 구금으로 인한 폐단을 방지할 수 있다.
㉢ 수형자의 재범방지에도 좋은 효과를 거두고 있다.
㉣ 주말구금 · 야간구금과 같은 제도를 병용해서 활용할 수 있는 장점이 있다.
㉤ 행정형 외부통근제보다 국민의 법감정에 위배될 가능성이 높다.

(3) 행정형 외부통근제

① 기본이해

수형자를 주간에는 감독자 없이 시설 외의 직장에 일반사회인과 같이 통근시키고, 야간과 휴일에는 시설 내에서 생활하게 하는 제도이다. 유럽의 대부분 국가들이 이러한 형태의 제도를 시행하고 있다.

② 특징

㉠ 행정기관인 교도소에서 석방 전 교육이나 사회복귀 준비의 일환으로 시행하고 있다.
㉡ 주로 장기수형자 중 일정기간이 지난 누진계급 상급자를 대상으로 실시하고 있다.

㉢ 주간에는 취업하고 야간과 공휴일에는 시설 내에 수용하기 때문에 반자유제, 반구금제 또는 주간가석방제도라고 한다.

㉣ 처음에는 장기수형자를 대상으로 실시하였으나 점차 확대하여 단기수형자들도 실시하고 있으며, 시설은 독립된 시설이나 교도소에 부속된 시설을 활용하고 있다.

㉤ 외부통근자는 작업 후 환소해야 하지만, 일반수형자보다는 대폭 완화된 처우를 한다.

㉥ 시설 밖에서는 사복을 착용할 수 있고 일반사회인과 같은 근로조건과 임금을 받으며 작업한다.

㉦ 임금은 일정금액 공제 후 호스텔 책임자가 예치시켜 관리하며, 가족부양비로 송금도 가능하다.

③ 효과

㉠ 장점

ⓐ <u>장기수형자의 타성적인 습성을 교정하고 자율적인 사회인으로 육성할 수 있다.</u>

ⓑ 주말귀휴 · 가정방문 등을 허용할 수 있어 가족과 유대관계를 강화할 수 있다.

ⓒ 석방 후에도 직장생활을 계속할 수 있어 사회복귀 및 환경변화에 대처하기 용이하다.

㉡ 단점

ⓐ 수형자의 도주가능성 및 금지물품 반입 우려가 있다.

ⓑ 국민의 법감정과 대립될 수 있고, 수형자에 대한 사회적 거부감이 상존하고 있다.

ⓒ 직장 내 사회인과 부조화 및 경기변동에 따른 작업 확보가 곤란한 경우가 많다.

ⓓ 외부통근에 적합한 수용자를 선별하기 어려운 점이 있다.

ⓔ 외부통근을 하지 않는 수형자와 갈등의 소지가 있다.

(4) 혼합형 외부통근제도

이는 사법적 외부통근제와 행정형 외부통근제를 혼합한 형태를 말한다. 법원은 형벌의 일종으로 통근형을 선고하고, 교도소가 가석방위원회 등의 허가를 얻어 외부통근을 실시하는 형태이다. <u>노스캐롤라이나주 등 미국의 일부 주에서 실시하고 있다</u>.

4. 우리나라의 외부통근제도

(1) 의의

우리나라는 사회적 처우의 일환으로 행정형 외부통근제도를 실시하고 있다. 외국과 같이 무계호가 아닌, 주로 교도관이 수형자를 동행 및 계호하면서 외부통근을 실시하고 있으며, 수형자에게는 외부기업체에서 지불하는 임금의 70%를 작업장려금으로 지급하고 있다.

(2) 연혁

① 1984년 당시 수원교도소에서 모범수형자를 대상으로 출장 직업훈련을 실시하였다.
② 1988년 천안개방교도소(개방시설)가 개청되면서 사회복귀를 촉진하기 위해 외부통근제를 실시하고, 1991년부터 전국 각 교도소에서 외부통근제를 실시하였다.
③ 이를 법적으로 뒷받침하기 위해 1995년 제5차 「행형법」 개정 시 외부통근작업 근거규정을 신설하였다.

자유노역제

수형자가 감시를 받지 않고 자택에 기거하면서 출퇴근하며, 작업장에서 노역을 하면 자유형에 복역한 것으로 간주하는 제도를 말한다.

후버법

귀휴와 외부통근제도를 처음으로 규정하였다.

(3) 관련 규정

① 외부통근제도

외부 통근 작업 등(법 제68조)

① 소장은 수형자의 건전한 사회복귀와 기술습득을 촉진하기 위하여 필요하면 외부기업체 등에 통근 작업하게 하거나 교정시설의 안에 설치된 외부기업체의 작업장에서 작업하게 할 수 있다.
② 외부 통근 작업 대상자의 선정기준 등에 관하여 필요한 사항은 법무부령으로 정한다.

선정기준(시행규칙 제120조) ★

① 외부기업체에 통근하며 작업하는 수형자는 다음 각 호의 요건을 갖춘 수형자 중에서 선정한다.

1. 18세 이상 65세 미만일 것
2. 해당 작업 수행에 건강상 장애가 없을 것
3. 개방처우급 · 완화경비처우급에 해당할 것
4. 가족 · 친지 또는 법 제130조의 교정위원(이하 "교정위원"이라 한다) 등과 접견 · 편지수수 · 전화통화 등으로 연락하고 있을 것
5. 집행할 형기가 7년 미만이고 가석방이 제한되지 아니할 것

PART 6

② 교정시설 안에 설치된 외부기업체의 작업장에 통근하며 작업하는 수형자는 제1항제1호부터 제4호까지의 요건(같은 항 제3호의 요건의 경우에는 일반경비처우급에 해당하는 수형자도 포함한다)을 갖춘 수형자로서 집행할 형기가 10년 미만이거나 형기기산일부터 10년 이상이 지난 수형자 중에서 선정한다.

③ 소장은 제1항 및 제2항에도 불구하고 작업 부과 또는 교화를 위하여 특히 필요하다고 인정하는 경우에는 제1항 및 제2항의 수형자 외의 수형자에 대하여도 외부통근자로 선정할 수 있다.

선정 취소(시행규칙 제121조)

소장은 외부통근자가 법령에 위반되는 행위를 하거나 법무부장관 또는 소장이 정하는 지켜야 할 사항을 위반한 경우에는 외부통근자 선정을 취소할 수 있다.

외부통근자 교육(시행규칙 제122조)

소장은 외부통근자로 선정된 수형자에 대하여는 자치활동 · 행동수칙 · 안전수칙 · 작업기술 및 현장적응훈련에 대한 교육을 하여야 한다.

자치활동(시행규칙 제123조)

소장은 외부통근자의 사회적응능력을 기르고 원활한 사회복귀를 촉진하기 위하여 필요하다고 인정하는 경우에는 수형자 자치에 의한 활동을 허가할 수 있다.

② 외부직업훈련

외부 직업훈련(시행규칙 제96조)

① 소장은 수형자가 개방처우급 또는 완화경비처우급으로서 직업능력 향상을 위하여 특히 필요한 경우에는 교정시설 외부의 공공기관 또는 기업체 등에서 운영하는 직업훈련을 받게 할 수 있다.

② 제1항에 따른 직업훈련의 비용은 수형자가 부담한다. 다만, 처우상 특히 필요한 경우에는 예산의 범위에서 그 비용을 지원할 수 있다.

03 외부통학제 참고

JUSTICE

1. 의의

수형자가 주간에 시설 외의 교육기관에서 교육을 받을 수 있게 하는 일종의 교정교육제도이자, 교도소 내 교정교육의 문제점을 해결할 수 있는 개방처우제도이다. 이는 교육의 다양화, 교정교육 수준향상 및 출소 후에도 교육을 지속할 수 있게 해주는 장점이 있다. 우리나라는 1999년 제7차 「행형법」 개정 시에 근거규정을 신설하였다.

2. 관련 규정

교육(법 제63조)

① 소장은 수형자가 건전한 사회복귀에 필요한 지식과 소양을 습득하도록 교육할 수 있다.
② 소장은 「교육기본법」 제8조의 의무교육을 받지 못한 수형자에 대하여는 본인의 의사 · 나이 · 지식정도, 그 밖의 사정을 고려하여 그에 알맞게 교육하여야 한다.
③ 소장은 제1항 및 제2항에 따른 교육을 위하여 필요하면 수형자를 중간처우를 위한 전담교정시설에 수용하여 다음 각 호의 조치를 할 수 있다.
　1. 외부 교육기관에의 통학
　2. 외부 교육기관에서의 위탁교육
④ 교육과정 · 외부통학 · 위탁교육 등에 관하여 필요한 사항은 법무부령으로 정한다.

04 부부특별면회제(가족만남의 집)

JUSTICE

1. 의의

(1) 부부특별면회제도는 배우자가 있는 수형자의 부부접견 시에 직원의 입회를 생략하여 접견을 자유롭게 하거나, 특별한 접견실에서 접견을 하도록 하여 부부간 애정의 자유를 보호하는 제도이다.

(2) 1959년 미국 미시시피주 주립교도소의 '레드 하우스'(Red House)에서 흑인 남자수형자를 대상으로 처음으로 실시하였다. 처음에는 부부관계의 강화가 아닌 농장에서 열심히 일을 시키기 위한 수용관리의 수단으로 시작되었다.

(3) 오늘날은 부부간의 면회 시 교도관의 입회를 생략하고 상당한 자유를 부여하는 방법과, 특별한 접견실에서 접견을 하도록 하는 방법이 있다. 전자는 스웨덴, 후자는 남미국가에서 널리 시행하고 있다.

2. 효과

(1) 장점

① 수형자의 동성애를 감소시키고, 성적 긴장감을 해소하는데 도움이 된다.
② 혼인의 유지에 기여하고 안정된 수형생활을 도모할 수 있다.

(2) 단점

① 미혼수형자에게는 기회가 주어지지 않아 공평성의 문제가 제기될 수 있다.
② 시설비용을 증대시키고 국민의 법감정에 부적합하다.
③ 제한적으로 실시하고 있어 교도소 내 성적 긴장감을 더 고조시킨다는 비판도 있지만, 많은 국가에서 실시하고 있다.

3. 우리나라의 가족만남의 집

(1) 가족만남의 집

1999년 6월부터 안양 · 대구 · 대전 · 광주교도소 등 4개 교정시설에 부부만남의 집을 설치하여 장기수형자들에게 가족관계를 회복시켜 안정된 수용생활을 할 수 있도록 하기 위해 운영하였다. 2003년 10월에 부부만남의 집을 가족만남의 집으로 확대개편하고 시설을 추가로 확충하는 등 많은 발전을 하고 있다.

(2) 관련 규정

가족 만남의 날 행사 등(시행규칙 제89조)

① 소장은 개방처우급 · 완화경비처우급 수형자에 대하여 가족 만남의 날 행사에 참여하게 하거나 가족 만남의 집을 이용하게 할 수 있다. 이 경우 제87조의 접견 허용횟수에는 포함되지 아니한다.
② 제1항의 경우 소장은 가족이 없는 수형자에 대하여는 결연을 맺었거나 그 밖에 가족에 준하는 사람으로 하여금 그 가족을 대신하게 할 수 있다.
③ 소장은 제1항에도 불구하고 교화를 위하여 특히 필요한 경우에는 일반경비처우급 수형자에 대하여도 가족 만남의 날 행사 참여 또는 가족 만남의 집 이용을 허가할 수 있다.

④ 제1항 및 제3항에서 "가족 만남의 날 행사"란 수형자와 그 가족이 교정시설의 일정한 장소에서 다과와 음식을 함께 나누면서 대화의 시간을 갖는 행사를 말하며, "가족 만남의 집"이란 수형자와 그 가족이 숙식을 함께 할 수 있도록 교정시설에 수용동과 별도로 설치된 일반주택 형태의 건축물을 말한다.

05 주말구금제도 참고

JUSTICE

1. 의의

(1) 주말구금제도는 직장생활 및 가정에 지장이 없도록 하기 위해 평일에는 형을 집행하지 않고 토요일과 일요일에만 형을 집행하는 단기자유형의 분할집행방법을 말한다.

(2) 주말구금의 효용은 단기자유형의 폐해제거, 교정경제, 과잉구금의 지양 등에서 찾고 있으며, 현재는 프랑스·벨기에 등 일부국가에서만 실시하고 있다.

2. 연혁

(1) 1923년 독일의 「소년법원법」에 의한 소년구금의 한 형태인 휴일구금에서 비롯되었다.

(2) 1948년 영국의 「형사재판법」에 경범죄인에게 직장에 지장이 없는 휴일에 출두장소에 출두시켜 체재하게 한 것은 주말구금과 유사한 제도이다. 벨기에는 1963년 주말구금제도와 반구금제도를 함께 채택하였다.

3. 구별

(1) 휴일구금

휴일구금은 주말 이외의 휴일에도 형을 집행하는 방법을 말한다(주말구금은 토·일요일에만 형을 집행하고 그 외의 휴일 및 휴가 시에는 형을 집행하지 않는다).

(2) 단속구금(계속구금)

휴일구금의 일종으로, 연말연시 등 비교적 장기간의 휴가기간이나 주말 이외의 휴일에 범죄인을 시설에 구금하여 형을 집행하는 방법을 말한다.

➔ 주말구금, 휴일구금, 단속구금

① 주말구금은 토 · 일요일에만 형을 집행하고, 휴일구금은 주말 이외의 휴일에도 형을 집행하며, 단속구금은 휴가를 이용하여 형을 집행하는 점에서 차이가 있다.
② 주말구금은 주말에 형을 분할 집행하는 점에서 시설수용을 하지 않는 가택구금과 구별된다.
③ 주말구금 · 휴일구금 · 단속구금 등은 소년에 대한 단기자유형의 폐해를 제거하기 위해 비롯되었다.

4. 시행방법

(1) 주말구금 기간

① 독일 「소년법원법」 : 1주 이상 4주 이하로 규정하였다.
② 프랑스의 형법초안 : 10회의 휴일을 초과해서는 안 된다고 규정하였다.
③ 벨기에 : 원칙적으로 1월 이하의 자유형 대상자에게 선고하였다.
④ 포트빈(Potvin) : 주말구금은 1월 미만이 적당하다고 주장하였다.

(2) 집행방법

① 독거실에 수용하여 엄격하게 집행하는 것이 원칙이다.
② 주말에는 자발적으로 출두해 구금수용에 응해야 한다.
③ 불출석 시에는 도주로 보아 구금형에 처하는 등 강력한 조치를 취한다.

5. 장단점

(1) 장점

① 경범죄자에 대한 명예감정을 자각시켜 자신의 범행에 대한 반성을 촉구한다.
② 단기자유형의 폐해를 제거할 수 있고, 자유형의 순화에 기여할 수 있다.
③ 기존의 직장생활 및 가족과의 유대관계를 지속할 수 있다.
④ 피해자에 대한 손해배상에 유리하다.

(2) 단점

① 도주의 우려가 있는 자 및 장기수형자에게 부적합하다.
② 구금장소가 원거리인 경우에는 집행하기 곤란하다.
③ 주말구금자를 수용하기 위한 시설 및 직원확보가 어렵다.
④ 사회보호 및 범죄자에게 엄정한 법집행을 원하는 국민의 법감정에 맞지 않다.

06 보스탈제도(Borsetal System)

JUSTICE

1. 의의

보스탈제도는 영국에서 범죄소년을 성년과 격리구금하여 직업훈련과 학과교육을 실시하면서 개방처우 하에 생산활동을 하고 수용자 간의 토의 등을 중시하는 소년교정시설의 선구적 모델이다.

2. 연혁

(1) 창안자

보스탈제도는 1897년 영국의 브라이스(R. Brise)가 16세에서 21세까지의 범죄소년을 켄트지방의 보스탈 교도소에 수용하면서 시작되었다. 초창기에는 엄격한 분류수용과 규율 · 중노동 · 출소 후 조직적인 관찰 등을 실시하였다.

(2) 발전과정

① 1908년 보스탈제도가 법제화되면서, 16세 이상 21세까지의 초범자에 한정하지 않고, 징역형 대신 1년 이상 3년 이하의 보스탈처우가 선고된 자를 수용하였다.

② 1922년 피터슨(Peterson)이 보스탈 교도소의 책임자가 되면서 군대식 규율에 의한 엄격한 훈련방법에서 15명 정도의 소그룹으로 편성해 개별지도하는 처우제도를 마련하여 직원이 충실한 상담자로서의 인간적인 모델이 되도록 개선하였다.

③ 1930년대에는 보스탈 교도소가 소년교정시설(소년원 · 소년교도소 등)의 선구적 모델이 되었다.

07 사회견학 등

JUSTICE

1. 의의

사회견학은 장기구금생활로 인해 단절된 사회의 급변하는 모습을 직접 체험하게 함으로써 수용생활에 활력을 불어넣고, 궁극적으로는 사회복귀를 용이하게 하기 위해 실시하는 처우제도이다.

2. 장소

견학장소로는 국민정신을 함양하기 위한 교화적인 장소와 기술향상에 기여할 수 있는 산업시설 및 사회복지시설 등 봉사활동의 기회로 활용할 수 있는 장소를 이용하고 있다.

3. 관련 규정

사회적 처우(시행규칙 제92조)

① 소장은 개방처우급·완화경비처우급 수형자에 대하여 교정시설 밖에서 이루어지는 다음 각 호에 해당하는 활동을 허가할 수 있다. 다만, 처우상 특히 필요한 경우에는 일반경비처우급 수형자에게도 이를 허가할 수 있다.
  1. 사회견학
  2. 사회봉사
  3. 자신이 신봉하는 종교행사 참석
  4. 연극, 영화, 그 밖의 문화공연 관람

② 제1항 각 호의 활동을 허가하는 경우 소장은 별도의 수형자 의류를 지정하여 입게 한다. 다만, 처우상 필요한 경우에는 자비구매의류를 입게 할 수 있다.

③ 제1항제4호(연극,영화,그 밖의 문화공연 관람)활동에 필요한 비용은 수형자가 부담한다. 다만, 처우상 필요한 경우에는 예산의 범위에서 그 비용을 지원할 수 있다.

08 가족만남의 날 행사

JUSTICE

1. 의의

가족만남의 날 행사는 다수의 수형자와 그의 가족들이 교정시설 내 일정한 장소에서 가족이 준비해 온 음식물을 먹으며 접견·상담하는 교화활동을 말한다. 이는 수형자가 가족과의 유대강화를 통하여 수용생활의 안정을 도모하고 장래를 설계하는 등 사회적응능력을 배양하는데 그 목적이 있다.

2. 관련 규정

가족 만남의 날 행사 등(시행규칙 제89조)

① 소장은 개방처우급·완화경비처우급 수형자에 대하여 가족 만남의 날 행사에 참여하게 하거나 가족 만남의 집을 이용하게 할 수 있다. 이 경우 제87조의 접견 허용횟수에는 포함되지 아니한다.

② 제1항의 경우 소장은 가족이 없는 수형자에 대하여는 결연을 맺었거나 그 밖에 가족에 준하는 사람으로 하여금 그 가족을 대신하게 할 수 있다.

③ 소장은 제1항에도 불구하고 교화를 위하여 특히 필요한 경우에는 일반경비처우급 수형자에 대하여도 가족 만남의 날 행사 참여 또는 가족 만남의 집 이용을 허가할 수 있다.
④ 제1항 및 제3항에서 "가족 만남의 날 행사"란 수형자와 그 가족이 교정시설의 일정한 장소에서 다과와 음식을 함께 나누면서 대화의 시간을 갖는 행사를 말하며, "가족 만남의 집"이란 수형자와 그 가족이 숙식을 함께 할 수 있도록 교정시설에 수용동과 별도로 설치된 일반주택 형태의 건축물을 말한다.

09 교정참여제도

JUSTICE

1. 교정위원제도 ★

(1) 수용자의 교육 · 교화 · 의료, 그 밖에 수용자의 처우를 후원하기 위하여 교정시설에 교정위원을 둘 수 있다.
(2) 교정위원은 명예직으로 하며 소장의 추천을 받아 법무부장관이 위촉한다.
(3) 교정위원제도는 다양한 민간인력자원을 수용자 교정교화활동에 참여시킴으로써 시설 내 처우의 한계를 극복하여 수용자 교정교화에 효율성을 기하고자 운영되고 있다.

2. 교정자문위원회제도 ★

교정자문위원회(법 제129조)

① 수용자의 관리 · 교정교화 등 사무에 관한 지방교정청장의 자문에 응하기 위하여 지방교정청에 교정자문위원회(이하 이 조에서 "위원회"라 한다)를 둔다.
② 위원회는 10명 이상 15명 이하의 위원으로 성별을 고려하여 구성하고, 위원장은 위원 중에서 호선하며, 위원은 교정에 관한 학식과 경험이 풍부한 외부인사 중에서 지방교정청장의 추천을 받아 법무부장관이 위촉한다.
③ 이 법에 규정된 사항 외에 위원회에 관하여 필요한 사항은 법무부령으로 정한다.

기능(시행규칙 제264조)

법 제129조제1항의 교정자문위원회(이하 이 편에서 "위원회"라 한다)의 기능은 다음 각 호와 같다.

1. 교정시설의 운영에 관한 자문에 대한 응답 및 조언

2. 수용자의 음식 · 의복 · 의료 · 교육 등 처우에 관한 자문에 대한 응답 및 조언
3. 노인 · 장애인수용자 등의 보호, 성차별 및 성폭력 예방정책에 관한 자문에 대한 응답 및 조언
4. 그 밖에 지방교정청장이 자문하는 사항에 대한 응답 및 조언

구성(시행규칙 제265조)

① 위원회에 부위원장을 두며, 위원 중에서 호선한다.
② 위원 중 4명 이상은 여성으로 한다.
③ 지방교정청장이 위원을 추천하는 경우에는 별지 제29호서식의 교정자문위원회 위원 추천서를 법무부장관에게 제출하여야 한다. 다만, 재위촉의 경우에는 지방교정청장의 의견서로 추천서를 갈음한다.

임기(시행규칙 제266조)

① 위원의 임기는 2년으로 하며, 연임할 수 있다.
② 지방교정청장은 위원의 결원이 생긴 경우에는 결원이 생긴 날부터 30일 이내에 후임자를 법무부장관에게 추천해야 한다.
③ 결원이 된 위원의 후임으로 위촉된 위원의 임기는 전임자 임기의 남은 기간으로 한다.

위원장의 직무(시행규칙 제267조)

① 위원장은 위원회를 소집하고 위원회의 업무를 총괄한다.
② 위원장이 부득이한 사유로 직무를 수행할 수 없을 때에는 부위원장이 그 직무를 대행하고, 부위원장도 부득이한 사유로 직무를 수행할 수 없을 때에는 위원장이 미리 지명한 위원이 그 직무를 대행한다.

회의(시행규칙 제268조)

① 위원회의 회의는 위원 과반수의 요청이 있거나 지방교정청장이 필요하다고 인정하는 경우에 개최한다.
② 위원회는 재적위원 과반수의 출석으로 개의하고 출석위원 과반수의 찬성으로 의결한다.
③ 위원회의 회의는 공개하지 아니한다. 다만, 위원회의 의결을 거친 경우에는 공개할 수 있다.

간사(시행규칙 제271조)

① 위원회의 사무를 처리하기 위하여 위원회에 간사 1명을 둔다. 간사는 해당 지방교정청의 총무과장 또는 6급 이상의 교도관으로 한다.
② 간사는 회의에 참석하여 위원회의 심의사항에 대한 설명을 하거나 필요한 발언을 할 수 있으며, 별지 제31호서식의 교정자문위원회 회의록을 작성하여 유지하여야 한다.

PART 7

지역사회 **교정**

Chapter 1 지역사회교정
Chapter 2 중간처우제도
Chapter 3 중간처벌제도

CHAPTER 1 지역사회교정

01 지역사회교정의 의의

JUSTICE

1. 용어의 개념

(1) 의의

교정처우는 범죄자와 지역사회 간의 유대관계 정도에 따라 폐쇄적 처우(엄격한 격리수용), 사회적 처우(개방처우), 중간처우, 중간처벌, 사회내 처우로 구분할 수 있다.

➲ 범죄자와 지역사회 간의 유대관계 정도

폐쇄적 처우 ⇒ 사회적 처우(개방처우) ⇒ 중간처우 ⇒ 중간처벌 ⇒ 사회내 처우

(2) 개념 참고

① 폐쇄적 처우(시설내 처우)

엄격히 격리수용하여 교정시설 내에서 범죄자를 처우하는 것을 말한다.

② 사회적 처우(개방처우)

교정시설 내에 기반을 두면서 사회와 접촉 및 교류하는 것을 말한다.

③ 중간처우

출소 또는 입소 전 단계에 지역사회 내에 별도로 설치된 시설에서 처우하는 것을 말한다. 비록 지역사회 내에서 처우하지만, 수형자의 신분을 유지하고 있다.

④ 중간처벌

구금형과 보호관찰 사이의 처벌형태로, 교정시설에 수용하지 않고 사회 내에서 교정 또는 제재를 가하는 처벌형태를 말한다(교정시설에 구금하지 않고 사회 내에서 처우하므로 광의의 사회내 처우에 해당한다).

⑤ 사회내 처우

석방자나 구금하지 않은 재범 우려자 등을 지도·보호하는 처우를 말한다.

2. 지역사회교정

지역사회교정은 지역사회와 범죄자 간의 유대관계를 바탕으로 지역사회에서 행해지는 범죄자에 대한 다양한 제재와 교정프로그램을 말한다.

➲ 범죄자와 지역사회 간의 유대관계 정도에 따른 구분(참고)

<table>
<tr><th rowspan="3">구분</th><th rowspan="3">폐쇄적 처우</th><th colspan="2">사회적 처우(광의)</th><th colspan="2">사회내 처우(광의)</th></tr>
<tr><th rowspan="2">사회적 처우
(협의)</th><th colspan="2">지역사회교정(협의)</th><th rowspan="2">사회내 처우
(협의)</th></tr>
<tr><th>중간처우(협의)</th><th>중간처벌</th></tr>
<tr><td>의미</td><td>전통적인
시설내 처우</td><td>시설내 처우에 기반을 두면서 사회와 접촉 및 교류</td><td>입·출소 전단계에 실시하는 지역사회에 기반을 둔 처우</td><td>구금형과 보호관찰 사이에 존재하는 처벌 형태</td><td>석방자 등을 지도·보호하기 위해 실시하는 처우</td></tr>
<tr><td>종류</td><td>시설 내에서의 교육·훈련 등 각종 처우</td><td>귀휴제도, 외부통근·통학제도, 부부특별면회, 주말구금제도, 사회견학, 보스탈제도, 가족만남의 날, 가족만남의 집 등)</td><td>중간처우소, 사회내 처우센터(다목적센터·석방 전 지도센터·호스텔제도·엠마우스 하우스·개방센터 등)</td><td>전환, 벌금형, 집중감시 보호관찰, 보상제도, 사회봉사, 수강명령, 가택구금, 전자감시, 충격구금(쇼크가석방·분할구금·충격보호관찰·병영식 캠프)</td><td>가석방, 보호관찰, 갱생보호</td></tr>
</table>

3. 지역사회교정의 형태 ★

(1) 의의

① 지역사회교정은 지역사회에서 행해지는 범죄자에 대한 다양한 제재와 비시설내 교정프로그램을 말한다. 이를 광의로 이해하면 폐쇄적 처우를 제외한 사회적 처우·중간처우·중간처벌·사회내 처우 전체를 의미한다고 할 수 있다.

② 하지만 일반적으로 시설 내에 근거하면서 사회적 처우를 하는 것을 사회적 처우(개방처우)라고 하고, 가석방·보호관찰·갱생보호 등 주로 석방자를 사회 내에서 지도·보호하는 것을 사회내 처우라고 하고 있다.

(2) 종류

① 개방처우 : 시설 내에 근거하면서 사회적 처우를 실시하는 것을 말한다.

② 중간처우 : 구금에서 완화된 사회적 처우 형태를 말한다.

③ 중간처벌 : 구금과 보호관찰 사이의 다양한 제재방안을 말한다(사회내 처벌의 형태).

공통점

중간처우 · 중간처벌 등은 모두 지역사회를 기반으로 하고 있는 것이 공통점이다.

4. 지역사회교정의 효과

(1) 구금과 보호관찰 사이의 다양한 중간처벌 기능을 제공한다.
(2) 교화개선 효과를 증진시킬 수 있다.
(3) 인도주의적인 처우가 가능하다.
(4) 범죄의 성격과 개인적 상황에 적합한 다양한 처우를 제공한다.
(5) 범죄자 관리비용이 적어 예산을 절감할 수 있다.
(6) 범죄자에 대한 다양한 전환이 가능하다.
(7) 과밀수용 완화에 기여한다.

5. 지역사회교정에 대한 비판

(1) 형사사법망의 확대를 초래한다.
(2) 적합한 대상자 선정이 어렵다.
(3) 님비현상이 야기될 우려가 있다.
(4) 극소수 중범죄자에 대한 처우 및 관리가 문제이다.

형사사법망 확대 ★

과거 범죄통제 대상이 되지 않았던 대상자들까지 범죄통제 대상으로 하는 것을 말한다.

6. 지역사회교정의 실현형태(전환 · 옹호 · 재통합) 참고

(1) 전환

전환은 낙인의 영향을 최소화하면서 범죄자의 사회복귀를 용이하게 하기 위한 제도로, 범죄자를 공식적인 형사사법절차와 과정으로부터 비공식적인 절차와 과정으로 우회시키는 것을 말한다. 대부분의 지역사회교정은 이러한 전환을 전제로 하고 있다.

(2) 옹호

옹호란 범죄자의 변화보다는 사회의 변화를 더 강조하는 이론으로, 범죄자를 사회에 원만하게 복귀시킬 수 있는 사회 내 자원을 개발하고 보충해 나가는 것을 뜻한다. 무료법률상담 등 범죄자의 인권신장을 위하는 것이 이에 속한다.

(3) 재통합

재통합은 범죄자와 지역사회가 공동으로 변화와 개선을 추구해 나가는 것을 말하며, 재통합적 지역사회교정은 교정프로그램과 지역사회 간의 상호작용을 극대화하는 것을 의미한다. 범죄자는 사회적 환경으로 인한 것이 절대다수이므로 범죄자뿐만 아니라 지역사회도 개선되어야 진정한 재통합을 이룩할 수 있다.

7. 지역사회교정의 목표 참고

(1) 지역사회 보호

지역사회를 보호하기 위해서는 대상자의 범주와 자격기준을 적절하게 지정하고, 대상자를 과학적으로 선발하면서 제약의 유형과 통제수단을 적절히 강구해야 한다.

(2) 처벌의 연속성 제공

범죄에 상응한 다양한 처벌 및 준수사항을 위반하면 이에 적합한 연속적인 처벌이 가능한 다양한 프로그램을 개발해야 한다.

(3) 사회복귀와 재통합

1960년대 ~ 1970년대에 재통합 이념이 주류를 이루었지만, 1970년대 이후 교정 프로그램이 효과가 없다는 비판을 받으면서 재통합의 열망이 상당히 감소하였다. 하지만 최근에는 가장 이상적인 사회복귀를 이룰 수 있는 회복주의사법이론을 중시하는 경향이 있을 뿐만 아니라, 어떤 프로그램의 어떤 요소가 특정 범죄자에게 가장 효과가 있는지를 모색하고 있다.

(4) 저렴한 비용

최소비용으로 지역사회보호와 사회복귀를 달성하는 방안이 필요하다. 범죄자를 구금하지 않아서 절약되는 비용과, 비구금으로 인해 증가할 수 있는 범죄에 대한 형사사법상 운영비용 및 자녀양육 비용 등을 종합적으로 검토해서 적절한 방안을 강구해야 한다.

(5) 목표들 간의 갈등해소

지역사회 교정프로그램은 지역사회보호와 범죄자와의 재통합 등 여러 목표들 간의 갈등의 소지가 많고, 사람이 대상이라 구체적인 목표달성을 확인하기 어려운 문제점이 있다.

8. 재통합을 위한 조건

(1) 출소 후 거주지 지역사회와 상호작용할 수 있어야 한다.

(2) 최소한의 제약과 감시만으로 생활할 수 있는 비구금적 시설을 조성해야 한다.
(3) 교육 · 훈련 · 상담 등 지역사회의 서비스 지원이 풍부해야 한다.
(4) 정상적인 사회적 역할을 수행할 수 있는 기회를 제공해야 한다.
(5) 개인적인 성장과 변화의 기회를 제공하고 격려와 관용을 베풀어야 한다.

02 지역사회교정의 출현배경 참고

JUSTICE

1. 기본이해

1950년대 후반부터 1960년대에 재범률이 증가하고 범죄가 양적으로 급증하면서 교정시설의 과밀수용 현상이 나타나고, 형사사법기관의 업무량이 증가하면서 업무의 효율성이 떨어지게 되었다. 그래서 기존의 구금과 보호관찰이라는 양극적 처우만으로는 부적절하고 비효율적이라는 인식이 증대하고, 범죄환경 변화에 따른 다양한 처벌의 필요성이 대두되었다.

2. 출현배경

(1) 지역사회와 교도소에 대한 인식변화

교정시설이 범죄자를 격리구금하여 회오반성하게 하는 곳이라는 인식에서, 악풍감염과 사회적 낙인 등으로 인해 오히려 범죄를 악화시키는 곳이라는 인식이 팽배했다. 또한 "범죄자에 대한 문제해결도 범죄를 유발한 지역사회에서 해결방안을 찾아야 한다"는 인식변화가 일어났다.

(2) 사회적 필요와 추세의 변화

① 지역사회교정은 처음에 퇴역군인에 대한 사회적응의 필요성에서 비롯되었으며, 낙인이론의 영향으로 지역사회와 유대관계를 지속하면서 범죄자를 교정하는 다양한 프로그램의 필요성이 부각되었다.

② 구금은 주로 가난한 피고인에게만 부과되는 등 사법제도에 대한 불신과 불만이 팽배하고, 범죄자와 전과자에게도 사회참여를 허용하여 모든 사람들이 경제적 기회와 권리를 누릴 수 있는 위대한 사회를 건설하자는 사상이 부각되었다.

(3) 형사사법의 시스템화 영향

범죄문제뿐만 아니라 사법과정과 사법기관간의 상호작용을 중시하여 경찰 · 검찰 · 법원 · 교정기관 등을 종합적으로 검토하는 시스템으로서의 형사사법이 대두되었다.

3. 지역사회교정의 발전과정

(1) 1970년대(연방정부의 지원감소)

범죄가 지속적으로 증가하여 범죄자에 대한 사회적 관심이 줄고, 지역사회교정은 비용이 많이 들고 비효율적이라는 부정적인 평가 등으로 인해 연방정부의 지원이 중단되기 시작했다.

(2) 1980년대(형사정책의 보수회귀 현상)

① 시민의 범죄에 대한 공포가 증가하면서 지역사회교정에 대한 예산 및 지원이 감소되고, 다양한 양형개혁과 마약과의 전쟁을 선포하였다.

② 선고된 형과 실제복역 기간을 근접시키는 양형의 진실을 추구하였고, 부정기형제도에서 정기형제도로 전환되면서 강제최소구금제도 등을 도입하였다.

★ 형사정책의 보수회귀 현상은 결국 교정시설의 과잉수용 문제를 더욱 악화시켰다.

(3) 1990년대(강력한 범죄통제전략 여론지지)

① 사회적 여론에 따라 강력범에 대한 엄격한 양형정책과 구금형의 확대 등 집합적 무능력화를 통한 구금을 강화하고, 3진 아웃법의 시행과 양형의 진실법안을 제정하여 시행하였다.

② 강력한 범죄통제전략으로 인해 수용인구와 교정비용이 지속적으로 증가하게 되자, 이를 극복하기 위해 지역사회교정을 포함한 종합적인 방안을 모색하게 되었다.

03 지역사회교정의 과제와 전망

JUSTICE

1. 기본이해

1990년대 미국은 집학적 무능력화를 통한 범죄통제방식을 추구하여, 과잉구금으로 인한 교정비용이 엄청나게 가중되었다. 이러한 문제점을 해결하기 위해 다양한 양형모델과 구금을 대체할 수 있는 대안을 모색하게 되었다.

2. 지역사회교정의 과제와 전망

(1) 다양한 양형모델과 양형의 재량권 확대

① 지역사회보호와 사법제도를 효과적으로 운영하기 위해서는 상당한 재량권이 필요하다.

② 구금을 대체할 수 있는 지역사회에 기초한 범죄통제 전략이 필요하다.

③ 범죄자의 특성을 고려한 다양한 제도가 구비되어야 한다.

④ 구금과 중간처벌 및 준수사항 위반 시 조치 등 보완적인 양형제도를 개발해야 한다.

(2) 선별적 무능력화 적극활용

① 선별적 무능력화를 달성하기 위해서는 다양한 중간처벌을 개발해야 한다.
② 부정기형과 구금에 대한 대안모색이 필요하다.
③ 경제적이면서도 범죄를 효율적으로 통제할 수 있는 적절한 처벌방안을 강구해야 한다.
④ 지역사회 보호기능을 강화할 수 있는 방안을 강구해야 한다.

➲ 지역사회교정

지역사회교정은 범죄자에게 혜택을 주면서도 지역사회를 보호할 수 있고, 비용이 저렴하면서도 연속적인 다양한 처벌을 부과할 수 있는 방안이 바람직하다.

CHAPTER 2 중간처우제도

01 중간처우의 의의 참고

JUSTICE

1. 중간처우의 개념

(1) 의의

중간처우는 시설내 처우와 중간형태 내지 결합형태로, 수용시설 내의 수형자를 지역사회와 연계시켜 사회적응 능력을 배양하고 사회복귀를 촉진하기 위한 제도를 말한다.

(2) 개념

① 광의

시설 내에 기반을 둔 중간처우(개방처우)와 사회 내에 기반을 둔 중간시설을 이용한 중간처우를 포함하는 개념이다.

② 협의

처우장소를 교정시설에서 지역사회로 전환한 것으로써, 보다 폭넓은 자유를 허용하는 사회 내에 기반을 둔 중간시설을 이용하는 처우 형태를 말한다.

2. 중간처우의 구분

(1) 교정시설에 기반을 둔 중간처우(사회적 처우, 개방처우)

귀휴, 외부통근작업, 외부통학제도, 가족만남의 집, 가족만남의 날 등이 있다.

(2) 지역사회에 기반을 둔 중간처우(협의의 중간처우)

① 보석대상자, 피해자 없는 범죄자 등을 단기간 동안 강제로 거주하게 하면서 처우하는 제도를 말한다.

② 만기 또는 가석방이 임박한 수용자를 석방하기 전까지 거주하게 하면서 처우하는 제도를 말하며, 일반적으로 중간처우라고 하면 이를 뜻한다.

02 중간처우의 종류

JUSTICE

1. 중간처우소(Halfway House)

(1) 의의

① 시설구금 내지 석방의 충격을 완화하는 완충지대 역할을 하는 시설을 중간처우소 또는 중간처우의 집이라고 한다.
② 이는 영국의 호스텔제(Hostel)에서 발전한 것으로, 약 20명 정도를 커다란 저택이나 종교단체에서 운영하는 시설에 수용하여, 주간에는 직장에 통근하게 하고 야간과 공휴일에는 시설 내에서 자율적인 생활을 하도록 한다.
③ 주로 성인수형자 중 석방 3 ~ 4개월 전 수형자를 대상으로 한다.
④ 출소자를 위한 중간처우소와 입소자의 충격을 완화시키기 위한 중간처우소가 있다.
⑤ 시설은 사회에 독립적으로 설치된 것과, 교도소에 부속된 것이 있다.

(2) 종류 ★

① 석방 전 중간처우의 집(Halfway-out House)(대부분의 나라)
1950년 미시간주와 콜로라도주의 교도소에서 중간처우의 집을 운영하였다. 교도소에서 멀리 떨어진 곳에 독립된 시설을 두고 석방준비 단계의 수형자들을 수용하였으며, 일반적으로 중간처우의 집은 석방 전 중간처우소를 말한다.
② 입소 전 중간처우의 집(Halfway-in House)(거의 없음)
범죄인이 교정시설에 입소하기 전에 일정기간 동안 중간시설에 수용하여 충격을 완화한 후 교정시설에 수용하는 제도이다. 이는 교도소에 수용되는 충격을 완화하여 수형생활에 잘 적응할 수 있도록 하기 위한 제도이다.

(3) 역할

중간처우소에 수용하여 취업문제 · 자녀문제 등을 상담해 도움을 줄 수 있는 방안을 강구하고, 수용기간 중 취업이 되면 석방한다. 최근에는 과도기적 기능 외에 직접적인 형벌의 대안(중간처벌)으로 이용되기도 한다.

(4) 중간처우소 위치선정 시 고려사항

① 이웃 간의 융화감이 적고 수형자의 익명성이 보장되는 상업지역이나 재개발지역이 좋다.
② 교통이 편리하고 취업 · 직업훈련이 쉽고 문화활동 등 지역사회자원이 풍부한 곳이 좋다.
③ 중간처우소에 대한 긍정적인 인식과 태도를 지닌 지역이 좋다.

우리나라 최초의 중간처우의 집

수형자의 사회복귀 지원 및 재범방지 대책의 일환으로, 석방을 3~6개월 앞둔 초범수형자 약 10여명을 수용할 수 있는 중간처우의 집(Halfway House)을 처음으로 안양교도소 구외에 신축해 2009년 1월부터 운영하고 있다. 교정본부에서는 중간처우제도를 지속적으로 개발·확대 시행하고 있다.

천안개방교도소 사회적응훈련원 운영

천안개방교도소를 과실범의 개방처우 중심에서 중·장기 수형자의 사회적응훈련 중심으로 특성화하여 약 6개월 동안 자치회 운영, 외부통근작업, 취업·창업지원 교육, 귀휴 등 다양한 사회생활 체험훈련을 실시함으로써 중·장기 수형자가 성공적으로 사회에 정착할 수 있도록 하기 위해 2009년 7월부터 천안개방교도소를 사회적응훈련원 중심으로 운영하고 있다.

외국의 '중간처우의 집'(Halfway House)

나라마다 운영방식은 다양하지만, 일반적으로 출소예정자 또는 출소자의 사회정착을 위한 취업알선·주거제공·직업훈련·상담 등을 지원하고 있다.

① 미국 : 교정국에서 Residential Re-entry Centers, Community Corrections Centers 등 주거형 사회복귀지원센터를 운영하고 있다.
② 캐나다 : 존하워드협회, 플라이협회캐나다연합 등과 민·관협력체제를 구성해 운영하고 있다.
③ 호주 : 교정시설 부설 Work Camp를 운영하고 있다.
④ 홍콩 : 소규모 독립시설인 중도숙사(中途宿舍)를 운영하고 있다.
⑤ EU 국가 : 독일·핀란드 등 EU 국가들은 Open Prison을 운영하고 있다.

2. 사회내 처우센터

(1) 의의

① 사회내 처우센터는 수형자를 석방하기 전에 사회생활을 준비시키기 위하여 사회 내에 설치한 시설을 말하며, 주로 민간인에 의해 운영되고 있다.
② 1953년 영국에서 시작한 호스텔제도가 선구라고 할 수 있으며, 미국에서는 1960년대에 설치하기 시작하였으며 보통 3 ~ 4개월 동안 석방 전 지도를 실시하고 있다.
③ 종류로는 다목적센터, 석방 전 지도센터, 가석방 호스텔, 보호관찰부 거주 호스텔, 보호관찰부 비거주 호스텔, 석방 전 호스텔, 엠마우스 하우스, 개방센터 등이 있다.

(2) 종류

① 다목적센터(Community Diagnostic Treatment Center)
㉠ 다양한 독립된 시설을 운영하기 어려운 재정이 열악한 미국의 군정부(카운티)에서 다목적 센터를 설치해 운영하고 있다. 주로 소년을 대상으로 하며, 소년법원의 결정을 조력하는 행위 및 임시퇴원자의 보호나 보호관찰 지도를 위한 보호시설로 이용하고 있다.
㉡ 캘리포니아주의 청소년 교정센터가 대표적이고, 대체로 비행다발지역에 설치하며, 시설을

3개 블럭으로 구분해 1블럭당 16명 정도를 수용하여 3단계 처우를 한다.

㉢ 우리나라의 소년분류심사원의 기능과 유사한 분류심사업무도 실시한다.

② 석방 전 지도센터(Prerelease Guidance Center)

㉠ 석방이 임박한 수형자를 대상으로 대형 저택이나 종교단체가 운영하는 시설을 이용하여 사회생활에 적응할 수 있도록 지도하는 것을 말한다.

㉡ 약 20여명을 수용하여 심리학이나 사회사업학을 전공한 교정전문직원이 수 주일 동안 석방 준비 · 성격개별지도 등을 실시한다. 이는 전문적인 Case Work(개별상담)을 통한 개인지도와 보호에 중점을 두고 있는 것이 특징이다.

③ 가석방 호스텔(Parole Hostel)

가석방으로 석방된 자를 보호하고 관찰하여 사회복귀를 돕기 위한 제도로, 주로 종교단체나 자선단체에서 운영하고 있다. 우리나라의 갱생보호와 유사하다.

④ 보호관찰 호스텔

㉠ 보호관찰 조건부 거주 호스텔(하이필드계획)

ⓐ 의의 : 보호관찰(Probation)을 조건으로 석방하는 자를 처우하기 위한 거주시설을 말한다. 가장 대표적인 것은 1950년대에 맥코클(L. W. Mccokle)과 빅스비(F. S. Bixby)가 창안한 하이필드계획이다.

ⓑ 하이필드계획(Highfield Project) : 보호관찰을 조건으로 석방된 소년을 수용하여 단기간 집중처우하는 제도로, 뉴욕 주에서 16 ~ 17세 소년 20여명을 시설구금 대신 소규모 시설에 약 4개월 동안 수용하여 비행소년이 비행문화를 벗어나도록 하기 위해 집단으로 토의시키는 지도에 의한 집단상호작용을 주로 활용하였다.

㉡ 보호관찰 조건부 비거주 호스텔(파인힐스계획)

ⓐ 의의 : 보호관찰을 조건으로 석방하는 자를 처우하기 위한 비거주시설을 말하며, 가장 대표적인 것은 파인힐스계획이다.

ⓑ 파인힐스계획(Pinehills Project) : 미국 유타주의 프라보(Provo)에서 15 ~ 17세 소년을 대상으로 4 ~ 6개월 동안 주간에는 학업이나 작업에 종사하고 야간에는 센터에 모여 집단토의를 하고 귀가시키는 제도로 성과가 좋은 것으로 알려져 있다.

⑤ 석방 전 호스텔

1954년부터 영국에서 발달한 제도로, 호스텔은 대부분 교도소의 일부에 따로 설치해 운영하였다. 취업처를 물색해 직장생활을 하고 사회와 활발히 교류하는 등 석방준비 및 재사회화에 기여하였다.

⑥ 엠마우스 하우스(Emmaus House)

여성수용자 출신의 사회복귀에 도움을 주기 위한 거주식 소규모 처우시설이다.

⑦ 개방센터(Opening Center)

취업알선 위주의 비거주식 소극적 처우시설이다.

3. 우리나라의 중간처우 참고

(1) 의의

① 우리나라에서는 외부통근작업 등을 전면적으로 실시한 이후, 중간처우 및 사회내 처우에 대한 필요성이 갈수록 부각되고 있다.

② 우리나라는 현재 교정시설 내에 기반을 둔 중간처우시설 뿐만 아니라, 지역사회에 기반을 둔 중간처우시설을 밀양에서 운영하고 있다. 이러한 중간처우는 추후 지속적으로 확대되어 나갈 것으로 기대된다.

③ 시대적 흐름을 반영하여 2015.3.27. 「형집행법」을 개정하면서 관련 규정을 새로이 정비하였다.

(2) 종류

처우(법 제 57조)

① 수형자는 제59조의 분류심사의 결과에 따라 그에 적합한 교정시설에 수용되며, 개별처우계획에 따라 그 특성에 알맞은 처우를 받는다.

② 교정시설은 도주방지 등을 위한 수용설비 및 계호의 정도(이하 "경비등급"이라 한다)에 따라 다음 각 호로 구분한다. 다만, 동일한 교정시설이라도 구획을 정하여 경비등급을 달리할 수 있다.

1. 개방시설 : 도주방지를 위한 통상적인 설비의 전부 또는 일부를 갖추지 아니하고 수형자의 자율적 활동이 가능하도록 통상적인 관리 · 감시의 전부 또는 일부를 하지 아니하는 교정시설
2. 완화경비시설 : 도주방지를 위한 통상적인 설비 및 수형자에 대한 관리 · 감시를 일반경비시설보다 완화한 교정시설
3. 일반경비시설 : 도주방지를 위한 통상적인 설비를 갖추고 수형자에 대하여 통상적인 관리 · 감시를 하는 교정시설
4. 중(重)경비시설 : 도주방지 및 수형자 상호 간의 접촉을 차단하는 설비를 강화하고 수형자에 대한 관리 · 감시를 엄중히 하는 교정시설

③ 수형자에 대한 처우는 교화 또는 건전한 사회복귀를 위하여 교정성적에 따라 상향 조정될 수 있으며, 특히 그 성적이 우수한 수형자는 개방시설에 수용되어 사회생활에 필요한 적정한 처우를 받을 수 있다.

④ 소장은 가석방 또는 형기 종료를 앞둔 수형자 중에서 법무부령으로 정하는 일정한 요건을 갖춘 사람에 대해서는 가석방 또는 형기 종료 전 일정 기간 동안 지역사회 또는 교정시설에 설치된 개방시설에 수용하여 사회적응에 필요한 교육, 취업지원 등의 적정한 처우를 할

수 있다.

⑤ 수형자는 교화 또는 건전한 사회복귀를 위하여 교정시설 밖의 적당한 장소에서 봉사활동·견학, 그 밖에 사회적응에 필요한 처우를 받을 수 있다.

⑥ 학과교육생·직업훈련생·외국인·여성·장애인·노인·환자·소년(19세 미만인 자를 말한다), 제4항에 따른 처우(이하 "중간처우"라 한다)의 대상자, 그 밖에 별도의 처우가 필요한 수형자는 법무부장관이 특히 그 처우를 전담하도록 정하는 시설(이하 "전담교정시설"이라 한다)에 수용되며, 그 특성에 알맞은 처우를 받는다. 다만, 전담교정시설의 부족이나 그 밖의 부득이한 사정이 있는 경우에는 예외로 할 수 있다.

⑦ 제2항 각 호의 시설의 설비 및 계호의 정도에 관하여 필요한 사항은 대통령령으로 정한다.

중간처우(시행규칙 제93조)

① 소장은 개방처우급 혹은 완화경비처우급 수형자가 다음 각 호의 사유에 모두 해당하는 경우에는 교정시설에 설치된 개방시설에 수용하여 사회 적응에 필요한 교육, 취업지원 등 적정한 처우를 할 수 있다.

1. 형기가 3년 이상인 사람
2. 범죄 횟수가 2회 이하인 사람
3. 중간처우를 받는 날부터 가석방 또는 형기 종료 예정일까지 기간이 3개월 이상 1년 6개월 이하인 사람

② 소장은 제1항에 따른 처우의 대상자 중 중간처우를 받는 날부터 가석방 또는 형기 종료 예정일까지의 기간이 9개월 미만인 수형자에 대해서는 지역사회에 설치된 개방시설에 수용하여 제1항에 따른 처우를 할 수 있다.

③ 제1항에 따른 중간처우 대상자의 선발절차는 법무부장관이 정한다.

CHAPTER 3

중간처벌제도

01 중간처벌제도의 의의

JUSTICE

1. 의의 ★

(1) 중간처벌은 보호관찰과 구금형 사이의 처벌형태로 일종의 대체처벌을 의미한다. 이는 범죄자를 사회 내에서 처벌에 상당하는 처우를 하면서 범죄자를 통제하는 제도로 보호관찰 무용론(無用論)과 구금형 유용론(有用論)의 결합 형태이다.

(2) 종류로는 배상명령 · 사회봉사명령 · 수강명령 · 집중보호관찰 · 전자감시 가택구금 · 충격구금 등이 있다.

중간처우와 중간처벌 ★

중간처우가 사회복귀에 중점을 둔 제도라면, 중간처벌은 제재에 중점을 둔 제도이다.

2. 등장배경

(1) 1980년대 이후 과밀수용문제와 보호관찰대상자들의 높은 재범률을 해결하기 위한 대체처벌 방안이 강구되었다.

(2) 처벌은 주로 사회 내에서 이루어지며 범죄자에 대한 통제를 강화시킨 것이 특징이다.

(3) 미국의 모리스(Morris)는 "보호관찰은 너무 관대하고 구금형은 너무 엄격하다"고 하면서 중간처벌을 적극 활용할 것을 주장하였다.

3. 효과

(1) 구금과 보호관찰 사이에 단계적인 형벌체계를 제공할 수 있어, 형벌의 적정성과 비례성을 이룰 수 있다.

(2) 다양한 중간처벌 형태를 활용하면 효과적인 교화개선 프로그램을 개발할 수 있다.

(3) 범죄의 정도에 상응한 적정한 형을 부과할 수 있어 형벌의 형평성을 기할 수 있다.
(4) 형사제재의 연속성 및 강제와 통제의 연속성을 기할 수 있다.
(5) 시설수용을 대체할 수 있어 교정경비를 절약할 수 있다.
(6) 직장생활을 계속할 수 있고, 가족과 유대관계를 지속할 수 있다.
(7) 낙인의 영향을 최소화할 수 있고, 피해자에 대한 배상이 가능하다.
(8) 중간처벌을 효율적으로 활용하면, 사회내 처우의 주된 비판인 형사사법망 확대를 억제할 수 있다.

형사제재의 연속성
범죄자의 행동과 보호관찰에 대한 반응을 살펴 처벌을 강화하거나 완화하는 과정을 뜻한다.

4. 문제점

(1) 중간처벌 형태에 부응하는 적절한 대상자를 선정하기 어려운 점이 있다.
(2) 중간처벌의 강도가 너무 약하면 형사사법망이 확대 · 강화될 우려가 있다.
(3) 범죄자를 사회 내에서 처우하므로 사회보호에 부담이 될 수 있다.

02 중간처벌의 종류

JUSTICE

1. 종류 ★

(1) 재판단계 중간처벌

벌금형, 전환(Diversion)

(2) 보호관찰단계 중간처벌

집중감시 보호관찰, 배상제도, 사회봉사명령, 수강명령, 전자감시 가택구금

(3) 교정 관련 중간처벌

쇼크구금, 병영식 캠프

➲ 교정 관련 중간처벌

교정시설에 단기간 구금하여 수용의 고통을 경험하게 한 후 석방하면서 보호관찰에 회부하여 범죄억제력을 발휘할 수 있게 하는 것을 말한다. 이는 교도소 실상을 인식시켜 재범을 못하게 하는 제도로 일종의 충격구금을 의미한다.

2. 전환(Diversion) ★

(1) 기본이해

① 범죄자를 공식적 절차로부터 전환하여 사회내 처우를 하는 것으로, 형사사법절차 개입을 최소화하는 제도를 뜻한다.

② 범죄자에게는 반성과 변화의 기회를 줄 수 있고, 지역사회 내에서 범죄자의 문제를 해결하는데 도움이 된다.

③ 음주 관련 범죄자, 마약범죄자, 청소년 범죄자를 위한 다양한 전환제도가 활용되고 있다.

(2) 전환의 개념

① 광의 : 형사사법의 모든 과정에서 이루어지는 전환을 뜻한다.

② 협의 : 법원의 판결이 내려지기 전에 형사사법기관이 통상적인 사법절차를 회피하거나 중단시키는 것을 뜻한다.

(3) 전환의 단계별 유형

① 사법절차 개시 전 : 교통사고 합의, 학교 내에서 비행사건 처리

② 경찰단계 : 훈방, 경고, 통고처분

③ 검찰단계 : 기소유예처분, 약식명령, 불기소처분

④ 법원단계 : 선고유예, 집행유예

⑤ 보호단계(재판 후 단계) : 보호관찰, 사회봉사 · 수강명령, 전자감시제도

⑥ 교정(행정)단계 : 가석방, 개방처우 등

★ 보석은 전환으로 보기 어렵다(현재 재판이 진행 중임).

(4) 장단점

① 장점

㉠ 범죄자라는 낙인을 회피할 수 있고, 다른 범죄자와의 부정적인 접촉을 차단할 수 있다(낙인이론과 차별적 접촉이론이 전환제도의 이론적 근거를 제공하였다).

㉡ 구금을 회피할 수 있고, 공식적인 환경을 비공식적인 환경으로 대체할 수 있다.

㉢ 교정시설 수용에 비해 전환제도는 훨씬 비용이 적게 든다.

㉣ 법원의 업무경감과 형사사법제도의 능률성과 융통성을 부여할 수 있다.

㉤ 전환은 범인성이 고착되지 않은 청소년 범죄자에게 매우 효과적이며 주요대상이다.

㉥ 정상적인 직장생활과 가족과의 유대관계를 지속할 수 있다.

② 단점

㉠ 전환으로 인해 교정할 대상이 증가하는 형사사법망 확대를 초래할 수 있다.

㉡ 범죄자를 가볍게 처벌하므로 형벌의 제지효과가 낮고, 재범 가능성이 높다.

㉢ 대상자 선정 시 형사사법의 불평등을 초래할 수 있다(직업 소지자 우선 고려 등).

3. 집중감시(집중감독) 보호관찰(Intensive Supervision Probation) ★

(1) 기본이해

① 집중감시 보호관찰은 구금과 보호관찰 사이의 대체방안으로서, 지역사회에서 집중적인 감시와 지도를 하는 보다 강화된 보호관찰제도를 말한다.

② 일반보호관찰은 주로 경범죄자나 초범자 및 석방자를 대상으로 하지만, 집중감시 보호관찰은 갱집단이나 약물중독으로 인한 범죄자등 일부 강력범죄자까지 그 대상으로 한다.

③ 범죄자의 위험성을 기준으로 대상자를 선정하며, 위험성이 높은 보호관찰 대상자를 집중보호관찰 대상자로 선정한다.

(2) 운영 형태

① 1주일에 수차례 대상자 및 친지와 접촉을 한다.

② 야간과 주말에 무작위로 방문한다.

③ 약물복용 여부를 불시에 검사한다.

④ 엄격한 규칙을 적용하고, 사회봉사명령과 전자감시를 수반하는 경우가 많다.

⑤ 대상자의 신체에 전자추적장치를 부착하여 제한구역을 이탈하면 즉시 추적관찰을 한다.

(3) 효과

① 집중감시 보호관찰은 지역사회 내에서 범죄를 방지하는 제도이다.

② 사회 내에서 처우하므로 과밀수용을 해소할 수 있고, 구금비용 문제를 해결할 수 있다.

③ 보다 엄격한 보호관찰로 범죄를 방지할 수 있고, 구금보다는 관대한 중간처벌 형태이다.

④ 죄질이 나쁜 보호관찰 대상자에 대한 시민의 불안을 해소할 수 있다.

➲ 보호관찰(감시 또는 감독의 정도에 따라 구분) ★

① 일반적인 보호관찰 : 경범자, 초범자, 석방자 중심이다.

② 집중감시 보호관찰 : 갱집단, 약물중독으로 인한 범죄자 등 일부 강력범죄자까지 포함한다.

4. 가택구금과 전자감시 참고

(1) 의의

① 가택구금은 범죄자를 교정시설에 수용하지 않고 가택에 두고 일정한 행동을 제한하는 것을 말하며, 전자감시는 처벌의 종류라기보다는 대상자가 있는 장소를 확인해 주는 하나의 원격감시시스템을 말한다.

② 가택구금은 보호관찰의 종류라기보다는 보호관찰을 위한 조건이며, 전자감시는 보호관찰 조건을 충족시키기 위한 수단으로 볼 수 있다. 가택구금과 전자감시는 감시기능 중심이라 교정교화 기능은 떨어진다.

(2) 전자감시

① 기본이해

㉠ 전자감시는 수신기 · 전화 및 컴퓨터를 활용해 자택존재 유무 및 위치를 확인하면서 대상자의 행동을 감시하고 개선하는 것을 말한다.

㉡ 전자감시는 1964년 미국의 슈위츠게벨(Dr. Schwitzgebel) 의사가 최초로 창안하였다.

㉢ 1983년 러브(J. Love) 판사가 구금형을 피하기 위해 보호관찰 대상자의 발목에 전자팔찌를 채워 감시하면서 시작되었고, 고스(M. Goss)가 전자팔찌를 제조하여 이 분야에서 선구적인 역할을 하였다.

② 발전과정

초기에는 정신병원 퇴원자나 가석방자에게 재택구금의 수단으로 사용하였다. 그 후 자유형을 선고하여야 할 피고인에게 보호관찰을 선고하고 전자감시를 준수사항으로 부과하면서 발전해왔다.

③ 효용성

㉠ 과잉구속을 해결할 수 있고 구금비용을 절약할 수 있다.

㉡ 사회의 안전과 강도 높은 처벌을 요구하는 시민감정에 부응할 수 있다.

㉢ 교정보호 분야의 과학화에 기여할 수 있다.

㉣ 보호관찰 등 사회내 처우의 민영화를 촉진시키는 역할을 할 수 있다.

㉤ 가택구금 및 보호관찰과 결합이 가능하다.

㉥ 판결 이전이나 형 집행 이후 등 형사사법의 각 단계에서 폭넓게 사용될 수 있다.

④ 비판

㉠ 감시대상자의 소재확인은 용이하지만 행동은 파악할 수 없다.

㉡ 전자감시가 재범방지에 얼마나 효과적인지 불투명하다.

㉢ 전자감시가 보편화되면 시민의 자유에 위협이 될 수 있다.

㉣ 전자기기를 손목이나 발목에 부착하면 특수직종에 종사하는 경우 문제가 될 수 있다.

㉤ 집과 전화가 없는 사람은 대상이 될 수 없어 빈부에 의한 불평등을 초래할 수 있다.

ⓗ 감시요금을 수익자 부담으로 하면 가난한 범죄자가 불이익을 받는다.
ⓢ 전자감시로 가정에 머물게 되면 아동학대나 가정폭력이 야기될 수 있다.
ⓞ 형사사법 통제망의 확대가 형벌의 확대로 이어질 수 있다.

(3) 가택 구금

① 기본이해

㉠ 가택구금은 교도소 수용이 마땅하나, 위험성이 낮은 수형자를 교정시설에 수용하지 않고 가택에 머물게 하면서 일정한 행동을 제한하는 것을 말한다.

㉡ 가택구금은 소년범죄자의 악풍감염과 낙인을 방지하고 사회 내에서 처우를 하기 위해 생겨났으며, 1968년 세인트루이스에서 처음으로 시도하였다.

㉢ 성년은 1980년대에 실시되었고 대상자는 주로 음주운전자였으며, 제일 적격자이다.

② 운영형태

㉠ 가택구금의 전형적인 형태는, 직장 · 학교 · 종교활동 · 치료 · 교육 프로그램 등을 특정해 허가한 사항 이외에는 가택에서 외출을 일체 금지한다.

㉡ 집중보호관찰 처우의 일환으로 야간 및 주말에 가택구금을 명하거나, 보호관찰 준수사항으로 야간에 외출금지를 조건으로 법원에서 행하고 있다.

㉢ 현재는 가택구금을 강화하기 위해 전자감시를 이용하고 있다.

㉣ 가택구금은 감시의 계속과 직장생활 유지를 중시하며, 사회봉사나 피해자에게 변상을 명하기도 한다.

㉤ 대상자가 재범 및 준수사항 위반 시 시설수용을 한다.

③ 장점

㉠ 시설수용에 비해 비용이 절약되고, 시설수용 폐단을 피할 수 있다.
㉡ 미결과 기결에 상관없이 형사사법 각 단계에서 탄력적으로 운영할 수 있다.
㉢ 임신 중의 여자 · 에이즈환자 · 음주운전자 등의 수형자에게 유용하다.
㉣ 피해보상이나 사회봉사명령을 병과할 수 있어 피해자와 지역사회에 대한 화해가 가능하다.
㉤ 직장생활과 학교통근 등이 가능해 사회복귀가 용이하다.
㉥ 특별한 시설이 필요하지 않아 실시하기 용이하다.

④ 단점

㉠ 사생활이 간섭받을 수 있어 프라이버시(인권) 침해 우려가 있다(가정의 교도소화).
㉡ 시설수용보다 형기가 길어질 가능성이 있다.
㉢ 보호관찰 본래의 목적인 지도와 원조에서 감시로 변질될 우려가 있다.
㉣ 형벌의 엄격성을 약화시키고, 사회안전이 위협받기 쉽다.
㉤ 범죄문제 해결을 국가에서 가정으로 책임을 전가시키는 문제점이 있다.
㉥ 형사사법망이 확대될 우려가 있다.

(4) 전자감시 가택구금(전자감시 + 가택구금)

① 기본이해

㉠ 전자감시 가택구금은 전자장비를 이용한 가택구금으로, 가택구금을 강화하기 위해 전자감시를 이용한 것이다.

㉡ 전자감시와 가택구금은 그 제도의 기능과 성격이 같아 오늘날 보통 함께 사용하고 있으며, 원칙적으로 보호관찰소에서 관리하지만 민간업체에서 담당하기도 한다.

② 운영형태

㉠ 본인의 동의를 요하는 것이 원칙이다.

㉡ 주거와 전화를 소유하지 않은 자는 제외한다.

㉢ 소년과 성년을 불문하지만, 주로 비폭력 중범죄자(음주운전자 등)를 대상으로 한다.

㉣ 죄명별로 보면 폭력범죄자나 성범죄자는 제외한다.

㉤ 대상자는 지역과 감시의 기간에 따라 일정한 수수료를 지급한다.

㉥ 가택구금과 같이 직장 · 학교 · 종교 활동 · 치료 · 교육 등 일정한 활동은 허용한다.

㉦ 감시기간은 보통 1년이다.

③ 효용

㉠ 과밀수용 해소에 기여하고, 보호관찰관의 업무를 경감시킬 수 있다.

㉡ 적절한 감시 · 감독을 통한 사회안전을 확보할 수 있다.

㉢ 구금과 범죄억제기능 효과를 동시에 거둘 수 있다.

㉣ 비용이 절약되고 낙인효과를 줄일 수 있다.

㉤ 자유형의 폐단을 피할 수 있고, 사회내 처우의 장점을 살릴 수 있다.

5. 충격구금(Shock Incarceration) ★

(1) 기본이해

① 교정시설에 단기간 구금하여 수용의 고통을 경험하게 한 후 석방해 보호관찰을 실시하면 범죄억제력을 발휘할 수 있다는 전제하에 실시하는 처벌형태이다.

② 구금의 고통은 입소 후 6 ~ 7개월에 이르기까지 최고조에 달하다가 그 후 급격히 떨어진다는 논리를 바탕으로 하고 있다.

③ 장기구금에 따른 악풍감염의 폐해와 부정적 요소를 해소하거나 최소화하는 대신 구금의 긍정적 측면을 강조한 것이다.

④ 단기구금 효과와 형의 유예 및 보호관찰 효과를 결합해 범죄억제력을 발휘하도록 한 혼합형 처벌형태이다.

[단기구금(고통 경험) ⇒ 석방(형의 유예, 가석방 등) ⇒ 보호관찰(사회내 처우)]

(2) 효과

단기간 구금한 후 보호관찰을 실시하면 사회를 보호할 수 있고 대상자에게도 유익하며, 범죄자에게는 충격을 가해 재범의욕을 상실시킬 수 있다.

(3) 문제점

① 단기구금은 긍정적인 측면보다 부정적인 측면이 더 많다.
② 부정적인 경험과 영향을 주지 않는 짧은 단기구금 기간은 없다.
③ 구금은 장단에 관계없이 사회내 처우에 부정적인 영향을 미친다.
④ 많은 범죄자에게 노출되고, 범죄자 자신도 죄값을 갚았다는 인식을 갖기 쉽다.
⑤ 보호관찰은 구금을 피하는데 목적이 있지, 구금을 보완하기 위한 것이 아니다.

(4) 형태 참고

① 쇼크(충격) 가석방(Shock Parole)
단기간 구금을 경험하게 하여 충격을 가한 후 가석방을 실시하면서 보호관찰에 회부하는 제도이다. 이는 교도소 실상을 인식시켜 재범을 못하게 하기 위한 제도이다.

② (형의) 분할구금(Split Sentence)
충격구금과 같은 단기의 구금형과 보호관찰을 동시에 부과하는 두 가지 처벌형태를 말하며, 과밀수용 문제를 해소하기 위한 방안으로 고안되었다. 분할구금은 보호관찰을 변형시킨 것으로 혼합형이라고 하며, 대상자는 구금형을 받아 교도소에 수용되거나 곧바로 보호관찰을 받는 중범죄자를 대상으로 하고 있다.

③ 충격 보호관찰(Shock Probation)
병영식 캠프의 전신으로 1965년 오하이오주에서 시작되었으며, 구금경력이 없는 청소년을 대상으로 3 ~ 6개월 동안 단기간 구금한 후 보호관찰을 부과하여 석방하는 제도이다.

④ 병영식 캠프(Boot Camp)
병영식 캠프는 마약과 알코올 접촉을 차단시켜 건강을 회복하도록 하기 위해 고안되어, 1983년 미국 조지아주에서 처음 실시하였다. 주로 청소년을 대상으로 단기간(3 ~ 4개월) 동안 엄격한 규율과 규칙적인 생활습관 및 책임의식을 강조하는 군대식 훈련을 실시한다. 수형자의 자원에 의하여 실시하고, 과밀수용해소와 형기단축에 기여하였으며, 1990년대에 이르러 가장 보편적인 중간처벌 형태로 확산·정착되었다.

⑤ 워크 캠프(Work Camp)
자신의 행동에 대한 책임감을 갖고 피해자에게 발생한 손해를 지역사회 봉사활동 등 노동을 통해 배상하는 형식이다. 비보안 주거형으로 운영되고 있으며, 최근에는 노동을 통한 보수를 피해자에 대한 보상으로 지급하는 등 회복적사법 프로그램의 일환으로 활용되고 있다. 미국

의 모든 주에 설치되어 있으며, 노동을 통한 인성교육, 학교교육, 다양한 심리치료 프로그램도 운영하며, 지방정부 또는 민간단체가 운영한다.

⑥ 그룹 홈(Group Home)
약 10여명을 수용하여 가정적인 분위기로 운영하는 소규모 시설로 완전 개방에 가까운 반구금 처우시설형이다. 특히 감정 및 행동장애 등과 같은 치료 그룹 홈은 거주기간 동안 배치된 청소년들의 행동에 긍정적인 효과가 있으며, 비용이 절감된다는 평가를 받고 있다.

충격구금 ★

충격구금 형태들은 단기구금을 거쳐 사회내 처우 기관으로 연결되며, 주로 성년교도소 구금경력이 없는 젊은 층 범죄자를 대상으로 하고 있는 것이 공통점이자 특징이다.

박상민
JUSTICE 교정학

PART 8

가석방과 시설내 처우의 종료

Chapter 1 가석방
Chapter 2 시설내 처우의 종료

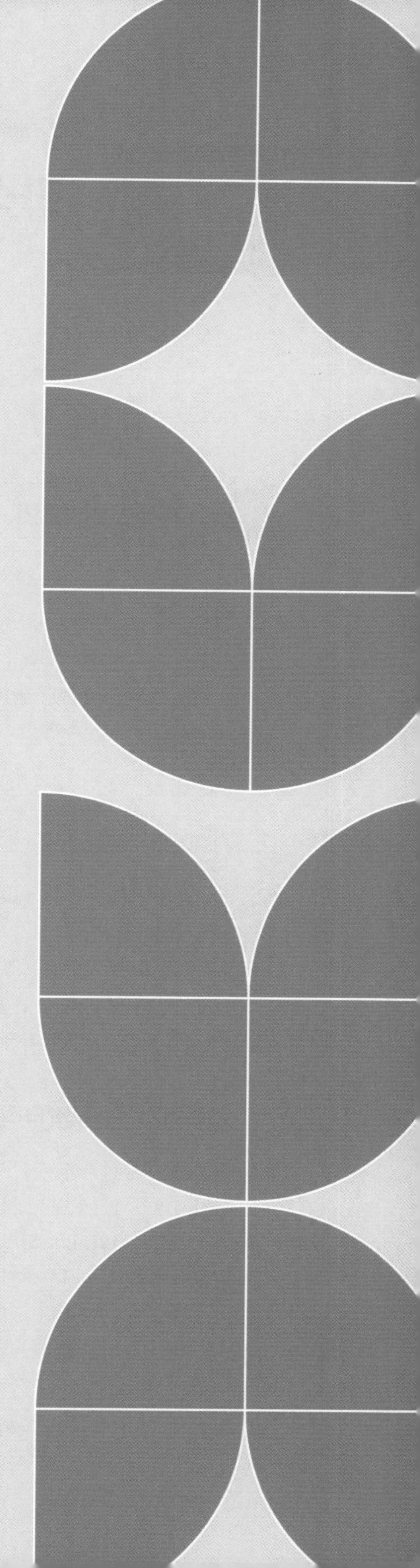

CHAPTER 1

가석방

01 가석방의 의의

JUSTICE

1. 의의 ★

(1) 가석방(Parole)은 자유형(징역 · 금고)의 집행 중에 있는 자가 그 행장이 양호하여 개전의 정이 현저한 경우에 형기종료일 이전에 선행을 조건으로 석방하는 행정처분을 말한다.
(2) 가석방 기간 중 가석방이 취소 또는 실효되지 않으면 형의 집행이 종료한 것과 같은 효과가 있다.

2. 가석방의 효용성

(1) 가석방은 수형자에게 희망을 갖게 하고 교화개선을 촉진하는 효과가 있다.
(2) 교정시설 내의 질서유지에 유익하고, 교정경비를 절감할 수 있다.
(3) 수용인원을 조절할 수 있고, 과밀수용문제를 해소할 수 있다.
(4) 선고형량의 불균형을 간접적으로 시정하는 효과가 있다.
(5) 잔형기 동안 사회에 적응할 기간을 갖게 되어 사회복귀에 용이하고, 재범방지에 기여한다.

3. 가석방의 문제점(우리나라) 참고

(1) 행정처분적 성격을 갖고 있어 재량권이 남용될 우려가 있다.
(2) 재범우려가 없는 대상자를 선정하는 것이 어렵다.
(3) 가석방심사위원회가 독립된 전문기관으로 분리되어 있지 않다.
(4) 심사위원들이 비상근이기 때문에 가석방적격심사가 형식적이고 절차적일 우려가 있다.
(5) 가석방심사위원회에서 가석방자를 감독하여 효율성을 높일 필요가 있다.
(6) 가석방과 교정성적과의 연결이 미약하다.
(7) 제도상 단기수형자가 가석방 혜택을 받기 어려운 점이 있다.
(8) 가석방 기간이 짧아 사회에 제대로 적응하기 어렵다.

4. 법적 성격

(1) 은사설(포상설)

모범적인 수형자에게 국가가 내리는 시혜와 은혜의 일종으로 본다.

(2) 구체적 정의설

형식적 정의를 지양하고 개선된 수형자를 조기에 석방하는 등 구체적 정의를 실현하는 것으로 본다.

(3) 권리설

① 수형자의 신청권을 인정하는 권리적 성질로 보는 견해이다.
② 독일 · 프랑스 등 사법형 가석방제도를 채택하고 있는 국가에서는 권리설에 의하고 있다.

(4) 사회방위설

① 보호관찰부 가석방을 통해 사회보호 및 사회방위를 실현하는 방안으로 본다.
② 가석방자에게 원칙적으로 보호관찰을 실시하는 것은 사회방위적 성격이다.

(5) 행정처분설

① 사회적응 능력과 재범의 우려가 없는 수형자를 행정처분으로 가석방하는 것을 말한다.
② 행장이 양호하여 개전의 정이 현저한 때에는 행정처분으로 가석방을 할 수 있으며, 이는 형벌의 개별화 원칙을 강조한 이론이다.

5. 우리나라 가석방제도의 성격

우리나라의 가석방제도는 현행 형법상 행정처분으로 규정하고 있다.

02 연혁

JUSTICE

1. 외국

(1) 창안자

가석방제도는 1790년 호주의 필립(A. Phillip) 주지사가 창안하였으며, 1791년 호주의 노포크섬에서 처음으로 누진제도와 결합한 조건부 사면 형태의 가석방제도를 실시하였다. 이는 잔형기간 동안 영국본토에 돌아가지 않는 조건으로 가석방면허장을 주어 사면한 형태이다.

(2) 발전과정

① 1842년 잉글랜드제를 창안한 마코노키(Machonochie)가 이를 개선하여 실시하였고, 1854년 아일랜드제를 창안한 크로프톤(W. Crofton)이 경찰감시를 수반하는 보호관찰부 가석방을 처음으로 실시하였다.

② 미국에서는 1876년 뉴욕의 엘마이라 감화원을 시작으로 전지역에 보급되었다.

③ 1950년 국제형법 및 형무회의에서는 "가석방을 자유형 집행의 일부로 하여 재범으로부터 사회를 방위한다"는 것을 결의한 바 있다.

④ 유럽에서는 일반적으로 보호관찰을 수반하지 않는 단순한 조건부 가석방을 실시하고 있다.

2. 우리나라

(1) 고대로부터 국가적 경사가 있거나 재해가 심할 때 왕명으로 죄를 사면하거나 죄수를 석방하였다.

(2) <u>현대적 의미의 가석방제도가 체계적으로 규정된 것은 1908년 「형법대전」의 가방규칙(假放規則)이라 할 수 있다. 가방규칙에 의하면 3년 이상 15년 이하의 유형(流刑) · 역형(役刑)인 자는 형기의 1/2 경과한 경우, 종신형인 자는 형기 10년 이상 경과하고 개전의 정이 있는 경우 가방대상이 될 수 있었다.</u>

가방 허가권자인 법무대신은 교소(茭簫 : 가석방 취소)를 할 수 있었으며, 가방이 교소된 경우에는 가방중의 일수는 형기에 산입하지 않았다. 유형(流刑)과 역형(役刑)의 경우 가방이 교소됨이 없이 형기를 경과하거나, 종신형의 경우 가방 후 10년이 경과한 때 형의 집행을 면제받을 수 있었다(보호관찰 미실시).

(3) 일제시대에는 조선시대에 보방(保放) 또는 가방(假放)제도가 광범위하게 시행되어 왔던 점을 감안하여 민심수습의 방안으로 초기부터 가출옥(假出獄)을 실시하였다.

(4) 1953년 「형법」을 제정하면서 선시제도를 폐지하고 가석방제도를 도입하였다.

(5) 「형법」과 「보호관찰 등에 관한 법률」을 개정하여 1997년부터 소년수형자뿐만 아니라 성인수형자의 가석방 시에도 보호관찰을 부과토록 하였다.

03 현행 가석방제도

JUSTICE

1. 가석방의 요건

(1) 「형법」

가석방의 요건(「형법」 제72조) ★

① 징역이나 금고의 집행 중에 있는 사람이 행상(行狀)이 양호하여 뉘우침이 뚜렷한 때에는 무기형은 20년, 유기형은 형기의 3분의 1이 지난 후 행정처분으로 가석방을 할 수 있다.

② 제1항의 경우에 벌금이나 과료가 병과되어 있는 때에는 그 금액을 완납하여야 한다.

판결선고 전 구금과 가석방(「형법」 제73조)

① 형기에 산입된 판결선고 전 구금일수는 가석방을 하는 경우 집행한 기간에 산입한다.

② 제72조제2항의 경우에 벌금이나 과료에 관한 노역장 유치기간에 산입된 판결선고 전 구금일수는 그에 해당하는 금액이 납입된 것으로 본다.

(2) 「소년법」

가석방(「소년법」 제65조)

징역 또는 금고를 선고받은 소년에 대하여는 다음 각 호의 기간이 지나면 가석방(假釋放)을 허가할 수 있다.

1. 무기형의 경우에는 5년
2. 15년 유기형의 경우에는 3년
3. 부정기형의 경우에는 단기의 3분의 1

2. 가석방 대상자

(1) 「형법」 상 요건(제72조 ①)

징역이나 금고의 집행 중에 있는 사람이 행상(行狀)이 양호하여 뉘우침이 뚜렷한 때에는 무기형은 20년, 유기형은 형기의 3분의 1이 지난 후 행정처분으로 가석방을 할 수 있다.

PART 8

(2) 「형집행법」 시행규칙(제245조 ①)

소장은 「형법」에 정한 기간을 경과한 수형자로서 "교정성적이 우수하고 뉘우치는 빛이 뚜렷하여 재범의 위험성이 없다고 인정하는 경우에는 분류처우위원회의 의결을 거쳐 가석방 적격심사신청 대상자를 선정한다.

3. 가석방기간 및 보호관찰 ★

가석방의 기간 및 보호관찰(「형법」 제73조의2) ★

① 가석방의 기간은 무기형에 있어서는 10년으로 하고, 유기형에 있어서는 남은 형기로 하되, 그 기간은 10년을 초과할 수 없다.

② 가석방된 자는 가석방기간중 보호관찰을 받는다. 〈※ 필요적 보호관찰 : 원칙〉 다만, 가석방을 허가한 행정관청이 필요가 없다고 인정한 때에는 그러하지 아니하다.

가석방 기간의 종료(「소년법」 제66조)

징역 또는 금고를 선고받은 소년이 가석방된 후 그 처분이 취소되지 아니하고 가석방 전에 집행을 받은 기간과 같은 기간이 지난 경우에는 형의 집행을 종료한 것으로 한다. 다만, 제59조의 형기(刑期) 또는 제60조제1항에 따른 장기의 기간이 먼저 지난 경우에는 그 때에 형의 집행을 종료한 것으로 한다.

4. 가석방의 효과 ★

가석방의 효과(「형법」 제76조)

① 가석방의 처분을 받은 후 그 처분이 실효 또는 취소되지 아니하고 가석방기간을 경과한 때에는 형의 집행을 종료한 것으로 본다.

② 가석방이 실효 또는 취소된 경우에는 가석방중의 일수는 형기에 산입하지 아니한다.

5. 가석방의 취소와 실효 ★

가석방의 실효(「형법」 제74조)

가석방 기간 중 고의로 지은 죄로 금고 이상의 형을 선고받아 그 판결이 확정된 경우에 가석방 처분은 효력을 잃는다.

가석방의 취소(「형법」 제75조)

가석방의 처분을 받은 자가 감시에 관한 규칙을 위배하거나, 보호관찰의 준수사항을 위반하고 그 정도가 무거운 때에는 가석방처분을 취소할 수 있다.

※ 1) 「형법」 : 가석방 취소 및 실효 규정이 있음.
   2) 「소년법」 : 취소 규정(「소년법」 제66조 ①)만 있고 실효 규정은 없음

04 가석방제도의 운영

JUSTICE

1. 「형집행법」 및 시행령

가석방심사위원회(법 제119조)

「형법」 제72조에 따른 가석방의 적격 여부를 심사하기 위하여 법무부장관 소속으로 가석방심사위원회(이하 이 장에서 "위원회"라 한다)를 둔다.

위원회의 구성(법 제120조)

① 위원회는 위원장을 포함한 5명 이상 9명 이하의 위원으로 구성한다.
② 위원장은 법무부차관이 되고, 위원은 판사, 검사, 변호사, 법무부 소속 공무원, 교정에 관한 학식과 경험이 풍부한 사람 중에서 법무부장관이 임명 또는 위촉한다.
③ 위원회의 심사과정 및 심사내용의 공개범위와 공개시기는 다음 각 호와 같다. 다만, 제2호 및 제3호의 내용 중 개인의 신상을 특정할 수 있는 부분은 삭제하고 공개하되, 국민의 알 권리를 충족할 필요가 있는 등의 사유가 있는 경우에는 위원회가 달리 의결할 수 있다.
   1. 위원의 명단과 경력사항은 임명 또는 위촉한 즉시
   2. 심의서는 해당 가석방 결정 등을 한 후부터 즉시
   3. 회의록은 해당 가석방 결정 등을 한 후 5년이 경과한 때부터
④ 위원회의 위원 중 공무원이 아닌 사람은 「형법」 제127조(공무상비밀누설) 및 제129조부터 제132조(수뢰 · 사전수뢰, 제3자 뇌물제공, 수뢰후 부정처사, 사후수뢰, 알선수뢰)까지의 규정을 적용할 때에는 공무원으로 본다.
⑤ 그 밖에 위원회에 관하여 필요한 사항은 법무부령으로 정한다.

가석방 적격검사(법 제121조)

① 소장은 「형법」 제72조제1항(무기형20년, 유기형 형기의 1/3)의 기간이 지난 수형자에 대하여는 법무부령으로 정하는 바에 따라 위원회에 가석방 적격심사를 신청하여야 한다.

② 위원회는 수형자의 나이, 범죄동기, 죄명, 형기, 교정성적, 건강상태, 가석방 후의 생계능력, 생활환경, 재범의 위험성, 그 밖에 필요한 사정을 고려하여 가석방의 적격 여부를 결정한다.

가석방 허가(법 제122조)

① 위원회는 가석방 적격결정을 하였으면 5일 이내에 법무부장관에게 가석방 허가를 신청하여야 한다.

② 법무부장관은 제1항에 따른 위원회의 가석방 허가신청이 적정하다고 인정하면 허가할 수 있다.

가석방자가 지켜야 할 사항의 알림 등(시행령 제140조)

소장은 법 제122조제2항의 가석방 허가에 따라 수형자를 가석방하는 경우에는 가석방자 교육을 하고, 지켜야 할 사항을 알려준 후 증서를 발급해야 한다.

2. 시행규칙

(1) 가석방심사위원회

심사대상(시행규칙 제236조)

법 제119조의 가석방심사위원회(이하 이 편에서 "위원회"라 한다)는 법 제121조에 따른 가석방 적격 여부 및 이 규칙 제262조에 따른 가석방 취소 등에 관한 사항을 심사한다.

심사의 기본원칙(시행규칙 제237조)

① 가석방심사는 객관적 자료와 기준에 따라 공정하게 하여야 하며, 심사 과정에서 알게 된 비밀은 누설해서는 아니 된다.

위원장의 직무(시행규칙 제238조)

① 위원장은 위원회를 소집하고 위원회의 업무를 총괄한다.

② 위원장이 부득이한 사정으로 직무를 수행할 수 없을 때에는 위원장이 미리 지정한 위원이 그 직무를 대행한다.

위원의 임명 또는 위촉(시행규칙 제239조)

법무부장관은 다음 각 호의 사람 중에서 위원회의 위원을 임명하거나 위촉한다.

1. 법무부 검찰국장 · 범죄예방정책국장 및 교정본부장
2. 고등법원 부장판사급 판사, 변호사, 대학에서 교정학 · 형사정책학 · 범죄학 · 심리학 · 교육학 등 교정에 관한 전문분야를 가르치는 부교수 이상의 직에 있는 사람
3. 그 밖에 교정에 관한 학식과 경험이 풍부한 사람

위원의 해촉(시행규칙 제239조의2)

법무부장관은 위원회의 위원이 다음 각 호의 어느 하나에 해당하는 경우에는 해당 위원을 해촉할 수 있다.

1. 심신장애로 직무수행이 불가능하거나 현저히 곤란하다고 인정되는 경우
2. 직무와 관련된 비위사실이 있는 경우
3. 직무태만, 품위손상, 그 밖의 사유로 인하여 위원으로 적합하지 아니하다고 인정되는 경우
4. 위원 스스로 직무를 수행하는 것이 곤란하다고 의사를 밝히는 경우

위원의 임기(시행규칙 제240조)

제239조제2호 및 제3호의 위원의 임기는 2년으로 하며, 한 차례만 연임할 수 있다.

간사와 서기(시행규칙 제241조)

① 위원장은 위원회의 사무를 처리하기 위하여 소속 공무원 중에서 간사 1명과 서기 약간 명을 임명한다.

② 간사는 위원장의 명을 받아 위원회의 사무를 처리하고 회의에 참석하여 발언할 수 있다.

③ 서기는 간사를 보조한다.

회의(시행규칙 제242조)

① 위원회의 회의는 재적위원 과반수의 출석으로 개의하고, 출석위원 과반수의 찬성으로 의결한다.

② 간사는 위원회의 결정에 대하여 결정서를 작성하여야 한다.

회의록의 작성(시행규칙 제243조)

① 간사는 별지 제20호서식의 가석방심사위원회 회의록을 작성하여 유지하여야 한다.

② 회의록에는 회의의 내용을 기록하고 위원장 및 간사가 기명날인 또는 서명하여야 한다.

수당 등(시행규칙 제244조)

위원회의 회의에 출석한 위원에게는 예산의 범위에서 수당과 여비를 지급할 수 있다.

(2) 가석방 적격심사신청

적격심사신청 대상자 선정(시행규칙 제245조)

① 소장은 「형법」 제72조제1항(무기형20년, 유기형 형기의 1/3)의 기간을 경과한 수형자로서 교정성적이 우수하고 뉘우치는 빛이 뚜렷하여 재범의 위험성이 없다고 인정하는 경우에는 분류처우위원회의 의결을 거쳐 가석방 적격심사신청 대상자를 선정한다.

② 소장은 가석방 적격심사신청에 필요하다고 인정하면 분류처우위원회에 수형자를 출석하게 하여 진술하도록 하거나 담당교도관을 출석하게 하여 의견을 들을 수 있다.

사전조사(시행규칙 제246조)

소장은 수형자의 가석방 적격심사신청을 위하여 다음 각 호의 사항을 사전에 조사해야 한다. 이 경우 조사의 방법에 관하여는 제70조를 준용한다.

1. 신원에 관한 사항
   가. 건강상태
   나. 정신 및 심리 상태
   다. 책임감 및 협동심
   라. 경력 및 교육 정도
   마. 노동 능력 및 의욕
   바. 교정성적
   사. 작업장려금 및 작업상태
   아. 그 밖의 참고사항
2. 범죄에 관한 사항
   가. 범행 시의 나이
   나. 형기
   다. 범죄횟수
   라. 범죄의 성질 · 동기 · 수단 및 내용
   마. 범죄 후의 정황
   바. 공범관계
   사. 피해 회복 여부
   아. 범죄에 대한 사회의 감정
   자. 그 밖의 참고사항
3. 보호에 관한 사항
   가. 동거할 친족 · 보호자 및 고용할 자의 성명 · 직장명 · 나이 · 직업 · 주소 · 생활 정도 및 수형자와의 관계

나. 가정환경
다. 접견 및 전화통화 내역
라. 가족의 수형자에 대한 태도 · 감정
마. 석방 후 돌아갈 곳
바. 석방 후의 생활계획
사. 그 밖의 참고사항

사전조사 유의사항(시행규칙 제247조)

제246조에 따른 사전조사 중 가석방 적격심사신청과 관련하여 특히 피해자의 감정 및 합의여부, 출소 시 피해자에 대한 보복성 범죄 가능성 등에 유의하여야 한다.

사전조사 결과(시행규칙 제248조)

① 소장은 제246조에 따라 조사한 사항을 매월 분류처우위원회의 회의 개최일 전날까지 분류처우심사표에 기록하여야 한다.
② 제1항의 분류처우심사표는 법무부장관이 정한다.

사전조사 시기 등(시행규칙 제249조)

① 신원에 관한 사항에 대한 조사는 수형자를 수용한 날부터 1개월 이내에 하고, 그 후 변경할 필요가 있는 사항이 발견되거나 가석방 적격심사신청을 위하여 필요한 경우에 한다.
② 범죄에 관한 사항에 대한 조사는 수형자를 수용한 날부터 2개월 이내에 하고, 조사에 필요하다고 인정하는 경우에는 소송기록을 열람할 수 있다.
③ 보호에 관한 사항에 대한 조사는 형기의 3분의 1이 지나기 전에 하여야 하고, 그 후 변경된 사항이 있는 경우에는 지체 없이 그 내용을 변경하여야 한다.

적격심사신청(시행규칙 제250조)

① 소장은 법 제121조제1항에 따라 가석방 적격심사를 신청할 때에는 별지 제21호서식의 가석방 적격심사신청서에 별지 제22호서식의 가석방 적격심사 및 신상조사표를 첨부하여야 한다.
② 소장은 가석방 적격심사신청 대상자를 선정한 경우 선정된 날부터 5일 이내에 위원회에 가석방 적격심사신청을 하여야 한다.
③ 소장은 위원회에 적격심사신청한 사실을 수형자의 동의를 받아 보호자 등에게 알릴 수 있다.

재신청(시행규칙 제251조)

소장은 가석방이 허가되지 아니한 수형자에 대하여 그 후에 가석방을 허가하는 것이 적당하다고 인정하는 경우에는 다시 가석방 적격심사신청을 할 수 있다.

(3) 가석방 적격심사

누범자에 대한 심사(시행규칙 제252조)

위원회가 동일하거나 유사한 죄로 2회 이상 징역형 또는 금고형의 집행을 받은 수형자에 대하여 적격심사할 때에는 뉘우치는 정도, 노동 능력 및 의욕, 근면성, 그 밖에 정상적인 업무에 취업할 수 있는 생활계획과 보호관계에 관하여 중점적으로 심사하여야 한다.

범죄동기에 대한 심사(시행규칙 제253조)

① 위원회가 범죄의 동기에 관하여 심사할 때에는 사회의 통념 및 공익 등에 비추어 정상을 참작할 만한 사유가 있는지를 심사하여야 한다.

② 범죄의 동기가 군중의 암시 또는 도발, 감독관계에 의한 위협, 그 밖에 이와 유사한 사유로 인한 것일 때에는 특히 수형자의 성격 또는 환경의 변화에 유의하고 가석방 후의 환경이 가석방처분을 받은 사람(「보호관찰 등에 관한 법률」에 따른 보호관찰대상자는 제외한다. 이하 "가석방자"라 한다)에게 미칠 영향을 심사하여야 한다.

사회의 감정에 대한 심사(시행규칙 제254조)

다음 각 호에 해당하는 수형자에 대하여 적격심사할 때에는 특히 그 범죄에 대한 사회의 감정에 유의하여야 한다.

1. 범죄의 수단이 참혹 또는 교활하거나 극심한 위해(危害)를 발생시킨 경우
2. 해당 범죄로 무기형에 처해진 경우
3. 그 밖에 사회적 물의를 일으킨 죄를 지은 경우

재산범에 대한 심사(시행규칙 제255조)

① 재산에 관한 죄를 지은 수형자에 대하여는 특히 그 범행으로 인하여 발생한 손해의 배상 여부 또는 손해를 경감하기 위한 노력 여부를 심사하여야 한다.

② 수형자 외의 사람이 피해자의 손해를 배상한 경우에는 그 배상이 수형자 본인의 희망에 따른 것인지를 심사하여야 한다.

심층면접(시행규칙 제255조의2)

① 위원회는 가석방 적격심사에 특히 필요하다고 인정하면 심층면접(수형자 면담·심리검사, 수형자의 가족 또는 보호관계에 있는 사람 등에 대한 방문조사 등을 통해 재범의 위험성, 사회복귀 준비 상태 등을 파악하는 것을 말한다. 이하 이 조에서 같다)을 실시할 수 있다.

② 심층면접의 방법, 절차, 그 밖에 필요한 사항은 법무부장관이 정한다.

관계기관 조회(시행규칙 제256조)

① 위원회는 가석방 적격심사에 필요하다고 인정하면 수형자의 주소지 또는 연고지 등을 관할

하는 시 · 군 · 구 · 경찰서, 그 밖에 학교 · 직업알선기관 · 보호단체 · 종교단체 등 관계기관에 사실조회를 할 수 있다.

② 위원회는 가석방 적격심사를 위하여 필요하다고 인정하면 위원이 아닌 판사 · 검사 또는 군법무관에게 의견을 묻거나 위원회에 참여시킬 수 있다.

감정의 촉탁(시행규칙 제257조)

① 위원회는 가석방 적격심사를 위하여 필요하다고 인정하면 심리학 · 정신의학 · 사회학 또는 교육학을 전공한 전문가에게 수형자의 정신상태 등 특정 사항에 대한 감정을 촉탁할 수 있다.

② 제1항에 따른 촉탁을 받은 사람은 소장의 허가를 받아 수형자와 접견할 수 있다.

가석방 결정(시행규칙 제258조)

위원회가 법 제121조제2항에 따라 가석방의 적격 여부에 대한 결정을 한 경우에는 별지 제23호서식의 결정서를 작성하여야 한다.

가석방증(시행규칙 제259조)

소장은 수형자의 가석방이 허가된 경우에는 주거지, 관할 경찰서 또는 보호관찰소에 출석할 기한 등을 기록한 별지 제24호서식의 가석방증을 가석방자에게 발급하여야 한다.

(4) 가석방의 취소

취소사유(시행규칙 제260조)

가석방자는 가석방 기간 중 「가석방자관리규정」 제5조부터 제7조까지, 제10조, 제13조제1항, 제15조 및 제16조에 따른 지켜야 할 사항 및 관할 경찰서장의 명령 또는 조치를 따라야 하며 이를 위반하는 경우에는 「형법」 제75조에 따라 가석방을 취소할 수 있다.

취소신청(시행규칙 제261조)

① 수형자를 가석방한 소장 또는 가석방자를 수용하고 있는 소장은 가석방자가 제260조의 가석방 취소사유에 해당하는 사실이 있음을 알게 되거나 관할 경찰서장으로부터 그 사실을 통보받은 경우에는 지체 없이 별지 제25호서식의 가석방 취소심사신청서에 별지 제26호서식의 가석방 취소심사 및 조사표를 첨부하여 위원회에 가석방 취소심사를 신청하여야 한다.

② 위원회가 제1항의 신청을 받아 심사를 한 결과 가석방을 취소하는 것이 타당하다고 결정한 경우에는 별지 제23호서식의 결정서에 별지 제26호서식의 가석방 취소심사 및 조사표를 첨부하여 지체 없이 법무부장관에게 가석방의 취소를 신청하여야 한다.

③ 소장은 가석방을 취소하는 것이 타당하다고 인정하는 경우 긴급한 사유가 있을 때에는 위원회의 심사를 거치지 아니하고 전화, 전산망 또는 그 밖의 통신수단으로 법무부장관에게 가석방의 취소를 신청할 수 있다. 이 경우 소장은 지체 없이 별지 제26호서식의 가석방 취소심사 및 조사표를 송부하여야 한다.

취소심사(시행규칙 제262조)

① 위원회가 가석방 취소를 심사하는 경우에는 가석방자가 「가석방자관리규정」등의 법령을 위반하게 된 경위와 그 위반이 사회에 미치는 영향, 가석방 기간 동안의 생활 태도, 직업의 유무와 종류, 생활환경 및 친족과의 관계, 그 밖의 사정을 고려하여야 한다.

② 위원회는 제1항의 심사를 위하여 필요하다고 인정하면 가석방자를 위원회에 출석하게 하여 진술을 들을 수 있다.

남은 형기의 집행(시행규칙 제263조)

① 소장은 가석방이 취소된 경우에는 지체 없이 남은 형기 집행에 필요한 조치를 취하고 법무부장관에게 별지 제27호서식의 가석방취소자 남은 형기 집행보고서를 송부해야 한다.

② 소장은 가석방자가 「형법」 제74조에 따라 가석방이 실효된 것을 알게 된 경우에는 지체 없이 남은 형기 집행에 필요한 조치를 취하고 법무부장관에게 별지 제28호서식의 가석방 실효자 남은 형기 집행보고서를 송부해야 한다.

③ 소장은 가석방이 취소된 사람(이하 "가석방취소자"라 한다) 또는 가석방이 실효된 사람(이하 "가석방실효자"라 한다)이 교정시설에 수용되지 아니한 사실을 알게 된 때에는 관할 지방검찰청 검사 또는 관할 경찰서장에게 구인하도록 의뢰하여야 한다.

④ 제3항에 따라 구인 의뢰를 받은 검사 또는 경찰서장은 즉시 가석방취소자 또는 가석방실효자를 구인하여 소장에게 인계하여야 한다.

⑤ 가석방취소자 및 가석방실효자의 남은 형기 기간은 가석방을 실시한 다음 날부터 원래 형기의 종료일까지로 하고, 남은 형기 집행 기산일은 가석방의 취소 또는 실효로 인하여 교정시설에 수용된 날부터 한다.

⑥ 가석방 기간 중 형사사건으로 구속되어 <u>교정시설에 미결수용 중인 자의 가석방 취소 결정으로 남은 형기를 집행하게 된 경우에는 가석방된 형의 집행을 지휘하였던 검찰청 검사에게 남은 형기 집행지휘를 받아 우선 집행해야 한다.</u>

※ 가석방 취소

- 가석방 기간 중 준수사항 및 관할 경찰서장의 명령 또는 조치 위반 시 가석방을 취소할 수 있다.

※ 취소신청

- 원칙 : 소장은 위원회에 가석방 취소심사를 신청하여야 한다.

- 예외 : 소장은 긴급한 사유가 있을 때에는 위원회의 심사를 거치지 아니하고 통신수단으로 법무부장관에게 가석방의 취소를 신청할 수 있다.

※ 가석방 취소신청

① 보호관찰을 받고 있지 않은 가석방자(시행규칙 제261조)
소장(가석방 취소사유 인지 또는 통보접수, 가석방 취소심사 신청) ⇒ 가석방심사위원회(가석방 취소 심사 · 결정, 가석방 취소 신청) ⇒ 법무부장관(가석방 취소 허가 유무결정)

② 보호관찰을 받고 있는 가석방자
보호관찰심사위원회(가석방 취소 심사 · 결정, 가석방 취소 신청) ⇒ 법무부장관(가석방 취소 허가 유무결정)

※「보호관찰 등에 관한 법률」 제48조(가석방 및 임시퇴원의 취소)

① 보호관찰심사위원회는 가석방 또는 임시퇴원된 사람이 보호관찰기간 중 준수사항을 위반하고 위반 정도가 무거워 보호관찰을 계속하기가 적절하지 아니하다고 판단되는 경우에는 보호관찰소의 장의 신청을 받거나 직권으로 가석방 및 임시퇴원의 취소를 심사하여 결정할 수 있다.

② 심사위원회는 심사결과 가석방 또는 임시퇴원을 취소하는 것이 적절하다고 결정한 경우에는 결정서에 관계서류를 첨부하여 법무부장관에게 이에 대한 허가를 신청하여야 하며, 법무부장관은 심사위원회의 결정이 정당하다고 인정되면 이를 허가할 수 있다.

3. 개선방안

(1) 형의 집행률이 80% 이상이 대부분이라 집행형기를 완화할 필요가 있다.
(2) 교정교화 효과를 높일 수 있는 선시제도 도입이 필요하다.

가석방
가석방 적격심사 · 신청 시 가장 중시해야 할 사항은 재범의 위험성이다.

소년과 성년 가석방 비교 ★

구분	성년	소년
① 가석방 요건(대상자)	무기형 : 20년, 유기형 : 형기의 1/3 경과	무기형 : 5년 15년의 유기형 : 3년 부정기형 : 단기의 1/3 경과
② 가석방 기간	무기(10년), 유기형(남은 형기, 10년 초과 할 수 없음)	가석방 전에 집행받은 기간과 같은 기간(형기 1/2 전 가석방 실시), 다만 15년 형 및 부정기형은 장기 경과(형기 1/2 경과 후 가석방 실시)
③ 적격심사신청	분류처우위원회의 의결을 거쳐 가석방적격심사대상자 선정, 5일 이내 가석방심사위원회에 적격심사 신청	교도소장 등은 법정 기간경과자 보호관찰심사위원회에 통보, 소년원장은 수용후 6월 경과 시 보호관찰심사위원회에 통보
④ 심사 및 허가신청	가석방심사위원회	보호관찰심사위원회

⑤ 허가	법무부장관	법무부장관
⑥ 석방절차	증서교부, 12시간 이내 석방	증서교부, 12시간 이내 석방
⑦ 보호관찰 심사	보호관찰심사위원회	보호관찰심사위원회
⑧ 취소, 실효 규정	「형법」(취소○, 실효○)	「소년법」(취소○, 실효×)

가석방자관리규정

제1조(목적)

이 영은 가석방자에 대한 가석방 기간 중의 보호와 감독에 필요한 사항을 규정함을 목적으로 한다.

제2조(정의)

이 영에서 "가석방자"란 징역 또는 금고 형의 집행 중에 있는 사람으로서 「형법」 제72조 및 「형의 집행 및 수용자의 처우에 관한 법률」 제122조에 따라 가석방된 사람(「보호관찰 등에 관한 법률」에 따른 보호관찰 대상자는 제외한다)을 말한다.

제3조(가석방자의 보호와 감독)

가석방자는 그의 주거지를 관할하는 경찰서(경찰서의 지구대를 포함한다. 이하 같다)의 장의 보호와 감독을 받는다.

제4조(가석방 사실의 통보)

① 교도소·구치소 및 그 지소(支所)(이하 "교정시설"이라 한다)의 장은 가석방이 허가된 사람을 석방할 때에는 그 사실을 가석방될 사람의 주거지를 관할하는 지방검찰청의 장(지방검찰청 지청의 장을 포함한다. 이하 같다)과 형을 선고한 법원에 대응하는 검찰청 검사장 및 가석방될 사람을 보호·감독할 경찰서(이하 "관할경찰서"라 한다)의 장에게 미리 통보하여야 한다.

② 교정시설의 장은 가석방이 허가된 사람에게 가석방의 취소 및 실효사유와 가석방자로서 지켜야 할 사항 등을 알리고, 주거지에 도착할 기한 및 관할경찰서에 출석할 기한 등을 적은 가석방증을 발급하여야 한다.

제5조(가석방자의 출석의무)

가석방자는 제4조제2항에 따른 가석방증에 적힌 기한 내에 관할경찰서에 출석하여 가석방증에 출석확인을 받아야 한다. 다만, 천재지변, 질병, 그 밖의 부득이한 사유로 기한 내에 출석할 수 없거나 출석하지 아니하였을 때에는 지체 없이 그 사유를 가장 가까운 경찰서의 장에게 신고하고 별지 제1호서식의 확인서를 받아 관할경찰서의 장에게 제출하여야 한다.

제6조(가석방자의 신고의무)

① 가석방자는 그의 주거지에 도착하였을 때에는 지체 없이 종사할 직업 등 생활계획을 세우고 이를 관할경찰서의 장에게 서면으로 신고하여야 한다.

② 가석방자의 보호를 맡은 사람은 제1항의 신고서에 기명날인(記名捺印) 또는 서명하여야 한다.

제7조(관할경찰서의 장의 조치)

① 관할경찰서의 장은 가석방자가 가석방 기간 중 정상적인 업무에 종사하고 비행(非行)을 저지르지 아니하도록 적절한 지도를 할 수 있다.

② 관할경찰서의 장은 제1항에 따른 지도 중 가석방자의 재범방지를 위해 특히 필요하다고 인정하는 경우에는 특정 장소의 출입제한명령 등 필요한 조치를 할 수 있다.

③ 관할경찰서의 장은 제2항에 따른 조치를 할 경우 그 사실을 관할 지방검찰청의 장 및 가석방자를 수용하였다가 석방한 교정시설(이하 "석방시설"이라 한다)의 장(이하 "관계기관의 장"이라 한다)에게 통보하여야 한다.

제8조(가석방자에 대한 조사)

관할경찰서의 장은 6개월마다 가석방자의 품행, 직업의 종류, 생활 정도, 가족과의 관계, 가족의 보호 여부 및 그 밖의 참고사항에 관하여 조사서를 작성하고 관계기관의 장에게 통보하여야 한다. 다만, 변동 사항이 없는 경우에는 그러하지 아니하다.

제9조(보호와 감독의 위임)

① 관할경찰서의 장은 석방시설의 장의 의견을 들어 가석방자의 보호와 감독을 적당한 사람에게 위임할 수 있다.

② 제1항에 따라 보호와 감독을 위임받은 사람은 매월 말일 제8조에서 정한 사항을 관할경찰서의 장에게 보고하여야 한다.

제10조(국내 주거지 이전 및 여행)

① 가석방자는 국내 주거지 이전(移轉) 또는 1개월 이상 국내 여행(이하 "국내주거지 이전 등"이라 한다)을 하려는 경우 관할경찰서의 장에게 신고하여야 한다.

② 제1항에 따른 신고를 하려는 사람은 별지 제2호서식의 신고서(전자문서로 된 신고서를 포함한다)를 관할경찰서의 장에게 제출하여야 한다.

제11조(국내주거지 이전 등의 신고에 따른 조치)

① 관할경찰서의 장은 가석방자가 제10조에 따라 국내주거지 이전 등을 신고한 경우에는 제7조제1항 및 제2항에 따른 지도 및 조치를 하여야 한다. 다만, 관할경찰서의 관할 구역에서 주거지를 이전하거나 여행하는 경우에는 그러하지 아니하다.

② 제1항의 경우에는 제7조제3항을 준용한다.

제12조(국내주거지 이전 등 신고 사실의 통보)
관할경찰서의 장은 제10조에 따라 국내주거지 이전 등의 신고를 받은 경우에는 가석방자의 새 주거지를 관할하는 지방검찰청의 장 및 경찰서의 장에게 신고 사실을 통보하고, 해당 경찰서의 장에게 관계서류를 송부하여야 한다.

제13조(국외 이주 및 여행)
① 가석방자는 국외 이주 또는 1개월 이상 국외 여행(이하 "국외 이주 등"이라 한다)을 하려는 경우 관할경찰서의 장에게 신고하여야 한다.
② 제1항에 따른 신고를 하려는 사람은 별지 제3호서식의 신고서(전자문서로 된 신고서를 포함한다)에 다음 각 호의 서류(전자문서를 포함한다)를 첨부하여 관할경찰서의 장에게 제출하여야 한다. 이 경우 담당 공무원은 「전자정부법」 제36조제1항에 따른 행정정보의 공동이용을 통하여 가석방자의 주민등록표 초본을 확인하여야 하며, 가석방자가 확인에 동의하지 아니하는 경우에는 이를 제출하도록 하여야 한다.
1. 가석방증 사본 또는 수용증명서 1부
2. 초청장 등 사본 1부
3. 귀국서약서 1부(국외여행자만 해당한다)

제14조 삭제

제15조(국외 이주 등 중지의 신고)
제13조에 따라 신고한 가석방자는 국외 이주 등을 중지하였을 때에는 지체 없이 그 사실을 관할경찰서의 장에게 신고하여야 한다.

제16조(국외 여행자의 귀국신고)
국외 여행을 한 가석방자는 귀국하여 주거지에 도착하였을 때에는 지체 없이 그 사실을 관할경찰서의 장에게 신고하여야 한다. 국외 이주한 가석방자가 입국하였을 때에도 또한 같다.

제17조(신고사항의 통보)
제13조, 제15조 및 제16조에 따른 신고를 받은 관할경찰서의 장은 그 사실을 관계기관의 장에게 통보하여야 한다.

제18조(가석방의 실효 등 보고)
각 지방검찰청의 장, 경찰서의 장 및 교정시설의 장은 가석방자가 「형법」 제74조(가석방의 실효) 또는 제75조(가석방의 취소)에 해당하게 된 사실을 알았을 때에는 지체 없이 석방시설의 장에게 통보하여야 하며, 통보를 받은 석방시설의 장은 지체 없이 법무부장관에게 보고하여야 한다.

제19조(가석방의 취소 등)

① 법무부장관은 가석방 처분을 취소하였을 때에는 가석방자의 주거지를 관할하는 지방검찰청의 장 또는 교정시설의 장이나 가석방 취소 당시 가석방자를 수용하고 있는 교정시설의 장에게 통보하여 남은 형을 집행하게 하여야 한다.

② 제1항의 경우 제4조제2항에 따라 발급한 가석방증은 효력을 잃는다.

제20조(사망 통보)

① 가석방자가 사망한 경우 관할경찰서의 장은 그 사실을 관계기관의 장에게 통보하여야 한다.

② 제1항의 통보를 받은 석방시설의 장은 그 사실을 법무부장관에게 보고하여야 한다.

제21조(준용규정)

군사법원에서 형의 선고를 받은 사람에 대한 법무부장관의 직무는 국방부장관이 수행하고, 검사의 직무는 형을 선고한 군사법원에 대응하는 군검찰부의 군검사가 수행한다.

CHAPTER 2 시설내 처우의 종료

01 교정처우의 종료 및 준비제도

JUSTICE

1. 교정처우의 종료 참고

(1) 교정처우의 종료는 크게 시설내 처우의 종료와 비시설내 처우(사회내 처우)의 종료로 구분할 수 있다.

(2) 시설내 처우의 종료는 수형자 · 미결수용자 · 「소년법」에 의한 시설수용자(소년분류심사원 · 소년원) · 「치료감호 등에 관한 법률」에 의한 피수용자(치료감호소) 등의 구금이 종료되거나 보호처분이 해제되어 사회로 복귀하는 것과 시설수용 처우 중 사망 또는 사형이 집행되는 것을 말한다.

(3) 비시설내 처우의 종료는 시설내 처우가 아닌 보호관찰의 해제나 사회봉사 · 수강명령 · 갱생보호 등의 종료를 말한다.

2. 사회복귀 전 준비제도 참고

(1) 사회복귀 전 준비의 필요성

사회복귀 전 준비는 시설내 처우가 종료되어 사회로 복귀하는데 필요한 제반 준비절차를 말한다. 수용기간 중 시행한 교정 및 치료작용이 결실을 거두고, 교정의 궁극적인 목적인 사회복귀를 제대로 이룩하기 위해서는 석방이 임박한 수용자에 대한 지도와 보호가 절실히 필요하다.

(2) 관련 규정

피석방자의 일시수용(법 제125조) ★
소장은 피석방자가 질병이나 그 밖에 피할 수 없는 사정으로 귀가하기 곤란한 경우에 본인의 신청이 있으면 일시적으로 교정시설에 수용할 수 있다.

귀가여비의 지급 등(법 제126조)

소장은 피석방자에게 귀가에 필요한 여비 또는 의류가 없으면 법무부장관이 정하는 범위에서 이를 지급하거나 빌려 줄 수 있다.

석방예정자 상담 등(시행령 제141조)

소장은 수형자의 건전한 사회복귀를 위하여 필요하다고 인정하면 석방 전 3일 이내의 범위에서 석방예정자를 별도의 거실에 수용하여 장래에 관한 상담과 지도를 할 수 있다.

형기종료 석방예정자의 사전조사(시행령 제142조)

소장은 형기종료로 석방될 수형자에 대하여는 석방 10일 전까지 석방 후의 보호에 관한 사항을 조사하여야 한다.

석방예정자의 수용이력 등 통보(법 제126조의2 제①항)

① 소장은 석방될 수형자의 재범방지, 자립지원 및 피해자 보호를 위하여 필요하다고 인정하면 해당 수형자의 수용이력 또는 사회복귀에 관한 의견을 그의 거주지를 관할하는 경찰관서나 자립을 지원할 법인 또는 개인에게 통보할 수 있다. 다만, 법인 또는 개인에게 통보하는 경우에는 해당 수형자의 동의를 받아야 한다.

석방예정자의 수용이력 등 통보(시행령 제143조)

① 법 제126조의2제1항 본문에 따라 통보하는 수용이력에는 다음 각 호의 사항이 포함되어야 한다.

1. 성명
2. 주민등록번호 또는 외국인등록번호
3. 주민등록 상 주소 및 석방 후 거주지 주소
4. 죄명
5. 범죄횟수
6. 형명
7. 형기
8. 석방종류
9. 최초입소일
10. 형기종료일
11. 출소일
12. 범죄개요

13. 그 밖에 수용 중 특이사항으로서 석방될 수형자의 재범방지나 관련된 피해자 보호를 위해 특히 알릴 필요가 있는 사항

② 법 제126조의2제1항 본문에 따라 통보하는 사회복귀에 관한 의견에는 다음 각 호의 사항이 포함되어야 한다.

1. 성명
2. 생년월일
3. 주민등록 상 주소 및 석방 후 거주지 주소
4. 수용기간 중 받은 직업훈련에 관한 사항
5. 수용기간 중 수상이력
6. 수용기간 중 학력변동사항
7. 수용기간 중 자격증 취득에 관한 사항
8. 그 밖에 석방될 수형자의 자립지원을 위해 특히 알릴 필요가 있는 사항

③ 법 제126조의2제1항 본문에 따른 통보를 위한 수용이력 통보서와 사회복귀에 관한 의견 통보서의 서식은 법무부령으로 정한다.

④ 법 제126조의2제1항 본문에 따라 석방될 수형자의 수용이력 또는 사회복귀에 관한 의견을 그의 거주지를 관할하는 경찰관서에 통보하는 경우에는 「형사사법절차 전자화 촉진법」 제2조제4호에 따른 형사사법정보시스템을 통해 통보할 수 있다.

석방예정자의 보호조치(시행령 제144조) ★

소장은 수형자를 석방하는 경우 특히 필요하다고 인정하면 한국법무보호복지공단에 그에 대한 보호를 요청할 수 있다.

귀가여비 등의 회수(시행령 제145조)

소장은 법 제126조에 따라 피석방자에게 귀가 여비 또는 의류를 빌려준 경우에는 특별한 사유가 없으면 이를 회수한다.

02 수용자의 석방

JUSTICE

수용자의 석방은 구금이 해제되어 교정시설로부터 출소하여 사회에 복귀하는 것을 말한다. 일반적으로 수용자의 석방은 수형자의 석방과 미결수용자의 석방으로 대별할 수 있으며, 석방사유로는 법정사유, 권한 있는 자의 명령 등에 의한 석방으로 구분할 수 있다.

03 수형자의 석방사유

JUSTICE

1. 수형자의 석방사유 참고

(1) 법정사유

① 수형자의 법정사유로 인한 석방은 형기종료가 있다. 형기종료는 수형자의 권리이지 은전이 아니므로, 정당한 이유없이 형기가 종료된 사람을 석방하지 않으면 「형법」상 불법감금죄에 해당된다.

② 소장은 피석방자가 질병이나 그 밖에 피할 수 없는 사정으로 귀가하기 곤란한 경우에 본인의 신청이 있으면 일시적으로 교정시설에 수용할 수 있다(「형집행법」 제125조).

(2) 기타 사유

법정사유인 형기종료 이외 수형자의 석방사유로는 가석방 · 사면 · 감형 · 형의 집행면제 · 형의 집행정지 등이 있다.

2. 가석방

가석방 부분 참고.

3. 사면

(1) 의의

① 대통령은 국무회의의 의결을 거쳐 사면 · 감형과 복권을 명할 수 있다(「헌법」 제89조).

② 「사면법」은 사면 · 감형 · 복권에 관한 사항을 규정하고 있다.

③ 사면의 종류로는 형의 전부를 사면하는 일반사면과 형의 집행을 면제하는 특별사면이 있다.

④ 감형은 선고받은 형을 경감하는 것을 말하며, 종류로는 일반감형과 특별감형이 있다.

(2) 사면의 종류 ★

① 일반사면(대상 : 죄를 범한 자)

㉠ 일반사면은 죄를 범한 자를 대상으로 형의 전부를 사면하는 제도를 말한다.

㉡ 국회의 동의가 필요하며, 죄의 종류를 정하여 대통령령으로 행한다.

㉢ 일반사면은 원칙적으로 형의 선고를 받은 자에 대하여는 그 선고의 효력이 상실되며, 선고를 받지 않은 자에 대하여는 공소권이 상실된다.

② 특별사면(대상 : 형의 선고를 받은 자)

㉠ 특별사면은 형의 선고를 받은 특정인에 대하여 대통령이 행한다.

㉡ 특별사면은 원칙적으로 형의 집행이 면제되는 것이지만(잔형 집행면제), 특별한 경우에는 형의 선고의 효력을 상실하게 할 수 있다(형의 선고실효).

㉢ 특별사면 시 형의 선고실효는 벌금형이나 집행유예 등을 선고받은 사람에게 내려지며, 형의 선고기록이 완전히 삭제된다.

일반사면

일반사면의 선고의 효력 상실은 법률적 효과가 없어진다는 의미이지, 형의 선고가 있었다는 기왕의 사실 자체가 없어지는 것은 아니다.

4. 감형(대상 : 형의 선고를 받은 자)

(1) 일반감형

일반감형은 범죄 또는 형벌의 종류를 지정하여 이에 해당하는 모든 범죄인을 일률적으로 감형하는 것을 말한다. 일반인에 대한 감형은 특별한 규정이 없는 경우에는 형을 변경한다.

(2) 특별감형

특별감형은 특정인에 대하여 형을 경감하는 것을 말한다. 일반적으로 특별감형은 형의 집행을 경감하지만, 특별한 사정이 있을 때에는 형을 변경 할 수 있다.

5. 복권

복권은 형의 선고에 의하여 상실되거나 정지된 자격을 회복시키는 것을 말한다. 복권은 형의 집행을 종료하지 않은 자 또는 집행의 면제를 받지 않은 자에 대하여는 행하지 않는다.

「사면법」

제1조(목적)
이 법은 사면(赦免), 감형(減刑) 및 복권(復權)에 관한 사항을 규정한다.

제2조(사면의 종류)
사면은 일반사면과 특별사면으로 구분한다.

제3조(사면 등의 대상)
사면, 감형 및 복권의 대상은 다음 각 호와 같다.
1. 일반사면 : 죄를 범한 자

2. 특별사면 및 감형 : 형을 선고받은 자
3. 복권 : 형의 선고로 인하여 법령에 따른 자격이 상실되거나 정지된 자

제4조(사면규정의 준용)

행정법규 위반에 대한 범칙(犯則) 또는 과벌(科罰)의 면제와 징계법규에 따른 징계 또는 징벌의 면제에 관하여는 이 법의 사면에 관한 규정을 준용한다.

제5조(사면 등의 효과) ★

① 사면, 감형 및 복권의 효과는 다음 각 호와 같다.
1. 일반사면 : 형 선고의 효력이 상실되며, 형을 선고받지 아니한 자에 대하여는 공소권(公訴權)이 상실된다. 다만, 특별한 규정이 있을 때에는 예외로 한다.
2. 특별사면 : 형의 집행이 면제된다. 다만, 특별한 사정이 있을 때에는 이후 형 선고의 효력을 상실하게 할 수 있다.
3. 일반(一般)에 대한 감형 : 특별한 규정이 없는 경우에는 형을 변경한다.
4. 특정한 자에 대한 감형 : 형의 집행을 경감한다. 다만, 특별한 사정이 있을 때에는 형을 변경할 수 있다.
5. 복권 : 형 선고의 효력으로 인하여 상실되거나 정지된 자격을 회복한다.

② 형의 선고에 따른 기성(旣成)의 효과는 사면, 감형 및 복권으로 인하여 변경되지 아니한다.

제6조(복권의 제한)

복권은 형의 집행이 끝나지 아니한 자 또는 집행이 면제되지 아니한 자에 대하여는 하지 아니한다.

제7조(집행유예를 선고받은 자에 대한 사면 등)

형의 집행유예를 선고받은 자에 대하여는 형 선고의 효력을 상실하게 하는 특별사면 또는 형을 변경하는 감형을 하거나 그 유예기간을 단축할 수 있다.

제8조(일반사면 등의 실시)

일반사면, 죄 또는 형의 종류를 정하여 하는 감형 및 일반에 대한 복권은 대통령령으로 한다. 이 경우 일반사면은 죄의 종류를 정하여 한다.

제9조(특별사면 등의 실시)

특별사면, 특정한 자에 대한 감형 및 복권은 대통령이 한다.

제10조(특별사면 등의 상신)

① 법무부장관은 대통령에게 특별사면, 특정한 자에 대한 감형 및 복권을 상신(上申)한다.

② 법무부장관은 제1항에 따라 특별사면, 특정한 자에 대한 감형 및 복권을 상신할 때에는 제10조의2에 따른 사면심사위원회의 심사를 거쳐야 한다.

제10조의2(사면심사위원회)

① 제10조제1항에 따른 특별사면, 특정한 자에 대한 감형 및 복권 상신의 적정성을 심사하기 위하여 법무부장관 소속으로 사면심사위원회를 둔다.

② 사면심사위원회는 위원장 1명을 포함한 9명의 위원으로 구성한다.

③ 위원장은 법무부장관이 되고, 위원은 법무부장관이 임명하거나 위촉하되, 공무원이 아닌 위원을 4명 이상 위촉하여야 한다.

④ 공무원이 아닌 위원의 임기는 2년으로 하며, 한 차례만 연임할 수 있다.

⑤ 사면심사위원회의 심사과정 및 심사내용의 공개범위와 공개시기는 다음 각 호와 같다. 다만, 제2호 및 제3호의 내용 중 개인의 신상을 특정할 수 있는 부분은 삭제하고 공개하되, 국민의 알권리를 충족할 필요가 있는 등의 사유가 있는 경우에는 사면심사위원회가 달리 의결할 수 있다.

1. 위원의 명단과 경력사항은 임명 또는 위촉한 즉시
2. 심의서는 해당 특별사면 등을 행한 후부터 즉시
3. 회의록은 해당 특별사면 등을 행한 후 5년이 경과한 때부터

⑥ 위원은 사면심사위원회의 업무를 처리하면서 알게 된 비밀을 누설하여서는 아니 된다.

⑦ 위원은 「형법」이나 그 밖의 법률에 따른 벌칙을 적용할 때에는 공무원으로 본다.

⑧ 제1항부터 제7항까지에서 규정한 사항 외에 사면심사위원회에 관하여 필요한 사항은 법무부령으로 정한다.

제11조(특별사면 등 상신의 신청)

검찰총장은 직권으로 또는 형의 집행을 지휘한 검찰청 검사의 보고 또는 수형자가 수감되어 있는 교정시설의 장의 보고에 의하여 법무부장관에게 특별사면 또는 특정한 자에 대한 감형을 상신할 것을 신청할 수 있다.

제12조(특별사면 등의 제청)

① 형의 집행을 지휘한 검찰청의 검사와 수형자가 수감되어 있는 교정시설의 장이 특별사면 또는 특정한 자에 대한 감형을 제청하려는 경우에는 제14조에 따른 서류를 첨부하고 제청 사유를 기재한 보고서를 검찰총장에게 제출하여야 한다.

② 교정시설의 장이 제1항의 보고서를 제출하는 경우에는 형의 집행을 지휘한 검찰청의 검사를 거쳐야 한다.

6. 형의 집행면제

(1) 의의

형의 집행면제는 형의 선고를 받았지만, 형의 집행을 하지 않거나, 형을 집행 받을 의무를 소멸시키는 것을 말한다. 이는 판결 자체에 형을 선고하지 않는 형의 면제와는 구별된다.

(2) 형의 집행면제가 인정되는 경우

① 「사면법」(제5조 제2호) : 특별사면은 형의 집행이 면제된다.
② 「형법」(제1조 ③) : 재판 확정 후 법률의 변경에 의하여 그 행위가 범죄를 구성하지 아니하는 때에는 형의 집행을 면제한다.
③ 「형법」(제7조) : 범죄에 의하여 외국에서 형의 전부 또는 일부의 집행을 받은 자에 대하여는 형을 감경 또는 면제할 수 있다.
④ 「형법」(제77조) : 형의 선고를 받은 자는 시효의 완성으로 인하여 그 집행이 면제된다.

7. 형의 집행정지 참고

(1) 의의

① 형의 집행정지는 자유형의 순화를 목적으로 하는 것으로, 형의 집행을 계속함으로써 수형자에게 고통과 불이익을 주는 것을 최소화하기 위해 실시하고 있다.
② 형의 집행정지는 사형의 집행정지와 자유형의 집행정지로 구별할 수 있다.

(2) 종류

① 사형의 집행정지

사형 집행의 정지(「형사소송법」 제469조)

① 사형선고를 받은 사람이 심신의 장애로 의사능력이 없는 상태이거나 임신 중인 여자인 때에는 법무부장관의 명령으로 집행을 정지한다.
② 제1항에 따라 형의 집행을 정지한 경우에는 심신장애의 회복 또는 출산 후에 법무부장관의 명령에 의하여 형을 집행한다.

② 자유형의 집행정지

㉠ 필요적 집행정지

자유형집행의 정지(「형사소송법」 제470조)

① 징역, 금고 또는 구류의 선고를 받은 자가 심신의 장애로 의사능력이 없는 상태에 있는 때에는 형을 선고한 법원에 대응한 검찰청검사 또는 형의 선고를 받은 자의 현재지를 관할하는 검찰청검사의 지휘에 의하여 심신장애가 회복될 때까지 형의 집행을 정지한다.

② 전항의 규정에 의하여 형의 집행을 정지한 경우에는 검사는 형의 선고를 받은 자를 감호의무자 또는 지방공공단체에 인도하여 병원 기타 적당한 장소에 수용하게 할 수 있다.

③ 형의 집행이 정지된 자는 전항의 처분이 있을 때까지 교도소 또는 구치소에 구치하고 그 기간을 형기에 산입한다.

㉡ 임의적 집행정지

동전(「형사소송법」 제471조)

① 징역, 금고 또는 구류의 선고를 받은 자에 대하여 다음 각 호의 1에 해당한 사유가 있는 때에는 형을 선고한 법원에 대응한 검찰청검사 또는 형의 선고를 받은 자의 현재지를 관할하는 검찰청검사의 지휘에 의하여 형의 집행을 정지할 수 있다.

1. 형의 집행으로 인하여 현저히 건강을 해하거나 생명을 보전할 수 없을 염려가 있는 때
2. 연령 70세 이상인 때
3. 잉태 후 6월 이상인 때
4. 출산 후 60일을 경과하지 아니한 때
5. 직계존속이 연령 70세 이상 또는 중병이나 장애인으로 보호할 다른 친족이 없는 때
6. 직계비속이 유년으로 보호할 다른 친족이 없는 때
7. 기타 중대한 사유가 있는 때

② 검사가 전항의 지휘를 함에는 소속 고등검찰청검사장 또는 지방검찰청검사장의 허가를 얻어야 한다.

형집행정지 심의위원회(「형사소송법」 제471조의 2)

① 제471조제1항제1호의 형집행정지 및 그 연장에 관한 사항을 심의하기 위하여 각 지방검찰청에 형집행정지 심의위원회(이하 이 조에서 "심의위원회"라 한다)를 둔다.

② 심의위원회는 위원장 1명을 포함한 10명 이내의 위원으로 구성하고, 위원은 학계, 법조계, 의료계, 시민단체 인사 등 학식과 경험이 있는 사람 중에서 각 지방검찰청 검사장이 임명 또는 위촉한다.
③ 심의위원회의 구성 및 운영 등 그 밖에 필요한 사항은 법무부령으로 정한다.

04 미결수용자의 석방사유

JUSTICE

1. 의의

(1) 미결수용자의 석방사유로는 법정사유와 권한 있는 자의 명령사유로 구별할 수 있다.
(2) 법정사유로는 무죄 등 선고 · 구속기간 종료 · 구속영장 효력 상실 등이 있고, 권한 있는 자의 명령사유로는 구속의 취소 · 보석 · 불기소 · 구속 집행정지 등이 있다.

05 석방의 절차

JUSTICE

1. 석방시기 ★

(1) 12시간 이내 석방

사면 · 가석방 · 형의 집행면제 · 감형 등 12시간 이내의 석방은, 주로 행정처분에 의한 석방을 말한다.

(2) 5시간 이내 석방

보석 · 구속취소 · 구속집행정지 · 형집행정지 등 5시간 이내의 석방사유인 권한있는 자의 명령은 주로 판사의 결정이나 검사의 지휘에 의한 석방을 말한다(5시간 이내의 석방은 형집행정지 이외에는 주로 미결수용자 석방과 관련이 있다).

(3) 형기종료

형기종료일에 행한다.

2. 석방서류 도달시점

석방대상자를 수용하고 있는 기관에 관련 서류가 접수된 때를 기준으로 한다.

3. 관련 규정

석방(법 제123조)
소장은 사면·형기종료 또는 권한이 있는 사람의 명령에 따라 수용자를 석방한다.

석방시기(법 제124조)
① 사면, 가석방, 형의 집행면제, 감형에 따른 석방은 그 서류가 교정시설에 도달한 후 12시간 이내에 하여야 한다. 다만, 그 서류에서 석방일시를 지정하고 있으면 그 일시에 한다.
② 형기종료에 따른 석방은 형기종료일에 하여야 한다.
③ 권한이 있는 사람의 명령에 따른 석방은 서류가 도달한 후 5시간 이내에 하여야 한다.

06 사망과 사형의 집행

JUSTICE

1. 사망 참고

(1) 의의

사망은 인위적인 사형집행에 의한 사망과 교정사고의 일종인 자연사(병사)와 변사(자살·타살·사고사)를 포함한다.

(2) 사망 후의 절차

① 검시
검시란 서류가 아닌 사체를 임상적으로 검사·확인하는 것을 말하며 행정검시와 사법검시가 있다.

② 구분
㉠ 행정검시 : 교정시설의 장이 행하는 검시를 말한다.
㉡ 사법검시 : 수용자가 자살 기타 변사한 경우에, 범죄로 인한 것인지의 여부를 판단하기 위해 「형사소송법」상 수사기관(검사)이 행하는 검시를 말하며, 교정시설과는 직접적인 관련이 없다.

(3) 사망시의 조치

검시(시행령 제147조)

소장은 수용자가 사망한 경우에는 그 시신을 검사하여야 한다.

사망 등 기록(시행령 제148조)

① 의무관은 수용자가 질병으로 사망한 경우에는 사망장에 그 병명·병력(病歷)·사인 및 사망일시를 기록하고 서명하여야 한다.

② 소장은 수용자가 자살이나 그 밖에 변사한 경우에는 그 사실을 검사에게 통보하고, 기소된 상태인 경우에는 법원에도 통보하여야 하며 검시가 끝난 후에는 검시자·참여자의 신분·성명과 검시 결과를 사망장에 기록하여야 한다.

③ 소장은 법 제128조에 따라 시신을 인도, 화장(火葬), 임시 매장, 집단 매장 또는 자연장(自然葬)을 한 경우에는 그 사실을 사망장에 기록하여야 한다.

(4) 사망알림

사망 알림(법 제127조)

소장은 수용자가 사망한 경우에는 그 사실을 즉시 그 가족(가족이 없는 경우에는 다른 친족)에게 알려야 한다.

사망 알림(시행령 제146조)

소장은 법 제127조에 따라 수용자의 사망 사실을 알리는 경우에는 사망 일시·장소 및 사유도 같이 알려야 한다.

(5) 인도 및 교부 ★

시신의 인도 등(법 제128조)

① 소장은 사망한 수용자의 친족 또는 특별한 연고가 있는 사람이 그 시신 또는 유골의 인도를 청구하는 경우에는 인도하여야 한다. 다만, 제3항에 따라 자연장(自然葬)을 하거나 집단으로 매장을 한 후에는 그러하지 아니하다.

② 소장은 제127조에 따라 수용자가 사망한 사실을 알게 된 사람이 다음 각 호의 어느 하나에 해당하는 기간 이내에 그 시신을 인수하지 아니하거나 시신을 인수할 사람이 없으면 임시로 매장하거나 화장(火葬) 후 봉안하여야 한다. 다만, 감염병 예방 등을 위하여 필요하면 즉시 화장하여야 하며, 그 밖에 필요한 조치를 할 수 있다.

PART 8

1. 임시로 매장하려는 경우 : 사망한 사실을 알게 된 날부터 3일
2. 화장하여 봉안하려는 경우 : 사망한 사실을 알게 된 날부터 60일

③ 소장은 제2항에 따라 시신을 임시로 매장하거나 화장하여 봉안한 후 2년이 지나도록 시신의 인도를 청구하는 사람이 없을 때에는 다음 각 호의 구분에 따른 방법으로 처리할 수 있다.

1. 임시로 매장한 경우 : 화장 후 자연장을 하거나 일정한 장소에 집단으로 매장
2. 화장하여 봉안한 경우 : 자연장

④ 소장은 병원이나 그 밖의 연구기관이 학술연구상의 필요에 따라 수용자의 시신인도를 신청하면 본인의 유언 또는 상속인의 승낙이 있는 경우에 한하여 인도할 수 있다.

⑤ 소장은 수용자가 사망하면 법무부장관이 정하는 범위에서 화장·시신인도 등에 필요한 비용을 인수자에게 지급할 수 있다.

(6) 임시매장지의 표지 등

임시 매장지의 표지 등(시행령 제150조)

① 소장은 시신을 임시 매장하거나 봉안한 경우에는 그 장소에 사망자의 성명을 적은 표지를 비치하고, 별도의 장부에 가족관계 등록기준지, 성명, 사망일시를 기록하여 관리하여야 한다.

② 소장은 시신 또는 유골을 집단 매장한 경우에는 집단 매장된 사람의 가족관계 등록기준지, 성명, 사망일시를 집단 매장부에 기록하고 그 장소에 묘비를 세워야 한다

(7) 조위금 지급 및 유류금품의 교부

유류금품의 처리(법 제28조) ★

① 소장은 사망자 또는 도주자가 남겨두고 간 금품이 있으면 사망자의 경우에는 그 상속인에게, 도주자의 경우에는 그 가족에게 그 내용 및 청구절차 등을 알려 주어야 한다. 다만, 썩거나 없어질 우려가 있는 것은 폐기할 수 있다.

② 소장은 상속인 또는 가족이 제1항의 금품을 내어달라고 청구하면 지체 없이 내어주어야 한다. 다만, 제1항에 따른 알림을 받은 날(알려줄 수가 없는 경우에는 청구사유가 발생한 날)부터 1년이 지나도 청구하지 아니하면 그 금품은 국고에 귀속된다.

유류금품의 처리(시행령 제45조)

① 소장은 사망자의 유류품을 건네받을 사람이 원거리에 있는 등 특별한 사정이 있는 경우에는 유류품을 받을 사람의 청구에 따라 유류품을 팔아 그 대금을 보낼 수 있다.

② 법 제28조에 따라 사망자의 유류금품을 보내거나 제1항에 따라 유류품을 팔아 대금을 보내는 경우에 드는 비용은 유류금품의 청구인이 부담한다.

위로금 · 조위금(법 제74조)

① 소장은 수형자가 다음 각 호의 어느 하나에 해당하면 법무부장관이 정하는 바에 따라 위로금 또는 조위금을 지급한다.

1. 작업 또는 직업훈련으로 인한 부상 또는 질병으로 신체에 장해가 발생한 때
2. 작업 또는 직업훈련 중에 사망하거나 그로 인하여 사망한 때

② 위로금은 본인에게 (즉시) 지급하고, 조위금은 그 상속인에게 지급한다.

2. 사형의 집행

(1) 사형의 집행 ★

사형(「형법」 제66조)

사형은 교정시설 안에서 교수(絞首)하여 집행한다.

사형 집행(「군형법」 제3조)

사형은 소속 군 참모총장이 지정한 장소에서 총살로써 집행한다.

사형의 집행(법 제91조)

① 사형은 교정시설의 사형장에서 집행한다.

② 공휴일과 토요일에는 사형을 집행하지 아니한다.

사형집행 후 검시(시행령 제111조)

소장은 사형을 집행하였을 경우에는 시신을 검사한 후 5분이 지나지 아니하면 교수형에 사용한 줄을 풀지 못한다.

(2) 「형사소송법」상 사형 관련 규정

사형의 집행(제463조)

사형은 법무부장관의 명령에 의하여 집행한다.

사형집행명령의 시기(제465조)

① 사형집행의 명령은 판결이 확정된 날로부터 6월 이내에 하여야 한다.
② 상소권회복의 청구, 재심의 청구 또는 비상상고의 신청이 있는 때에는 그 절차가 종료할 때까지의 기간은 전항의 기간에 산입하지 아니한다.

사형집행의 기간(제466조)

법무부장관이 사형의 집행을 명한 때에는 5일 이내에 집행하여야 한다.

사형집행의 참여(제467조)

① 사형의 집행에는 검사와 검찰청서기관과 교도소장 또는 구치소장이나 그 대리자가 참여하여야 한다.
② 검사 또는 교도소장 또는 구치소장의 허가가 없으면 누구든지 형의 집행장소에 들어가지 못한다.

사형집행의 정지(제469조)

① 사형선고를 받은 사람이 심신의 장애로 의사능력이 없는 상태이거나 임신 중인 여자인 때에는 법무부장관의 명령으로 집행을 정지한다.
② 제1항에 따라 형의 집행을 정지한 경우에는 심신장애의 회복 또는 출산 후에 법무부장관의 명령에 의하여 형을 집행한다.

3. 사형확정자의 처우

(1) 「형집행법」

사형확정자의 수용(법 제89조)

① 사형확정자는 독거수용한다. 다만, 자살방지, 교육·교화프로그램, 작업, 그 밖의 적절한 처우를 위하여 필요한 경우에는 법무부령으로 정하는 바에 따라 혼거수용할 수 있다.
② 사형확정자가 수용된 거실은 참관할 수 없다.

개인상담 등(법 제90조)

① 소장은 사형확정자의 심리적 안정 및 원만한 수용생활을 위하여 교육 또는 교화프로그램을 실시하거나 신청에 따라 작업을 부과할 수 있다.
② 사형확정자에 대한 교육·교화프로그램, 작업, 그 밖의 처우에 필요한 사항은 법무부령으로 정한다.

(2) 시행령

사형확정자 수용시설의 설비 및 계호의 정도(시행령 제108조)

사형확정자를 수용하는 시설의 설비 및 계호의 정도는 법 제57조제2항제3호의 일반경비시설 또는 같은 항 제4호의 중경비시설에 준한다.

접견횟수(시행령 제109조)

사형확정자의 접견 횟수는 매월 4회로 한다.

접견의 예외(시행령 제110조)

소장은 제58조제1항 · 제2항 및 제109조에도 불구하고 사형확정자의 교화나 심리적 안정을 도모하기 위하여 특히 필요하다고 인정하면 접견 시간대 외에도 접견을 하게 할 수 있고 접견 시간을 연장하거나 접견 횟수를 늘릴 수 있다.

(3) 시행규칙

구분수용 등(시행규칙 제150조)

① 사형확정자는 사형집행시설이 설치되어 있는 교정시설에 수용하되, 다음 각 호와 같이 구분하여 수용한다. 다만, 수용관리 또는 처우상 필요한 경우에는 사형집행시설이 설치되지 않은 교정시설에 수용할 수 있다.

1. 교도소 : 교도소 수용 중 사형이 확정된 사람, 교도소에서 교육 · 교화프로그램 또는 신청에 따른 작업을 실시할 필요가 있다고 인정되는 사람
2. 구치소 : 구치소 수용 중 사형이 확정된 사람, 교도소에서 교육 · 교화프로그램 또는 신청에 따른 작업을 실시할 필요가 없다고 인정되는 사람

② 사형확정자의 심리적 안정 도모 또는 교정시설의 안전과 질서유지를 위하여 특히 필요하다고 인정하는 경우에는 제1항 각 호에도 불구하고 교도소에 수용할 사형확정자를 구치소에 수용할 수 있고, 구치소에 수용할 사형확정자를 교도소에 수용할 수 있다.

③ 사형확정자와 소년수용자를 같은 교정시설에 수용하는 경우에는 서로 분리하여 수용한다.

④ 사형확정자의 번호표 및 거실표의 색상은 붉은색으로 한다.

이송(시행규칙 제151조)

소장은 사형확정자의 교육 · 교화프로그램, 작업 등을 위하여 필요하거나 교정시설의 안전과 질서유지를 위하여 특히 필요하다고 인정하는 경우에는 법무부장관의 승인을 받아 사형확정자를 다른 교정시설로 이송할 수 있다.

상담(시행규칙 제152조)

① 소장은 사형확정자의 심리적 안정 및 원만한 수용생활을 위하여 소속 교도관으로 하여금 지속적인 상담을 하게 하여야 한다.

② 제1항의 사형확정자에 대한 상담시기, 상담책임자 지정, 상담결과 처리절차 등에 관하여는 제196조(엄중관리대상자 상담)를 준용한다.

작업(시행규칙 제153조)

① 소장은 사형확정자가 작업을 신청하면 교도관회의의 심의를 거쳐 교정시설 안에서 실시하는 작업을 부과할 수 있다. 이 경우 부과하는 작업은 심리적 안정과 원만한 수용생활을 도모하는 데 적합한 것이어야 한다.

② 소장은 작업이 부과된 사형확정자에 대하여 교도관회의의 심의를 거쳐 제150조제4항(붉은색 번호표 및 거실표)을 적용하지 아니할 수 있다.

③ 소장은 작업이 부과된 사형확정자가 작업의 취소를 요청하면 사형확정자의 의사(意思) · 건강, 담당교도관의 의견 등을 고려하여 작업을 취소할 수 있다.

④ 사형확정자에게 작업을 부과하는 경우에는 법 제71조부터 제76조까지의 규정 및 이 규칙 제200조를 준용한다.

교화프로그램(시행규칙 제154조)

소장은 사형확정자에 대하여 심리상담, 종교상담, 심리치료 등의 교화프로그램을 실시하는 경우에는 전문가에 의하여 집중적이고 지속적으로 이루어질 수 있도록 계획을 수립 · 시행하여야 한다.

전담교정시설 수용(시행규칙 제155조)

사형확정자에 대한 교육 · 교화프로그램, 작업 등의 처우를 위하여 법무부장관이 정하는 전담교정시설에 수용할 수 있다.

전화통화(시행규칙 제156조)

소장은 사형확정자의 심리적 안정과 원만한 수용생활을 위하여 필요하다고 인정하는 경우에는 월 3회 이내의 범위에서 전화통화를 허가할 수 있다.

PART 9

교정의 **민영화**와 한국교정의 **과제**

Chapter 1 교정의 민영화와 민영교도소

Chapter 2 한국교정의 과제

CHAPTER 1 교정의 민영화와 민영교도소

01 교정의 민영화

JUSTICE

1. 개념

교정의 민영화란 교도소 등의 교정시설이나 교정의 일부 프로그램을 개인이나 단체에서 운영하거나 지원하는 것을 말한다.

2. 민영화의 배경

(1) 교정수요의 증대

① 범죄발생량의 증대와 형사정책의 보수화로 인한 과밀수용을 해결하기 위한 방안으로 민영화를 모색하였다.

② 전환처분 등으로 인한 지역사회교정의 증대가 민간분야 참여를 촉진하는 계기가 되었다.

③ 새로운 교정시설의 건설과 운영을 민영화하여 수용능력을 증대하고 비용편익적인 차원에서 효율성을 높이기 위한 방안을 강구하면서 민영화를 모색하게 되었다.

(2) 교정경비의 증대와 효율성 추구

교정수요가 증대되면서 교정비용의 효율성을 높이기 위한 경영마인드 도입으로 인해 교정의 민영화가 추진되고 있다.

(3) 공공교정행정의 실패

기존의 교정이 재범률을 줄이는데 실패했다는 비판이 제기되면서 교정의 민영화 및 사회재통합 이념이 강조되고 있다.

3. 교도소 민영화 찬반론

(1) 찬성론

① 민간기업은 정부기관보다는 부드럽고 인간적인 운영을 할 수 있다.
② 적은 비용으로 양질의 서비스를 제공할 수 있고, 과밀화 해소에 기여한다.
③ 프로그램의 신속한 추진, 탄력적인 운영 및 다양한 내용을 추구할 수 있다.
④ 수용자의 관리와 처벌 등에 있어 새로운 영역과 방법을 제공할 수 있다.
⑤ 효율적인 교도작업으로 이윤을 추구할 수 있는 정역 프로그램 개발이 가능하다.
⑥ 민간기업이 재화와 용역을 구매하는데 훨씬 유리하다.

(2) 반대론

① 형벌체계가 이윤추구의 장으로 전환되어서는 안 된다.
② 법집행의 공정성과 관리 및 감독상에 문제가 야기될 수 있다.
③ 양질의 장기수형자 유치 등으로 인한 민간기업의 노동착취와 권익침해 우려가 있다.
④ 교도작업의 영리화로 인한 민간산업의 피해가 야기될 수 있다.
⑤ 수용자의 관리와 교화개선에 대한 책임성 문제 및 범죄자의 수용이 확대될 수 있다는 논란이 있다.

4. 민영화의 문제점과 한계 참고

(1) 법적 문제

범죄자를 구금하고, 규칙을 위반한 자에게 징벌을 부과하고 강제력을 행사하는 것을 민간기업에게 인정할 수 있는냐는 문제이다.

(2) 비용의 문제

계약자에게도 이윤이 있어야 하므로 반드시 민영화가 경제적 효율이 높다고 단언할 수 없다.

(3) 책임성의 문제

국가운영 프로그램이 효율성이 낮다고 하여 모든 책임을 스스로 포기해도 되느냐는 문제이다. 민간기업의 경영기법을 도입해 효율성을 높일 수 있는 방안을 강구할 수 있다.

(4) 윤리적 문제

국가권력 작용인 형의 집행을 민간기업에 위탁하고 형벌을 이용한 이윤추구가 문제이다.

(5) 전문성의 문제

고도의 전문지식과 경험을 요구하는 교정공무원을 양성하기 위한 막대한 재정과 시간을 민간기업이 투자할 수 있느냐는 문제이다.

(6) 구금의 문제

범죄자를 교정시설에 구금하는 것이 최선책인가 하는 가치판단의 문제이다. 민영교도소는 고령자 · 에이즈환자 · 마약중독자 등을 대상으로 하는 비형벌적인 대체정책을 추구하는 것이 바람직하다.

(7) 법감정상의 문제

교정의 민영화는 범죄자에 대한 지나친 관용으로 보일 수 있어 국민의 법감정에 맞지 않고, 수용자의 권익이 침해될 우려가 있다.

5. 민영화의 형태 참고

(1) 교도작업의 민영화

임대방식 · 위탁(단가) 방식 · 도급(계약)방식은 민간기업과 교류가 가능한 반면, 직영(관사)방식은 민간기업과 관련성이 적다.

(2) 서비스분야의 민영화

대규모 전문회사로부터 양질의 서비스를 저렴한 비용으로 구매함으로써 교정경비를 절감할 수 있다.

(3) 비시설수용 분야의 민영화

외국에서는 중간처우소와 같은 사회내 처우시설 및 보안등급이 낮은 청소년범죄자 수용시설을 민간에 위탁하여 운영하는 형태가 많다.

(4) 민영교도소 운영

미국 · 영국 · 호주 · 캐나다 · 일본 등에서 민영교도소를 운영하고 있다. 일본은 2007년부터 초범 남녀 각각 500명씩을 수용할 수 있는 민영교도소 등을 운영하고 있다.

02 민영교도소

JUSTICE

1. 기본이해

민영교도소는 민간단체가 정부로부터 수용자의 관리와 교정교육 등의 업무를 전반적 또는 부분적으로 위탁받아 경영하는 교도소를 의미한다. 하지만 형벌을 부과하는 본질적인 기능은 국가에 있다는 것은 이론의 여지가 없다.

2. 외국의 민영교도소

(1) 미국

① 1957년 미국 펜실베니아의 RCA 회사가 비행청소년을 위한 보안수준 높은 기숙사형 소년원인 집중처우소를 설치한 것이 시초이다.
② 미국의 민영교도소 수용인원은 약 9만 4천명 수준이다.
③ CCA(Corrections Corporation America)는 미국에서 최초로 영리목적의 민영교도소를 운영하였으며, 현재 63개 민영교도소를 운영하고 있다.

(2) 영국

내무성장관이 계약체결권을 갖고 민영교도소를 운영하고 있다.

(3) 호주(보랄린 교도소가 시초)

교정장관이 계약체결권을 갖고 민영교도소를 운영하고 있다.

➲ 민영교도소를 운영하고 있는 나라

① 운영 국가 : 미국, 영국, 호주, 캐나다, 일본 등
② 일본 : 2007년부터 초범 남녀 각 500명을 수용할 수 있는 민영교도소 등을 운영하고 있다.
③ 뉴질랜드 : 민영교도소를 운영하다가 2005년 이를 폐지하였다.

➲ 우리나라의 민영교도소 현황

재단법인 아가페가 경기도 여주군 북내면에 국내 첫 민영교도소(소망교도소) 설립을 추진하여 개소하였다(2010년 12월 개소). 소망교도소는 기독교 신앙에 입각한 생활훈련, 재활훈련, 신앙훈련 프로그램 등을 통해 출소자의 재범률을 감소시키고 수형자 가정 회복 및 수형자와 피해자와의 진정한 관계 회복 등을 목표로 설립되었다.

3. 우리나라의 민영교도소

(1) 법적 근거

① 1999년 제7차 「행형법」 개정 시 민영교도소 설치 근거규정을 신설하였다.

② 2000년 「민영교도소 등의 설치 · 운영에 관한 법률」을 제정하였다.

③ 일부 종교단체에서 민영교도소 1개소를 운영하고 있다(2010.12월 개소).

(2) 관련 규정

교정시설 설치 · 운영의 민간위탁(법 제7조)

① 법무부장관은 교정시설의 설치 및 운영에 관한 업무의 일부를 법인 또는 개인에게 위탁할 수 있다.

② 제1항에 따라 위탁을 받을 수 있는 법인 또는 개인의 자격요건, 교정시설의 시설기준, 수용대상자의 선정기준, 수용자 처우의 기준, 위탁절차, 국가의 감독, 그 밖에 필요한 사항은 따로 법률로 정한다.

4. 「민영교도소 등의 설치 · 운영에 관한 법률」

제1조(목적)

이 법은 「형의 집행 및 수용자의 처우에 관한 법률」 제7조에 따라 교도소 등의 설치 · 운영에 관한 업무의 일부를 민간에 위탁하는 데에 필요한 사항을 정함으로써 교도소 등의 운영의 효율성을 높이고 수용자(收容者)의 처우 향상과 사회 복귀를 촉진함을 목적으로 한다.

제2조(정의)

이 법에서 사용하는 용어의 뜻은 다음과 같다.

1. "교정업무(矯正業務)"란 「형의 집행 및 수용자의 처우에 관한 법률」 제2조제4호에 따른 수용자(이하 "수용자"라 한다)의 수용 · 관리, 교정(矯正) · 교화(敎化), 직업교육, 교도작업(矯導作業), 분류 · 처우, 그 밖에 「형의 집행 및 수용자의 처우에 관한 법률」에서 정하는 업무를 말한다.
2. "수탁자(受託者)"란 제3조에 따라 교정업무를 위탁받기로 선정된 자를 말한다.
3. "교정법인"이란 법무부장관으로부터 교정업무를 포괄적으로 위탁받아 교도소 · 소년교도소 또는 구치소 및 그 지소(이하 "교도소 등"이라 한다)를 설치 · 운영하는 법인을 말한다.
4. "민영교도소등"이란 교정법인이 운영하는 교도소 등을 말한다.

제3조(교정업무의 민간 위탁) ★

① 법무부장관은 필요하다고 인정하면 이 법에서 정하는 바에 따라 교정업무를 공공단체 외의 법인·단체 또는 그 기관이나 개인에게 위탁할 수 있다. 다만, 교정업무를 포괄적으로 위탁하여 한 개 또는 여러 개의 교도소 등을 설치·운영하도록 하는 경우에는 법인에만 위탁할 수 있다.

② 법무부장관은 교정업무의 수탁자를 선정하는 경우에는 수탁자의 인력·조직·시설·재정능력·공신력 등을 종합적으로 검토한 후 적절한 자를 선정하여야 한다.

③ 제2항에 따른 선정방법, 선정절차, 그 밖에 수탁자의 선정에 관하여 필요한 사항은 법무부장관이 정한다.

제4조(위탁계약의 체결)

① 법무부장관은 교정업무를 위탁하려면 수탁자와 대통령령으로 정하는 방법으로 계약(이하 "위탁계약"이라 한다)을 체결하여야 한다.

② 법무부장관은 필요하다고 인정하면 민영교도소 등의 직원이 담당할 업무와 민영교도소 등에 파견된 소속 공무원이 담당할 업무를 구분하여 위탁계약을 체결할 수 있다.

③ 법무부장관은 위탁계약을 체결하기 전에 계약 내용을 기획재정부장관과 미리 협의하여야 한다.

④ 위탁계약의 기간은 다음 각 호와 같이 하되, 그 기간은 갱신할 수 있다.

1. 수탁자가 교도소 등의 설치비용을 부담하는 경우 : 10년 이상 20년 이하
2. 그 밖의 경우 : 1년 이상 5년 이하

제5조(위탁계약의 내용)

① 위탁계약에는 다음 각 호의 사항이 포함되어야 한다.

1. 위탁업무를 수행할 때 수탁자가 제공하여야 하는 시설과 교정업무의 기준에 관한 사항
2. 수탁자에게 지급하는 위탁의 대가와 그 금액의 조정(調整) 및 지급 방법에 관한 사항
3. 계약기간에 관한 사항과 계약기간의 수정·갱신 및 계약의 해지에 관한 사항
4. 교도작업에서의 작업장려금·위로금 및 조위금 지급에 관한 사항
5. 위탁업무를 재위탁할 수 있는 범위에 관한 사항
6. 위탁수용 대상자의 범위에 관한 사항
7. 그 밖에 법무부장관이 필요하다고 인정하는 사항

② 법무부장관은 제1항제6호에 따른 위탁수용 대상자의 범위를 정할 때에는 수탁자의 관리능력, 교도소 등의 안전과 질서, 위탁수용이 수용자의 사회 복귀에 유용한지 등을 고려하여야 한다.

제6조(위탁업무의 정지)

① 법무부장관은 수탁자가 이 법 또는 이 법에 따른 명령이나 처분을 위반하면 6개월 이내의 기간을 정하여 위탁업무의 전부 또는 일부의 정지를 명할 수 있다.

② 법무부장관은 제1항에 따른 정지명령을 한 경우에는 소속 공무원에게 정지된 위탁업무를 처리하도록 하여야 한다.

③ 법무부장관은 제1항에 따른 정지명령을 할 때 제2항을 적용하기 어려운 사정이 있으면 그 사정이 해결되어 없어질 때까지 정지명령의 집행을 유예할 수 있다.

제7조(위탁계약의 해지)

① 법무부장관은 수탁자가 다음 각 호의 어느 하나에 해당하면 위탁계약을 해지할 수 있다.

1. 제22조제2항에 따른 보정명령(補正命令)을 받고 상당한 기간이 지난 후에도 이행하지 아니한 경우
2. 이 법 또는 이 법에 따른 명령이나 처분을 크게 위반한 경우로서 제6조제1항에 따른 위탁업무의 정지명령으로는 감독의 목적을 달성할 수 없는 경우
3. 사업 경영의 현저한 부실 또는 재무구조의 악화, 그 밖의 사유로 이 법에 따른 위탁업무를 계속하는 것이 적합하지 아니하다고 인정되는 경우

② 법무부장관과 수탁자는 위탁계약으로 정하는 바에 따라 계약을 해지할 수 있다.

제8조(위탁계약 해지 시의 업무 처리)

위탁계약이 해지된 경우 국가가 부득이한 사정으로 위탁업무를 즉시 처리할 수 없을 때에는 수탁자나 그의 승계인은 국가가 업무를 처리할 수 있을 때까지 종전의 위탁계약에 따라 업무처리를 계속하여야 한다.

제10조(교정법인의 정관 변경 등)

① 제3조제1항 단서에 따라 교정업무를 위탁받은 법인은 위탁계약을 이행하기 전에 법인의 목적사업에 민영교도소 등의 설치·운영이 포함되도록 정관(定款)을 변경하여야 한다.

② 제1항에 따른 정관 변경과 교정법인의 정관 변경은 법무부장관의 인가를 받아야 한다. 다만, 대통령령으로 정하는 경미한 사항의 변경은 법무부장관에게 신고하여야 한다.

제17조(합병 및 해산의 인가)

① 교정법인이 다음 각 호의 어느 하나에 해당하는 행위를 하려면 법무부장관의 인가를 받아야 한다.

1. 다른 법인과의 합병
2. 회사인 경우 분할 또는 분할합병
3. 해산

② 법무부장관은 제1항에 따른 인가에 조건을 붙일 수 있다.

제11조(임원)

① 교정법인은 이사 중에서 위탁업무를 전담하는 자를 선임(選任)하여야 한다.
② 교정법인의 대표자 및 감사와 제1항에 따라 위탁업무를 전담하는 이사(이하 "임원"이라 한다)는 법무부장관의 승인을 받아 취임한다.
③ 교정법인 이사의 과반수는 대한민국 국민이어야 하며, 이사의 5분의 1 이상은 교정업무에 종사한 경력이 5년 이상이어야 한다.
④ 다음 각 호의 어느 하나에 해당하는 자는 교정법인의 임원이 될 수 없으며, 임원이 된 후 이에 해당하게 되면 임원의 직을 상실한다.
  1. 「국가공무원법」 제33조(결격사유) 각 호의 어느 하나에 해당하는 자
  2. 제12조에 따라 임원취임 승인이 취소된 후 2년이 지나지 아니한 자
  3. 제36조에 따른 해임명령으로 해임된 후 2년이 지나지 아니한 자
⑤ 교정법인 임원의 임기, 직무, 결원 보충 및 임시이사 선임에 필요한 사항은 대통령령으로 정한다.

시행령 제6조(교정법인 임원의 임기 등)

① 교정법인의 임원의 임기는 해당 법인의 정관에서 정하는 바에 따르고, 정관에서 특별히 정하지 않은 경우에는 3년으로 하며, 연임할 수 있다.

제12조(임원취임의 승인 취소)

임원이 다음 각 호의 어느 하나에 해당하는 행위를 하면 법무부장관은 취임 승인을 취소할 수 있다.

1. 제13조를 위반하여 겸직하는 경우
2. 제25조제2항을 위반하여 수용을 거절하는 경우
3. 제42조에 따라 징역형 또는 벌금형의 선고를 받아 그 형이 확정된 경우
4. 임원 간의 분쟁, 회계부정, 법무부장관에게 허위로 보고하거나 허위자료를 제출하는 행위 또는 정당한 사유 없이 위탁업무 수행을 거부하는 행위 등의 현저한 부당행위 등으로 해당 교정법인의 설립목적을 달성할 수 없게 한 경우

제13조(임원 등의 겸직 금지) ★

① 교정법인의 대표자는 그 교정법인이 운영하는 민영교도소 등의 장을 겸할 수 없다.
② 이사는 감사나 해당 교정법인이 운영하는 민영교도소 등의 직원(민영교도소 등의 장은 제외한다)을 겸할 수 없다.

③ 감사는 교정법인의 대표자 · 이사 또는 직원(그 교정법인이 운영하는 민영교도소 등의 직원을 포함한다)을 겸할 수 없다.

제14조(재산)

① 교정법인은 대통령령으로 정하는 기준에 따라 민영교도소 등의 운영에 필요한 기본재산을 갖추어야 한다.

② 교정법인은 기본재산에 대하여 다음 각 호의 행위를 하려면 법무부장관의 허가를 받아야 한다. 다만, 대통령령으로 정하는 경미한 사항은 법무부장관에게 신고하여야 한다.

1. 매도 · 증여 또는 교환
2. 용도 변경
3. 담보 제공
4. 의무의 부담이나 권리의 포기

③ 교정법인의 재산 중 교도소 등 수용시설로 직접 사용되고 있는 것으로서 대통령령으로 정하는 것은 국가 또는 다른 교정법인 외의 자에게 매도 · 증여 또는 교환하거나 담보로 제공할 수 없다.

제16조(예산 및 결산)

① 교정법인의 회계연도는 정부의 회계연도에 따른다.

② 교정법인은 대통령령으로 정하는 바에 따라 법무부장관에게 매 회계연도가 시작되기 전에 다음 회계연도에 실시할 사업계획과 예산을 제출하고, 매 회계연도가 끝난 후에 사업 실적과 결산을 보고하여야 한다.

③ 법무부장관은 교정법인이 제2항에 따라 결산서를 제출하는 경우 교정법인으로부터 독립된 공인회계사나 회계법인의 감사증명서를 첨부하게 할 수 있다.

④ 교정법인의 회계규칙이나 그 밖에 예산 또는 회계에 관하여 필요한 사항은 법무부장관이 정한다.

시행령 제13조(예산 · 결산 등의 제출)

① 교정법인은 법 제16조제2항에 따라 법무부장관에게 법 제15조제2항에 따른 민영교도소 등의 설치 · 운영에 관한 회계의 사업계획과 예산을 매 회계연도가 시작되기 8개월 이전에 제출하고, 사업실적과 결산을 매 회계연도가 끝난 후 2개월 이내에 제출하여야 한다.

② 교정법인은 연도 중에 해당 예산을 추가하거나 경정(更正)할 때에는 추가하거나 경정한 날부터 15일 이내에 해당 예산을 법무부장관에게 제출하여야 한다.

③ 법 제16조제3항에 따른 공인회계사 등의 감사증명서를 제출하여야 할 교정법인의 범위는 다음 각 호와 같다.

2. 해당 회계연도의 수용 정원이 300명 이상인 교도소 등을 설치 · 운영하는 교정법인
1. 해당 회계연도의 수용 정원이 300명 이상인 교도소 등을 설치 · 운영하는 교정법인
2. 해당 회계연도의 수용 정원이 300명 미만인 교도소 등을 설치 · 운영하는 교정법인으로서 회계부정, 결산서의 허위작성과 그 밖에 현저히 부당한 회계처리 등으로 회계질서를 문란하게 하여 법무부장관이 특별히 감사증명서를 제출하게 할 필요가 있다고 인정하는 교정법인

제23조(운영 경비)

① 법무부장관은 사전에 기획재정부장관과 협의하여 민영교도소 등을 운영하는 교정법인에 대하여 매년 그 교도소 등의 운영에 필요한 경비를 지급한다.

② 제1항에 따른 연간 지급 경비의 기준은 다음 각 호의 사항 등을 고려하여 예산의 범위에서 법무부장관이 정한다.

1. 투자한 고정자산의 가액(價額)
2. 민영교도소 등의 운영 경비
3. 국가에서 직접 운영할 경우 드는 경비

제24조(수용 의제)

민영교도소 등에 수용된 수용자는 「형의 집행 및 수용자의 처우에 관한 법률」에 따른 교도소 등에 수용된 것으로 본다.

제25조(수용자의 처우)

① 교정법인은 위탁업무를 수행할 때 같은 유형의 수용자를 수용 · 관리하는 국가운영의 교도소 등과 동등한 수준 이상의 교정서비스를 제공하여야 한다.

② 교정법인은 민영교도소 등에 수용되는 자에게 특별한 사유가 있다는 이유로 수용을 거절할 수 없다. 다만, 수용 · 작업 · 교화, 그 밖의 처우를 위하여 특별히 필요하다고 인정되는 경우에는 법무부장관에게 수용자의 이송(移送)을 신청할 수 있다.

③ 교정법인의 임직원과 민영교도소 등의 장 및 직원은 수용자에게 특정 종교나 사상을 강요하여서는 아니 된다.

시행령 제15조(수용자의 처우)

① 민영교도소 등의 장과 직원은 수용자에게 특정 종교의 교리 · 교의에 따른 교육 · 교화 · 의식과 그 밖에 행사의 참가를 강요해서는 아니 된다.

② 민영교도소 등의 장과 직원은 수용자가 특정 종교를 신봉하지 아니한다는 이유로 불리한 처우를 해서는 아니 된다.

제26조(작업 수입) ★

민영교도소 등에 수용된 수용자가 작업하여 생긴 수입은 국고수입으로 한다.

제27조(보호장비의 사용 등)

① 민영교도소 등의 장은 제40조에 따라 준용되는 「형의 집행 및 수용자의 처우에 관한 법률」 제37조제1항 · 제2항(외부의료시설진료), 제63조제3항(교육), 제68조제1항(외부통근작업), 제77조제1항(귀휴), 제97조(보호장비의 사용), 제100조부터 제102조(강제력의 행사, 무기사용, 재난시의 조치)까지 및 제107조부터 제109조(징벌, 징벌종류 · 부과)까지의 규정에 따른 처분 등을 하려면 제33조제2항(감독 등)에 따라 법무부장관이 민영교도소 등의 지도 · 감독을 위하여 파견한 소속 공무원(이하 이 조에서 "감독관"이라 한다)의 승인을 받아야 한다. 다만, 긴급한 상황으로 승인을 받을 만한 시간적 여유가 없을 때에는 그 처분 등을 한 후 즉시 감독관에게 알려서 승인을 받아야 한다.

② 민영교도소 등의 장은 제40조에 따라 준용되는 「형의 집행 및 수용자의 처우에 관한 법률」 제121조제1항에 따른 가석방 적격심사를 신청하려면 감독관의 의견서를 첨부하여야 한다.

③ 민영교도소 등의 장은 제40조에 따라 준용되는 「형의 집행 및 수용자의 처우에 관한 법률」 제123조에 따른 석방을 하려면 관계 서류를 조사한 후 감독관의 확인을 받아 석방하여야 한다.

제29조(임면 등)

① 교정법인의 대표자는 민영교도소 등의 직원을 임면(任免)한다. 다만, 민영교도소 등의 장 및 대통령령으로 정하는 직원을 임면할 때에는 미리 법무부장관의 승인을 받아야 한다.

② 교정법인의 대표자는 민영교도소 등의 장 외의 직원을 임면할 권한을 민영교도소 등의 장에게 위임할 수 있다.

③ 민영교도소 등의 직원의 임용 자격, 임용 방법, 교육 및 징계에 관하여는 대통령령으로 정한다.

시행령 제17조(직원의 임용 자격 등)

① 법 제29조제3항(임면 등)에 따른 민영교도소 등의 직원의 임용 자격은 다음 각 호와 같다.

1. 18세 이상인 사람
2. 법무부령으로 정하는 신체조건에 해당하는 사람

② 교정법인은 민영교도소 등의 직원을 임용하였을 때에는 10일 이내에 그 임용사항을 법무부장관에게 보고하여야 한다. 민영교도소 등의 직원이 퇴직하였을 때에도 또한 같다.

제31조(제복 착용과 무기 구입) ★

① 민영교도소 등의 직원은 근무 중 법무부장관이 정하는 제복을 입어야 한다.

② 민영교도소 등의 운영에 필요한 무기는 해당 교정법인의 부담으로 법무부장관이 구입하여 배정한다.

③ 민영교도소 등의 무기 구입·배정에 필요한 사항은 법무부장관이 정한다.

제32조(지원)

법무부장관은 필요하다고 인정하면 직권으로 또는 해당 교정법인이나 민영교도소 등의 장의 신청을 받아 민영교도소 등에 소속 공무원을 파견하여 업무를 지원하게 할 수 있다.

제33조(감독 등)

① 법무부장관은 민영교도소 등의 업무 및 그와 관련된 교정법인의 업무를 지도·감독하며, 필요한 경우 지시나 명령을 할 수 있다. 다만, 수용자에 대한 교육과 교화프로그램에 관하여는 그 교정법인의 의견을 최대한 존중하여야 한다.

② 법무부장관은 제1항에 따른 지도·감독상 필요하다고 인정하면 민영교도소 등에 소속 공무원을 파견하여 그 민영교도소 등의 업무를 지도·감독하게 하여야 한다.

③ 교정법인 및 민영교도소 등의 장은 항상 소속 직원의 근무 상황을 감독하고 필요한 교육을 하여야 한다.

제34조(보고·검사)

① 민영교도소 등의 장은 대통령령으로 정하는 바에 따라 매월 또는 분기마다 다음 각 호의 사항을 법무부장관에게 보고하여야 한다.

1. 수용 현황
2. 교정 사고의 발생 현황 및 징벌 현황
3. 무기 등 보안장비의 보유·사용 현황
4. 보건의료서비스와 주식(主食)·부식(副食)의 제공 현황
5. 교육·직업훈련 등의 실시 현황
6. 외부 통학, 외부 출장 직업훈련, 귀휴(歸休), 사회 견학, 외부 통근 작업 및 외부 병원 이송 등 수용자의 외부 출입 현황
7. 교도작업의 운영 현황
8. 직원의 인사·징계에 관한 사항
9. 그 밖에 법무부장관이 필요하다고 인정하는 사항

② 법무부장관은 필요하다고 인정하면 수시로 교정법인이나 민영교도소 등에 대하여 그 업무·회계 및 재산에 관한 사항을 보고하게 하거나, 소속 공무원에게 장부·서류·시설, 그 밖

의 물건을 검사하게 할 수 있다. 이 경우 위법 또는 부당한 사실이 발견되면 이에 따른 필요한 조치를 명할 수 있다.

제35조(위탁업무의 감사)

① 법무부장관은 위탁업무의 처리 결과에 대하여 매년 1회 이상 감사를 하여야 한다.

② 법무부장관은 제1항에 따른 감사 결과 위탁업무의 처리가 위법 또는 부당하다고 인정되면 해당 교정법인이나 민영교도소 등에 대하여 적절한 시정조치를 명할 수 있으며, 관계 임직원에 대한 인사 조치를 요구할 수 있다.

제36조(징계처분명령 등)

① 법무부장관은 민영교도소 등의 직원이 위탁업무에 관하여 이 법 또는 이 법에 따른 명령이나 처분을 위반하면 그 직원의 임면권자에게 해임이나 정직 · 감봉 등 징계처분을 하도록 명할 수 있다.

② 교정법인 또는 민영교도소 등의 장은 제1항에 따른 징계처분명령을 받으면 즉시 징계처분을 하고 법무부장관에게 보고하여야 한다.

제37조(공무원 의제 등)

① 민영교도소 등의 직원은 법령에 따라 공무(公務)에 종사하는 것으로 본다.

② 교정법인의 임직원 중 교정업무를 수행하는 자와 민영교도소 등의 직원은 「형법」이나 그 밖의 법률에 따른 벌칙을 적용할 때에는 공무원으로 본다.

③ 민영교도소 등의 장 및 직원은 「형사소송법」이나 「사법경찰관리의 직무를 수행할 자와 그 직무범위에 관한 법률」을 적용할 때에는 교도소장 · 구치소장 또는 교도관리로 본다.

제38조(손해배상)

① 교정법인의 임직원과 민영교도소 등의 직원이 위탁업무를 수행할 때 고의 또는 과실로 법령을 위반하여 국가에 손해를 입힌 경우 그 교정법인은 손해를 배상하여야 한다.

② 교정법인은 제1항에 따른 손해배상을 위하여 대통령령으로 정하는 기준에 따라 현금 · 유가증권 또는 물건을 공탁하거나 이행보증보험에 가입하여야 한다.

시행령 제23조(손해배상의 담보)

교정법인은 법 제38조제1항에 따른 손해배상을 위하여 1억원 이상의 현금 또는 유가증권을 공탁하거나 이행보증보험에 가입하여야 한다.

제39조(권한의 위임)

법무부장관은 이 법에 따른 권한의 일부를 관할 지방교정청장에게 위임할 수 있다.

제41조(부분위탁)

국가가 운영하는 교도소 등의 업무 중 직업훈련·교도작업 등 일부 교정업무를 특정하여 위탁하는 경우 그 수탁자에 관하여는 성질상 허용되지 아니하는 경우와 위탁계약으로 달리 정한 경우 외에는 교정법인에 관한 규정을 준용한다.

CHAPTER 2 한국교정의 과제 참고

1. 기본이해

(1) 오늘날의 교정은 응보적이고 폐쇄적인 구금형식에서 탈피하여 교육적이고 개방적인 처우형태로 나가고 있을 뿐만 아니라, 사회복귀 및 재통합 이념이 강조되면서 사회내 처우가 점차 확대되는 추세에 있다.

(2) 우리나라도 현재 새로운 시대적 흐름과 갈수록 증대하고 있는 국민들의 요구에 부응하기 위한 교정발전 방안이 절실히 필요한 시점에 있다.

2. 교정조직의 전문화

(1) 교정본부 외청독립

16,000여명의 교도관이 종사하고 있는 방대한 조직과 교정의 특수성을 감안할 때, 법무부 교정본부에서 교정청으로 독립해 업무의 효율성과 전문성을 확보해 나가는 것이 바람직하다.

(2) 교정공무원법 제정

교정업무의 특수성과 전문성을 확보하고 우수한 전문인력을 확보하기 위해서는 '교정공무원법' 제정이 절실하다.

(3) 교정교육기관 독립 육성

현재 법무연수원에 부속된 교정연수부를 교정전문 교육기관으로 독립시켜 교육의 효율성과 전문성을 강화해 나가야 한다.

(4) 유관기관과 협조체계 확립

범죄자를 체계적으로 처우하기 위해서는 형사사법의 시스템화 및 긴밀한 협조체계가 필요하다.

3. 교정시설의 다양화

(1) 교정시설의 소규모화

우리나라의 교정시설은 대부분 대동소이한 시설구조를 갖추고 있어, 단계별 처우나 범죄자의 유형에 맞는 처우를 하기 어려운 실정이므로, 교정시설의 다양화와 소규모화를 추진해 나가야 한다.

(2) 단계적 처우시설 확보

수형자를 단계별로 처우할 수 있는 다양한 교정시설을 증설해야 한다.

(3) 유형별(기능별) 처우시설 확보

경범죄자, 약물남용자, 고령자, 환자, 정신질환자, 외국인 등 유형별로 분류해 전문적으로 처우할 수 있는 다양한 교정시설을 지속적으로 확보해 나가야 한다.

(4) 구치소 증설

구치소와 구치지소를 증설하여 교도소 업무와 구치소 업무를 구분해야만 미결수용자에게 신분에 상응한 처우를 제대로 할 수 있다.

(5) 교정병원 신설

치료전문 교정병원 또는 치료전문 교정시설을 신설하여 환자를 집중적으로 치료하고 관리할 수 있도록 해야 한다.

4. 교정처우제도 개선

(1) 분류처우의 과학화

교정시설 증설과 함께 분류전담시설 또는 분류센터 등을 운영해 과학적이고 실질적인 개별처우가 될 수 있도록 해야 한다.

(2) 가석방제도 확대 운영

재범의 위험성이 없는 범죄자를 계속 구금하는 것은 의미가 없으므로, 보다 과학적인 진단방안을 강구하여 가석방제도를 탄력적으로 운영해 나가야 한다.

(3) 선시제도 도입

선행보상제인 선시제도를 도입해 성실히 수형생활에 임하고 선행을 하는 수형자에게 동기를 부여할 수 있는 방안이 필요하다. 특히 한국 사람들은 개인적으로 과업이 부과되면 어떤 민족보다

열과 성을 다하는 민족적 정서를 간직하고 있는 만큼, 이를 감안한 선시제도 운영이 절실히 필요하다.

(4) 교도작업 및 직업훈련 강화

보다 생산적이고 출소 후 연계될 수 있는 전문적인 교도작업과 직업훈련을 지속적으로 강화해 나가야 한다.

(5) 사회복귀 준비제도 강화

우리나라의 사회복귀 준비제도는 아직까지 상당히 부족한 수준에 머물러 있으므로, 보다 전문적이고 다양한 사회복귀 준비제도가 필요하다.

(6) 사후관리 강화

사회복귀 원조 및 추진을 위한 출소자 사후관리를 보다 강화해 재범을 방지할 수 있는 방안을 적극적으로 강구해 나가야 한다.

주요 판례

1 일석점호시에 甲이 번호를 잘못 불렀기 때문에 단체기합을 받은 것이 사실이라면 그들이 혹시 그 분풀이로 甲에 대하여 폭행 등 위해를 가할지도 모를 것이 예상된다 할 것이고, 이와 같은 경우에는 교도소 직원으로서는 통례적인 방법에 의한 감시에 그칠 것이 아니라 특별히 세심한 주의를 다하여 경계함으로써 그와 같은 사고의 발생을 미연에 방지할 직무상의 의무가 있으므로 이를 태만히 한 경우에는 교도소 직원에게 직무상 과실이 있다(대법원 1979.7.10. 79다521).

2 형집행법 및 교도관직무규칙의 규정과 구치소라는 수용시설의 특성에 비추어 보면, 공휴일 또는 야간에는 소장을 대리하는 당직간부에게는 구치소에 수용된 수용자들의 생명 · 신체에 대한 위험을 방지할 법령상 내지 조리상의 의무가 있다고 할 것이고, 이와 같은 의무를 직무로서 수행하는 교도관들의 업무는 업무상과실치사죄에 말하는 업무에 해당한다(대법원 2007.5.31. 2006도3493).

3 교도소 내에서 수용자가 자살한 사안에서, 담당 교도관은 급성정신착란증의 증세가 있는 망인의 자살사고의 발생위험에 대비하여 보호장비의 사용을 그대로 유지하거나 또는 보호장비의 사용을 일시 해제하는 경우에는 CCTV상으로 보다 면밀히 관찰하여야 하는 등의 직무상 주의의무가 있음에도 이를 위반하였다(대법원 2010.1.28. 2008다75768).

4 교도관이 수형자에게 '취침시 출입구 쪽으로 머리를 두면 취침하는 동안 CCTV나 출입문에 부착된 시찰구를 통해서도 얼굴부위를 확인할 수 없으므로, 출입구 반대방향인 화장실 방향으로 머리를 두라'고 한 교정시설내 특정취침자세 강요행위는 교도관들의 우월적 지위에서 일방적으로 청구인에게 특정한 취침자세를 강제한 것이 아니므로, 헌법소원심판의 대상인 공권력의 행사라고 보기 어렵다(헌재 2012.10.26. 2012헌마750).

5 교정공무원은 범죄자를 상대로 하기 때문에 근무중 법령을 준수하여야 할 의무가 보다 강하게 요구되는데 교정공무원인 원고가 야간근무중 법령에 위배하여 재소자에게 3회에 걸쳐 담배 등을 그것도 1회는 양담배까지 제공하였다면 원고가 8년간 성실하게 근무하였고 또한 생활이 곤란하여 딱한 처지에 있다는 사유만으로 원고에 대한 파면처분이 재량권을 남용하였거나 그 한계를 일탈하였다고 볼 수 없다(대법원 1984.10.10. 84누464).

6 교도소 수용자에게 반입이 금지된 일용품 등을 전달하여 주고 그 가족 등으로부터 금품 및 향응을 제공받은 교도관에 대한 해임처분이 적법하다(대법원 1998.11.10. 98두12017).

7 사동에서 임원점검을 하면서 청구인을 비롯한 수형자들을 정렬시킨 후 차례로 번호를 외치도록 한 행위는 교정시설의 안전과 질서를 유지하기 위한 것으로, 그 목적이 정당하고 그 목적을 달성하기 위한 적절한 수단이 된다(헌재 2012.7.26. 2011헌마332).

8 이 사건 교정시설에서는 라디에이터 등 간접 난방시설이 설치되어 운용되고 있음이 인정되는바, 헌법의 규정상 또는 헌법의 해석상 특별히 교도소장에게 직접 난방시설 등을 설치해야 할 작위의무가 부여되어 있다고 볼 수 없고, 형집행법 및 관계 법령을 모두 살펴보아도 교도소장에게 위와 같은 작위의무가 있다는 점을 발견 할 수 없다(헌재 2012.5.8. 2012헌마328).

9 **분리수용의 과실로 인한 손해배상의 인정여부(적극)**

행형업무를 담당하는 교도관으로서는 미결수들을 수용함에 있어서는 그 죄질을 감안하여 구별 수용하여야 하고, 수용시설의 사정에 의하여 부득이 죄질의 구분 없이 혼거수용하는 경우에는 그에 따라 발생할 수 있는 미결수들 사이의 폭력에 의한 사적 제재 등 제반 사고를 예상하여 감시와 시찰을 더욱 철저히 하여야 할 주의의무가 있음에도 불구하고, 소년 미결수들을 수용함에 있어 그 죄질이 현저히 다른 강도상해범과 과실범을 같은 방에 수용하고도 철저한 감시의무를 다하지 못함으로써 수감자 상호 간의 폭행치사사고가 일어나도록 한 과실이 인정된다(대법원 1994.10.11. 94다22569).

10 **독거수용실에만 텔레비전시청시설을 설치하지 않음으로써 독거수용중인 청구인이 TV시청을 할수 없도록 한 교도소장의 행위가 TV시청시설을 갖춰 텔레비전을 허용하고 있는 혼거실 수용자와 차별대우하여 청구인의 평등권을 침해하였는지 여부(소극)**

독거수용자들에 대해서는 교도소내의 범죄를 방지하고, 안전을 도모하며 본래적인 교도행정의 목적을 효과적으로 달성하기 위하여 행정적 제재 및 교정의 필요상 TV시청을 규제할 필요성이 있다. 다른 수용자와 싸움의 우려가 있고, 성격 · 습관 등이 공동생활에 적합하지 못하다고 인정되어 교도소장이 혼거수용에 적합하지 않다고 판단하여 독거수용된 청구인의 경우, 교도행정의 효율성 및 교정 · 교화교육의 적절한 실현을 위하여 청구인에게 TV시청을 규제한 조치는 납득할 수 있다. 더구나 청구인은 혼거실의 수용을 스스로 기피하고 TV시설이 설치되지 아니한 독거실의 수용을 자청하였다. 이러한 이유로 독거수용중인 청구인이 TV시청을 제한받게 되어 혼거실 수용자 등 다른 수용자들과 차별적 처우가 이루어지는 결과가 되었다고 하더라도 이러한 행위가 곧 합리적인 이유가 없는 자의적 차별이라고는 할 수 없어 헌법상의 평등원칙에 위배되었다고 볼 수 없다(헌재 2005.5.26. 2004헌마571).

11 **수용자에게 독거실 청구권이 있는지 여부(소극)**

형집행법은 독거수용을 원칙으로 하고 있지만, 필요한 경우 혼거수용을 할 수 있도록 하고 그 밖에 수용자의 거실을 지정하는 경우 수용자의 여러 특성을 고려하도록 하고 있는바, 그렇다면 교정시설의 장에게 모든 수용자를 독거수용하여야 할 의무가 있다고 볼 수 없으며, 수용자를 교정시설 내의 어떤 수용거실에 수용할 지 여부는 수용자의 교정교화와 건전한 사회복귀를 도모할 수 있도록 구체적인 사항을 참작하여 교정시설의 장이 결정할 수 있다 할 것이다. 나아가 헌법이나 형집행법 등에 수용자가 독거수용 신청을 할 수 있다는 규정이나, 그와 같은 신청이 있는 경우 이를 어떻게 처리할 것인지에 대한 규정도 존재하지 아니한다. 이러한 점을 고려하면 청구인과 같은 수용자에게 독거수용을 신청할 권리가 있다고 할 수 없다(헌재 2013.6.4. 2013헌마287).

12 구치소 내 과밀수용행위가 수형자인 청구인의 인간의 존엄과 가치를 침해하는지 여부(적극)

수형자가 인간 생존의 기본조건이 박탈된 교정시설에 수용되어 인간의 존엄과 가치를 침해당하였는지 여부를 판단함에 있어서는 1인당 수용면적뿐만 아니라 수형자 수와 수용거실 현황 등 수용시설 전반의 운영 실태와 수용기간, 국가 예산의 문제 등 제반 사정을 종합적으로 고려할 필요가 있다. 그러나 교정시설의 1인당 수용면적이 수형자의 인간으로서의 기본 욕구에 따른 생활조차 어렵게 할 만큼 지나치게 협소하다면, 이는 그 자체로 국가형벌권 행사의 한계를 넘어 수형자의 인간의 존엄과 가치를 침해하는 것이다(헌법재판소 2016.12.29. 2013헌마142).

13 교도소장의 출정비용 징수행위(상계행위)는 수용자로 인해 소요된 비용을 반환받는 것으로, 사경제 주체로서 행하는 사법상의 법률행위에 불과하므로 헌법소원심판 청구대상으로서의 '공권력의 행사'에는 해당된다고 볼 수 없다(헌재 2010.8.10. 2010헌마470).

14 교도소의 수형자 행정소송을 위한 출정제한행위(적극)

교도소장은 수형자가 출정하기 이전에 여비를 납부하지 않았거나 출정비용과 영치금과의 상계에 미리 동의하지 않았다는 이유로 이 사건 출정제한행위를 한 것은, 피청구인에 대한 업무처리지침 내지 사무처리준칙인 이 사건 지침을 위반하여 청구인이 직접 재판에 출석하여 변론할 권리를 침해함으로써, 형벌의 집행을 위하여 필요한 한도를 벗어나서 청구인의 재판청구권을 과도하게 침해하였다고 할 것이다(헌재 2012.3.29. 2010헌마475).

15 교도소 내 부당처우행위 위헌확인(소극)

장애인 전담 시설로의 이송불이행 행위 : 소장은 수용자의 수용 · 작업 · 교화 · 의료, 그 밖의 처우를 위하여 필요하거나 시설의 안전과 질서유지를 위해 필요하다고 인정하면 법무부장관의 승인을 받아 수용자를 다른 교정시설로 이송할 수 있는데('형의 집행 및 수용자의 처우에 관한 법률' 제20조 제1항 참조), 이는 교도소장의 재량행위이고 따라서 수용자에게 자신이 원하는 교도소에서의 수용생활을 요구할 권리가 있다고 할 수 없으므로, 피청구인이 청구인을 여주교도소로 이송하지 아니하는 행위를 공권력의 행사 또는 불행사로 볼 수는 없다(헌재 2013.7.2. 2013헌마388 지정재판부).

16 법무부장관의 수형자에 대한 이송지휘처분은 형집행법 제20조의 규정에 따른 교도소장의 수형자 이송승인신청에 대하여 이를 승인하는 의사표시에 불과하여 이것이 곧 기본권침해의 원인이 된 '공권력의 행사'에 해당한다고 할 수 없다(헌재 2013.8.20. 2013헌마543).

17 교도소장은 수형자가 출정비용을 예납하지 않았거나 영치금과의 상계에 동의하지 않았다고 하더라도, 우선 수형자를 출정시키고 사후에 출정비용을 받거나 영치금과의 상계를 통해서 출정비용을 회수하여야 하는 것이지, 이러한 이유로 수형자의 출정을 제한할 수 있는 것은 형벌의 집행을 위하여 필요한 한도를 벗어나서 청구인의 재판청구권을 과도하게 침해하였다고 할 것이다(헌재 2012.3.29. 2010헌마475).

18 소장은 법무부장관의 승인을 받아 수용자를 다른 교정시설로 이송할 수 있는데, 이는 교도소장의 재량 행위이고 따라서 수용자에게 자신이 원하는 교도소에서의 수용생활을 요구할 권리가 있다고 할 수 없다(헌재 2013.7.2. 2013헌마388).

19 **교도소 내 플라스틱컵 사용 위헌확인**

구치소 측은 재소자들이 희망하는 경우에 한하여 그의 비용부담으로 외부업체에서 이 사건 플라스틱컵을 구매하여 당해 재소자에게 지급하였고, 재소자가 희망하지 않는 경우에는 세라믹 재질로 된 밥그릇에 식수를 제공하고 있는 사실을 확인할 수 있는바, 이러한 사정을 고려하면 이 사건 플라스틱컵 제공행위를 헌법소원의 대상이 되는 권력적 사실행위로 볼 수는 없다 할 것이다(헌재 2012.11.6. 2012헌마828).

20 **등기우편발송료과다지출 위헌확인(소극)**

형집행법상교도소 등의 장이 수용자의 영치금품 사용을 허용한 이후에 이를 지출하는 행위 자체는 공법상의 행정처분이 아니라 사경제의 주체로서 행하는 사법상의 법률행위 또는 사실행위에 불과하므로 헌법소원의 대상이 되는 공권력의 행사로 볼 수 없다. 따라서 피청구인이 청구인의 영치금품 사용신청을 받고 동 신청에 따라 이를 지출한 이 사건 등기우편발송료 과다지출행위는 헌법소원심판의 청구대상으로서의 '공권력'에는 해당된다고 볼 수 없다(헌재 2004.8.31. 2004헌마674).

21 **영치금품관리규정 제28조 위헌확인**

청구인에게 소포로 송부되어 온 단추 달린 남방형 티셔츠에 대하여 이를 청구인에게 교부하지 아니한 채 영치, 즉 휴대를 불허한데 대하여 불허행위는 이른바 "권력적 사실행위"로서 행정소송법 및 행정심판법의 대상이 되는 "행정청이 행하는 구체적 사실에 대한 법집행으로서의 공권력의 행사"에 해당하므로, 헌법소원 심판청구를 하기 위하여서는 먼저 행정소송 등 권리구제절차를 거쳐야 할 것인 바, 청구인이 위와 같은 권리구제절차를 거쳤음을 인정할 자료가 없으므로 이 심판청구 부분 역시 부적법하다(헌재 2003.5.27. 2003헌마329).

22 **교도소 내 두발규제 위헌확인(소극)**

교도소장이 수형자에 대하여 지속적이고 조직적으로 실시한 생활지도 명목의 이발 지도행위 및 앞머리는 눈썹이 보이도록, 옆머리는 귀를 가리지 않도록, 뒷머리는 목을 가리지 않도록 실시한 이발행위는 공권력의 행사라고 보기 어렵다(헌재 2012.4.24. 2010헌마751).

23 **외부의료시설 진료 후 환소차를 기다리는 과정에서 병원 밖 주차장 의자에 앉아 있을 것을 지시한 행위가 청구인의 기본권을 침해하는지 여부(소극)**

수형자 甲의 경우 이미 외부병원 진료가 종료한 상황이었으므로 더 이상 병원 안에 머무를 이유가 없었고, 甲이 구치소 환소차에 탑승하기 위하여는 주차장으로 이동할 필요가 있었으며, 이는 외부병원 진료 시 예정된 자연스러운 절차로서 그로 인한 새로운 기본권 침해행위가 있었다고 보기 어려운 점, 甲도 외부병원 진료를 신청하였을 때 그 진료 후 환소차 탑승 과정에서 주차장으로 이동할 것을 당연히 예상할 수 있었던 점, 외부병원은 안팎에 일반인의 출입이 빈번하여 외부인과의 접촉가능성을 완벽하게 차단하는 것이 사실상 곤란한 점 등으로 볼 때 이 사건 지시행위는 甲의 신청에 의한 외부의료시설 진료에 이미 예정되어 있던 부수적 행위로서 강제성의 정도가 미약한 단순한 비권력적 사실행위에 불과하다(헌재 2012.10.25. 2011헌마429).

24 **상습 자해수용자 치료비 구상(적극)**

수용자가 수용 중 발생한 사고 및 지병에 대하여 치료가 필요한 경우 그 치료비는 원칙적으로 국가가 부담하여야 할 것이나, 수용자 간의 싸움과 같이 제3자의 범죄행위에 기인한 경우에는 원칙적으로 가해자가 부담하여야 하는 것이고, 수용자가 스스로 자해하거나 난동을 부려 부상을 입은 경우 역시 상해를 야기 시킨 것은 수용자 본인이므로 스스로 치료비를 부담해야 하고 국가가 그 치료비까지 지급할 의무는 없다고 할 것이다. 피고가 수용생활을 하면서 자신의 몸을 자해하는 등 총 5회에 걸쳐 외부병원에서 치료 및 수술을 받는 등 국가로 하여금 치료비를 지출하게 하는 방법으로 부당이득을 취하였으므로 위 진료비 상당의 금액을 지급해야 한다(부산지법 2007.1.18. 2006나12388).

25 청구인에게는 교도소장에게 자비로 외부의료시설의 치료를 요구할 법상 혹은 조리상의 신청권이 인정된다 할 것이고 이를 거부한 교도소장의 거부행위는 행정심판 및 행정소송의 대상이 되고 따라서 구제절차를 거치지 아니한 채 곧바로 제기한 이 사건 심판청구는 보충성 요건을 흠결하여 부적법하다(헌재 2013.7.30. 2013헌마477).

26 **형의 집행 및 수용자의 처우에 관한 법률 시행령 제58조 제4항 위헌확인**

형집행법 시행령 제58조 제4항에 따르면 수용자가 형사사건이 아닌 민사, 행정, 헌법소송 등 법률적 분쟁과 관련하여 변호사의 도움을 받는 경우에는 원칙적으로 접촉차단시설이 설치된 장소에서 접견을 해야 한다. 그 결과 수용자는 효율적인 재판준비를 하는 것이 곤란하게 되고, 특히 교정시설 내에서의 처우에 대하여 국가 등을 상대로 소송을 하는 경우에는 소송의 상대방에게 소송자료를 그대로 노출하게 되어 무기대등의 원칙을 훼손할 수 있다. 변호사 직무의 공공성, 윤리성 및 사회적 책임성은 변호사 접견권을 이용한 증거인멸, 도주 및 마약 등 금지물품 반입 시도 등의 우려를 최소화시킬 수 있으며, 변호사접견이라 하더라도 교정시설의 질서 등을 해할 우려가 있는 특별한 사정이 있는 경우에는 예외를 두도록 한다면 악용될 가능성도 방지할 수 있다. 따라서 형집행법 시행령 제58조 제4항은 과잉금지원칙에 위반하여 청구인의 재판청구권을 지나치게 제한하고 있으므로, 헌법에 위반된다. 다만, 위 조항의 효력을 즉시 상실시킬 경우 수용자 일반을 접촉차단시설이 설치된 장소에서 접견하게 하는 장소 제한의 일반적 근거조항 및 미결수용자가 변호인을 접견하는 경우의 예외 근거조항마저 없어지게 되어 법적 안정성에서 문제가 있을 수 있으므로, 행정입법자가 합헌적인 내용으로 위 조항을 개정할 때가지 계속 조속하게 할 필요가 있다. 행정입법자는 늦어도 2014.7.31.까지 개선입법을 하여야 하며, 그때까지 개선입법이 이루어지지 않으면 위 조항은 2014.8.1.부터 그 효력을 상실한다(헌재 2013.8.29. 2011헌마122).

27 **'변호인이 되려는 자'의 피의자 접견교통권이 헌법상 기본권인지 여부(적극)**

변호인 선임을 위하여 피의자 · 피고인(이하 '피의자 등'이라 한다)이 가지는 '변호인이 되려는 자'와의 접견교통권은 헌법상 기본권으로 보호되어야 하고, '변호인이 되려는 자'의 접견교통권은 피의자 등이 변호인을 선임하여 그로부터 조력을 받을 권리를 공고히 하기 위한 것으로서, 그것이 보장되지 않으면 피의자 등이 변호인 선임을 통하여 변호인으로부터 충분한 조력을 받는다는 것이 유명무실하게 될 수밖에 없다. 이와 같이 '변호인이 되려는 자'의 접견교통권은 피의자 등을 조력하기 위한 핵심적인 부분으로서, 피의자 등이 가지는 헌법상의 기본권인 '변호인이 되려는 자'와의 접견교통권과 표리의 관계에 있다. 따라서 피의자 등이 가지는 '변호인이 되려는 자'의 조력을 받을 권리가 실질적으로 확보되기 위해서는 '변호인이 되려는 자'의 접견교통권 역시 헌법상 기본권으로서 보장되어야 한다(헌재 2019.2.28. 2015헌마1204).

28 **피청구인 대전교도소장이 7회에 걸쳐 수형자인 청구인에게 화상접견시간을 각 10분 내외로 부여한 행위가 행정재량을 벗어나 과잉금지원칙에 위반하여 청구인의 헌법상 기본권을 침해한 것인지 여부(소극)**

피청구인 대전교도소장이 7회에 걸쳐 청구인에게 화상접견시간을 각 10분 내외로 부여한 것은 당시 대전교도소의 인적, 물적 접견설비의 범위 내에서 다른 수형자와 미결수용자의 접견교통권도 골고루 적절하게 보장하기 위한 행정목적에 따른 합리적인 필요최소한의 제한이었다 할 것이고, 청구인의 접견교통권을 과도하게 제한한 것으로는 보이지 아니한다. 따라서, 피청구인의 이 사건 각 화상접견시간 부여행위가 행정재량을 벗어나 과잉금지원칙에 위반하여 청구인의 헌법상 기본권을 침해한 것이라고는 볼 수 없다(헌재 2009.9.24. 2007헌마738).

29 **부산구치소장이 청구인과 배우자의 접견을 녹음하여 부산지방검찰청 검사장에게 그 접견녹음파일을 제공한 행위가 청구인의 기본권을 침해한 것인지 여부(소극)**

녹음행위는 교정시설 내의 안전과 질서유지에 기여하기 위한 것으로서 그 목적이 정당할 뿐 아니라 수단이 적절하고, 제공행위는 형사사법의 실체적 진실을 발견하고 이를 통해 형사사법의 적정한 수행을 도모하기 위한 것으로 그 목적이 정당하고, 수단 역시 적합하다. 그러므로 부산구치소장이 청구인과 배우자의 접견을 녹음하여 부산지방검찰청 검사장에게 그 접견녹음파일을 제공한 행위가 청구인의 기본권을 침해하지 않는다(헌재 2012.12.27. 2010헌마153).

30 수형자의 재판청구권을 실효적으로 정하지 않으면 접견실 사정 등 현실적 문제로 실제 접견 시간이 줄어들 가능성이 있고, 변호사와의 접견 횟수와 가족 등과의 접견 횟수를 합산함으로 인하여 수형자가 필요한 시기에 변호사의 조력을 받지 못할 가능성도 높아진다. 접견의 최소시간을 보장하되 이를 보장하기 어려운 특별한 사정이 있는 경우에는 예외적으로 일정한 범위 내에서 이를 단축할 수 있도록 하고, 횟수 또한 별도로 정하면서 이를 적절히 제한한다면, 교정시설 내의 수용질서 및 규율의 유지를 도모하면서도 수형자의 재판청구권을 실효적으로 보장할 수 있을 것이다.

이와 같이 심판대상조항들은 법률전문가인 변호사와의 소송상담의 특수성을 고려하지 않고 소송대리인인 변호사와의 접견을 그 성격이 전혀 다른 일반 접견에 포함시켜 접견 시간 및 횟수를 제한함으로써 청구인의 재판청구권을 침해하여 헌법에 위배된다(헌재 2015.11.26. 2012헌마858).

31 수형자라 하더라도 확정되지 않은 별도의 형사재판에서 만큼은 미결수용자와 같은 지위에 있으므로, 이러한 수형자로 하여금 형사재판 출석 시 아무런 예외 없이 사복착용을 금지하고 재소자용 의류를 입도록 하여 인격적인 모독감과 수치심 속에서 재판을 받도록 하는 것은 재판부나 검사 등 소송관계자들에게 유죄의 선입견을 줄 수 있고, 이미 수형자의 지위로 인해 크게 위축된 피고인의 방어권을 필요 이상으로 제약하는 것이다. 또한 형사재판에 피고인으로 출석하는 수형자의 사복착용을 추가로

허용함으로써 통상의 미결수용자와 구별되는 별도의 계호상 문제점이 발생된다고 보기 어렵다. 따라서 심판대상조항이 형사재판의 피고인으로 출석하는 수형자에 대하여 사복착용을 허용하지 아니한 것은 청구인의 공정한 재판을 받을 권리, 인격권, 행복추구권을 침해한다(헌재 2015.12.23. 2013헌마712).

32 민사재판에서 법관이 당사자의 복장에 따라 불리한 심증을 갖거나 불공정한 재판진행을 하게 될 우려가 있다고 볼 수는 없으므로, 심판대상조항이 민사재판에 당사자로 출석하는 수형자의 사복착용을 불허하는 것은 공정한 재판을 받을 권리 및 청구인의 인격권과 행복추구권을 침해하지 아니한다(헌재 2015.12.23. 2013헌마712).

33 수용자에 대한 접견신청이 있는 경우 이는 수용자의 처우에 관한 사항이므로 그 장소가 교도관의 수용자 계호 및 통제가 요구되는 공간이라면 교도소장·구치소장 또는 그 위임을 받은 교도관이 그 허가여부를 결정하는 것이 원칙이나, 형사소송법 제243조의2 제1항은 피의자신문 중에 변호인 접견신청이 있는 경우 검사 또는 사법경찰관으로 하여금 그 허가 여부를 결정하도록 하고 있고, 형사소송법 제34조는 변호인의 접견교통권과 변호인이 되려는 자의 접견교통권에 차이를 두지 않고 함께 규정하고 있으므로, 변호인이 되려는 자가 피의자신문 중에 형사소송법 제34조에 따라 접견신청을 한 경우에도 그 허가 여부를 결정할 주체는 검사 또는 사법경찰관이라고 보아야 할 것이므로 피의자신문 중 변호인 등의 접견신청이 있는 경우 피의자를 수사기관으로 호송한 교도관에게 이를 허가하거나 제한할 권한은 인정되지 않는다고 할 것이다(헌재 2019.2.28. 2015헌마1204).

34 **피의자신문 중에 교도관이 변호인이 되려는 자의 접견 신청을 허용할 수 없다고 통보하면서 그 근거로 형집행법 시행령 제58조 제1항을 제시한 경우, 동 조항에 대하여 기본권 침해의 자기관련성을 인정할 수 있는지 여부(소극)**

이 사건 접견시간 조항은 수용자의 접견을 국가공무원 복무규정에 따른 근무시간 내로 한정함으로써 피의자와 변호인 등(변호인과 변호인이 되려는 자)의 접견교통을 제한하고 있는데, 위 조항은 교도소장·구치소장이 그 허가 여부를 결정하는 변호인 등의 접견신청의 경우에 적용되는 조항으로써, 형사소송법 제243조의2 제1항에 따라 검사 또는 사법경찰관이 그 허가 여부를 결정하는 피의자신문 중 변호인 등의 접견신청의 경우에는 적용된다고 볼 수 없으므로, 위 조항을 근거로 피의자신문 중에 교도관이 변호인이 되려는 자의 접견 신청을 허용할 수 없다고 통보하면서 그 근거로 이 사건 접견시간 조항을 제시한 경우, 동 조항에 대하여 기본권 침해의 자기관련성을 인정할 수 없다(헌재 2019.2.28. 2015헌마1204).

35 **미결수용자와 변호인이 아닌 자 사이의 서신을 검열한 행위가 헌법에 위반되는지 여부(소극)**

질서유지 또는 공공복리를 위하여 구속제도가 헌법 및 법률상 이미 용인되어 있는 이상, 미결수용자는 구속제도 자체가 가지고 있는 일면의 작용인 사회적 격리의 점에 있어 외부와의 자유로운 교통과는 상반되는 성질을 가지고 있으므로, 증거인멸이나 도망을 예방하고 교도소 내의 질서를 유지하여 미결구금제도를 실효성 있게 운영하고 일반사회의 불안을 방지하기 위하여 미결수용자의 서신에 대한 검열은 그 필요성이 인정된다(헌재 1995.7.21. 92헌마144).

36 **미결수용자와 변호인 사이의 서신을 검열한 행위가 헌법에 위반되는지 여부**

신체구속을 당한 사람에게 변호인과 사이의 충분한 접견교통을 허용함은 물론 교통내용에 대하여 비밀이 보장되고 부당한 간섭이 없어야 하는 것이며, 이러한 취지는 접견의 경우뿐만 아니라 변호인과 미결수용자 사이의 서신에도 적용되어 그 비밀이 보장되어야 할 것이다. 다만 미결수용자와 변호인 사이의 서신으로서 그 비밀을 보장받기 위하여는, 첫째, 교도소측에서 상대방이 변호인이라는 사실을 확인할 수 있어야 하고, 둘째, 서신을 통하여 마약 등 소지금지품의 반입을 도모한다든가 그 내용에 도주·증거인멸·수용시설의 규율과 질서의 파괴·기타 형벌법령에 저촉되는 내용이 기재되어 있다고 의심할 만한 합리적인 이유가 있는 경우가 아니어야 한다(헌재 1995.7.21. 92헌마144).

37 **수형자의 서신을 검열하는 것이 수형자의 통신의 자유 등 기본권을 침해하는 것인지 여부(소극)**

구금시설은 다수의 수형자를 집단으로 관리하는 시설로서 규율과 질서유지가 필요하므로 수형자의 서신수발의 자유에는 내재적 한계가 있고, 구금의 목적을 달성하기 위하여 수형자의 서신에 대한 검열은 불가피하다. 현행법령과 제도하에서 수형자가 수발하는 서신에 대한 검열로 인하여 수형자의 통신의 비밀이 일부 제한되는 것은 국가안전보장·질서유지 또는 공공복리라는 정당한 목적을 위하여 부득이할 뿐만 아니라 유효적절한 방법에 의한 최소한의 제한이며 통신의 자유의 본질적 내용을 침해하는 것이 아니다(헌재 1998.8.27. 96헌마398).

38 **교도소장으로 하여금 수용자가 주고받는 서신에 금지 물품이 들어 있는지를 확인할 수 있도록 규정하고 있는 형집행법 제43조 제3항이 청구인의 기본권을 침해하는지 여부(소극)**

이 사건 법률조항은 수용자의 서신에 금지물품이 들어 있는지 여부에 대한 확인을 교도소장의 재량에 맡기고 있으므로 교도소장의 금지물품 확인이라는 구체적인 집행행위를 매개로 하여 수용자인 청구인의 권리에 영향을 미치게 되는바, 위 법률조항이 청구인의 기본권을 직접 침해한다고 할 수 없다(헌재 2012.2.23. 2009헌마333).

39 **수용자가 밖으로 내보내는 모든 서신을 봉함하지 않은 상태로 교정시설에 제출하도록 규정하고 있는 형집행법 시행령 제65조 제1항이 청구인의 통신 비밀의 자유를 침해하는지 여부(적극)**

이 사건 시행령조항은 교정시설의 안전과 질서유지, 수용자의 교화 및 사회복귀를 원활하게 하기 위해 수용자가 밖으로 내보내는 서신을 봉함하지 않은 상태로 제출하도록 한 것이나, 이와 같은 목적은 ㉠ 교도관이 수용자의 면전에서 서신에 금지물품이 들어 있는지 확인하고 수용자로 하여금 서신을 봉함하게 하는 방법, ㉡ 봉함된 상태로 제출된 서신을 X-ray 검색기 등으로 확인한 후 의심이 있는 경우에만 개봉하여 확인하는 방법, ㉢ 서신에 대한 검열이 허용되는 경우에만 무봉함 상태로 제출하도록 하는 방법 등으로도 얼마든지 달성할 수 있다고 할 것인바, 위 시행령 조항이 수용자가 보내려는 모든 서신에 대해 무봉함 상태의 제출을 강제함으로써 수용자의 발송 서신 모두를 사실상 검열 가능한 상태에 놓이도록 하는 것은 기본권 제한의 최소 침해성 요건을 위반하여 수용자인 청구인의 통신비밀의 자유를 침해하는 것이다(헌재 2012.2.23. 2009헌마333).

40 **종교집회행사참여금지 위헌확인**

청구인은 천주교를 신봉하는 자로서 피청구인은 청구인의 천주교집회에는 참석을 모두 허용하였으나 청구인이 평소 신봉하지 않던 불교집회에 참석하겠다고 신청을 하여 이를 거부하였는바, 이는 수형자가 그가 신봉하는 종파의 교의에 의한 특별교회를 청원할 때에는 당해 소장은 그 종파에 위촉하여 교회할 수 있다고 규정하고 있는 행형법 규정에 따른 것이다. 뿐만 아니라, 수형자가 원한다고 하여 종교집회의 참석을 무제한 허용한다면, 효율적인 수형관리와 계호상의 어려움이 발생하고, 진정으로 그 종파를 신봉하는 다른 수형자가 종교집회에 참석하지 못하게 되는 결과를 초래하므로, 피청구인의 위와 같은 조치는 청구인의 기본권을 본질적으로 침해하는 것이 아니다(헌재 2005.2.15. 2004헌마911).

41 **구치소장이 구치소 내에서 실시하는 종교의식 또는 행사에 미결수용자인 청구인의 참석을 금지한 행위가 청구인의 종교의 자유를 침해하였는지 여부(적극)**

형집행법 제45조는 종교행사 등에의 참석 대상을 수용자로 규정하고 있어 수형자와 미결수용자를 구분하고 있지도 아니하고, 무죄추정의 원칙이 적용되는 미결수용자들에 대한 기본권 제한은 징역형 등의 선고를 받아 그 형이 확정된 수형자의 경우보다는 더 완화되어야 할 것임에도, 구치소장이 수용자 중 미결수용자에 대하여만 일률적으로 종교행사 등에의 참석을 불허한 것은 미결수용자의 종교의 자유를 나머지 수용자의 종교의 자유보다 더욱 엄격하게 제한한 것이다. 나아가 공범 등이 없는 경우 내지 공범 등이 있는 경우라도 공범이나 동일사건 관련자를 분리하여 종교행사 등에의 참석을 허용하는 등의 방법으로 미결수용자의 기본권을 덜 침해하는 수단이 존재함에도 불구하고 이를 전혀 고려하지 아니하였으므로 이 사건 종교행사 등 참석불허 처우는 침해의 최소성 요건을 충족하였다고 보기 어렵다. 따라서, 이 사건 종교행사 등 참석불허 처우는 과잉금지원칙을 위반하여 청구인의 종교의 자유를 침해하였다(헌재 2011.12.29. 2009헌마527).

42 **구치소장 甲이 사빠트리안(sabbatarian, 안식일 엄수주의자)인 미결수용자 乙에게 구치소에서 실시하는 종교의식 또는 행사에 참석하는 것을 금지하자, 乙이 종교의 자유 등 기본권 침해를 이유로 국가배상을 청구한 사안에서, 국가배상책임을 인정한 사례**

구치소장 甲이 사빠트리안(sabbatarian, 안식일 엄수주의자)인 미결수용자 乙에게 구치소에서 실시하는 종교의식 또는 행사에 참석하는 것을 금지하자, 乙이 종교의 자유 등 기본권 침해를 이유로 국가배상을 청구한 사안에서, 甲은 乙이 참석 요구를 하였는지와 관계없이 乙로 하여금 종교행사 등에 참석할 수 있도록 보장하여야 할 직무상 의무가 있고, 이를 위반한 종교행사 등 참석불허 처우는 乙의 종교의 자유, 특히 종교적 행위와 종교적 집회 · 결사의 자유를 침해한 것으로서 위법한 공무집행에 해당하므로, 국가는 그로 인하여 乙이 입은 정신적 고통에 따른 손해를 배상할 책임이 있다(대구지법 2012.9.14. 2012가단16763).

43 **구치소장이 구치소 내 미결수용자를 대상으로 한 개신교 종교행사를 4주에 1회, 일요일이 아닌 요일에 실시한 행위가 청구인의 종교의 자유를 침해하는지 여부(소극)**

구치소에 종교행사 공간이 1개뿐이고, 종교행사는 종교, 수형자와 미결수용자, 성별, 수용동 별로 진행되며, 미결수용자는 공범이나 동일사건 관련자가 있는 경우 이를 분리하여 참석하게 해야 하는 점을 고려하면 구치소장이 미결수용자 대상 종교행사를 4주에 1회 실시했더라도 종교의 자유를 과도하게 제한하였다고 보기 어렵고, 구치소의 인적 · 물적 여건상 하루에 여러 종교행사를 동시에 하기 어려우며, 개신교의 경우에만 그 교리에 따라 일요일에 종교행사를 허용할 경우 다른 종교와의 형평에 맞지 않고, 공휴일인 일요일에 종교행사를 할 행정적 여건도 마련되어 있지 않다는 점을 고려하면, 이 사건 종교행사 처우는 청구인의 종교의 자유를 침해하지 않는다(헌재 2015.4.30. 2013헌마190).

44 미결수용자 및 미지정 수형자 종교집회 참석 제한 위헌확인(적극)
교정시설의 종교집회도 교정교화를 목적으로 실시되는 한 구치소장이 원칙적으로 수형자를 대상으로 종교집회를 실사하는 것에는 합리적 이유가 있다. 그러나 구치소장은 미결수용자와 미지정 수형자 인원의 1/8에 불과한 출력수에게 매월 3~4회의 종교집회 참석 기회를 보장하는 반면, 미결수용자와 미지정 수형자에 대해서는 원칙적으로 매월 1회, 그것도 공간의 협소함과 관리 인력의 부족을 이유로 수용동별로 돌아가며 종교집회를 실시하여 실제 연간 1회 정도의 종교집회 참석 기회를 부여하고 있다. 이는 미결수용자 및 미지정 수형자의 구금기간을 고려하면 사실상 종교집회 참석 기회가 거의 보장되지 않는 결과를 초래할 수도 있어, 구치소의 열악한 시설을 감안하더라도 종교의 자유를 과도하게 제한하는 것이다(헌재 2014.6.26. 2012헌마782).

45 수용자에 대한 분류심사는 수용자의 개별적인 요청이나 희망에 따라 행하여지는 것이 아니라 행형기관의 교정정책 또는 형사정책적 판단에 따라 이루어지는 재량적 조치로써, 청구인이 분류심사에서 어떠한 처우등급을 받을 것인지 여부는 행형기관의 재량적 판단에 달려 있고, 청구인에게 등급의 상향조정을 청구할 권리가 있는 것이 아니다. 따라서 행형기관이 청구인에 대한 분류심사를 함에 있어 청구인의 과거 범죄전력을 반영하여 낮은 처우등급으로 결정하였다고 하더라도 이러한 분류심사행위는 행형기관이 여러 고려 사항들을 반영하여 결장하는 재량적 조치로써, 청구인의 법률관계나 법적 지위를 직접적이고 구체적으로 불리하게 변경시키는 것이라고 할 수 없으므로 헌법소원심판의 대상이 되는 공권력의 행사에 해당한다고 할 수 없다(헌재 2018.5.29. 2018헌마458).

46 형의 집행 및 수용자의 처우에 관련 법률 제66조 위헌확인
수형자의 교정교화와 건전한 사회복귀를 도모하고, 노동의 강제를 통하여 범죄에 대한 응보 및 일반예방에 기여하기 위한 것으로써 그 목적이 정당하고, 수단의 적합성도 인정된다. 나아가 이 사건 법률조항으로 말미암아 작업이 강제됨으로써 제한되는 수형자의 개인적 이익에 비하여 징역형 수형자 개개인에 대한 재사회화와 이를 통한 사회질서 유지 및 공공복리라는 공익이 더 크므로 법익의 균형성도 인정되므로, 이 사건 법률조항은 신체의 자유를 침하지 아니한다.
이 사건 법률조항은 징역형의 집행방법으로 구금과 의무적인 작업을 규정하고 있을 뿐, 징역형 수형자를 금고형 수형자에 비하여 차별하려는 의도로 만들어진 것이 아니고, 결과적으로 징역형 수형자에게만 작업의무를 부과한다는 점에서 차별에 합리적 이유도 인정되므로, 청구인의 평등권을 침해하지 아니한다(헌재 2012.11.29. 2011헌마318).

47 작업수입, 위로금. 조위금 규정의 위헌여부
수형자들에게 부과되는 교도작업은 경제적 이윤추구보다는 교화차원에서 이루어지는 기술습득에 목표가 있고 경제성을 따지지 아니하고 실시하는 것이므로 작업장려금은 급료가 될 수 없는 은혜적 금전인데다 석방시 본인에게 또는 석방전 가족에게 지급되는 것으로서 헌법에 위반되지 아니하고, 작업중 재해에 대하여도 수용자는 사법상의 계약관계를 맺고 작업하는 것이 아니라 형집행의 일부로

서 정역에 복무하는 것이므로 각종 산재보험 등에 상당한 보험료를 지불하는 대가로 받는 사회일반인의 재해보상과 동일한 보상을 할 수 없는 이치로서 정상을 참작하여 위로금이나 조위금을 지급한다고 하여도 이는 헌법에 위반되지 아니한다(헌재 1998.7.16. 96헌마268).

48 **기초생활보장제도의 보장단위인 개별가구에서 교도소·구치소에 수용 중인 자를 제외토록 규정한 국민기초생활 보장법이 교도소·구치소에 수용 중인 자를 기초생활보장급여의 지급 대상에서 제외시켜 헌법상 인간다운 생활을 할 권리를 침해하는지 여부(소극)**

형의 집행 및 수용자의 처우에 관한 법률에 의한 교도소 · 구치소에 수용 중인 자는 당해 법률에 의하여 생계유지의 보호를 받고 있으므로 이러한 생계유지의 보호를 받고 있는 교도소 · 구치소에 수용 중인 자에 대하여 국민기초생활 보장법에 의한 중복적인 보장을 피하기 위하여 개별가구에서 제외키로 한 입법자의 판단이 헌법상 용인될 수 있는 재량의 범위를 일탈하여 인간다운 생활을 할 권리를 침해한다고 볼 수 없다(헌재 2011.3.31. 2009헌마617).

49 **미결수용자가 수감되어 있는 동안 구치소 등 수용시설 안에서 사복을 입지 못하게 하고 재소자용 의류를 입게 한 행위로 인하여 기본권침해가 있는지 여부(소극)**

구치소 등 수용시설 안에서는 재소자용 의류를 입더라도 일반인의 눈에 띄지 않고, 수사 또는 재판에서 변해·방어권을 행사하는데 지장을 주는 것도 아닌 반면에, 미결수용자에게 사복을 입도록 하면 의복의 수선이나 세탁 및 계절에 따라 의복을 바꾸는 과정에서 증거인멸 또는 도주를 기도하거나 흉기, 담배, 약품 등 소지금지품이 반입될 염려 등이 있으므로 미결수용자에게 시설 안에서 재소자용 의류를 입게 하는 것은 구금 목적의 달성, 시설의 규율과 안전유지를위한 필요최소한의 제한으로서 정당성 · 합리성을 갖춘 재량의 범위 내의 조치이다(헌재 1999.5.27. 97헌마137).

50 **미결수용자가 수감되어 있는 동안 수사 또는 재판을 받을 때에도 사복을 입지 못하게 하고 재소자용 의류를 입게 한 행위로 인하여 기본권침해가 있는지 여부(적극)**

수사 및 재판단계에서 유죄가 확정되지 아니한 미결수용자에게 재소자용 의류를 입게 하는 것은 미결수용자로 하여금 모욕감이나 수치심을 느끼게 하고, 심리적인 위축으로 방어권을 제대로 행사할 수 없게 하여 실체적 진실의 발견을 저해할 우려가 있으므로, 도주 방지 등 어떠한 이유를 내세우더라도 그 제한은 정당화될 수 없어 헌법 제37조 제2항의 기본권 제한에서의 비례원칙에 위반되는 것으로서, 무죄추정의 원칙에 반하고 인간으로서의 존엄과 가치에서 유래하는 인격권과 행복추구권, 공정한 재판을 받을 권리를 침해하는 것이다(헌재 1999.5.27. 97헌마137).

51 **외부 재판에 출정할 때 운동화를 착용하게 해달라는 청구인의 신청에 대한 교도소장의 불허행위가 청구인의 인격권과 행복추구권을 침해한 것인지 여부(소극)**

이 사건 운동화착용불허행위는 시설 바깥으로의 외출이라는 기회를 이용한 도주를 예방하기 위한 것으로서 그 목적이 정당하고, 위와 같은 목적을 달성하기 위한 적합한 수단이라 할 것이다. 또한 신발의 종류를 제한하는 것에 불과하여 법익침해의 최소성과 균형성도 갖추었다 할 것이므로, 이 사건 운동화착용불허행위가 기본권제한에 있어서의 과잉금지원칙에 반하여 청구인의 인격권과 행복추구권을 침해하였다고 볼 수 없다(헌재 2011.2.24., 2009헌마209).

52 미결수용자의 변호인 접견 시 교도관이 참여할 수 있도록 한 것은 신체구속을 당한 미결수용자에게 보장된 변호인의 조력을 받을 권리를 침해하는 것이어서 헌법에 위반된다(헌재 1992.1.28. 91헌마111).

53 미결수용자의 변호인 접견권에 대한 제한가능성

헌법재판소가 91헌마111 결정에서 미결수용자와 변호인과의 접견에 대해 어떠한 명분으로도 제한할 수 없다고 한 것은 구속된 자와 변호인 간의 접견이 실제로 이루어지는 경우에 있어서의 자유로운 접견, 즉 대화내용에 대하여 비밀이 완전히 보장되고 어떠한 제한, 영향, 압력 또는 부당한 간섭 없이 자유롭게 대화할 수 있는 접견을 제한할 수 없다는 것이지, 변호인과의 접견 자체에 대해 아무런 제한도 가할 수 없다는 것을 의미하는 것이 아니므로 미결수용자의 변호인 접견권 역시 국가안전보장·질서유지 또는 공공복리를 위해 필요한 경우에는 법률로써 제한될 수 있음은 당연하다(헌재 2011.5.26. 2009헌마341).

54 변호인이 되려는 자의 피의자 접견교통권이 헌법상 기본권인지 여부(적극)

변호인 선임을 위하여 피의자·피고인(피의자 등)이 가지는 변호인이 되려는 자와의 접견교통권은 헌법상 기본권으로 보호되어야 하고, 변호인이 되려는 자의 접견교통권은 피의자 등이 변호인을 선임하여 그로부터 조력을 받을 권리를 공고히 하기 위한 것으로써, 그것이 보장되지 않으면 피의자 등이 변호인 선임을 통하여 변호인으로부터 충분한 조력을 받는다는 것이 유명무실하게 될 수밖에 없다. 이와 같이 변호인이 되려는 자의 접견교통권은 피의자 등을 조력하기 위한 핵심적인 부분으로써, 피의자 등이 가지는 헌법상의 기본권인 변호인이 되려는 자와의 접견교통권과 표리의 관계에 있다. 따라서 피의자 등이 가지는 변호인이 되려는 자의 조력을 받을 권리가 실질적으로 확보되기 위해서는 변호인이 되려는 자의 접견교통권 역시 헌법상 기본권으로써 보장되어야 한다. 그러므로 청구인이 변호인이 되려는 자의 자격으로 피의자 접견 신청을 하였음에도 이를 허용하기 위한 조치를 취하지 않은 검사의 행위는 헌법상 기본권인 청구인의 접견교통권을 침해하였다(헌재 2019.2.28. 2015헌마1204).

55 형집행법 제41조 제4항에서 접견의 횟수·장소·방법 및 접견내용의 청취·기록·녹음·녹화 등에 관하여 필요한 사항은 대통령령으로 정한다고 하여 수용자의 접견 시간 등에 관하여 필요한 사항을 대통령령에 위임하면서도 제84조 제2항에서 미결수용자와 변호인 간의 접견은 시간과 횟수를 제한하지 아니한다고 규정한 것의 의미

형집행법 제84조 제2항에 의해 금지되는 접견시간 제한의 의미는 접견에 관한 일체의 시간적 제한이 금지된다는 것으로 볼 수는 없고, 수용자와 변호인의 접견이 현실적으로 실시되는 경우, 그 접견이 미결수용자와 변호인의 접견인 때에는 미결수용자의 방어권 행사로서의 중요성을 감안하여 자유롭고 충분한 변호인의 조력을 보장하기 위해 접견 시간을 양적으로 제한하지 못한다는 의미로 이해하는 것이 타당하므로, 수용자의 접견이 이루어지는 일반적인 시간대를 대통령령으로 규정하는 것은 가능하다(헌재 2011.5.26. 2009헌마341).

56 **공휴일이라는 이유로 변호인과의 접견이 불허되었으나 그 후 충분히 접견이 이루어진 경우, 변호인의 조력을 받을 권리가 침해된 것인지의 여부(소극)**

불구속 상태에서 재판을 받은 후 선고기일에 출석하지 않아 구속된 피고인을, 국선변호인이 접견하고자 하였으나 공휴일이라는 이유로 접견이 불허되었으나 그로부터 이틀 후 접견이 이루어지고, 다시 그로부터 열흘 넘게 지난 후 공판이 이루어진 경우 피고인의 변호인의 조력을 받을 권리를 침해했다고 할 수 없다(헌재 2011.5.26. 2009헌마341).

57 **구치소장이 변호인접견실에 CCTV를 설치하여 미결수용자와 변호인 간의 접견을 관찰한 행위(CCTV 관찰행위)가 변호인의 조력을 받을 권리를 침해하는지 여부(소극)**

변호인접견실에 설치된 CCTV는 교도관이 CCTV를 통해 미결수용자와 변호인 간의 접견을 관찰하더라도 접견내용의 비밀이 침해되거나 접견교통에 방해가 되지 않도록 조치를 취하고 있는 점, 금지물품의 수수를 적발하거나 교정사고를 효과적으로 방지하고 교정사고가 발생하였을 때 신속하게 대응하기 위하여는 CCTV를 통해 관찰하는 방법 외에 더 효과적인 다른 방법을 찾기 어려운 점 등에 비추어 보면, CCTV 관찰행위는 그 목적을 달성하기 위하여 필요한 범위 내의 제한으로 침해의 최소성을 갖추었다. 따라서 CCTV 관찰행위가 청구인의 변호인의 조력을 받을 권리를 침해한다고 할 수 없다(헌재 2016.4.28. 2015헌마243).

58 **교도관이 미결수용자와 변호인 간에 주고받는 서류를 확인하고, 소송관계서류처리부에 그 제목을 기재하여 등재한 행위(서류 확인 및 등재행위)가 변호인의 조력을 받을 권리를 침해하는지 여부(소극)**

서류확인 및 등재는 변호인 접견이 종료된 뒤 이루어지고, 교도관은 변호인과 미결수용자가 지켜보는 가운데 서류를 확인하여 그 제목 등을 소송관계처리부에 기재하여 등재하므로 내용에 대한 검열이 이루어질 수도 없는 점에 비추어 보면 침해의 최소성 요건을 갖추었다. 따라서 서류 확인 및 등재행위는 청구인의 변호인의 조력을 받을 권리를 침해한다고 할 수 없다(헌재 2016.4.28. 2015헌마243).

59 구치소장이 구치소 내에서 실시하는 종교의식 또는 행사에 미결수용자인 청구인의 참석을 금지한 행위는 과잉금지원칙을 위배하여 청구인의 종교의 자유를 침해하였다(헌재 2011.12.29. 2009헌마527).

60 원칙적으로 미결수용자에게 종교집회 참석 기회를 보장하더라도 실제 참석 기회가 지나치게 적은 것 역시 종교의 자유를 침해하는 것이다(헌재 2014.6.26. 2012헌마782).

61 **사형제도가 헌법 제37조 제2항에 위반하여 생명권을 침해하는지 여부(소극)**

사형은 일반국민에 대한 심리적 위하를 통하여 범죄의 발생을 예방하며 극악한 범죄에 대한 정당한 응보를 통하여 정의를 실현하고, 당해 범죄인의 재범 가능성을 영구히 차단함으로써 사회를 방어하려는 것으로 그 입법목적은 정당하고, 가장 무거운 형벌인 사형은 입법목적의 달성을 위한 적합한 수단이다.

한편, 오판가능성은 사법제도의 숙명적 한계이지 사형이라는 형벌제도 자체의 문제로 볼 수 없으며 심급제도, 재심제도 등의 제도적 장치 및 그에 대한 개선을 통하여 해결할 문제이지, 오판가능성을 이유로 사형이라는 형벌의 부과 자체가 위헌이라고 할 수 없다.

사형제도에 의하여 달성되는 범죄예방을 통한 무고한 일반국민의 생명 보호 등 중대한 공익의 보호와 정의의 실현 및 사회방위라는 공익은 사형제도로 발생하는 극악한 범죄를 저지른 자의 생명권이라는 사익보다 결코 작다고 볼 수 없을 뿐만 아니라, 다수의 인명을 잔혹하게 살해하는 등의 극악한 범죄에 대하여 한정적으로 부과되는 사형이 그 범죄의 잔혹함에 비하여 과도한 형벌이라고 볼 수 없으므로, 사형제도는 법익균형성원칙에 위배되지 아니한다(헌재 2010.2.25. 2008헌가23).

62 **엄중격리대상자의 수용거실에 CCTV를 설치하여 24시간 감시하는 행위가 법률유보의 원칙에 위배되어 사생활의 자유·비밀을 침해하는 것인지의 여부(소극)**

이 사건 CCTV 설치행위는 행형법 및 교도관직무규칙 등에 규정된 교도관의 계호활동 중 육안에 의한 시선계호를 CCTV 장비에 의한 시선계호로 대체한 것에 불과하므로, 이 사건 CCTV 설치행위에 대한 특별한 법적 근거가 없더라도 일반적인 계호활동을 허용하는 법률규정에 의하여 허용된다고 보아야 한다. 한편 CCTV에 의하여 감시되는 엄중격리대상자에 대하여 지속적이고 부단한 감시가 필요하고 자살 · 자해나 흉기 제작 등의 위험성 등을 고려하면, 제반사정을 종합하여 볼 때 기본권 제한의 최소성 요건이나 법익균형성의 요건도 충족하고 있다(헌재 2008.5.29. 2005헌마137).

63 **구치소장이 수용자의 거실에 폐쇄회로 텔레비전(CCTV)을 설치하여 계호한 행위가 과잉금지원칙에 위배하여 수용자의 사생활의 비밀 및 자유를 침해하는지 여부(소극)**

이 사건 CCTV 계호행위는 청구인의 생명 · 신체의 안전을 보호하기 위한 것으로서 그 목적이 정당하고, 교도관의 시선에 의한 감시만으로는 자살 · 자해 등의 교정사고 발생을 막는 데 시간적 · 공간적 공백이 있으므로 이를 메우기 위하여 CCTV를 설치하여 수형자를 상시적으로 관찰하는 것은 과잉금지원칙을 위배하여 청구인의 사생활의 비밀 및 자유를 침해하였다고는 볼 수 없다(헌재 2011.9.29. 2010헌마413).

64 **교도소장이 수용자가 없는 상태에서 실시한 거실 및 작업장 검사행위가 수용자의 사생활의 비밀 및 자유를 침해하는지 여부(소극) 및 적법절차원칙에 위배되는지 여부(소극)**

이 사건 검사행위는 교도소의 안전과 질서를 유지하고, 수형자의 교화 · 개선에 지장을 초래할 수 있는 물품을 차단하기 위한 것으로써 그 목적이 정당하고, 수단도 적절하며, 검사의 실효성을 확보하기 위한 최소한의 조치로 보이고, 달리 덜 제한적인 대체수단을 찾기 어려운 점 등에 비추어 보면 이 사건 검사행위가 과잉금지원칙에 위배하여 사생활의 비밀 및 자유를 침해하였다고 할 수 없고, 이 사건 검사행위가 추구하는 목적의 중대성, 검사행위의 불가피성과 은밀성이 요구되는 특성, 이에 비하여 수형자의 부담이 크지 아니한 점, 수형자의 이의나 불복이 있을 경우 그 구제를 위해 일정한 절차적 장치를 두고 있는 점 등을 종합해 볼 때 이 사건 검사행위는 적법절차원칙에 위배되지 아니한다(헌재 2011.10.25. 2009헌마691).

65 **교도소장이 교도소 독서실 내 화장실 창문과 철격자 사이에 안전 철망을 설치한 행위가 청구인의 환경권, 인격권 등 기본권을 침해하는지 여부(소극)**

교정시설 내 자살사고는 수용자 본인이 생명을 잃는 중대한 결과를 초래할 뿐만 아니라 다른 수용자들에게도 직접적으로 부정적인 영향을 미치고 나아가 교정시설이나 교정정책 전반에 대한 불신을 야기할 수 있다는 점에서 이를 방지할 필요성이 매우 크고, 그에 비해 청구인에게 가해지는 불이익은 채광 · 통풍이 다소 제한되는 정도에 불과하다. 따라서 이 사건 설치행위는 청구인의 환경권 등 기본권을 침해하지 아니한다(헌재 2014.6.26. 2011헌마150).

66 교정시설 소장에 의하여 허용된 범위를 넘어 사진 또는 그림 등을 부착한 수용자에 대해 교도관이 부착물의 제거를 지시한 행위가 적법한 직무집행에 해당하는지 여부(적극)

수용자에게 부착물의 내용, 부착의 경위 등에 비추어 교정시설의 소장에 의하여 허용된 범위를 넘은 부착 행위를 하게 된 정당한 사유가 인정되는 등의 특별한 사정이 없는 한, 교정시설의 소장에 의하여 허용된 범위를 넘어 사진 또는 그림 등을 부착한 수용자에 대하여 교도관이 부착물의 제거를 지시한 행위는 수용자가 복종하여야 할 직무상 지시로써 적법한 직무집행이라고 보아야 한다(대법원 2014.9.25. 2013도1198).

67 수형자가 호송관서에서 출발하여 법원에 도착한 후 행정법정 방청석에서 대기하고, 행정재판을 받는 전 과정에서의 계호업무는 그 성격상 형집행법에서 말하는 호송의 개념 범위 내에 있는 업무로 보아야 한다(헌재 2018.7.26. 2017헌마1238).

68 행정소송사건의 원고인 수용자가 행정법정 방청객에서 자신의 변론 순서가 될 때까지 대기하는 동안 그 수용자에게 재판장의 허가 없이 수갑 1개를 착용하도록 한 행위는 과잉금지원칙을 위반하여 수용자의 신체의 자유와 인격권을 침해하지 않는다(헌재 2018.7.26. 2017헌마1238).

69 형집행법상 보호장비 사용의 적정성에 관한 판단기준 및 방법

보호장비의 사용은 사용 목적과 필요성, 그 사용으로 인한 기본권의 침해 정도, 목적 달성을 위한 다른 방법의 유무 등 제반 사정에 비추어 상당한 이유가 있는 경우에 한하여 그 목적 달성에 필요한 최소한의 범위 내에서만 허용되어야 하지만, 보호장비 사용에 상당한 이유가 있었는지 여부를 판단할 때에는 교정시설의 특수성을 충분히 감안하여 보호장비 사용 당시를 전후한 수용자의 구체적 행태는 물론이고 수용자의 나이, 기질, 성행, 건강상태, 수용생활 태도, 교정사고의 전력, 교정사고 유발의 위험성 등까지 종합적으로 고려하여 보호장비 사용의 적정성을 객관적 · 합리적으로 평가하여야 한다(대법원 2012.6.28. 2011도15990).

70 피청구인이 청구인을 경북북부 제1교도소로 이송함에 있어 4시간 정도에 걸쳐 상체승의 포승과 앞으로 수갑 2개를 채운 행위는 장시간 호송하는 경우에 수형자가 수갑을 끊거나 푸는 것을 최대한 늦추거나 어렵게 하기 위하여 수갑 2개를 채운 행위가 과하다고 보기 어렵고, 청구인과 같이 강력범죄를 범하고 중한 형을 선고받았으며 선고형량에 비하여 형집행이 얼마 안 된 수형자의 경우에는 좀 더 엄중한 계호가 요구된다고 보이므로, 상체승의 포승과 앞으로 사용한 수갑 2개는 이송 도중 도주 등의 교정사고를 예방하기 위한 최소한의 보호장비라 할 것이어서 최소한의 범위 내에서 보호장비가 사용되었다고 할 수 있다(헌재 2012.7.26. 2011헌마426).

71 수감자에 대한 보호장비 사용 자체는 적법하나 그 기간이 필요한 범위를 넘어선 것이어서 위법하다고 본 사례

교도소장이 교도관의 멱살을 잡는 등 소란행위를 하고 있는 원고에 대하여 수갑과 포승 등 보호장비

를 사용한 조치는 적법하나, 원고가 소란행위를 종료하고 독거실에 수용된 이후 별다른 소란행위 없이 단식하고 있는 상태에서는 원고에 대하여 더 이상 보호장비를 사용할 필요는 없는 것이고, 그럼에도 불구하고 원고에 대하여 9일 동안이나 계속하여 보호장비를 사용한 것은 위법한 행위라는 이유로 피고는 원고에 대한 손해배상의무가 있다(대법원 1998.1.20. 96다18922).

72 교도관이 소년인 미결수용자에 대하여 27시간 동안 수갑과 포승의 보호장비를 사용하여 독거실에 격리수용하였는데 위 미결수용자가 포승을 이용하여 자살한 경우, 위 보호장비 사용은 위법한 조치에 해당한다는 이유로 국가배상책임을 인정한 사례

소년인 미결수용자가 단지 같은 방에 수감되어 있던 다른 재소자와 몸싸움을 하는 것이 적발되어 교도관으로부터 화해할 것을 종용받고도 이를 거절하였다는 이유로 교도관이 위 미결수용자를 양 손목에 수갑을 채우고 포승으로 양 손목과 어깨를 묶은 후 독거실에 격리수용하였고 그 다음날 위 미결수용자가 수갑과 포승을 풀고 포승을 이용하여 자살하였는바, 소년수인 위 미결수용자에 대하여 반드시 보호장비를 사용하였어야 할 필요성이 있었다고 보기 어렵다 할 것임에도 불구하고 교도관이 위 미결수용자를 포승으로 묶고 수갑을 채운 상태로 독거수감하였을 뿐 아니라, 그 이후 위 미결수용자가 별다른 소란행위 없이 싸운 경위의 조사에 응하고 식사를 하는 등의 상태에서는 더 이상 보호장비를 사용할 필요가 없다고 할 것임에도 그가 자살한 상태로 발견되기까지 무려 27시간 동안이나 계속하여 계구를 사용한 것은 그 목적 달성에 필요한 한도를 넘은 것으로서 위법한 조치에 해당한다는 이유로 국가배상책임을 인정하였다(대법원 1998.11.27. 98다17374).

73 청구인이 검사조사실에 소환되어 피의자신문을 받을 때 계호교도관이 포승으로 청구인의 팔과 상반신을 묶고 양손에 수갑을 채운 상태에서 피의자조사를 받도록 한 보호장비사용행위가 과잉금지원칙에 어긋나게 청구인의 신체의 자유를 침해하여 위헌인 공권력행사인지 여부(적극)

경찰조사 단계에서나 검찰조사 단계에서도 자해나 소란 등 특이한 행동을 보인 정황이 엿보이지 아니하고 혐의사실을 대부분 시인하였으며 다만 시위를 주도하거나 돌을 던지는 등 과격한 행위를 한 사실은 없다고 진술하였다. 그렇다면 당시 청구인은 도주·폭행·소요 또는 자해 등의 우려가 없었다고 판단되고, 수사검사도 이러한 사정 및 당시 검사조사실의 정황을 종합적으로 고려하여 청구인에 대한 보호장비의 해제를 요청하였던 것으로 보인다. 그럼에도 불구하고 피청구인 소속 계호교도관이 이를 거절하고 청구인으로 하여금 수갑 및 포승을 계속 사용한 채 피의자조사를 받도록 하였는바, 이로 말미암아 청구인은 신체의 자유를 과도하게 제한당하였고 이와 같은 보호장비의 사용은 무죄추정원칙 및 방어권행사 보장원칙의 근본취지에도 반한다고 할 것이다(헌재 2005.5.26. 2001헌마728).

74 검사조사실에서의 보호사용을 원칙으로 정한 위 계호근무준칙조항과, 도주, 폭행, 소요, 자해 등의 위험이 구체적으로 드러나거나 예견되지 않음에도 여러 날 장시간 피의자신문을 하면서 계구로 피의자를 속박한 행위가 신체의 자유를 침해하는지 여부(적극)

검사실에서의 보호장비사용을 원칙으로 하면서 심지어는 검사의 계구해제 요청이 있더라도 이를 거절하도록 규정한 계호근무준칙의 이 사건 준칙조항은 원칙과 예외를 전도한 것으로서 신체의 자유를 침해하므로 헌법에 위반된다.

75 청구인이 도주를 하거나 소요, 폭행 또는 자해를 할 위험이 있었다고 인정하기 어려움에도 불구하고 여러 날, 장시간에 걸쳐 피의자 신문을 하는 동안 계속 보호장비를 사용한 것은 막연한 도주나 자해의 위험 정도에 비해 과도한 대응으로서 신체의 자유를 제한함에 있어 준수되어야 할 피해의 최소성 요건을 충족하지 못하였고, 심리적 긴장과 위축으로 실질적으로 열등한 지위에서 신문에 응해야 하는 피의자의 방어권행사에도 지장을 주었다는 점에서 법익 균형성도 갖추지 못하였다(헌재 2005.5.26. 2004헌마49).

76 **교도소 내 엄중격리대상자에 대하여 이동 시 계구를 사용하고 교도관이 동행계호하는 행위 및 1인 운동장을 사용하게 하는 처우가 신체의 자유를 과도하게 제한하는 것인지의 여부(소극)**

청구인들은 상습적으로 교정질서를 문란케 하는 등 교정사고의 위험성이 높은 엄중격리대상자들인바, 이들에 대한 계구사용행위, 동행계호행위 및 1인 운동장을 사용하게 하는 처우는 그 목적의 정당성 및 수단의 적정성이 인정되며, 필요한 경우에 한하여 부득이한 범위 내에서 실시되고 있다고 할 것이고, 이로 인하여 수형자가 입게 되는 자유 제한에 비하여 교정사고를 예방하고 교도소 내의 안전과 질서를 확보하는 공익이 더 크다고 할 것이다(헌재 2008.5.29. 2005헌마137).

77 **상체승의 포승과 수갑을 채우고 별도의 포승으로 다른 수용자와 연승한 행위가 청구인의 인격권 내지 신체의 자유를 침해하는지 여부(소극)**

이 사건 호송행위는 교정시설 안에서보다 높은 수준의 계호가 요구되는 호송과정에서 교정사고와 타인에 대한 위해를 예방하기 위한 것이다. 교도인력만으로 수형자를 호송한다면 많은 인력이 필요로 하고, 그것이 교정사고 예방에 효과적이라 단정할 수 없으며, 이 사건에서 보호장비가 사용된 일반에 공개된 시간이 최소한도로 제한되었으며, 최근 그 동선이 일반에의 공개를 최소화하는 구조로 설계되는 추세에 있다. 교정사고의 예방 등을 통한 공익이 수형자가 입게 되는 자유 제한보다 훨씬 크므로, 이 사건 호송행위는 청구인의 인격권 내지 신체의 자유를 침해하지 아니한다(헌재 2014.5.29. 2013헌마280).

78 **검사가 조사실에서 피의자를 신문할 때 도주, 자해, 다른 사람에 대한 위해 등 형집행법 제97조 제1항 각호에 규정된 위험이 분명하고 구체적으로 드러나는 경우에만 예외적으로 보호장비를 사용하여야 하는지 여부(적극)**

검사가 조사실에서 피의자를 신문할 때 피의자가 신체적으로나 심리적으로 위축되지 않은 상태에서 자기의 방어권을 충분히 행사할 수 있도록 피의자에게 보호장비를 사용하지 말아야 하는 것이 원칙이고, 다만 도주, 자해, 다른 사람에 대한 위해 등 형집행법 제97조 제1항에 규정된 위험이 분명하고 구체적으로 드러나는 경우에만 예외적으로 보호장비를 사용하여야 한다(대법원 2020.3.17. 2015모2357).

79 **검사가 조사실에서 피의자를 신문할 때 피의자에게 특별한 사정이 없는 이상 교도관에게 보호장비의 해제를 요청할 의무가 있고, 교도관은 이에 응하여야 하는지 여부(적극)**

구금된 피의자는 형집행법 제97조 제1항 각호에 규정된 사유에 해당하지 않는 이상 보호장비 착용을 강제당하지 않을 권리를 가진다. 검사는 조사실에서 피의자를 신문할 때 해당 피의자에게 그러한 특별한 사정이 없는 이상 교도관에게 보호장비의 해제를 요청할 의무가 있고, 교도관은 이에 응하여야 한다(대법원 2020.3.17. 2015모2357).

80 마약류사범이 구치소에 수용되는 과정에서 반입금지물품의 소지 · 은닉 여부를 확인하기 위하여 실시한 구치소 수용자에 대한 정밀신체검사는 수용자에게 일방적으로 강제하는 성격을 가지는 권력적 사실행위로서 헌법재판소법 제68조 제1항의 공권력의 행사에 해당한다(헌재 2006. 6.29. 2004헌마826).

81 교도관이 마약류사범에게 검사의 취지와 방법을 설명하고 반입금지품을 제출하도록 안내한 후 외부와 차단된 검사실에서 같은 성별의 교도관 앞에 돌아서서 하의속옷을 내린 채 상체를 숙이고 양손으로 둔부를 벌려 항문을 보이는 방법으로 실시한 정밀신체검사는 마약류 사범인 청구인의 기본권을 침해하였다고 할 수 없다(헌재 2006.6.29. 2004헌마826).

82 마약류 관련 수형자에 대하여 마약류반응검사를 위하여 소변을 받아 제출하게 한 것은 권력적 사실행위로서 공권력의 행사에 해당한다(헌재 2006.7.27. 2005헌마277).

83 마약류사범인 청구인에게 마약류반응검사를 위하여 소변을 받아 제출하게 한 것은 교도소의 안전과 질서유지를 위한 것으로 수사에 필요한 처분이 아닐 뿐만 아니라 검사대상자들의 협력이 필수적이어서 강제처분이라고 할 수도 없어 영장주의의 원칙이 적용되지 않는다(헌재 2006.7.27. 2005헌마277).

84 마약류사범인 청구인에게 마약류반응검사를 위하여 소변을 받아 제출하게 한 것은 소변채위의 목적 및 검사방법 등에 비추어 과잉금지의 원칙에 반한다고 할 수 없다(헌재 2006.7.27. 2005헌마277).

85 형의 집행 및 수용자의 처우에 관한 법률 제104조 위헌소원

마약류사범에 대한 다른 처우는 마약류에 대한 중독성 및 높은 재범률 등 마약류사범의 특성에 대한 전문적 이해를 필요로 하므로 하위 법령에 위임할 필요성이 인정되고, 그 요건으로서 '시설의 안전과 질서유지를 위하여 필요한 범위'라 함은 마약류사범에 의한 교정시설 내 마약류 반입 및 이로 인한 교정사고의 발생을 차단하기 위한 범위를 의미하며, 그 방법으로서 '다른 수용자와의 접촉을 차단하거나 계호를 엄중히 하는 등'이란 다른 수용자와의 대면 또는 서신수수의 제한, 물품교부의 원칙적 금지 등 강화된 기본권 제한 조치는 물론 마약류사범의 특성을 고려한 재활교육, 치료 등의 조치를 의미함을 충분히 예측할 수 있으므로, 이 사건 법률조항은 포괄위임금지원칙에 위반되지 아니한다. 이 사건 법률조항은 마약류사범인 수용자에 대하여서는 그가 미결수용자인지 또는 수형자인지 여부를 불문하고 마약류에 대한 중독성 및 높은 재범률 등 마약류사범의 특성을 고려한 처우를 할 수 있음을 규정한 것일 뿐, 마약류사범인 미결수용자에 대하여 범죄사실의 인정 또는 유죄판결을 전제로 불이익을 가하는 것이 아니므로 무죄추정원칙에 위반되지 아니하고, 이 사건 법률조항이 마약류사범을 다른 수용자와 달리 관리할 수 있도록 한 것은 마약류사범의 특성을 고려한 것으로서 합리적인 이유가 있으므로, 이 사건 법률조항은 평등원칙에도 위반되지 아니한다(헌재 2013.7.25. 2012헌바63).

86 청구인은 시행규칙 제210조 제2호의 사유(교도관 등을 폭행하거나 협박하여 징벌을 받은 전력이 있는 사람으로서 같은 종류의 징벌대상행위를 할 우려가 큰 수용자)로 인하여 관심대상수용자로 지정되었고, 위 시행규칙 제211조 제2항은 "소장은 관심대상수용자의 수용생활태도 등이 양호하여 지정사유가 해소되었다고 인정하는 경우에는 제1항 본문의 절차(現.제1항의 절차)에 따라 그 지정을 해제한다."고 규정하고 있다. 시행규칙 제211조 제2항은 동 조항에 따른 요건이 갖추어지면 법률상 당연히 관심대상수용자 지정이 해제되도록 정하고 있는 것이 아니고, 수용생활태도 등 여러 가지의 사정을 참작하여 소장의 재량적인 행정처분으로써 관심대상수용자 지정해제를 할 수 있도록 하는 원칙을 정하고 있는 규정에 불과하다. 즉, 관심대상수용자 지정해제는 행형기관의 교정정책 혹은 형사정책적 판단에 따라 수형자에게 적합한 처우를 선택하는 조치일 뿐이므로, 수형자가 행형당국에 대하여 관심대상수용자 지정해제를 요구할 주관적 권리를 가지는 것도 아니다(헌재 2010.2.2. 2009헌마750).

87 수형자에 대한 기본권제한의 정도와 동행계호행위의 목적 등에 비추어 볼 때 청구인에 대한 동행계호행위는 법률에 따라 그 기본권제한의 범위 내에서 이루어진 것으로서 청구인의 신체의 자유 등을 침해하지 아니할 뿐만 아니라 관심대상수용자인 청구인에 대하여 특별히 계호를 엄중히 하는 것은 교도소 내의 안전과 질서유지를 위한 것으로서 그 차별에 합리적인 이유가 있으므로 청구인의 평등권을 침해한다고 볼 수 없다(헌재 2010.10.28., 2009헌마438).

88 다른 수용자들과 함께 있는 입 · 출소자 대기실에서 교정공무원으로부터 신분대조에 필요한 청구인의 개인 신상에 관한 질문을 받고, 다른 수용자들과 차단된 장소에서 답변하겠다고 요청하였으나,"수형자는 교도관의 지시에 복종하여야 한다."라는 규정에 따라 거부되자, 헌법소원심판을 청구하였다. 형집행법 제105조 제3항 등은 교도소에 수용 중인 자는 교도관의 직무상 지시에 복종하여야 한다거나, 당직간부는 교도소에 수용되거나 석방되는 자의 신상을 직접 확인해야 한다는 일반적인 준수사항을 규정한 조항들일 뿐이므로, 이 사건 심판대상 조항들이 직접 · 구체적으로 청구인으로 하여금 다른 수형자와 차단되지 아니한 장소에서 청구인의 개인 신상에 관한 답변을 강요함으로써 청구인의 기본권을 침해한다고 볼 수는 없다(헌재 2011.8.23. 2011헌마422).

89 청구인은 노역장유치명령의 집행으로 구치소에 수용되어 있던 중 교도관으로부터 '담요를 개어서 정리정돈하라'는 지시를 받게 되자 정리정돈을 수용자 준수사항으로 정한 관련 규정이 명확성의 원칙과 과잉금지원칙 등에 위배 된다며 이 사건 헌법소원을 제기하였다. 교도관이 수용자에 대하여 정리정돈을 지시할 수 있는 근거규정이 되는 형집행법 제105조 제3항과 교도관직무규칙 제39조 등은 교도소에 수용 중인 자는 교도관의 직무상 지시에 복종하여야 한다는 일반적인 준수사항을 규정한 것이거나 지시감독을 위한 교정시설 내부의 규칙을 정한 데 불과하다. 청구인의 기본권 침해는 위 조항들에 의하여 직접 발생하는 것이 아니라 이에 근거한 교도관의 구체적인 집행행위에 의하여 비로소 발생하게 된다(헌재 2013.5.28. 2013헌마322).

90 **수용자 또는 수용자 아닌 자가 교도관의 감시·단속을 피하여 규율위반행위를 하는 경우, 위계에 의한 공무집행방해죄의 성립 여부(한정 적극)**(대법원 2005.8.25. 2005도1731)

① 수용자가 교도관의 감시 · 단속을 피하여 규율위반행위를 하는 것만으로는 단순히 금지규정에 위반되는 행위를 한 것에 지나지 아니할 뿐 위계에 의한 공무집행방해죄가 성립한다고 할 수 없고,

또 수용자가 아닌 자가 교도관의 검사 또는 감시를 피하여 금지물품을 반입하거나 허가 없이 전화 등의 방법으로 다른 사람과 연락하도록 하였더라도 교도관에게 교도소 등의 출입자와 반출 · 입물품을 단속 · 검사할 권한과 의무가 있는 이상, 수용자 아닌 자의 그러한 행위는 특별한 사정이 없는 한 위계에 의한 공무집행방해죄에 해당하는 것으로는 볼 수 없다.

② 구체적이고 현실적으로 감시 · 단속업무를 수행하는 교도관에 대하여 그가 충실히 직무를 수행한다고 하더라도 통상적인 업무처리 과정하에서는 사실상 적발이 어려운 위계를 적극적으로 사용하여 그 업무집행을 하지 못하게 하였다면 이에 대하여 위계에 의한 공무집행방해죄가 성립한다.

③ 피고인은 휴대전화와 증권거래용 단말기를 구치소 내로 몰래 반입하고, 교도관에게 적발되지 않기 위해 휴대전화의 핸즈프리를 상의 호주머니 속에 숨긴 다음 수용자인 공소외인 등과 머리를 맞대고 변호인과 수용자가 상담하는 것처럼 가장하였는바, 구체적이고 현실적으로 접견 호실통제 업무를 담당하는 교도관들에 대하여 그들의 통상적인 업무처리과정 하에서는 사실상 적발이 어려운 위계를 사용하여 그 직무집행에 지장을 주거나 곤란하게 하는 행위임이 명백하다.

91 교정시설은 수형자 등을 구금함으로써 그 형을 집행하고 이들의 교정교화와 건전한 사회복귀를 도모하는 것을 목적으로 하는 시설이고, 수용자는 이처럼 격리된 시설에서 강제적인 공동생활을 하게 되므로 헌법이 보장하는 신체의 자유 등 기본권에 대한 제한은 불가피하다. 그러나 수용자의 경우에도 모든 기본권의 제한이 정당화될 수 없으며 국가가 개인의 불가침의 기본적인 인권을 확인하고 보장할 의무(헌법 제10조 후문)로부터 자유로워질 수는 없다. 따라서 수용자의 지위에서 예정되어 있는 기본권 제한이라도 형의 집행과 도주 방지라는 구금의 목적과 관련되어야 하고 그 필요한 범위를 벗어날 수 없으며, 교도소의 안전 및 질서유지를 위하여 행해지는 규율과 징계로 인한 기본권의 제한도 다른 방법으로는 그 목적을 달성할 수 없는 경우에만 예외적으로 허용되어야 한다(헌재 2016.6.30. 2015헌마36).

92 **형집행법상의 징벌을 받은 자에 대한 형사처벌이 일사부재리의 원칙에 위반되는지 여부(소극)**

피고인이 형집행법에 의한 징벌을 받아 그 집행을 종료하였다고 하더라도 형집행법상의 징벌은 수형자의 교도소 내의 준수사항위반에 대하여 과하는 행정상의 질서벌의 일종으로서 형법 법령에 위반한 행위에 대한 형사책임과는 그 목적, 성격을 달리하는 것이므로 징벌을 받은 뒤에 형사처벌을 한다고 하여 일사부재리의 원칙에 반하는 것은 아니다(대법원 2000.10.27. 선고 2000도3874).

93 **징벌의 일종인 금치처분을 받은 자에 대하여 금치기간 중 집필 전면 금지의 위헌 여부(적극)**

금치처분을 받은 수형자의 집필에 관한 권리를 법률의 근거나 위임 없이 제한하는 것으로서 법률유보의 원칙에 위반되고, 규율 위반자에 대해 불이익을 가한다는 면만을 강조하여 금치처분을 받은 자에 대하여 집필의 목적과 내용 등을 묻지 않고, 또 대상자에 대한 교화 또는 처우상 필요한 경우까지도 예외 없이 일체의 집필행위를 금지하고 있음은 입법목적 달성을 위한 필요최소한의 제한이라는 한계를 벗어난 것으로서 과잉금지의 원칙에 위반된다(헌재 2005.2.24. 2003헌마289).

94 **금치 처분을 받은 수형자에 대하여 금치 기간 중 접견, 서신수발 금지의 위헌 여부(소극)**

금치 징벌의 목적 자체가 징벌실에 수용하고 엄격한 격리에 의하여 개전을 촉구하고자 하는 것이므로 접견 · 서신수발의 제한은 불가피하며, 금치 기간 중의 접견 · 서신수발을 금지하면서도, 소장으로 하여금 "교화 또는 처우상 특히 필요하다고 인정되는 때"에는 금치 기간 중이라도 접견 · 서신수발을 허가할 수 있도록 예외를 둠으로써 과도한 규제가 되지 않도록 조치하고 있으므로, 금치 수형자에 대한 접견 · 서신수발의 제한은 수용시설 내의 안전과 질서 유지라는 정당한 목적을 위하여 필요 · 최소한의 제한이다(헌재 2004.12.16. 2002헌마478).

95 **금치 처분을 받은 수형자에 대하여 금치 기간 중 운동 금지의 위헌 여부(적극)**

실외운동은 구금되어 있는 수형자의 신체적 · 정신적 건강 유지를 위한 최소한의 기본적 요청이라고 할 수 있으므로 금치 수형자에 대하여 일체의 운동을 금지하는 것은 수형자의 신체적 건강뿐만 아니라 정신적 건강을 해칠 위험성이 현저히 높다. 따라서 금치 처분을 받은 수형자에 대한 절대적인 운동의 금지는 징벌의 목적을 고려하더라도 그 수단과 방법에 있어서 필요한 최소한도의 범위를 벗어난 것이다(헌재 2004.12.16. 2002헌마478).

96 **교도소장이 아닌 관구교감에 의한 징벌처분 고지의 위법성 여부(소극)**

교도소장이 아닌 관구교감에 의해 징벌처분이 고지되었다는 사유만으로는 위 징벌처분이 손해의 전보책임을 국가에게 부담시켜야 할 만큼 객관적 정당성을 상실한 정도라고 볼 수 없다(대법원 2004.12.9. 2003다50184).

97 **교도소장이 금치기간 중에 있는 피징벌자와 변호사와의 접견을 불허한 조치의 위법성 여부(적극)**

금치기간 중의 접견허가 여부가 교도소장의 재량행위에 속한다고 하더라도 피징벌자가 금치처분 자체를 다툴 목적으로 소제기 등을 대리할 권한이 있는 변호사와의 접견을 희망한다면 이는 예외적인 접견허가사유인 '처우상 특히 필요하다고 인정하는 때'에 해당하고, 그 외 제반 사정에 비추어 교도소장이 금치기간 중에 있는 피징벌자와 변호사와의 접견을 불허한 조치는 피징벌자의 접견권과 재판청구권을 침해하여 위법하다(대법원 2004.12.9. 2003다50184).

98 징벌실에서 청구인에게 징벌처분을 받게 하면서 다른 일반거실에 비하여 너무 좁고 바닥이 경사진 화장실을 이용하게 함으로써 기본권을 침해하였다고 주장하며 헌법소원심판을 청구한 사안에서, 심판대상인 개별적인 행위에 대한 당부판단을 넘어서 일반적인 헌법적 해명의 필요성이 인정된다고 보기 어렵고, 징벌실 수용 처우에 관한 이 사안을 통하여 독자적으로 헌법질서의 수호 유지를 위하여 특별히 헌법적 해명을 할 필요성은 크지 아니하다 할 것인바, 결국, 이 사건 심판청구는 주관적 권리보호이익이 없고 예외적으로 헌법적 해명의 필요성이 인정되는 사안도 아니므로 부적법하다고 판시하였다(헌재 2009.3.17. 2009헌마113).

99 **다른 수용자 등을 해칠 우려가 있는 징벌혐의자의 운동을 제한할 것인지가 교도소장의 재량에 속하는지 여부(적극)**

징벌혐의자가 다른 수용자 또는 출입자를 해칠 우려가 있어 그에 대한 운동을 제한할 것인지 여부는 교도소장의 판단에 의하는 재량행위로서 사회통념상 현저하게 타당성을 결하고 이를 남용한 것이라고 인정되지 않는 한 위법하다고 보기는 어렵다(대법원 2009.6.25. 2008다24050).

100 **금치처분을 받은 수형자에 대하여 그 기간 동안 일반 수형자에게 부여된 권리인 운동을 제한하는 것이 비례의 원칙에 어긋나는지 여부(소극)**

수형자가 규율위반을 한 경우 교도소의 안전과 질서를 유지하기 위해서는 조사 과정을 거쳐 징벌을 부과하는 등 일반 수형자에 비하여 더 강하게 기본권을 제한하는 것은 불가피하고, 징벌 중에서 가장 중한 징벌인 금치처분을 받은 자를 엄격한 격리에 의하여 외부와의 접촉을 금지시켜 수용 질서를 확립할 필요가 있으므로 금치 기간 동안 징벌실에 수용하는 것 이외에 일반 수형자에게 허여된 권리인 운동에 제한을 가하는 것은 위와 같은 목적을 달성하기 위하여 필요 적절한 수단이라 할 것이며, 실외운동이 원고의 신체적·정신적 건강에 미치는 영향을 고려하더라도 조사실 수용기간을 포함하여 10일 동안 원고에게 실외운동의 기회를 부여하지 않은 것이 그 수단과 방법에 있어 징벌의 목적을 위해 필요한 최소한도의 범위를 벗어나 원고의 신체의 자유를 침해하는 정도에 이르렀다고 보기는 어렵다(대법원 2009.6.25. 2008다24050).

101 **징벌사유에 해당하는 행위를 하였다고 의심할 만한 상당한 이유가 있는 수용자에 대하여 조사가 필요한 경우, 수용자를 조사거실에 분리 수용할 수 있는지 여부(한정 적극)**

징벌사유에 해당하는 행위를 하였다고 의심할 만한 상당한 이유가 있는 수용자에 대하여 조사가 필요한 경우라 하더라도, 특히 그 수용자에 대한 조사거실에의 분리 수용은 형집행법에 따라 그 수용자가 증거를 인멸할 우려가 있는 때 또는 다른 사람에게 위해를 끼칠 우려가 있거나 다른 수용자의 위해로부터 보호할 필요가 있는 때에 한하여 인정된다(대법원 2014.9.25. 2013도1198).

102 **교도소장이 징벌혐의의 조사를 위하여 14일간 청구인을 조사실에 분리수용하고 공동행사참가 등 처우를 제한한 행위가 적법절차원칙에 위반되는지 여부(소극)**

분리수용과 처우제한은 징벌제도의 일부로써 징벌 혐의의 입증을 위한 과정이고, 그 과정을 거쳐 징벌처분을 내리기 위해서는 징벌위원회의 의결이라는 사전 통제절차를 거쳐야 하며, 내려진 징벌처분에 대해서는 행정소송을 통해 불복할 수 있다는 점, 조사단계에서의 분리수용이나 처우제한에까지 일일이 법원에 의한 사전 또는 사후통제를 요구한다면 징벌제도 시행에 있어서 비효율을 초래할 수 있다는 점, 조사단계에서 징벌혐의의 고지와 의견진술의 기회 부여가 이루어진다는 점 등을 종합하여 볼 때, 분리수용 및 처우제한에 대해 법원에 의한 개별적인 통제절차를 두고 있지 않다는 점만으로 이 사건 분리수용 및 이 사건 처우제한이 적법절차원칙에 위반된 것이라고 볼 수 없다(헌재 2014.9.25. 2012헌마523).

103 **징벌혐의의 조사를 받고 있는 청구인이 변호인 아닌 자와 접견한 당시 교도관이 참여하여 대화내용을 기록하게 한 행위가 청구인의 사생활의 비밀과 자유를 침해하는지 여부(소극)**

접견내용을 녹음·녹화하는 경우 수용자 및 그 상대방에게 그 사실을 말이나 서면 등으로 알려주어야 하고 취득된 접견기록물은 법령에 의해 보호·관리되고 있으므로 사생활의 비밀과 자유에 대한 침해를 최소화하는 수단이 마련되어 있다는 점, 청구인이 나눈 접견내용에 대한 사생활의 비밀로서의 보호가치에 비해 증거인멸의 위험을 방지하고 교정시설 내의 안전과 질서유지에 기여하려는 공익이 크고 중요하다는 점에 비추어 볼 때, 이 사건 접견참여·기록이 청구인의 사생활의 비밀과 자유를 침해하였다고 볼 수 없다(헌재 2014.9.25. 2012헌마523).

104 **금치기간 중 집필을 금지하도록 한 형집행법 제122조 제3항 본문 중 미결수용자에게 적용되는 제108조 제10호에 관한 부분(집행제한 조항)이 청구인의 표현의 자유를 침해하는지 여부(소극)**

금치 처분을 받은 수용자들은 이미 수용시설의 안전과 질서유지에 위반되는 행위, 그 중에서도 가장 중한 평가를 받은 행위를 한 자들이라는 점에서, 집필과 같은 처우 제한의 해제는 예외적인 경우로 한정될 수밖에 없고, 선례가 금치기간 중 집필을 전면 금지한 조항을 위헌으로 판단한 이후, 입법자는 집필을 허가할 수 있는 예외를 규정하고 금지처분의 기간도 단축하였다. 나아가 미결수용자는 징벌집행 중 소송서류의 작성 등 수사 및 재판 과정에서의 권리행사는 제한 없이 허용되는 점 등을 감안하면, 이 사건 집필제한 조항은 청구인의 표현의 자유를 침해하지 아니한다(헌재 2014.8.28. 2012헌마623).

105 금치처분을 받은 미결수용자에 대하여 금치기간 중 서신수수, 접견, 전화통화를 제한하는 것은 대상자를 구속감과 외로움 속에 반성에 전념하게 함으로써 수용시설 내 안전과 질서를 유지하기 위한 것이다. 접견이나 서신수수의 경우에는 교정시설의 장이 수용자의 권리구제 등을 위해 필요하다고 인정한 때에는 예외적으로 허용할 수 있도록 하여 기본권 제한을 최소화하고 있다. 전화통화의 경우에는 위와 같은 예외가 규정되어 있지는 않으나, 증거인멸 우려 등의 측면에서 미결수용자의 전화통화의 자유를 제한할 필요성이 더 크다고 할 수 있다. 나아가 금치처분을 받은 자는 수용시설의 안전과 질서유지에 위반되는 행위, 그 중에서도 가장 중하다고 평가된 행위를 한 자이므로 이에 대하여 금치기간 중 일률적으로 전화통화를 금지한다 하더라도 과도하다고 보기 어렵다. 따라서 이 사건 서신수수·접견·전화통화 제한조항은 청구인의 통신의 자유를 침해하지 아니한다(헌재 2016.4.28. 2012헌마549).

106 미결수용자의 규율위반행위 등에 대한 제재로써 금치처분과 함께 금치기간 중 신문과 자비구매도서의 열람을 제한하는 것은, 규율위반자에 대해서는 반성을 촉구하고 일반 수용자에 대해서는 규율 위반에 대한 불이익을 경고하여 수용자들의 규율 준수를 유도하며 궁극적으로 수용질서를 확립하기 위한 것이다. 이 사건 신문 및 도서열람제한 조항은 최장 30일의 기간 내에서만 신문이나 도서의 열람을 금지하고 열람을 금지하는 대상에 수용시설 내 비치된 도서는 포함시키지 않고 있으므로 위 조항들이 청구인의 알 권리를 과도하게 제한한다고 보기 어렵다(헌재 2016.4.28. 2012헌마549).

107 금치기간 중 공동행사 참가 정지, 텔레비전 시청 제한, 신문·도서·잡지 외 자비구매물품의 사용을 제한하는 형집행법 제112조 제3항 본문 중 제108조 제4호·제6호·제7호는 헌법에 위반되지 아니한다(헌재 2016. 5. 26. 2014헌마45).

108 **금치기간 중 실외운동을 원칙적으로 제한하는 형집행법 제112조 제3항 본문 중 제108조 제13호에 관한 부분이 청구인의 신체의 자유를 침해하는지 여부(적극)**

실외운동은 구금되어 있는 수용자의 신체적·정신적 건강을 유지하기 위한 최소한의 기본적 요청이고, 수용자의 건강 유지는 교정교화와 건전한 사회복귀라는 형 집행의 근본적인 목표를 달성하는 데 필수적이다. 그런데 위 조항은 금치처분을 받은 사람에 대하여 실외운동을 원칙적으로 금지하고, 다만 소장의 재량에 의하여 이를 예외적으로 허용하고 있다.

소란, 난동을 피우거나 다른 사람을 해할 위험이 있어 실외운동을 허용할 경우 금치처분의 목적 달성이 어려운 예외적인 경우에 한하여 실외운동을 제한하는 덜 침해적인 수단이 있음에도 불구하고, 위 조항은 금치처분을 받은 사람에게 원칙적으로 실외운동을 금지한다.
나아가 위 조항은 예외적으로 실외운동을 허용하는 경우에도, 실외운동의 기회가 부여되어야 하는 최저기준을 법령에서 명시하고 있지 않으므로, 침해의 최소성 원칙에 위배된다. 위 조항은 수용자의 정신적 · 신체적 건강에 필요 이상의 불이익을 가하고 있고, 이는 공익에 비하여 큰 것이므로 위 조항은 법익의 균형성 요건도 갖추지 못하였다. 따라서 위 조항은 청구인의 신체의 자유를 침해하여 헌법에 위반된다(헌재 2016.5.26. 2014헌마45).

109 소장면담 요구를 거절한 교도관의 직무유기죄 성립여부(소극)
교도관은 면담요청사유를 파악하여 상관에 보고하여야 할 직무상 의무가 있고, 수형자에 대하여 형벌을 집행하고 그들을 교정교화하는 임무를 띠고 있는 자들이므로, 청구인이 교도소장을 면담하려는 사유가 무엇인지를 구체적으로 파악하여 교도소장면담까지 하지 않더라도 그들 자신이나 그 윗선에서 단계적으로 해결할 수 있는 사항인지 혹은 달리 해결을 도모하여야 할 사항인지의 여부를 먼저 확인하는 것이 마땅하고, 또한 전화통화요구와 같이 교도소장을 면담하여도 허락받지 못할 것이 확실시되는 사항에 대하여는 무용한 시도임을 알려 이를 포기토록 하는 것 또한 그들의 직무의 하나라고 할 것이지, 청구인이 교도소장면담을 요청한다고 하여 기계적으로 그 절차를 밟아주어야 하고 그렇게 하지 아니하는 경우 곧바로 형법상의 직무유기죄가 성립한다고 할 수 없다(헌재 2001.5.31, 2001헌마85).

110 수용자가 교도관의 가혹행위를 이유로 형사고소 및 민사소송을 제기하면서 그 증명자료 확보를 위해 '근무보고서'와 '징벌위원회 회의록' 등의 정보공개를 요청하였으나 교도소장이 이를 거부한 사안에서, 근무보고서는 비공개대상정보에 해당한다고 볼 수 없고, 징벌위원회 회의록 중 비공개 심사 · 의결 부분은 비공개사유에 해당하지만 징벌절차 진행 부분은 비공개사유에 해당하지 않는다고 보아 분리 공개가 허용된다고 한 사례(대법원 2009.12.10. 2009두12785).
교도소에 수용 중이던 수용자가 담당 교도관들을 상대로 가혹행위를 이유로 형사고소 및 민사소송을 제기하면서 그 증명자료 확보를 위해 '근무보고서'와 '징벌위원회 회의록' 등의 정보공개를 요청하였으나 교도소장이 이를 거부한 사안에서, **근무보고서**는 공공기관의 정보공개에 관한 법률 제9조 제1항 제4호에 정한 비공개대상정보에 해당한다고 볼 수 없고, 징벌위원회 회의록 중 비공개 심사 · 의결 부분은 위 법 제9조 제1항 제5호의 비공개사유에 해당하지만 **수용자의 진술, 위원장 및 위원들과 수용자 사이의 문답 등 징벌절차 진행 부분**은 비공개사유에 해당하지 않는다고 보아 분리 공개가 허용된다.

111 가석방의 권리성 인정 여부(소극)
가석방이란 수형자의 사회복귀를 촉진하기 위하여 형을 집행 중에 있는 자 가운데서 행장이 양호하고 개전의 정이 현저한 자를 그 형의 집행종료 전에 석방함으로써 갱생한 수형자에 대한 무용한 구금을 피하고 수형자의 윤리적 자기형성을 촉진하고자 하는 의미에서 취해지는 형사정책적 행정처분이다. 가석방은 수형자의 개별적인 요청이나 희망에 따라 행하여지는 것이 아니라 행형기관의 교정정책 혹은 형사정책적 판단에 따라 수형자에게 주어지는 은혜적 조치일 뿐이므로, 어떤 수형자가 형법

제72조 제1항에 규정된 요건을 갖추었다고 하더라도 그것만으로 당국에 대하여 가석방을 요구할 주관적 권리를 취득하거나 행형당국이 그에게 가석방을 하여야 할 법률상의 의무를 부담하게 되는 것이 아니다. 수형자는 동조에 근거한 행형당국의 가석방이라는 구체적인 행정처분이 있을 때 비로소 형기만료 전 석방이라는 사실상의 이익을 얻게 될 뿐이다(헌재 1995.3.23. 93헌마12).

112 **오직 교도소장만을 가석방 적격심사의 신청권자로 규정하고 있어 수형자 자신 또는 그 가족이나 법정대리인 등은 애초에 가석방 적격심사 자체를 신청할 수 없게 되어 있는 것이 평등권, 행복추구권 등을 침해하여 헌법에 위반되는 것인지의 여부(소극)**

가석방은 수형자의 개별적인 요청이나 희망에 따라 행하여지는 것이 아니라 행형기관의 교정정책 혹은 형사정책적 판단에 따라 수형자에게 주어지는 은혜적 조치일 뿐으로 가석방신청이 이루어지지 않는다 하더라도 법원의 유죄판결을 통해 확정된 청구인의 법적 지위에 보다 불리한 어떠한 결과가 초래된다고 볼 수 없다. 그렇다면 가석방 적격심사 신청자격을 청구인에게 부여하지 않는다 하더라도 이것이 청구인의 기본권에 어떠한 영향을 준다고 할 수 없으므로 이 사건 심판청구는 부적법하다(헌재 2009.3.24. 2009헌마119).

113 가석방은 형기만료 전에 조건부로 수형자를 석방하는 제도로써 수형자의 원활한 사회복귀를 주된 목적으로 하고 있으며, 간접적으로는 수용질서를 유지하는 기능도 수행한다(헌재 2017.4.4. 2017헌마260).

114 무죄 등 판결선고 후 석방대상 피고인이 교도소에서 지급한 각종 지급품의 회수, 수용시의 휴대금품 또는 수용 중 영치된 금품의 반환 내지 환급문제 때문에 임의로 교도관과 교도소에 동행하는 것은 무방하나 피고인의 동의를 얻지 않고 의사에 반하여 교도소로 연행하는 것은 헌법 제12조의 규정에 비추어 도저히 허용될 수 없다(헌재1997.12.24. 95헌마247).

115 형법 및 형집행법의 관련 규정을 종합하여 볼 때 수형자가 형기종료일의 24:00 이전에 석방을 요구할 권리를 가진다고는 볼 수 없고, 위 법률조항 때문에 노역장 유치명령을 받은 청구인이 원하는 특정한 시간에 석방되지 못하여 귀가에 어려움을 겪었다거나 추가 비용을 지출하는 등으로 경제적 불이익을 겪었다고 하더라도 이는 간접적, 반사적 불이익에 불과하고 그로 인하여 청구인의 헌법상 기본권이 직접 침해될 여지가 있다고 보기 어렵다(헌재 2013.5.21. 2013헌마301).

116 법원이 선고기일에 피고인에 대하여 실형을 선고하면서 구속영장을 발부하는 경우, 검사가 법정에 재정하여 법원으로부터 구속영장을 전달받아 집행을 지휘하고, 그에 따라 피고인 대기실로 인치된 피고인이 도주죄의 주체인 '법률에 의하여 체포 또는 구금된 자'에 해당하는지 여부(원칙적 적극)
법원이 선고기일에 피고인에 대하여 실형을 선고하면서 구속영장을 발부하는 경우, 검사가 법정에 재정하여 법원으로부터 구속영장을 전달받아 집행을 지휘하고, 그에 따라 피고인이 피고인 대기실로 인치되었다면 다른 특별한 사정이 없는 한 피고인은 형법 제145조 제1항의 '법률에 의하여 체포 또는 구금된 자'에 해당한다(대법원 2023.12.28. 2020도12586).

MEMO

MEMO

MEMO

MEMO